이재환 회고록

고지식한 정치는
실패해야 하나

고지식한
정치는
실패해야 하나

초판 1쇄 발행 2017년 12월 1일

지 은 이 이재환
발 행 인 권선복
편   집 한영미
디 자 인 김소영
전 자 책 천훈민
마 케 팅 권보송
발 행 처 도서출판 행복에너지
출판등록 제315-2011-000035호
주   소 (157-010) 서울특별시 강서구 화곡로 232
전   화 0505-613-6133
팩   스 0303-0799-1560
홈페이지 www.happybook.or.kr
이 메 일 ksbdata@daum.net

값 25,000원
ISBN 979-11-5602-549-8 (03190)

Copyright ⓒ 이재환, 2017

도서출판 행복에너지는 독자 여러분의 아이디어와 원고 투고를 기다립니다. 책으로 만들기를
원하는 콘텐츠가 있으신 분은 이메일이나 홈페이지를 통해 간단한 기획서와 기획의도, 연락처
등을 보내주십시오. 행복에너지의 문은 언제나 활짝 열려 있습니다.

고지식한 정치는 실패해야 하나

이재환 지음

도서출판 행복에너지

저자(著者)

행정학 박사학위 취득 후 아내와 함께('82. 9. 17)

국전 심사위원장 友竹 楊鎭尼 선생 박사학위 취득 祝賀揮毫
(서기집문: 상서로운 기운이 다 모인다) 1982

저자 가족(뒷줄부터 시계방향으로 장남 진국, 사위 이우용, 장녀 은경, 외손녀 정은, 송은, 차남 정국, 둘째며느리 김승숙, 손녀 은채, 영채, 아내, 저자, 손자 해승, 손녀 수연, 큰며느리 이경은, 2014. 10 현재)

건국포장(4 · 19혁명공로자),
홍조근정훈장(모범공무원) 수훈

최규하 대통령께서 하사한 친필사진
('80. 8. 14 하야 2일 전)

전두환 대통령, 영국 대처 수상
('87. 4. 7 청와대)

싱가포르 리콴유 수상, 인사하는 저자 내외
('86. 6. 26 청와대)

노태우 대통령과(청와대)

대전 정부 제3청사 기공식 후 시삽에 참여한 시민대표를
김영삼 대통령께 소개하는 저자('93. 9. 7 둔산지구)

이명박 대통령과(청와대)

사마란치 IOC위원장과 대담하는 저자
(체육부차관, '84. 12 서울)

고르바초프 前 소련대통령과 북한문제 대담
('94. 3. 28 국회의원회관)

한국방문 국회연설 직후 빌 클린턴 미국대통령과
대담하는 저자(국회본회의장, 뒤편에 클린턴 여사,
'93. 7. 13 본회의장)

IAEA 최초 원자력홍보협력 MOU 체결을 성사시킨
이재환 KONEPA이사장
(왼쪽이 소코로프 사무차장, '10. 7. 27 비엔나본부)

제11대 국회의원선거 이재환 유세장면
('81. 3. 대전고등학교 교정)

14대 국회의원 무소속 당선 후
아버지를 안아 올리며 기뻐하는 저자('92. 3. 25)

국회본회의 발언 '국회의원 국민소환제' 제안
('93. 5. 3 본회의)

건설부 소관 국정감사
(사진자료 설명, 제출)

조부 이형선
(李馨先, 1891~1986)

부친 이성도
(李聖道, 1914~2004)

모친 민유기
(閔柔基, 1912~1984)

저자 장인
이유선(李裕善)

저자 장모
권일년(權一年)

국제라이온스협회
대전·충남지구 23대 총재에 당선('99. 5)

제3회 ATOMEXPO 국제포럼에서 주제발표
('11. 6. 7 모스크바)

머리말

내 주위 사람들은 나를 고지식한 정치인이라고 평한다. 정치인으로서의 자질과 능력은 출중하나 고지식하게 정치를 했기 때문에 더 큰 정치인이 못 되었고 더 큰 일도 못했다고 혹평한다. 야당 정치인이 되었더라면 오히려 큰 정치인이 됐을 것이라고도 한다.

과연 나는 고지식한 정치인이었나?

나는 4·19혁명의 주역으로서 5·16 군사쿠데타 후 나의 속마음과는 달리 군사부일체(君師父一體)라는 아버님의 교훈을 받들어, 민주공화당 사무총장이 되신 존경하는 고려대 정경대학장 윤천주(尹天柱) 박사의 요청에 따라 총장 비서역(秘書役)을 시작으로 현실정치에 참여하다 보니 줄곧 여당 쪽에서 정치활동을 하게 되었다.

정치의 목적을 일신상의 출세 즉, 정당이나 국회(정계)에서의 최상위급 직책이나 직위를 획득하는 데 두었다면, 나의 정치는 실패했다고 할 것이다.

지금에 와 생각해 보면 고지식한 나의 정치행태가 분명 걸림돌로 작용한 것만은 틀림없다.

　그러나 항상 국민의 뜻을 올바르게 정치에 반영하고 여당 속의 야당(野黨) 역할을 자임하면서 정부의 시책이나 정책을 냉철하게 비판하면서도 대안을 제시하였으며, 국민생활의 애로와 불편을 해결·향상시키기 위해 동분서주하였다. 이렇듯 항상 정치목표를 미래의 국가발전에 두었고 부정부패에 연루되지 않았고 한 점 부끄러움 없이 스스로 정도(正道)정치를 실현하려고 최선을 다했다.

　그런 점에서 본다면 나는 남들이 하려 하지 않는 올바른 직설적 비판과 함께 고지식한 정치를 했을지언정, 결코 실패한 정치는 하지 않았다고 자부한다. 왜냐하면 그것이 바로 정치의 정도(正道)이기 때문이다.

　내가 민자당을 탈당하고 무소속으로 14대 국회의원에 당선됐을 때, 많은 시민들이 이제 친정집이었던 민자당에 재입당하여 대전 발전을 위해 큰일을 해달라고 여론조사까지 하여 입당 찬성 61.3%라는 결과에 따라 민자당에 재입당했다. 입당한 후에는 당선된 김영삼 대통령 인수위원회에서 정부 제3청사 대전 건립을 결정하여 1993년 9월 7일 기공식을 가짐으로써 대전을 제2의 행정수도로 발전시키는 기틀을 마련하는 큰일을 해냈다.

　그러나 다음 국회의원 선거에서 자민련 바람이 불게 되니 지역감정에 따라 민심이 휩쓸려 그렇게 큰일을 한 것은 그때 잠시뿐 공로로 인정되기는커녕 아무런 도움도 되지 않았다. 이것이 유권자들의 정치 수준의 현주소다. 어느 전직 다선 원로국회의원이 그의 자서전에서 '잘못된 정치의 49%는 유권자의 책임'이라고 한 말이 새삼 떠오른다.

'임하선어 불여결망(臨河羨魚 不如結網)'이란 교훈과 같이 사람이 하고자 하는 목표를 정했다면 그 성공을 위하여 계획성 있게 설계하고 노력해야만 한다. 나는 목표를 정한 다음 나름대로 계획을 세웠고 그 성공을 위해 최선의 노력을 경주했다.

그런데 만족스럽게 다 이루지는 못했다. 왜 그랬을까?

나는 그렇게 된 환경과 원인, 그 과정을 설명해줌으로써 후진들에게 "성인(聖人)도 시속(時俗)을 따른다."는 잠언(箴言)처럼 "사람이 사회생활을 하려면 정도(正道)를 걷겠다는 고지식함이 원칙이지만, 때로는 불가피한 현실의 흐름을 거역하지 않는 지혜도 필요하다."는 것을 전하고자 이 회고록을 쓴다. 이제 나의 고지식함도 늙어서인가?

정치를 옳게 판단하고 바른말을 하는 고지식한 정치는 실패한다는 말이 나오지 않는 정치상황이 될 때, 비로소 합리적이고 선진적인 정치가 이룩되는 것이다. 하루속히 정도를 걷는 참정치인이 많아지기를 기대한다.

하사(賀詞)

– 박관용 (전 국회의장)

똑똑한 학생이었다. 멋진 청년이었다.

1959년 5월 고려대학교 정치학과가 주최한 「안암민국」 모의국회가 개최한 시공관 무대에서 내무부장관으로 분장된 이재환 학생이 법률안 제안 설명을 할 때 의원석에 있는 모든 대학들의 대표들이 이구동성으로 말한 평가였다.

나는 그때를 분명히 그리고 또렷하게 기억하고 있다.

이재환과 첫 만남이었지만 내 마음속의 친구였고 부러워했었다.

이 「안암민국」 모의국회에 3년을 연속 참여했다. 모의국회에서 열띤 토론에 참여하고 느낀 보람이 나로 하여금 정치지망생으로 만든 계기가 아닌가 생각한다. 그리고 1960년 4·19학생혁명이 이뤄진 후, 그해 가을 고대 정치학과가 주관하는 「남북통일 대학생토론회」가 안암동 고대 강당에서 개최된다는 동아일보 광고를 보고 나는 원고를 우송한다. 얼마 후 동아일보 광고란에 부산에서 두 사람의 대학생이 원고 심사에 합격했다는 명단을 보고 토론에 참가하기 위해 상경한다. 이 토론장에서 이재환을 또다시 만난다. 이틀에 걸쳐 열띤 토론에 참여하면서 조국통일이란 과업이 얼마나 위대한 성업인가를 깨닫고 내 일생을 조국통일에 바치겠다고 맹세한다.

이재환, 이세기, 김혁동 등과 「통일연구소」를 만들기로 합의하고, 부산경남연구소 지부장을 맡기로 했다. 종로 2가 골목 선술집에서 이재환 등 동지들과 막걸리를 마시고 종로 거리를 어깨동무하고 "우리의 소원은 통일" 노래를 부르면서 헤매던 시절이 생생히 기억된다. 비록 학교는 서울, 부산으로 다르지만 나는 늘 이재환을 가장 친한 친구로 생각했고, 멋지고 똑똑한 이재환을 닮으려고 노력했다. 선망의 대상이었다. 솔직한 나의 고백이다.

그리고 동아대학교 정치학과가 주관한 「동아민국」 모의국회에 부의장으로 이재환을 선출하게 되고 내가 의장직을 맡았다. 58년 전 그때의 사진을 아직도 간직하고 있다.

이런 친구를 다시 국회의사당에서 만난다. 이렇게 같은 길을 살아온 지 60여 년이 가까워 온다. 예상했던 대로 이재환 의원은 정의롭고 훌륭한 정치인이었다. 이재환은 여당이었고 나는 야당이었다. 민주정치는 생각이 다른 이들이 자리를 함께하면서 토론하고 협의하면서 최상의 정책을 만들어내는 것이다. 그래서 언제나 자기오류 가능성에 대한 자기성찰이 있어야 국정 파탄을 방지하는 것이다.

그러나 불행하게도 지난 우리 정치 현장은 자기 진영 논리에 매몰되어 정쟁이 계속되고 대결 양상이 계속되면서 정치가 분열과 혼란 그리고 권력 탄압에 사로잡혀 역사 앞에 부끄러운 기록만을 남기게 된다. 이런 분위기 속에서 이재환 의원과 자주 만나 새 정치를 논의하고 기성 정치인에 쓴소리를 하지 못한 그 시간들을 몹시 후회하고 부끄러워한다. 이 기회에 솔직한 심정을 전하고 싶다.

김종필 전 총리께서 정치는 허업(虛業)이라고 말씀하신 적이 있다. 정치학 사전에는 없는 이야기지만 이제 와서야 알 것 같다. 지난 세월 정치인들의 잘못된 역사 속에서 의미 없었던 행동들을 반추하면 허업의 의미를 알 듯하다.

　15대 국회로 기억되는데 같은 정당 생활을 하게 된다. 이재환 의원은 언제나 모범생이었고 과욕을 부리지 않는 자세, 튀는 언행을 본 적이 없다. 언제나 변함없는 성실한 국회의원이었다. 어느 날 이재환 의원을 두고 김영삼 대통령과 교육부 장관 후보 중 한 사람으로 대화를 나눈 적이 있었다. 그러나 결과는 민주화 운동을 줄기차게 해 오신 재야인사로 바뀐 점 안타깝게 생각한다. 이재환 의원이 정치 생활을 지속하지 못한 이유는 집권당의 몰락과 사회적 분위기 때문이었다고 생각한다. 많은 국회 동료들은 이재환 의원의 국회 계속 진입이 실패한 것을 아쉬워했고, 국회 진출이 실패한 것은 우리 국회의 효율적 운영과 의회 본연의 자세로 회귀하는 데 선두적 역할을 할 수 있는 능력자의 상실을 의미한다고 말한 것이 기억난다.
　이 의원은 정치를 떠난 후 몇 년 전에 전직 의원들의 모임인 「헌정회」 사무총장직을 맡는다. 헌정회에 출입하는 많은 전직 의원들은 이재환 총장의 성실성과 헌신적 자세를 높이 평가했고, 이재환 의원의 본모습을 다시 평가받게 되었다.

　예의 있고 교양 있는 사람과의 만남은 언제나 유익하고 즐거운 일이다. 얼마 남지 않은 세월이지만 평생친구로 영원한 동지로 살아갈 것이다.
　올곧게 성실히 살아온 친구 이재환을 위해 건강과 행운이 함께하기를 기도하고 있다.
　이재환은 영원한 친구요, 동지요, 나의 모범이기에 더욱 간절히 염원하고 기도하게 될 것이다.
　누군가 말했지요. 시간이 흘러 사람은 가고 사라져도 그가 남긴 자취는 영원히 지워지지 않는다고.

4·19를 대표하는 경세가적 정치인

– 박찬세 (전 대통령공보비서관)

사람이 평생을 살아가면서 자기를 믿어주고 알아주는 지기지우(知己之友)를 만난다는 것은 행운이자 홍복인데, 이재환 형을 만난 나의 경우가 그러하다.

우리가 처음 인연을 맺은 것은 1960년 고대(高大) 학생시절, 이 형은 학생회 핵심간부로 「4·18의거」를 주도하였고, 나는 고대신문 편집국장으로 「4·18선언문」을 집필하였다.

또한 4·19혁명 직후 나는 학내 교지(校誌)인 「고대문화」에 「남북통일론」을 발표하였고, 이 형은 이에 화답하듯 「전국 대학생 통일문제 대토론회」를 서둘러 주최함으로써 학생 통일운동에 첫 시동(始動)을 걸었다. 이뿐만이 아니다.

1961년 초 이 형 주동으로 각 대학의 4·19 주역들을 규합하여 「범민족청년회의」를 결성할 때 나도 발기선언문과 회칙을 작성하는 데 동참하였다.

그러나 한 치 앞을 보지 못하는 게 세상사(世上事)라, 5·16군사정부가 들어서자 이 형은 반(反)국가 통일운동 단체를 조직했다는 혐의로 한동안 억울한 옥살이를 하였고, 나는 재학생 신분(9월 졸업예정)이어서 유진오 총장 명의로 된 신원보증서와 각서를 당국에 제출함으로써 겨우 구속을 모면할 수 있었다.

이렇듯 우리는 일찍이 4·19와 5·16이라는 정치대란(政治大亂)을 함께 겪은 동지인 데다 그 후 가는 길은 각기 달라도 한결같이 우정과 담론(談論)을 이어갔기에 이 형의 인품과 철학과 경륜을 어느 정도는 짐작할 수 있게 되었다.

한마디로 이 형은 4·19세대를 대표하는 타고난 정치인이다.

우선 준수한 외모에 웅변가요, 박사학위를 소지한 대학교수로 소위 「신·언·서·판(身·言·書·判)」을 고루 갖추었으니 이야말로 제격이 아닌가.

게다가 유학(儒學)을 숭상하는 선비가문(家門)의 후예답게 겸손하고 청렴하며 원칙과 신의를 중히 여긴다.

그런데 이 형과 같은 올곧은 정치인은 지역감정과 패거리정치가 판치는 정치풍토하에서는 무능하고 고지식한 정치인으로 매도되어 도태(淘汰)당하는 경우가 다반사(茶飯事)였다.

그럼에도 이 형은 아무런 원칙도, 일말의 양심도 없이 풍타낭타(風打浪打)식으로 시류(時流)에 영합하는 정치인들과는 달리 오로지 국가를 위해 헌신하고 국민과 역사 앞에 무한책임을 져야 할 정치인으로서의 본분을 지키려 최선을 다하였다. 그러고는 "고지식한 정치는 실패해야 하느냐?"고 항변한다.

나는 정직한 패자(敗者)가 비겁한 승자(勝者)보다 부끄럽지 않고 더 당당할 수 있듯이 이 형은 결코 실패한 정치인이 아니라 이 나라 정치풍토 개선과 민주주의 발전을 위한 디딤돌이 되었다고 믿는다.

우리는 흔히 정치인의 유형을 '속물(俗物) 정치인'과 '경세가(經世家)적 정치인'으로 대별하는데 나는 이 형을 '경세가적 정치인' 반열에 올리고자 한다.

다선(多選) 국회의원이었거나 국회 요직을 거쳤다고 해서 경세가적 정치인이 아니다.

불의에 항거하고 비리(非理)와 타협하지 않는, 그리고 자기의 다음 선거보다는 다음 세대를 위해 무엇을 할 것인가를 생각하고 고민하는 정치인- 이야말로 진정한 경세가적 정치인이 아니겠는가.

생전부귀(生前富貴)요, 사후문장(死後文章)이라고 했다.

나는 이 형의 회고록이 아무쪼록 기성 정치인에게는 자성(自省)과 자책(自責)의 거울이 되고 후진들에게는 정도정치(正道政治)의 지침서가 될 것으로 기대하면서, 거듭 이재환 형에게 경의를 표하는 바이다.

| 차 례 |

제1부 출생과 성장

제2부 4 · 18과 4 · 19 주역, 역사의 한복판에서

제3부 문교부, 총리실, 청와대, 제11대 국회, 체육부차관

제4부 의회민주정치 발전에 기여한 국회사무총장 시절

제5부 제14대 국회의원 시절부터 정계은퇴까지

제6부 정계은퇴 후 봉사활동, 내 삶의 원동력 아내와 아이들

제7부 내가 만난 한국의 지도자

제1부

출생과 성장

나의 세계(世系)

우리 씨족의 연원, 본관지(本貫地) 연혁, 파명(派名), 주요 세거지(世居地)의 변천, 항렬표(行列表), 그리고 후손들에게 알리기 위해 선대(先代) 몇 분의 행적(行蹟)을 기록한다.

(1) 씨족의 연원

우리 하빈 이씨(河濱 李氏)의 시조는 이(李) 자, 거(琚) 자이시고 고려 명종 때 예부상서(禮部尙書, 즉 주로 현재의 교육부의 일과 외교부 및 안전행정부의 일부 업무를 함께 관장하는 부서의 장관)을 지내셨다. 서경유수 조위총(趙位寵)의 난을 평정하는 데 공을 세워 명종 4년(1174년) 하빈군(河濱君*)에 봉(封)해졌다.

> * 君:영지, 봉토, 즉 국가유공자를 제후로 세워 임금이 내려주는 땅이라는 뜻

(2) 본관지(本貫地) 연혁

봉토(封土)인 하빈(河濱)이란 곳은 현재 대구광역시로 편입되기 전 경상북도 달

성군 하빈면이란 곳이다. 이곳은 신라 때 다사지현(多斯只縣)인데 경덕왕 때 하빈으로 고쳐 수창군(壽昌郡)의 현(縣)이 되었다. 고려조에 와서 현종 9년에 경산부(京山府)에 속했다가 뒤에 이씨 조선 때부터는 달성군(達城郡)에 속해 있다가 대구가 확장되면서 지금은 대구광역시 달성군 하빈면이 되었다.

(3) 씨족의 14개 파명(派名)

현령공파(縣令公派 : 金山, 鎌洞, 西江) 군수공파(郡守公派 : 居昌, 陜川)

좌랑공파(佐郞公派 : 咸陽) 감정공파(監正公派 : 芝采里)

첨정공파(僉正公派 : 芝采里) 월담공파(越覃公派 : 安義, 迎勝)

판관공파(判官公派 : 驪州) 용계공파(龍溪公派 : 基洞)

감사공파(監司公派 : 硏經) 수문장공파(守門將公派 : 東村)

목사공파(牧師公派 : 慈仁, 月亭) 현감공파(縣監公派 : 草溪)

대아불파(大雅拂派 : 大邱) 집의공파(執義公派 : 公州, 古阜)

(4) 주요 세거지(世居地)와 변천

경상남도 거창군 일대에 군수공파 자손들이 많이 살고 있으며 일부는 합천으로 이주했다. 8세조 이호지(李好智) 자손들은 10세조 이선동(李善仝) 이래로 많은 이들이 경상북도 금릉군(金陵郡, 일명 金山) 일원과 경북 달성군(達城郡) 겸동(鎌洞)에 현령공파(縣令公派, 일명 金山派, 저자의 소속派)를 이루어 대대로 살고 있으며, 일부는 경북 성주군으로 이주했다. 이외에도 전국 각지에 거주하고 있어 다 열거할 수 없다. 대체로 1930년경에 이르러 씨족들은 크게 보아, 경기도 개풍군 서면(西面), 대성면(大聖面)과 경북 금릉군(金陵郡), 경남 거창군(居昌郡) 일원에 집성촌을 이루었다. 1980년대에 와서는 경남 거창군 가조면, 마리면, 경북 금릉군 구성면, 조마면, 달성군 하빈면, 대구시 동촌, 연경동, 경산군 남산면, 경기도 여주군, 충남 공주군, 서울, 부산, 대전, 제주 등지에 많이 모여 살고 있다.

(5) 항렬자(行列字, 씨족의 대수(代數)를 표시하기 위해 이름자 속에 넣는 돌림字)

25世(代)	26世(代)	27世(代)	28世(代)	29世(代)	30世(代)	31世(代)	32世(代)
賢(馨)○	○道	在○	○國	海○	○睦	鍾○	○漢
33世(代)	34世(代)	35世(代)	36世(代)	37世(代)	38世(代)	39世(代)	40世(代)
東○	○烈	基○	○鎬	永○	○杓	煇○	○均
41世(代)	42世(代)	43世(代)	44世(代)	45世(代)	46世(代)	47世(代)	48世(代)
鎭○	○源	柱○	○煌	圭○	○鏞	洪○	○相
49世(代)	50世(代)	51世(代)	52世(代)	53世(代)	54世(代)	55世(代)	56世(代)
炅○	○培	錫○	○澈	柄○	○煥	址○	○鐸
57世(代)	58世(代)	59世(代)	60世(代)				
淳○	○植	熙○	○坦				

(6) 선대(先代) 몇 분의 주요 행적(行蹟)

요즘 젊은 세대들이 족보(族譜)에 대한 개념이 없을뿐더러 조상(祖上)과 웃어른들에 대한 내용도 알지 못하고 있는 세태(世態)라서 나는 이 기회에 후손을 위해 이것을 기록해 두고자 한다.

우리 씨족은 대(代)를 이어 국가에 충성하는 큰 선비가 있어 명문족(名門族)이다.

선조들은 고려조(高麗朝)나 이조(李朝) 때 벼슬에서 스스로 물러나거나 주어지는 벼슬을 사양, 사관(仕官)하지 않고 산림 속에 은거하는 선비로 남아 있는 경우가 많았으며 불사이군(不事二君)의 신념을 행동으로 실천하여 두문동72현(杜門洞七十二賢)이 되거나 낙향해서 제자들을 양성하는 일에 종사하기도 했다. 특히 이조 때 그 많던 사화(士禍)나 반역(反逆)에 가담한 사실이 한 번도 없이 오로지 선비의 길을 걸었던 가문이란 점에 후손인 우리들은 자랑스럽게 여기고 있다.

다른 면으로 평한다면 첫째, 그 시대 권세가(權勢家)가 바로 재산가(財産家)였던 때 우리 선조들은 권세를 지향하거나 추종치 않았기 때문에 재산을 축적할 수 없어 자손들에게 재산을 물려줄 수 없었고 둘째, 고려조의 대학자이시며 좌정언(左正言)을 지내신 3대조 이경(李瓊) 공께서는 이성계와 절친한 벗이면서도 고려조의 신하로서 불사이군(不事二君)의 정신을 고수, 산속 두문동(杜門洞)으로 들어가 두문동 72현(杜門洞七十二賢) 중 한 분이 되시어 이씨 조선 건국에 협조하지 않았기 때문에 자손들이 이조(李朝)에 크게 등용될 수가 없었으므로 관계(官界)에 큰 인물이 없음은 당연하다. 그러나 은거생활을 하지만 국가에 충성하는 선비가문이었음을 자랑스럽게 여기고 있다. 한편 이조 왕실(王室)에는 제11대 중종(中宗)의 첫째 왕후이신 단경왕후(端敬王后)와 제13대 명종(明宗) 왕후이신 인순왕후(仁順王后) 그리고 제14대 선조(宣朝) 왕후이신 의인왕후(懿仁王后)의 외가(外家)가 우리 하빈 이씨 문중이다.

특기사항으로 우리 선조들은 그때그때마다 웃어른이나 선대에 대한 지극한 효행(孝行)만은 면면히 이어와 국가에서도 인정하였으니 이것 또한 우리 후손(後孫)들이 지니고 있는 자부심이다.

■1대(代) 이 자 거 자 李 琚
고려조에서 통헌대부(通憲大夫) 예부상서(禮部尙書)를 지내셨다.

이공(李公)께서는 고려조 19대 명종(高麗 明宗) 시 서경(西京, 지금 평양)의 수비장군(守備將軍)으로 재직했다. 이때 이의방·정중부 등의 무신정변(武臣政變)으로 나라의 혼란과 백성들의 삶이 파탄되고 있음을 개탄하고 있을 즈음, 명종 4년(1174년) 서경유수 조위총(趙位寵)이 백성들의 무신정권에 대한 불만이 고조되고 있음을 이용해 정권을 탈취하려는 의도로 이웃 금(金)나라에 절령 이북땅 일부를 기부하겠다는 조건부로 독단적으로 원병을 요청하고 서경북쪽 40개 성에 격문을 보내 호응을 얻어 거병(擧兵), 또 다른 문신정변(文臣政變)을 일으켰다. 이때 이공(李公)께서는 나라의 안정과 충성심을 발휘하여 조위총을 체포하러 당도한 정부군을 도와 조위총 난을 평정(平定)하였다. 그 후 하빈군(河濱君)으로 봉군(封君)되었다.

무신들 간 정권쟁취를 위한 권력쟁투는 더욱 심해지고 관료의 부패와 국기문란은 도(度)를 넘어 정도정치(正道政治)는 불가능하게 되어가자 공(公)께서는 예부상서(禮部尙書) 직을 스스로 사임하고 향리에서 후학양성(後學養成)에 힘쓰셨던 정도로 올곧은 분이셨다.

시호(諡號, 공적을 칭송하여 사후에 임금이 내리는 이름)는 문정공(文貞公)이시다.

■ 3대(代) 이 자 경 자 李 瓊

고려조 공민왕 16년 31세 때 좌정언(左正言, 왕에게 정도를 충언하는 직책)을 지내신 당대의 대학자이시며 그 당시의 충신이셨기에 다소 상세히 적는다.

고려조 충혜왕 7년(1337년) 10월 28일에 탄생하셨는데 4세 때부터 글을 읽고 지었다. 6세 때 외조부 원천석(元天錫, 당시 대학자) 서실(書室)에 가서 공부했는데, 10세 때부터 신동(神童)이란 소문이 파다했다. 이 소식을 들은 충정왕(忠定王)이 특명으로 불러서 독대했다. 왕이 "스승과 친구는 누구인가?" 하고 물은즉 "예, 외조부(元天錫)께 수학했으며 정몽주(圃隱)와는 친한 벗으로서 한 마을에서 함께 공부했습니다." 또 "배운 것이 얼마나 되는고?" 물은즉 "예, 먼저 사서(四書)로부터 시작하여 6경(六經)을 다 배웠습니다." 하고 당당하게 대답하는 것을 본 왕이 신동이란 소문이 헛말이 아니구나 하면서 즉시 논어(論語) 등 여러 서적과 지필묵을 하사하시면서 "부지런히 공부하여 나라의 동량(棟梁)이 돼라." 하시고 말을 내주어 귀가토록 지시했다.

24세 때 진사시(進士試)에 참가하여 12등으로 합격했는데 이때 1등은 정몽주였다. 정몽주(鄭夢周, 圃隱)와는 같은 마을에서 같은 해에 태어나 같은 과거시험에 합격했기 때문에 특별히 정의가 두터웠다. 과거에 급제하자 임금이 세 번이나 불렀으나 벼슬에 나아가기를 싫어해 나아가지 아니했다. 28세 때 모친상을 당했는데, 고려 말에 상례(喪禮)가 무너져 사대부(士大夫)가 모두 100일 만에 탈상(脫喪)하는 풍조가 되었으나 공(公, 이 자 경 자 어른)은 이에 따르지 않고 원칙대로 시묘살이(侍墓, 부모 묘소 옆에 초막을 짓고 3년 동안 그곳에 사는 일)로 3년상을 다한 효자였다.

목은 이색(牧隱 李穡), 포은 정몽주(圃隱 鄭夢周), 야은 길재(冶隱 吉再), 도은 이숭인(陶隱 李崇仁) 등 당대의 대학자들과 함께 성리학 공부에 열중했는데 공(公)은 학문의 경지가 남달라 외우(畏友, 가장 아껴 존경하는 벗)로 높임을 받았다고 한다. 공민왕 16년(1367년)에 나라에서 성균관을 세우고 이곳 출신 대학자들을 모두 임용하는 가운데서도 사관(仕官)하지 않고 혼자 남아서 다른 선비들과 학문을 연구했다.

31세에 좌정언(左正言)에 임명되었다. 얼마 있다가 스스로 사직하였으며 또 효행이 인정되어 화주목사(和州牧使)가 되었으나 얼마 후 그 직도 스스로 사임했다. 38세 때 모두를 치사(致仕, 모든 벼슬을 나라에 다 바치고 물러남)하고 산림으로 은거(隱居)하였다. 이 무렵 고려 조정은 이성계(李成桂) 장군을 중심으로 한 세력과 이색(李穡), 정몽주(鄭夢周)를 중심으로 한 왕권 수호세력으로 양분되어 사사건건 격돌, 정사(政事)는 갈피를 잡을 수 없는 혼란으로 치달았다. 은거 후에도 정몽주로부터 수차례 사관을 요청받았으나 벼슬에 나아가지 아니하면서도 깊은 나라 걱정에 밤을 지새우는 모습을 지켜보던 길재 야은(吉再 冶隱)이 "관직에 있을 때나 물러난 지금이나 오로지 나라 걱정만 하고 있다(進亦憂, 退亦憂)."면서 호(號)를 이우당(二憂堂)이라 지어주었다.

이성계의 혁명이 성공적으로 진행되는 가운데 정몽주가 선죽교에서 피살되고 이색이 한산(韓山)에 유배되고 길재는 금오(金烏, 경북 선산의 옛 이름)로 은거했다. 이렇게 되어 고려의 국운이 끝나려 하자 공(公, 李瓊)은 도은 이숭인과 김충한, 임선미, 조의생, 맹호성 등 당대의 선비 제현(諸賢)과 부조현(不朝峴, 개성 부근 동남쪽에 있는 산고개)에 모여 각자 시국에 대한 자기의 뜻을 개진한 다음(이때의 대화록이 남겨져 후세에 전해 내려온 유명한 『언지록(言志錄)』이다) 모두 '두 임금을 섬길 수 없다(不事二君)'는 충정(忠貞)으로 소나무 숲속에서 갓을 벗어놓고 옷을 털어버린 후 패랭이(잘게 쪼갠 대나무꽂이를 엮어 만든 천인들이 쓰고 다니는 갓의 일종)을 쓰고 산골짜기 동네인 두문동(杜門洞)으로 들어가 일생을 마쳤다. 이를 가리켜 절개 높은 충신들이라 불러 '두문동72현(杜門洞七十二賢)'이라 기록하고 그 절의(節義, 절개와 의리)를 숭상하고 있다. 이조 정조 7년(1783년) 그 당시 성균관 자리 서쪽(지금의 개성)에 사당을 세우게 하여 표절사(表節祠, 지금도 표절사가 있음)라 이름 짓고 72현의 영령들에게 치제(致祭, 임금님의 하사품으로 공신들의 제사를 지냄)하도록 하였다. 72현이 두문동에 들어간 때가 이태조 1년(1392년) 10월 16일인데 그 후의 생사는 알 길이 없어 자손들은 부친의 사망일을 10월 16일로 정하기도 했다고 한다.

공(公, 李瓊)은 이성계가 조선 임금이 되기 전에도 퍽 절친한 사이였다. 산에 지어놓은 작은 서재에서 달밤에 이성계와 더불어 서로 운자(韻字, 한시를 지을 때 글귀의 끝에 다는 글자)를 서로 번갈아 제시하면서 즉석에서 시(詩)를 지었다는 산제구점(山齊口占)이란 시를 보면 우정이 깊었던 것을 알 수 있다. 또 이방원(李芳遠,

이조 3대왕 태종)과는 공(公)의 외조부인 운곡 원천석(耘谷 元天錫)의 치악서실(稚岳書室)에서 같이 공부했던 친구로서 우의가 매우 깊었다고 한다. 고려 말 정국의 대세 흐름이 혁명파인 그들 이씨 부자에게로 옮겨질 때 그들에게 가까이하고 권세에 추종했다면 높은 관직은 물론 부귀와 공명을 최대한으로 얻을 수 있었으나 불사이군(不事二君)의 신념을 실행에 옮겨 두문동행을 택했으니 당시 사람들은 공(公)을 가리켜 매우 고지식한 선비라고 평했을 것이다.

■ 4대(代) 이 자 운 자 부 자 李雲富

고려조 예조좌랑(禮曹佐郎, 현재의 교육부와 같은 관아의 정5품의 벼슬)에 임명되었으나 사양하고 나아가지 아니했다. 모친상을 당해 묘소 옆에 초막(草幕)을 짓고 3년 동안 시묘살이를 한 후 두문동에 가서 부친(이경(李瓊))에게 고하고 왕릉에 참배하니 황희(黃喜, 이조 세종 때 영의정을 시작으로 4명의 임금을 섬기고 24년간 정승을 지낸 분)가 그의 손을 잡고 "아버지에게 효도하고 나라에 충성하니 그 아버지(李瓊)에 그 아들이 있구나!" 하고 칭찬했다.

■ 10대(代) 이 자 선 자 동 자 李善仝

통훈대부(通訓大夫, 조선시대 문관의 정3품) 남해현령(南海縣令)을 지내셨다. 천성이 강직하고 고지식하여 단종(端宗)이 수양대군에게 양위하고 하야하자 남해현령 직을 버리고 김산현(金山縣, 지금의 김천시) 구성면 광명동(기룰)으로 은적(隱迹)하시어 농사지으면서 후생에게 학문을 강론하여 많은 선비를 배출했다. 호가 강촌(岡村)이었기 때문에 이곳 김산에 거주하던 일가를 중심으로 현령공파(縣令公派) 중 김산 강촌공파(金山派, 岡村公派)가 형성되었으며 공(公, 어른)이 파조(派祖)이시다.

■14대(代) 이 자 득 자 지 자 李得地

부호군(副護軍, 조선시대 군사 업무기관인 5위(衛)의 장군) 중추부사(中樞府事, 조선시대 군사기밀 등의 업무를 담당하는 관청의 정3품)를 지내셨으며 이조 선조 때 임진왜란이 발발하자 5위의 교관이었던 형님 득배(得培)와 동생 득봉(得封)과 함께 3형제가 의병(義兵)을 일으켜 왜구와 싸웠다. 어머니가 92세로 사망했을 때 3형제가 다 70세가 넘었는데도 3년 동안 상복을 입고 소식(素食, 나물밥)만 하여 당시 사람들이 백발삼노효(白髮三老孝)라 칭하고 그 효성을 길이길이 칭송하였다.

■21대(代) 이 자 면 자 정 자 李綿禎

부인이신 연안 이씨(延安 李氏)께서는 효성이 지극한 분으로서 시아버님(20대 安坤)의 병세가 초위급한 상태가 되자 단지(斷指, 손가락을 자름)하여 피를 입에 넣어 소생시켜 10년을 더 장수케 하였는데 효부상을 내리려 했으나 끝내 사양하셨다.

■22대(代) 이 자 석 자 모 자 李錫模

부모에 대한 효성이 지극한 분으로 널리 알려져 있었는데 아버님이 병환에 계시면서 겨울에 오이와 물고기 먹기를 원하시어 강가 얼음을 깨고 이를 구해 드렸다. 어느 날 호랑이가 개를 잡아다 집마당에 두고 달아나서 이것으로 병석의 아버님을 보양했다고 한다. 현대 사회에서는 이해가 안 될지 모르나 옛날에 효성이 지극하면 하늘이 이렇게 도왔다는 실기가 다른 가문에도 많이 기록되어 있다.

■23대(代) 이 자 병 자 열 자 李炳烈

25세 때인 고종 경신년(1880년)에 성균진사시(成均進士試)에 3등으로 급제(及第, 합격)하여 조정의 신료들에게 큰 관심을 샀으나 조정의 기강이 무너져 사관(仕官) 진출이 정도(正道)대로 이루어지지 않는 혼탁(混濁)함을 보고 사관의 뜻을 버리고 향촌에서 농사일에 종사하며 선비들에 대한 학문지도에 열중하였다. 말년에 자손들을 위해 병화불입지(兵禍不入地, 전쟁의 피해가 없을 지역 즉 피난처)를 찾아 전국을 순회하신 끝에 당시 명산(名山)으로 불리던 충청도 계룡산(鷄龍山) 부근에 이르러 향교(鄕校)가 있는 진잠현(鎭岑縣)으로 오셔서 기성면 평촌리(杞城面 坪村里, 현재 대전시 서구 평촌동)에 정착하셨다.

젊은 세대들에게 참고케 하기 위해 이조 때 진사시험 합격증(교지) 양식을 전기(轉記)한다.

敎旨, 幼學 李炳烈進士 三等 第四人入格者 光緒六年八月

幼學 李炳烈 年二十五 本河濱 居金山

(유생 이병열 진사 3등 합격, 광서 6년(1880년) 8월, 25세, 본관 하빈, 거주 김산)

■ 25대(代) 이 자 형 자 선 자 李馨先

행실에 있어 늘 겸손과 조신으로 일관하시고 평생 동안 빈틈없는 계획생활을 하신 분이다. 10세 때 부친(24대 李鴻義)이 작고하자 어린 나이에 조부이신 진사공(進士公, 李炳烈)을 지극 정성으로 모신 효손(孝孫)이다. 조부가 병석에 있으면서 겨울에 홍시를 먹고 싶다 했으나 구해 드리지 못해 자신도 일평생 동안 홍시를 먹지 아니했다. 조부께서 사망하신 후 매월 삭망(朔望, 음력 초하루와 보름날)에 비가 오나 눈이 오나 20여 리 돌길 험한 기성면 장안리(長安里) 산속에 있는 묘소에 성묘(省墓)를 30여 년간 계속하니, 주변 동리 사람들이 그분의 성묘 때를 보고 날자 가는 줄 알았다고 한다. 주위 선비들이 그 선행을 칭찬하여 대학자였던 권만회(權晚悔)와 권탄옹(權炭翁) 양인을 모신 도산서원(道山書院, 대전시 탄방동 소재)의 원장으로 추대했다.

18세인 아들 성도(聖道, 저자의 아버지)의 학문성취를 위해 당대 호서지방(湖西地方)의 대유학자(大儒學者)인 현산 이현규(玄山 李鉉圭) 선생을 직접 찾아가 문하생으로 취학케 하는 적극성을 띠었다. 일제 탄압정치 속에서 삭발, 창씨개명(創氏改名)에 반대, 순응치 않고 당당히 지조를 지켰다. 내가 제11대 국회의원에 당선되자 그렇게 좋아하시던 모습이 지금도 눈에 선하다.

1986년 95세 사망 시까지 상투에 망건을 쓰신 채 생활했으며 병환 중 충남대 부속병원에서 갓 쓰고 도포 입고 상투 꽂은 노인이 입원했다 하여 화제(話題)가 됐던 분이시다.

■26대(代) 이 자 성 자 도 자 李聖道

어려서부터 증조부이신 진사공(進士公, 李炳烈)의 뜻에 따라 가통(家統)인 한문학(漢文學)을 전수하였는데 12세에 벌써 사서삼경(四書三經)을 통달하여 주위사람들을 놀라게 한 총명과 박학다식(博學多識)으로 18세 때 한말(韓末) 3대 한학자 중한 분이신 현산 이현규(玄山 李玄圭) 선생의 문하생이 되어 고문법(古文法)을 배우고 수제자(首弟子)가 되었는바 현산(玄山) 선생은 서울지방의 위당 정인보(爲堂 鄭寅普) 선생, 영남지방의 심제 조긍섭(深齋 曺兢燮) 선생과 더불어 호서지방을 대표하는 한학 3대가(三大家) 중 한 분으로 불려졌던 대학자이셨다.

공(公, 필자의 아버지)은 학덕 높은 이들 대가들로부터 학문의 실력을 인정받으면서 당시 촉망받던 학자 변영만(卞榮晩), 위당(爲堂) 선생의 수제자라 불렸던 윤석오(尹錫五, 초대 총무처장) 등과 교유하였다. 일제하에서는 식민정책에 항거 창씨개명을 거부하고 양력설을 따르지 않았고 일제교육제도를 반대하였다. 현산 선생에게 수학한 지 얼마 안 되어 상면한 위당(爲堂, 鄭寅普) 선생께서 남달리 공(公)에게 문장의 진리를 말씀해 주시고 칭찬과 격려를 해주셔서 타인의 부러움을 사기도 했다. 공(公)이 어느 날 위당 선생에게 고시(古詩) 한 편을 지어 올렸더니 즉시 화답을 주셨다. "별후득시역가희 연소목전과중백(別後得詩亦可喜 年少目前寡仲伯, 작별 후에 시를 얻으니 기쁘도다. 연소하지만 그대를 앞지를 사람이 없구나)."라고 극찬(極讚)을 주셨다. 학문이 깊어지면서 문명(文名)이 높아져 경향 각지의 학자들이 찾아와 글을 청하는 사람들이 많아 그에 따른 저술이 많다. 인자하시며 남의 단점을 절대로 말하지 않는 성품이라 사람들이, 보기 드문 대인(大人)이라고 칭송했다.

정부 수립 초기에 위당 정인보(爲堂 鄭寅普) 선생이 감찰위원장(현재의 감사원장)에 있으면서 3회에 걸쳐 서신으로 관로입사(官路入仕, 관직에 들어올 것)를 권고했으나, 찾아뵙고 정중히 사양한 후 향리에서 탐락서적(耽樂書籍, 글 읽기를 낙으로 삼는 것)으로 보낸 청빈(淸貧)의 대학자였다.

부친(25代 馨先)에 이어 권만회, 권탄옹 부자(父子)를 모신 도산서원(道山書院)의 원장을 지내셨다. 대전시우회(詩友會) 회장, 대전·충남 유도회(儒道會) 회장, 진잠향교 전교(鎭岑鄕校 典校: 대표)를 지내셨다.

■27대(代) 이재환 李在奐 --- 저자

출생지 기성면 평촌리(坪村里)

　나의 출생지는 이조(李朝) 때 진잠현 남면(鎭岑縣 南面)이었다가 후에 충청남도 대덕군 기성면 평촌리(杞城面 坪村里)로 된 곳이다. 앞서 말한 대로 나의 23대조이신 이 자 병 자 열 자 진사공(李炳烈 進士公)께서 관직에 나아가지 않고 자손들의 피난지를 찾아 전국을 다니시다가 당시 4대 명산 중 하나인 계룡산(鷄龍山) 부근을 택해 정착한 곳이다.

　당시 예언서책(豫言書册)인 정감록(鄭鑑錄)에 따르면 계룡산이 십승지지(十勝之地, 큰 변난을 피할 수 있는 지역)이고 장차 정조(鄭朝, 정씨가 왕조를 세운다는 뜻)의 500년 도읍지가 될 곳이라는 말이 풍미(風靡)되고 있었던 때라 그런 도참설(圖讖說)에 영향을 받았는지도 모르겠다. 공(公, 진사 어른)께서 이곳을 정하면서 "이곳은 산수가 아름답고 인물이 많이 나올 곳이니 가히 자손들이 살 만한 곳이다."라고 말씀하셨다고 한다.

　당시에는 10여 가구밖에 안 되는 조그마한 마을이었는데 특이한 것은 어느 집 마당이든 앞마당에서 정면을 향해 보면 계룡산 정상(頂上)이 내 앞에 있는 것같이 보이면서 앞이 확 트인 동네이다. 마을 어귀에는 가로 4.5m 세로 6~7m 크기의 커다란 바위가 있었는데 이를 두고 동네사람들은 도선바위라고 불렀다. 연유인즉 이 바위는 이태조(이조 이성계)가 새 도읍지 축성을 고려할 때 무학 대선사(大禪師)가 계룡산 기슭에 도읍지를 건설할 계획으로 궁궐공사에 사용키 위해 옮겨 가다가 중단한 것이라 하여 대선사바위라고 불리다가 부르기 편한 대로 도선사 바위, 도선바위가 된 것 같다(현재는 없어졌음). 실제로 계룡산 부근 부남리(里)에는 초석으로 다듬어진 암석이 94개 있는데 충남도 유형문화재 66호로 지정되어 있다.

나에겐 고조할아버지이신 23대 진사공(進士公)께서는 김천에서 가재도구를 다 정리해서 장만한 자금을 가지고 병약한 아들(24대 鴻義)과 어린 손자(25대 馨先)를 데리고 낯선 평촌리에 이거(移居)했다. 우선 농지를 사서 소작(小作)을 주고 받아들이는 곡식으로 생활하기 시작했는데 3년 뒤 큰 장마가 져서 들녘에 나가본즉 논두렁이 범람한 하천에 떠내려가 반 정도가 자갈밭으로 변해버렸다. 나중에 알고 보니 큰 홍수가 있는 해는 늘 그렇게 논이 손실되는 지역인데 그것을 말해준 사람도 없고, 판매자도 아무런 말도 안 해주었고 농지 매도자는 어디로 이사했는지도 알 길이 없으니 다른 방도가 없이 한숨만 쉬게 되었다. 말하자면 경상도에서 이사와 가지고 그저 당한 것이다. 오래전부터 살고 있는 동네사람의 말에 의하면 이상하게도 이 마을에 부자가 이사 오면 재산 다 날리고 오래 있지 못해 떠난다는 것이었다. 이를 전해 들은 진사공께서는 걱정이 태산 같았다고 한다. 실제 나도 기억되는 일인데 내가 국민학교 다닐 때 김우종(金宇鍾)이란 친구가 이사 왔다. 한의원을 하는 아주 부잣집이었다. 5년 뒤 재산이 소실되어 그곳을 떠나 서울로 이사했다.

그 반면에 이곳 기성면 평촌리(杞城面 坪村里)에서는 인재가 많이 배출되었다. 제2대 국회의원을 지낸 김종회(金從會), 내무부장관과 대법관을 지낸 백한성(白漢成), 출생 후 진잠면으로 이주한 대법원장을 지낸 조진만(趙鎭滿), 2선 국회의원을 지낸 필자 이재환(李在奐), 그리고 기성면(杞城面) 전체로 넓혀서 본다면 가수원리 출신으로 3선 국회의원을 지낸 박병배(朴炳培), 장안리 출신으로 3선 국회의원과 무임소장관을 지낸 김용태(金龍泰) 등이 기성면 출신이다.

이곳에서 출생한 나는 국민학교를 졸업한 뒤 대전을 거쳐 서울로 이거해서 주된 생활을 하게 되었다. 때문에 많은 일가들과 어울려 생활을 못 했다. 다행히 서울에는 나의 종증조부인 이형빈(李馨彬) 할아버지의 무남독녀인 내가 고모라고 부르는 교양 높고 미인이신 5촌당숙모(李仁道) 한 분과 나와는 숙항(叔行)이나 내가 편하게 부르는 옥진아재(李玉鎭)가 있어 가깝게 지내고 있다.

셋째숙부(중도) 결혼기념 가족사진(뒷줄 왼쪽부터 셋째숙부(신랑), 둘째숙부, 부친, 조부, 조모, 증조모, 종증조모, 셋째숙모(신부), 모친, 앞줄 왼쪽부터 넷째숙부, 저자(7세), 여동생, 여동생, '43. 4. 저자 생가 평촌)

할아버님과 아버님, 어머님

아들의 학업을 위해 치생(治生)을 맡아 하셨던 할아버지

23대조이신 진사공(進士公)을 따라 기성면 평촌리로 이거해 온 나의 할아버지(25대 馨先)는 10세에 아버지(24대 鴻義)를 여의고 노동력이 없는 진사공 어른을 극진히 모시면서 학자의 꿈을 버리고 집안 살림을 도맡아하기 시작했다. 15세 때부터는 가색(稼穡, 곡식농사)에 전념하는 한편 5일장(5일마다 지역에서 열리는 시장)이 열리는 이 장 저 장을 순회하면서 장사하는 수입으로 생계를 꾸려 나갔다. 이렇게 궁핍한 생활 속에서도 진사공에게는 증손자요, 자신에겐 아들인 성도(26대 聖道, 필자의 아버지)가 5세 때 천자문을 완독하고 문리를 터득해 멀리까지 신동(神童)이라고 알려질 정도로 학문에 열중하는 것을 큰 낙으로 삼았다.

나의 할아버지께서는 아들이 18세에 이르자 한말 3대 한학자로 알려진 현산 이현규(玄山 李玄圭) 선생 집으로 직접 데리고 가 문하생으로 취학시키면서 아들에게 "치생(治生, 집안 꾸려가는 살림살이)은 이미 내가 맡았으니 너는 학업에 전념하여 선대에서 내리신 통서(統緒, 한 갈래로 이어온 계통)를 이어가도록 하라."고 당부했다.

선대(先代) 영혼의 안락영면(安樂永眠)과 자손번영을 위해 명당(明堂) 묘소(墓所)

자리를 찾기 위한 나의 할아버지의 정성과 노력은 참으로 대단하셨다. 지금도 내가 기억하는 것은 한생원(韓生員)이란 지관(地官, 풍수이론에 따라 좋은 묏자리를 잘 잡는 전문가)을 데리고 유명하다는 산으로 명당 묏자리를 잡으러 가는 날에는 아무리 추워도 새벽에 물 길어 세수하고 새벽에 나갔다가 저녁 늦게 돌아오시기를 수없이 하셨다. 할아버지의 부모산소와 그의 조부이신 진사공 내외분의 묘소를 대덕군 기성면 우명리(현재 우명동)에 자리 잡아 이장(移葬)했는데, 명산명당을 아는 유명한 지사(地師)들이 대길(大吉)이라 인정하고 있다.

신동(神童)이라 불리던 아버님

1914년에 출생한 나의 아버지(26대 聖道)는 참으로 불우한 세대이다. 어릴 적부터 증조부이신 진사공으로부터 한문학(漢文學)을 전수하였는데, 재주가 총명하여 5세 때 천자문을 완독하고 문리를 터득하여 멀리까지 신동(神童)이라 불렸다. 그런데 이때는 조선이 일본국에 병탄(併呑)되어 주권이 상실되는 바로 1919년이다.

아버님은 8세 때 진사공으로부터 효제충신(孝悌忠信), 근검수분(勤儉守分), 조경모독(朝耕暮讀), 위행언손(危行言遜)을 지키라는 교육을 받았다. 즉 효도하는 벗과 충성과 신의를 지키고, 근검과 분수를 지키고 낮에는 일하고 저녁에는 독서하고 위험 행동은 삼가고 공손한 말을 쓰는 것을 늘 지키라는 교훈이었다. 12세에 사서삼경(四書三經)을 통달하고 18세에 한말 3대 한학자 현산 이현규 선생의 문하생이 되어 현산과 교유하고 있던 서울지역의 위당 정인보(鄭寅普), 영남지역의 심제 조긍섭(曹兢燮) 선생 등 학덕 높은 대가들로부터 인정을 받는 정도의 실력을 쌓았다. 그러나 우리나라가 일제에 합병되어 과거제도(科擧制度) 등 구(舊)제도가 없어졌기 때문에 아버님 말씀처럼 '쓸모없는 학문'을 하셨는지도 모른다. 아들의 입장에서 보면 너무나 안타깝다.

한문서당 훈장이 되다

제2차 세계대전이 일본 측에 불리하게 되자 일제의 말기적 발악이 극심해졌다. 아버님은 징용(강제로 끌어가 힘든 노역을 시킴)을 피하기 위해 나이를 5세나 높여 출생연도를 1909년으로 정정하기도 했으나 일제는 급기야 나이와 관계없이 무자비하게 징발하는 상황으로 변해갔다. 더구나 이 무렵 아버님께서는 신경쇠약으로 어려운 노동일을 할 수 없는 형편이었다. 어느 날 친구의 부탁을 받고 그의 아들 한문교육도 시키고 징용도 피하고 신병요양도 해볼 겸 해서 처남(閔晃基)이 살고 있는 공주군 우성면 보흥리(宝興里)로 이주하여 한문서당을 열고 훈장(訓長)이 되었다. 그러나 여기서도 위험성이 가시지 않아 인접 군인 청양(靑陽)으로 거처를 옮겼다. 그 후 일본의 패망으로 해방도 됐고 여러 가지 여건 변화로 1947년 평촌리로 다시 귀환했다.

1948년 정부수립 후 초대 감찰위원장이 된 위당 정인보(爲堂 鄭寅普) 선생께서 아버님에게 사관(仕官)을 권유하는 서신(書信)을 보내주셔서 인사차 상경했다. 서울역에 내려서 잠깐 보니 각종 사회단체가 경쟁적으로 벽보 붙이기 싸움을 벌이는 것을 목도하고 세상이 극도로 혼란함을 감지하시고 위당 선생을 뵙고 관직 동참을 사양하고 귀가하였는데, 그 후로도 위당 선생께서 1949년 사직하실 때까지 두 번이나 더 사관을 권유하는 서찰을 보내셨다. 그때마다 아버님께서는 능력이 없다는 이유를 들어 정중히 사양하고 학문연구에 열중하였다.

한학자가 노점상을 하다

1950년 6·25동란이 발발하자 아버님은 당신의 조모와 부모를 모시고 평촌리에 있겠다면서 서울에서 피난 온 동생들만 대구, 부산으로 피난을 보냈다. 평촌에 계신 노조모 및 부모와 자식들의 식생활이 어렵게 되자 아버님은 그해 10월경 나를 데리고 미군 B-29 비행기 폭격으로 폐허가 된 대전역 광장(大田驛 廣場)에 나가 좌판을 벌려놓고 기차에 타고 내리는 사람들에게 엿과 사과를 파는 식의 노점상(露店商)을 시작했다. 아버지는 힘든 일을 하실 수 없기 때문에 주로 내가 들고 다니면서 팔았다. 거처는 대전 중구 용두1동 무허가 판자촌(피난민들이 불법으로 짓고 사는 일명 解放村 마을)에 두 사람이 겨우 잘 수 있는 정도의 아주 작은 방을 세(貰)로 얻었다. 추운 날씨에 고생하며 지낸 후 새해가 되었다.

어느 날 저녁 아버님께서 나를 불러 앉혀놓고 금년에 중학교에 다시 입학하라는 말씀을 하셨다. 나는 예기치 않은 말씀에 깜짝 놀라 "아버님, 먹을 것을 벌어야 하는데 학교는 무슨 학교입니까? 전 이참에 학교엔 안 가고 장사하는 방향으로 인생 길을 바꾸려고 합니다."고 말씀드렸다. 아버님의 말씀이 계속 이어졌다. "옛글에 호사유피 인사유명(虎死留皮 人死留名)이란 말이 있다. 호랑이는 죽어서 가죽을 남기는데 사람이라면 죽어서 세상에 그 이름을 남겨야 한다. 이름을 남기는 데는 유방백세(流芳百世) 하는 방법이 있고 유취만년(遺臭萬年), 즉 꽃다운 이름이 백 세대 동안 길이 전해지는 것과 더러운 이름을 먼 장래까지 남기는 경우가 있는데 가급적이면 그 이름을 향기롭게 백 세대 동안 남기는 유방백세를 해야 한다. 나는 세운(世運)을 잘못 타고나서 내가 공부한 한문학은 이제 써먹을 데가 없게 됐다. 너는 신학문에 전력을 다해서 너의 고조부(23대 炳烈 進士公)께서 소망하신바 나라를 위한 인재가 되기를 바란다."고 단호하게 말씀하셨다. 이로 인해 나는 아버님의 뜻을 굽히지 못하고 1951년 대전중학교(大田中學校)에 시험을 보아 입학하게 되었고, 그래서 같은 해 국민학교를 졸업한 친구들에겐 1년 후배가 되었다.

6·25동란 때 부산으로 피난 갔던 셋째 숙부(李中道)께서 1952년 대전으로 오셔서 잠시 머물러 있을 때 6·25동란 전 서울 지인이었던 이북 출신 안영선(安永善)

장로가 대전 중앙시장에서 건어물 도매상인 안정상회(安定商會)를 개업하자 그에게 부탁하여 그 상회(商會) 좌측 모서리에 오징어와 명태 등 약간의 건어물을 소매하도록 장소를 사용케 해줘서 이제 아버님은 역전 광장에서 중앙시장 노점상으로 진출하게 되었고 나는 학교시간이 끝나는 대로 이곳으로 가서 아버님을 도와 장사를 하고 저녁 늦게 아버지를 모시고 귀가하는 일과를 매일매일 진행했다.

그러면서 나는 대 한학자이신 아버님이 시장바닥에서 장사하는 것도 매우 안타까웠고, 더욱이 물건 값을 터무니없이 깎으려는 사람이 아버지에게 실랑이를 벌이는 모습을 옆에서 보고 있노라면 참으로 가슴이 아팠다. 그래도 다행스러운 것은 안영선 장로나 옆에 붙어 있는 상회에서 된장·간장 도매상을 하던 오광선(吳光善) 장로들이 아버지를 학자 선생님(學者 先生)이라고 불러주는 것이 그렇게 고마웠다. 내가 대전중학교를 졸업할 무렵 1954년 초 안영선 장로께서 중앙시장 입구 중교통(中橋通) 부근에 조그마한 점포를 얻어줘 아주 적은 명목상의 전세금을 내고 건어물 상회를 열게 되었다. 상회 이름은 우천상회(又川商會)였다. 참으로 구세주 같은 고마운 분이었다.

나는 이 상회에서 장사하면서 대전고등학교(大田高等學校)에 입학했다. 이때 내가 아버님에게 장차 정치인(政治人)이 되겠다는 꿈을 말씀드렸더니 "사람이 목적을 이루려면 '임하선어 불여결망(臨河羨魚 不如結網)'이란 교훈을 잊지 말아야 한다."고 강조하셨다. 이 말은 회남자의 「설림훈(說林訓)」에 나오는 교훈으로서 '물가에 노는 고기를 잡으려거든 먼저 돌아가서 그물을 만들어라' 하는 말인데 아버님께서는 사람이 노력하지 않고 결과를 쉽게 바라는 것은 허욕이다. 목적을 이루려면 치밀한 계획을 세우고 실천 노력을 경주해야 한다고 교육하셨다. 나는 이 말씀을 생활철학으로 삼고 살아왔다.

건강이 좋지 않았던 어머님도 매일같이 이 점포에 나오셔서 아버지를 도와 장사를 하셨는데 내가 대학졸업을 하고 직장을 갖게 된 1963년경부터 중간 중간에 아버님께 건강도 좋은 편이 아니니 상업을 중단할 것을 건의했으나 불응하고 계속하셨다. 1981년 제11대 국회의원 당선 후 강력하게 말씀드렸더니 그제야 오랫동안 아버님을 성실하게 옆에서 보좌해줬고 나는 그를 친동생처럼 생각하고 지내던 착실한 조성구(趙成九)에게 모두 인계하시고 1982년부터 중단하셨다.

상업을 중단하시자마자 내 아내는 아버님께서 독서할 수 있는 방을 꾸며드리고 구로회(九老會) 등 12개의 한학동우회(漢學同友會) 회원들의 집합교유(交遊) 장소로 활용하고 소일하도록 해드렸고, 1년에 한 번씩 12명의 노인들이 우리 집에서 1박2일로 시조발표(時調發表) 행사를 하는 것도 완벽하게 뒷바라지를 해드렸다.

이때부터 아버님께서는 대전시 시우회(詩友會) 회장, 전국시조대회 심사위원장, 대전·충남 유도회(儒道會) 회장, 권만회·탄옹 부자(權晚悔·炭翁 父子)를 모시는 도산서원(道山書院)의 원장, 진잠향교(鎭岑鄕校)의 전교(典校, 대표)를 지내시는 등 대전·충남지역의 유림거두(儒林巨頭)가 되시어 매우 바쁘시긴 했지만 만년에 학자(學者)로서 실력을 발휘, 큰 보람을 느끼면서 생활하셨다. 특히 진잠향교의 대표로 재임 시 양영루(養英樓)라는 건물을 신축, 중고생들에게 예절 및 도의 교육을 실시함으로써 대전 시내 각 경노당별로 무료 예절교육(禮節敎育) 실시를 확산시키는 계기가 되었다. 이로써 현재 대전시 유성구 진잠동 소재 진잠향교 입구에 아버님의 공덕비(功德碑)가 세워져 있다.

또 이때 아버님께서는 제3대 하빈 이씨 중앙종친회장을 막 퇴임하신 때라 대구의 하빈 이씨 모임체인 하구회(河邱會)와 힘을 모아 1998년까지 제1대(代) 시조 문정공 거(文貞公, 琚) 묘비(墓碑), 제3대(代) 좌정언(左正言) 이우당 경(二憂堂, 瓊) 제단비(祭壇碑) 등을 비롯하여, 위로는 선대 조상어른과 아래로 후손의 묘(墓)에 이르기까지 각각 비석을 세우는 종사(宗事)에 무려 14건의 묘비문(墓碑文)을 밤을 새워

진잠향교 전교로 양영루를 세우고 학생들에게 예절교육을 하고 있는 부친('93. 8)

가면서 직접 글을 짓고 글씨를 쓰셨다. 뿐만 아니라 56년 만에 발간하는 하빈 이씨 세보(世譜) 편찬위원회 부위원장(후에 위원장이 됨)으로서 비문 내용이나 족보 발간에 선대 어른들의 행적을 정확히 확인하기 위해 서울에 있는 국립중앙도서관 고문서 열람실에 수개월 동안 도시락을 싸들고 출근하다시피 하면서 사료(史料)를 추적 탐독하는 엄청난 고생을 하면서 선대행적(先代行績)을 최대한 파악하여 정확성을 기하는 데 골몰하셨다. 심지어 타 문중의 족보까지 찾아보면서 우리 선조들의 행적을 발굴하고 나면 그렇게 기뻐하시면서 나에게 설명해 주시곤 하였다.

아버님은 왜 치매 득병(得病) 했을까?

내가 자민련(自民聯) 정당 바람에 국회의원 선거에서 낙선(落選)한 후 국제라이온스협회 대전·충남지구총재로 봉사 활동하고 있을 때인 1999년 9월 어느 날 저

증손자 *海丞* 백일에 참석, 기뻐하시는 아버님(왼쪽부터 아들 진국, 며느리 경은, 아버님, 처, 해승, 저자)

녁에 귀가하니, 앞마당에 계시던 아버님께서 나를 붙들고 물으셨다.

"국회의원 잘하고 있지?" 하시기에 웃으면서 "예? 국회의원 떨어진 지가 3년이 넘었는데 무슨 국회의원입니까?"했더니 "그래, 잘하고 있다고? 이제 바로 사표 내라. 곧 난리가 날 테니 미리 준비를 해야 한다. 내 말 명심해야 한다."고 하면서 방으로 들어가셨다.

나는 아버님의 뒷모습을 보면서 어안이 벙벙했다. 평소 사리가 분명하고 논리가 정연하신 분인데 웬 터무니없는 말씀을 하시나? 자민련 바람 때문에 국회의원에 떨어졌을 때 나보다 더 안타까워하셨던 분이, 국회의원 잘하고 있지? 이게 무슨 말씀인가? 이상함을 느꼈다.

나는 그 후에도 몇 개월 동안 아버님과 대화하면서 여러 차례 내 얘기를 잘 이해하시지 못하거나, 무엇을 질문하셔서 답변 드리면 몇 번 반복해서 똑같은 질문을 하시는 등 평소에 보지 못했던 이상 징후를 여러 번 발견했다. 잘 아는 신경과 전문의에게 문의한즉 일종의 치매(癡呆)가 오는 현상(現狀)이라는 것이다. 깜짝 놀랐다.

대체 이게 무슨 일인가? 아, 슬프도다. 84세인 작년까지 그렇게 기억력과 판단력이 총명하시던 아버님에게 이런 병마가 닥쳐오다니! 일찍이 1919년 5세 때부터 신동이라 불릴 정도로 그렇게 두뇌가 명석했던 아버님이 왜 치매 득병(得病)을 했을까? 의사들의 말에 따르면 치매는 매우 다양한 60여 가지의 원인질환에 의해 발생하는데, 뇌 신경세포가 손상되는 뇌질환의 직접 원인이 아닌 경우는 몸에 해로운 정신적 자극이 가해졌을 때에 오는 심한 스트레스 때문에 불안과 우울증을 유발하고 집중력과 기억력 감퇴를 초래하게 되는데 그것도 하나의 원인이 될 수 있다고 한다.

아버님의 경우를 내 나름대로 곰곰이 생각해 보았다. 아버님이 내게 말씀한 대로 30대 후반에 신경쇠약 증세로 고생했다는 병력도 있긴 하나 그보다도 결정적인 것은 하빈 이씨 세보(世譜) 발간과 관련하여 종통(宗統)을 변조(變造)하려는 세력(派)으로부터 인격적인 모독에 따른 치욕적인 울분으로 연세가 많은 상태에서 깊은 정신적 자극을 받아 생긴 심한 쇼크와 스트레스가 원인이었다고 나는 단언한다.

아버님은 앞서 말한 대로 하빈 이씨 중앙종친회 제3대 회장(1978~1981)으로 있을 때 임원들이 우리 이씨의 세보가 1927년 정묘보(丁卯譜) 이래 50년이 넘었으니 세보를 발간하자는 의견의 일치를 보아 경남도의원을 역임하신 거창파(居昌派) 종장(宗丈, 종중어른) 태웅(泰雄) 씨를 세보 편찬위원회 위원장으로 정하고 종친회장인 아버님은 부위원장이 되어 발간작업에 착수했다.

우리 이가(李家)의 세보(世譜), 일명 족보(族譜)는 고려 명종 4년 서기 1174년에 시조인 이 자 거 자(李琚)께서 하빈군(河濱君)에 봉해진 이후 이조 영조대왕 50년인 1774년 갑오년(甲午年)에 처음으로 만들어져, 이를 갑오보(甲午譜)라 한다. 이때 8세(世) 5형제 분 중 어느 분의 아들을 대종통(大宗統, 대종가의 맏자손)으로 할 것이냐가 논의되었다. 왜냐하면 5형제 분 중 장남인 호인공(好仁公)의 후예는 11세

(世) 명현공(命賢公)을 끝으로 종통(宗統, 종파의 계통)이 절세(絕世, 대가 끊어짐) 되었고 차남인 호의공(好義公)은 당대에 아들이 없어 무후(無后, 대를 이어갈 자손 이 없음)였고, 또 3남인 호예공(好禮公)은 종통을 이을 적자(嫡子)가 없었다. 그래 서 세보를 만드시던 선인(先人)들께서는 모든 사실들을 심층 고찰하신 끝에 종통을 계승할 수 있는 적자와 적손(嫡孫)이 계속 이어져 오고 있던 4남인 호지공(好智公) 의 아들 9세(世) 문규(文圭)에게 대종통(大宗統, 대종가의 맏자손)을 이어가게 하는 것이 옳다고 결정(決定)하여 그렇게 족보를 만들었다. 그 후 10세(世) 선동(善仝), 11세(世) 의필(儀必)까지 계속되었고, 12세(世)에 와서 장남 기(機)의 후예는 김산 파(金山派)로 차남 추(樞)의 후예는 겸동파(鎌洞派)가 되었다. 그래서 대종통(大宗 統)은 우리 김산파(金山派)로 이어졌다.

이렇게 되어 1774년 최초의 갑오보 이후 두 번째 세보인 1843년 계묘보(癸卯 譜), 세 번째인 1870년 경오보(庚午譜) 발간 후 1900년까지 126년 동안 이어져 왔 는데 1901년에 와서 신축보(辛丑譜)를 발간하면서 일대 변고(變故)가 발생했다.

앞서 말한 8세(世) 5형제 중 장남인 호인공의 자손이 11세(世) 명현에 와서 아들 두 사람, 즉 한(漢)과 하(河)라는 두 아들이 있었으나 종통을 이을 자격이 없는 서자 (庶子)였던 관계로 절(絕世)로 기록되어 있는 기존의 세보 내용(內容)을 뜯어 고쳐, 한(漢)을 11세(世) 명현 다음의 12세(世)로 고쳐 넣어 대(代)가 이어진 것처럼 만들 어서 결국 대종통(大宗統)을 김산파(金山派)에서 겸동파(鎌洞派)로 바꾸어놓았다 (참고: 세보 편집의 원칙상 11세(世) 명현의 아들이긴 하나 종통을 이을 자격이 없 는 아들이었기 때문에 명현공의 밑으로 기록해 넣지 못하고 명현공과 같은 난(欄) 옆에 작은 글자로 적어 넣은 것은 자격이 없거나 절세임을 확인해 두기 위한 것임).

뿐만 아니라 이때 또 하나의 해괴한 일은 126년 동안 세보(世譜)에 나타나 있지 도 않은 대아불파(大雅拂派)를, 126년간 무후(無后, 아들이 없음)로 내려온 8세(世) 5형제 중 차남인 호의공(好義公)의 후예로 집어넣은 어처구니없는 사건이었다.

어찌해서 이렇게 두 건의 엄청난 사건이 발생했나?

1983년의 세보 발간 때 논란이 되었던 일인데, 당시에도 거창파가 많이 살고 있는 경남 거창군 일대와 대구 지역에 살고 계신 연세 많으신 종인(宗人)들 사이에 전해 내려오는 사건내막(事件內幕)을 부끄럽지만 후대 자손들을 위해 아버님께서 증언(證言)하셨다. 내용은 다음과 같다.

우리의 최초 세보인 1774년 갑오보로부터 126년이 지난 후 1901년 신축보를 발간할 때 편찬·발간 총 책임자였던 소위 도유사(都有司)는 거창파의 현용(賢容) 씨였다. 당시에는 문맹이 많았고 물질문명이 미개하고 교통도 발달되지 않았던 시대라 한 지역의 잘난 인물이 종중(宗中) 일을 좌지우지하던 시절이었는데, 현용 씨는 아는 것이 많고 인물이 출중하여 일가들이 그를 상대하기를 두려워하고 모든 종사(宗事)를 독선적(獨善的)으로 처리하는 아주 추진력이 강한 인물이었다. 그런데 불행히도 그는 대를 이을 자식이 없어서 자파(自派)인 거창파에서 양자(養子)를 얻으려 했으나, 그 성격에 겁이 나 모두가 거절했다. 이에 그는 할 수 없이 다른 파(派)에 접촉을 하던 중 늘 세보(世譜)에 대해 일종의 욕심을 품고 있던 겸동파(鎌洞派)와 연결되어 모사(謀事)가 이루어졌다. 즉 겸동파로부터 양자를 확약 받고 겸동파의 소망대로 8세(世) 5형제 중 장남인 호인공(好仁公)의 후예로 세계(世系)를 만들어 넣고, 대종통(大宗統)을 겸동파(鎌洞派)로 바꿔치기 한 것이다.

또 이 무렵 하빈 이씨 세보에 들어오기를 갈망했으나 뚜렷한 자료와 근거(根據)가 없기 때문에 도유사이던 현용 씨로부터 수차 거절(拒絕)당하고 있던 대아불파(大雅拂派)는 이상과 같은 겸동파와의 모의사실을 탐지한 후 도유사 현용 씨를 겁박(劫迫)하여 하빈 이씨 세보에 들어오면서 126년간 세보의 기록에 무후로 내려온 8세(世) 5형제 중 차남인 호의공의 후예로 집어넣은 것이다. 인쇄를 독단한 현용 씨가 인쇄과정(印刷過程)에서 이렇게 바꿔치기한 신축보(辛丑譜)가 발간돼서 배포하려는 때에 각파 종인들이 이 사실을 발견하고 경악을 금치 못해 반발하고 족보 수취를 거부(受取 拒否)하니, 이것이 곧 1901년 신축보 배포중단 사건(辛丑譜 配布中斷 事件)이었다.

이러한 내용들은 경남 거창뿐만 아니라 여러 지방의 나이 많은 종인(宗人)들 사이에 전해져 내려왔고 그 후 1927년에 발간된 정묘보 서문(丁卯譜 序文)에서 이의 잘못을 지적한 후 이전에 발간된 세보 내용대로 바로잡았다. 그 당시 세보 발간에 참여하셨던 어른들과 사건 당시 양자(養子)로 갔던 당사자(當事者)도 알고 있었다는 사실과 함께 1983년 계해보(癸亥譜) 편찬위원장이던 태웅 종장께서 여러 번 확인해 주신 증언이다.

126년 동안 아무런 분란 없이 조용하던 우리 하빈 이가(李家)가 1901년에 와서 세보 편찬을 맡았던 거창파 도유사 한 분과 겸동파와 대아불파의 사욕에 찬 부정행위(不正行爲)로 인해 세계(世系)와 종통(宗統)이 바뀌는 선조모독(先祖冒瀆)의 치욕적 세보 변조 사건이 발생했던 것이다. 이와 같은 부끄러운 내용을 추적 발굴하고 이를 정연하게 정리한 분이 바로 나의 아버님이시다. 이 같은 치욕적 산물인 1901년의 신축보 내용을 바로잡아 놓은 1927년의 정묘보 발간 이후 56년이 지났기 때문에 1983년 계해보(癸亥譜)를 발간하기 위해 구성된 세보 편찬위원회(위원장 태웅 씨, 얼마 후 이분이 작고하셔서 나의 아버님이 위원장(委員長)이 됨)에 겸동파와 대아불파 대표들이 찾아와서 문제의 잘못된 1901년 신축보 내용 그대로 해줄 것을 요청(要請)했다.

이때 아버님께서는 그들에게 "결론적으로 그것은 절대 불가능(不可能)하다. 왜냐하면 선조들께서 5차에 걸쳐 발간한 세보(1차 1774년, 2차 1843년, 3차 1870년, 4차 1901년, 5차 1927년) 가운데 세계와 종통이 바뀐 것은 1901년의 신축보(辛丑譜) 단 한 번밖에 없었으므로 그것을 제외한 4개의 세보 내용을 기준으로 편찬할 것을 의결했으니 불가능하고, 또 문제의 그 신축보 내용이 잘못되었다는 것은 엄연한 사실이 아닌가? 그래서 그때 배포중단 사건이 발생하지 않았느냐?" 하면서 자료와 증거를 들어 받아주지 아니했다. 아버님의 자세한 설명을 듣고 이해한 겸동파 중 일부(鎌洞派 一部)는 세보 발간에 동참(同參)하여 총무(總務) 직책을 맡기도 했다. 그러나 겸동파의 강경론자와 대아불파는 끝내 참여하지 않은 가운데 1983년 계해보(癸亥譜)는 발행되었다.

이때부터 대아불파 대표를 자처(自處)한 대구시 거주자 이순기(李淳基)는 아버님을 극렬하게 비난하면서 "내가 종친회장이 돼서 이성도(李聖道) 씨가 잘못 만든 세보를 뜯어 고치겠다."고 호언장담하고 다녔다 한다. 이순기는 그 당시 대구 재벌인 우방건설(友邦建設) 그룹 회장 이순목(李淳牧)의 친형으로서 동생의 재력을 내세워 시조 묘소 정화사업을 하겠다고 선전하면서 일가친척에게 혜택을 주는 등의 방법으로 선심활동을 하더니, 드디어 1993년 5월 어느 날 동조세력(同調勢力)을 규합하여 종친회를 소집하고 다른 파의 의견 개진도 무시한 채 만장일치로 중앙종친회장(宗親會長)이 되었다고 한다. 아니나 다를까, 예측한 대로 세보(世譜) 편찬을 하겠다면서 소문난 대로 자기들에게 신세를 졌거나 도움을 받은 사람들을 세보 편찬위원회 대의원(代議員)으로 선정하고 회의를 수차 했다는 소문이 대전에 있는 아버님에게까지 들려왔다.

대저 세보는 어느 가문(家門)이든 대략 30년이 지나야 다시 발간하는 것이 통례(通例)인데 우리의 경우 1983년 계해보가 발행된 지 10년밖에 안 된 시점에서, 계해보 발간 때 자기네들의 요구사항(원천적으로 잘못된 내용)을 받아주지 않았다는 불만을 가지고 있던 대아불파(大雅拂派)가 종친회장(會長)이 되자마자 이러한 통례를 무시한 채 갑자기 세보를 다시 만들겠다니 이것은 과연 무엇을 의미하는가? 재벌의 선심과 위력으로 자기네들의 계획대로 유리한 세보를 만들겠다는 것이 아닌가?

드디어 1995년 2월 12일 최종 대의원 대회를 한다는 통보를 받은 아버님은 나와 김천에 사시는 갑수(甲洙) 아저씨와 함께 대구 회의장으로 갔다. 내가 대의원이라는 분들의 면면을 살펴보니 선대들께서 만들어 놓은 세보 내용을 고친다는 것이 얼마나 무서운 일인지 알지도 못하고 그저 저들이 하자는 대로 무조건 쫓아가는 분들이 대의원이라고 모여 있는 것 같았다. 전체 분위기를 보니 이미 이순기 회장의 치밀한 계획하에 1901년의 신축보 내용대로 고쳐서 발간하는 것으로 방침이 정해져 있을 뿐만 아니라, 대의원들 간에는 신축보 내용대로 고치는 것이 뭐 그렇게 문제가 되느냐는 분위기였다. 세보를 읽을 줄도 모르는 사람들을 대의원이라고 앉혀 놓고 짜놓은 각본대로 박수를 유도하고 있는 참담함을 보신 아버님께서는 종친회 고문(顧問) 자격으로 일어서서 발언을 하셨다.

"여러분, 참으로 부끄럽고 안타까운 일이 벌어지고 있습니다. 선인들께서 각종 고증으로 심사숙고 판단하여 맨 처음 펴내신 1774년의 갑오보로부터 1983년의 계해보에 이르기까지 6차에 걸쳐 발간된 우리 가문의 세보 가운데 단 한 번, 그것도 세보 편찬 총책임자였던 도유사 한 사람의 독선적 사욕충족(私慾充足) 목적과 그와 연계된 2개 파와의 모사에 의해 천부당만부당하게 세계와 종통을 뒤바꿔 놓은 1901년의 신축보(辛丑譜) 하나만 옳고, 나머지 다섯 차례 발간된 세보는 모두 허구요 거짓 족보라고 결론을 내리니 이것이 이치상으로 맞는다고 보십니까? 세상에 이렇게 선조를 모독할 수 있단 말입니까? 오늘 이 시대에 살고 있는 여러분들이 어떻게 221년 전(1774년 최초로 세보를 발간했을 때) 선조들의 고증을 거쳐 만들어 놓은 족보 내용을 무슨 근거(根據)로 고칠 수 있단 말입니까? 오늘의 어설픈 추측이나 추정만으로 세계(世系)와 종통(宗統)을 마구 자의(自意)대로 바꾸어버리는 가문이 세상에 어디 있단 말입니까? 만일 여러분들이, 금번에 만들어내는 세보에서 종통이 바뀐다 해도 우리 파와는 아무런 상관이 없으니 '그동안 신세를 졌고 고맙게 해준 이순기(李淳基) 회장의 요구(要求)대로 찬성(贊成)해주자.'는 단순한 생각으로 저들의 주장대로 그냥 따라간다면 후손으로서 창피한 일이며 천추의 한이 되는 잘못을 저지르게 될 것입니다. 예부터 족보 편찬이나 종사(宗事)에 금력(金力)이나 사욕(私慾)이 개재되면 집안이 파멸(破滅)된다고 했습니다. 대의원 여러분! 이후 먼 훗날, 선현들이 정해놓은 족보 내용을 10년 만에 재벌그룹 형제 중에서 종친회장이 나오더니 자기네 사욕을 성취하기 위해서 세보 내용을 뜯어 고치는 데 동조해준 우매한 선조들(대의원들)이었다는 비난을 받는 어리석은 종인이 되지 않도록 현명하게 행동하시기 바랍니다."라고 역설한 후 퇴장했다.

나이 많은 아버님이 그렇게 열변으로 이순기 즉, 자기네의 음흉한 목적과 치부를 낱낱이 들추어내어 비판하고 족보(세보) 발간의 부당성을 강력히 주장할 줄을 예상치 못했던 이순기 회장(李淳基 會長)은 당황한 나머지 퇴장하는 아버님을 향해 "한문자를 조금 안다고 그러는 모양인데 우리 집안에도 곧 한문학 석사가 나올 것이니 그때 가서 성도(聖道, 나의 아버지) 씨를 납작하게 만들겠습니다." 하면서 심하게 모독적(冒瀆的)인 폭언(暴言)을 퍼부어댔다. 그 후 그들은 부정계획대로, 1901년의 잘못된 신축보 내용 그대로 겸동파를 하빈 이가의 대종통(大宗統)으로 바꿔치기 하고 또 이순기의 대아불파를 세보 상 126년간 무후로 내려온 8세(世) 5형제 중 차남인 호의공(好義公)의 후예(後裔)로 집어넣어 세계와 종통을 변조(變造)한 세보(世譜)를 만들어 1997년에 소위 정축보(丁丑譜)라는 이름으로 모독적인 세보를 발간하고 말았다.

이후부터 아버님은, 소위 한문 줄이나 읽었다는 내가 불민(不敏)해서 이러한 선조 모독의 행위를 막지 못했다면서 크게 쇼크를 받고 밤잠을 이루지 못하고 마당을 서성거리면서, "내가 죽어 어떻게 선대(先代)를 뵈올 수 있느냐."면서 매일 한탄(恨歎)하시는 자책(自責)의 말씀으로 나날을 보내셨다.

저들의 선조 모독 세보 편찬에 참여하지 않은 우리 김산파 어른들은 그들의 부정행위를 규탄하고 정의를 바로 세우고 후손들에게 이를 정확히 알리기 위할 목적으로 다음 해인 1998년에 김산파보(金山派譜, 김산파만 수록한 족보)를 발간했다. 아버님께서는 끝가지 저들의 부정행위를 막지 못했고, 또 1983년 계해보 편찬위원장으로서 대동보(大同譜, 하빈 이씨 모든 파가 빠짐없이 참여하는 족보)를 발간치 못했으며, 이제 와서 김산파보(金山派譜)까지 만들게 된 것도 자신의 능력 부족에서 연유한 결과라고 판단하면서 이중삼중의 스트레스를 받고 있었다.

1999년 9월 어느 날 갑자기 국회의원 선거에서 낙선한 지 3년이나 된 나에게 "국회의원 노릇 잘하고 있지? 곧 난리가 날 터이니 국회의원 사표를 내라."는 엉뚱한 말씀을 하시는 것으로 치매(癡呆)가 시작된 것이다. 갈마동 집에 놀러 오시는 친구분들은 계속됐으나 어떤 때는 친구를 알아보지 못하고 엉뚱한 말씀을 하시니 소문이 나기 시작했다. 유당(由堂, 아버님의 아호)이 사람을 잘 알아보지 못한다는 입소문은 빨리 퍼져 나갔다.

전국적으로 치매 치료를 잘한다는 신탄진 소재 한일병원으로 내가 직접 모시고 가 진찰을 받은 결과 정확히 치매라는 진단이 내려졌고, 병원이 운영하는 같은 환자들을 수용하는 집단병동에 입원시켜 치료를 하자는 권유를 받았다. 그러나 집단 요양 병동에 입원시키는 것은 자식의 도리가 아니라고 생각, 거절하고 집에서 우리 내외가 모시고 통원치료를 하기로 결정했다. 지역구 관리를 우리 내외가 같이 해야하므로 부득이 간병인을 두었다. 가급적이면 많은 사람들에게 알리지 않기로 방침을 세웠다. 그 후 이 병원 저 병원 좋다는 병원을 찾아 진료하고 처방약을 복용하고 입원치료도 했으나 병세는 점점 깊어만 갔다.

치매라는 병 증세를 알게 된 아버님 친구분들의 발걸음은 끊어졌다. 아버님께서는 병환 중에 식사를 하지 않으려 하시고 알아듣지 못할 혼잣말을 계속하시고 대소변도 도움을 받아야만 하고 듣기가 민망스러운 말씀을 하시고, 아버지(사망한 당신의 아버지)와 만나기로 약속했다, 또는 진사(進士) 할아버지(사망한 당신의 할아버지)를 만나 사죄(謝罪)해야 한다면서 자꾸만 집 밖으로 나가시는 것이었다. 우리 내외와 간병 아주머니는 이를 감시하고 말리는 것이 일과였다. 제일 염려되는 것이 집을 못 찾아오는 것이고 교통사고였다. 집을 나가실 수 없도록 장치를 해두면 담장을 넘어 몰래 나가셨다. 우리 집 주변 파출소에서 자기들이 모시고 있다고 연락오는 경우가 비일비재했다. 집에서 모습을 뵐 수 없으면 우선 파출소로 연락을 하는 것이 일상화되었다. 내가 파출소로 달려가면 나를 알아보시고, "애야, 내가 왜 여기에 와 있냐?"고 반문하신다. 나만은 알아보는 것이다.

거듭되는 이러한 상황에서 나는 아버님이 너무 측은하고 안타까워서 아버님 손을 잡고 수차에 걸쳐 제발 집 나가시는 행동만은 하시지 말라고 눈물로 호소했지만 "너, 왜 우냐? 내가 언제 집을 나갔냐? 난 그런 일 없다."고 언짢게 말씀하신다. 당신이 한 행동 일체를 기억하지 못하고 있기 때문에 아무런 소용이 없었다. 옆에서 직접 보거나 겪어보지 않은 사람은 전혀 믿지 않는 어처구니없는 상식 밖의 행동 상황을 어찌 다 말할 수 있겠는가! 여기서 접는다. 유가(儒家)의 윤리규범 실천에 철저했던 대 선비이신 아버님이 이렇게 되다니… 우리 내외는 아버님이 너무나 불쌍해서 아버님을 붙들고 울기도 많이 울었다.

그런데 특이한 현상은 하루에 몇 차례 한 시간여씩 정상적인 상태로 돌아오신다는 것이다. 그럴 때마다 조금 전까지 아버님이 하신 행동을 지적하면서 말씀드리면 내가 언제 그렇게 했냐면서 크게 화를 내셨다. 이렇게 정상으로 돌아오실 때 출가한 딸들이라도 오면 아주 정상인으로서의 대화를 하는 바람에, 어쩌다 오래간만에 우리 집에 오는 내 동생들은 아버님이 치매로 고생했다는 사실을 모르고 있을 뿐만 아니라 이를 부인하고 있다. 그렇게 부인하는 것이 오히려 편할 것이니 다행이다. 아무튼 치매를 앓고 있는 당사자는 옛날에 있었던 얘기는 잘하면서 최근의 현재 일은 아무것도 모르고 생활하고 있다는 것이 맞는 말이다.

우리 아버님이 왜 이렇게 득병(得病)했을까? 저명한 의사의 말대로 이것은 바로 세보편찬(世譜編纂)과 관련해서 치욕적인 모독(冒瀆)으로 충격받은 스트레스 때문에 나타난 불안(不安), 우울증(憂鬱症)이 쌓이고 쌓여서 일어난 것이라고 나는 단언

(斷言)한다. 나는 대전 사회에서 대학자로 인정받고 있는 아버님이 치매 병환 중이란 사실을 되도록이면 공개하지 않았고, 나와 내 아내 그리고 함께 도와줬던 안경임 여사(現 김천 거주)와 같이 눈물 나는 최선의 간병을 계속했다. 그럼에도 아버님은 5년 2개월여 동안 병고에 계시다가 2004년 11월 29일 오전 향년 91세로 별세하셨다.

진사댁 외동 미인손녀 15세에 시집오다

나의 어머님(閔柔基)은 15세 때 2년 연하인 13세의 아버님과 1927년 3월에 결혼하셨다. 내가 출생한 기성면 평촌리에서 약 50리 정도 떨어진 진잠면 세동리(細洞里) 민병화(閔丙和) 씨의 장녀로 태어나셨는데 부친은 아들 한 분(나의 외숙부인 閔晃基)을 더 두시고 24세에 돌아가셨기 때문에 어머님은 성균진사(成均進士)이신 할아버지(閔九植) 밑에서 자랐다. 이조 말에 민문(閔門)에서 진사에 급제하신 분이 벼슬을 하고자 했다면 무엇이든 할 수 있을 때였는데 사관(仕官)치 않고 낙향하여 후진을 가르치는 일을 하셨다니 나의 외증조부(外曾祖父)도 꽤 고지식한 분이셨던 것 같다.

아무튼 어머님은 손에 물 묻히지 않는 부유(富裕)한 집안에서 진사 할아버지의 외동 손녀로서 많은 사랑을 받으면서 성장했다. 나의 어머님은 어릴 적부터 똑똑한 미인 규수(美人 閨秀)로 인근에 소문이 자자했고 진사 할아버지께서도 인정하시어 심지어 "네가 남자로 태어났으면 우리 집안을 융성케 할 수 있을 텐데!" 하고 칭찬을 하셨다고 한다.

우리 아버님은 5세 때부터 인근 지역에 신동이라고 이름이 나 있었으나 집안이 무척 가난해서 혼사가 이루어지기 어려운 상황이었는데, 인연이 돼서 성혼(成婚)이 되었다. 그렇기 때문에 부유한 민씨 집안에서는 생활이 어려운 그런 집에 시집가서 어떻게 생활을 해낼 것인가 크게 걱정했다. 성혼이 되자 심지어 우리 집안의 어른들조차 집안에 가사를 돕는 사람까지 두고 사는 그렇게 부유한 집에서 자란 규수가 우리 집안에 와서 어떻게 살아갈 것인가를 걱정했다는 것이다.

그렇지만 어머님께서는 시집을 온 뒤 삼베옷을 입고 절구방아(껍데기가 있는 곡식을 절구통에 넣어 절구로 껍데기를 벗기는 일)를 찧어 어른들께 제때에 식사를 해 올리고, 손바닥이 부르트고 허리가 아픈 고통을 참아가면서 가내의 모든 일들을 척척 잘 해냈다. 혼자되신 시조모 송씨(宋氏)께서는 "고생도 안 해보고 일도 안 해본 어린 나이에 어찌 저렇게 능할 수 있을까!" 하시면서 사랑하고 안타까워하셨다. 또한 시집 식구 중에서 제일 어른이신 시증조부 진사공(進士公)께서는 말씀하시기를 "신부 아이가 범상치 아니하니 우리 집안이 장차 유망하겠다. 너희들은 내 말을 헛되이 듣지 말고 잘 선도하라."고 하시었다고 한다.

어머님께서 시집 온 지 1년 뒤인 16세 때에 사랑과 칭찬을 주시던 진사공께서 별세했다. 이후부터 가세(家勢)가 더 궁핍해져서 잡곡으로 밥을 지어 어른에게 공양하는 형편이 되었고 어머님께서는 그것마저 제대로 먹지 못해 식사를 거르는 때가 한두 번이 아니었다고 한다. 이 때문에 어머님은 영양실조에다 위가 아픈 증세가 나타났고 한학 공부에만 열중하던 아버님은 나중에 이를 알고 한탄했다고 한다. 어머님은 결국 27~28세부터 세칭 가슴앓이라는 병으로 고생하기 시작했다. 이런 와중에서도 어머님은 아버지께서 붓글씨 연습을 위해 매일 수십 장씩을 쓸 때 꼭 시간을 내서 팔이 붓도록 먹을 갈아놓았다고 한다. 남편의 입신양명(立身揚名)을 위해 헌신(獻身)하려는 자세가 장부에 버금갔고 남편에 대한 사랑 또한 극진하셨다.

내가 보기에도 내 어머님은 여자가 아니라 대장부(大丈夫)의 기질을 타고나신 것 같았다. 성격이 약간 급하시긴 했으나 용기와 강단이 대단하시고 성품이 활달하셨다. 어떤 모임이든 간에 지도자적 역할을 했으며 사리판단이 분명하시고 시비의 옳고 그름을 쾌도난마(快刀亂麻)처럼 해결하시는 그런 분이셨다. 아버님이 중교통 입구에서 건어물상 우천상회를 운영하실 때부터는 매일 아침 새벽에 아버님과 함께 나오셔서 장사를 도우시고 저녁 늦게 들어가시기를 무려 20여 년간 하셨다.

나는 1960년 2월경 어머님의 가슴앓이라는 병에 대해 정밀검사와 치료를 해드리기 위해 서울대학교 부속병원에 입원시켰다. 여러 가지를 종합 검진한 결과 위유문궤양(胃幽門潰瘍)으로 판명되어 완치(完治)시켜 드렸다. 어머님이 입원해 계실 때 내 아내 될 사람을 데리고 가서 인사드리게 했고 그때 어머님께서는 그녀에게 그렇게 가느다란 손목으로 종갓집 며느리 역할을 할 수 있겠느냐면서 농담을 하셨다. 며칠 후 나 혼자 병실에 들렀을 때 장가 안 가겠다던 내가 색시감을 소개한 것이 좋으셨던지 "애가 좀 약하긴 하지만 착하고 교양이 있어 보이더라. 내가 15세에 너희 집안으로 시집 올 때 너의 아버지 한 분만을 보고 왔다. 가난한 집이란 것도 다 알고 있어서 그랬는지 나를 키워주신 진사 할아버지(進士 閔九植)께서 며느리가 마땅히 지켜야 할 도리라면서 10개 부도(婦道)를 적어주시고 교육해 주신 것이 큰 무기가 되어 그것을 지키느라고 용기를 내어 평생을 살아왔다."고 과거사를 장황하게 말씀하셨다.

내가 70세를 넘어서였던가? 아내로부터 나와 결혼할 때의 뒷얘기 한 토막을 들었다. 집안 언니, 오빠들이 그리 탐탁하게 생각지 않았다는 것이다. 그런데 어느 날 자기 아버지(제헌 국회의원 李裕善)가 방으로 부르시더니 "내가 대전에 가서 이재환 군의 부모를 멀찌감치 보고 왔다. 부친 되는 분은 아주 얌전하신 학자풍이시고 모친 되는 분은 상당히 날카롭게 보이시더라."고 하시면서 호감적으로 말씀을 하셨다고 한다. 그 이튿날 저녁 다시 부르셔서 방에 갔더니 제례(祭禮)에 관한 책자를 펴 보이면서 제사 지내는 방법을 가르쳐주셨다고 한다. 각종 제례의식에 대한 교육을 하시더니, 그러나 가문에 따라 제례방법이 다 다르니 여기서는 원칙만 알고 그 집안에서 행해 내려온 법도대로 하면 된다고 말씀하셨다고 한다. 나는 이런 얘기를 듣고 감리교 전도사 출신으로 철저한 기독교인이신 장인 될 분께서 그렇게 교육을 했다니 이것은 정말로 획기적인 일이고, 우리 어머님이 시집을 때 그 할아버님이 사전에 부도(婦道) 교육을 시켰던 일이 어쩌면 일맥상통한 것이라고 생각했다.

어머님의 위유문궤양은 완치가 되어 아들 덕분에 안 아프니 훨훨 날아다닐 것만 같다고 좋아하셨고, 나는 1967년 11월 4일 이정희와 결혼식을 올렸다. 신혼여행을 다녀온 아내는 제일성으로 어머님에게 "이제 병환도 다 나으셨고 하니 어머님 하시고 싶은 대로 뭐든지 하시고, 어머님 계(契)꾼들이 많으시니 좋은 산천 구경을 많이 다니시라."고 주문 아닌 부탁 말씀을 드렸다. 이때부터 어머님의 여행은 17년간 국내에 안 가보신 데가 없을 정도로 많이 하셨고 그 경비는 모두 내 아내가 지원해드렸다.

그렇게 건강하게 생활하시던 어머님께서 해소병으로 대전 소재 을지병원에 입원, 인후(咽喉) 수술을 하면서 치료를 받게 되었다. 일반 식사가 어렵게 된 어머님을 위해 아내는 매일 미음(米飮)과 죽(粥)을 쑤어 들고 가서 병간(病看)을 일과로 삼았다. 어느 날 내가 병실에 들렀더니 나에게 "내가 며늘아기를 처음 만났을 때 손목이 가느다란 것을 보고 옛날의 내가 15세 어린 나이에 시집 와서 종갓집 큰살림을 하느라 고생했던 것을 생각하고 손목이 그렇게 가늘어서 종갓집 일을 할 수 있겠느냐고 말한 적이 있는데, 지금에 와보니 그런 말을 한 것이 쑥스러울 정도로 다 잘해내고 있구나. 내가 죽어도 선조님들을 모시는 큰일들을 해나가야 하는데 걱정을 안 해도 되겠다. 너는 그 성미 좀 죽이고 네 댁한테 잘해라."고 마치 유언 같은 말씀을 하셨다. 나중에 아내한테 들은 얘기인데, 아내가 병실에 갈 때마다 어머님께서 인후수술을 해서 말씀하시기가 거북한 상황임에도 불구하고 "네가 다 할 수 있지?" 하는 말씀을 여러 번 하셨다고 한다. 아마 이것은 분명 종갓집 며느리인 당신이 마지막으로 대를 이은 며느리에게 역할을 인계하면서 믿음과 용기를 전하는 것이었을 것이다. 그 말씀을 할 때마다 내 아내가 "예, 잘할게요. 걱정하지 마세요."라고 답변하면 웃으면서 손을 꼭 잡고 고개를 끄덕이셨다고 한다.

1984년 10월 31일 을지병원에서 향년 73세로 돌아가실 때 혼자 병상을 지키던 종갓집 맏며느리인 내 아내 옆에서 편안히 운명하셨다.

부모 및 형제자매, 숙부 및 사촌동생들

1) 父:(故) 이성도(李聖道, 한학자, 1914~2004)

　母:(故) 민유기(閔柔基, 1912~1984)

　　長男: 이재환(李在奐) – 前 국회의원, 회고록 저자

　　　配: 이정희(李正姬), 전주 이씨 제헌국회의원 李裕善의 子

　　次男: 이재찬(李在燦) – 회사 부회장(現)

　　　配: 이기원(李基媛), 전주 이씨 李楨薰의 子

　　三男: 이재형(李在炯) – 前 회사 사장

　　　配: 박은경(朴珢卿), 죽산 박씨 朴鍾圭의 子

　　長女: 이재희(李在喜)

　　　夫: 윤석열(尹錫烈)

　　次女: 이재순(李在順)

　　　夫: 권희성(權熙成)

　　三女: 이재옥(李在玉)

　　　夫: (故) 이종현(李鍾鉉)

2) 둘째叔父 : (故) 이현도(李現道) – 국민학교 교장 역임

　(지면 관계상 사촌은 남자들만 기록함)

　　長男 : 이재걸(李在傑), 약사(약국 경영)

　　次男 : 이재식(李在植), 혜전대학 교수

3) 셋째叔父 : (故) 이중도(李中道) – 동양상공권업(주) 대표이사 역임

　　長男 : 이재호(李在浩), 개인사업(사장)

　　次男 : 이재영(李在永), 중학교 교장 역임

　　三男 : (故) 이재수(李在洙), 회사 본부장 역임

　　四男 : 이재인(李在寅), 개인사업(사장)

4) 넷째叔父 : (故) 이충도(李忠道) – 철도청 여러 역장 역임

　　長男 : 이재욱(李在郁), 회사 간부

　　次男 : 이재하(李在夏). 회사 간부

5) 다섯째叔父 : 이원도(李元道) – 개인사업

　　長男 : 이재민(李在民), 회사원

※ 자랑스러운 조카들

나의 바로 밑의 동생 재찬(在燦)은 2명의 아들(나의 조카)만을 두었는데 첫째인 강국(康國)은 미국 뉴욕주 검찰청 특별검사(Special Assistant Attorney General, AAG)로 재직 중이고 둘째인 평국(平國)은 약관의 나이에 Bank of America의 팀장을 시작으로 나이 30세에 세계 30여 개국에 2만여 명의 직원을 둔 세계에서 제일 큰 자산운용사 Black Rock의 상무(Director)로 재직하고 있다. 이 얼마나 자랑스러운 영광인가! 두 아들 교육에 노고가 많았던 계수(季嫂)씨에게 감사를 드린다.

둘째동생 결혼기념 가족사진(앞줄 왼쪽부터 시계방향으로 둘째제수(신부), 둘째동생, 첫째동생, 첫째제수, 저자, 아내, 모친, 조모, 조부, 부친. '83. 5 평촌에서)

나의 가정(家庭)

1967년 11월 4일 백년가약을 맺은 우리 내외는 지금까지 50년간이란 세월을 열심히 달려왔다. 그러나 우리는 나의 공직생활이나 정치활동 때문에 부득이 외부로만 돌고 자식들을 보살피는 시간이 많지 않았다. 그런데도 1녀 2남 모두가 착실하고 온전(穩全)하게 성장해서 각자 가정을 꾸려 어엿한 가장으로, 또 출가한 자는 시부모와 남편의 사랑을 받으면서 주부로서 자기 위치에서 최선을 다하며 훌륭하게 살고 있으니 이는 축복이요 감사한 일이다.

딸 은경(恩慶)은 서울예원중학교, 서울예술고등학교, 이화여대 피아노과를 졸업했고 감사원에서 정년퇴임한 감사관 출신 이재홍(李載洪) 씨의 장남과 결혼했다. 사위 이우용(李宇鏞)은 덕수(德水) 이씨 이충무공의 16대 손으로서 연세대 의대에서 정형외과를 전공, 현재 경기도 고양시 일산에서 연세 이우용 정형외과 의원을 열어 의료봉사를 하고 있다. 사람이 솔직담백하고 구김살 없이 소탈하고 배려심이 많으며 정의롭고 사나이다움에 찬사를 보낸다.

이들은 두 딸을 두었는데 첫째 송은(松恩)은 미국에서도 유명한 코네티컷 주 소재 Miss Porter's School을 졸업 후 University of Michigan, Ann Arbor에 재학 중이고, 둘째 정은(政恩)은 홍익대학교 디자인영상학과 1학년에 재학 중인데 우수한 성적으로 주위에 칭찬이 자자하다.

   장남 진국(鎭國)은 서울삼선중학교, 서울영동고등학교를 졸업하고 미국 The Ohio State University에서 컴퓨터공학 학사 졸업, 미국대학원 University of Michigan, Ann Arbor에서 컴퓨터공학 석사 학위를 취득했는데 삼성그룹의 SDS 회사가 미국 현지 채용하여 한국 본사에서 과장까지 하다가 나와서 개인회사의 본부장(상무)을 수년간 지내다가, 현재는 세계적인 스포츠용품 생산 및 체육선수 기술향상에 필요한 다양한 프로그램을 운영하고 있는 유명한 미국 SKLZ 회사의 한국 대표로 사업에 열중하고 있다. 효성그룹 내 여러 회사의 CEO를 지낸 바 있는 전주 이씨 문중 이강훈(李江薰) 씨의 차녀인 경은(炅恩)과 결혼했다. 며느리 경은은 연세대학교 사회학과를 졸업한 수재로서 현재 강남구 압구정동에서 실력양성 최고인 〈One by One〉이란 영어 학원을 운영(院長)하고 있다. 1남 1녀를 두었는데 장남 해승(海丞)은 전국에서 제일가는 자사고인 (전주)상산고교에 합격하여 1학년에, 장녀 수연(受衍)은 초등학교에 재학 중이다.

   차남 정국(定國)은 서울신사중학교, 경기고등학교, 고려대 경영학과를 졸업한 후 곧바로 한국증권전산주식회사에 입사, 현재 차장으로 성실히 근무하고 있다. 안동(安東) 김씨 문중 김경호(金敬鎬) 씨의 장녀인 승숙(承淑)과 결혼했다. 며느리 승숙은 숭의여자대학교 문헌정보학과를 졸업한 수재로서 훌륭한 주부다. 2녀를 두었는데 첫째 은채(垠采)는 금년에 선화예술중학교 관현악부에 합격했고 둘째 영채(映采)는 초등학교에 재학 중이다.

   며느리 둘 다, 우리 집안을 잘 이끌어갈 자격을 겸비한 효부들이다. 이 또한 하늘이 내린 축복이 아닐 수 없다.

아빠와 아들의 편지

전국 각 대학 4·19혁명 주역들로 구성했던 汎민족청년회의(약칭 범민청)가 5·16 군사쿠데타 세력에 의해 반혁명단체로 규정되어 단체구성 주역이었던 내가 8개월 동안 구속재판 끝에 무죄 석방된 뒤 유진오(俞鎭午) 고대총장의 추천으로 고대아세아문제연구소 연구조교가 되어 미국유학까지 계획했던 꿈을 이루지 못했던 나는 아들만은 꼭 미국에 유학시키겠다고 늘 생각해왔다.

마침 체육부 차관 시절 비서관이었던 이종선(李宗善, 현 인제대학 정치과 교수)이 미국 Ohio State University 대학원 박사과정에 재학 중이라 그의 자문을 받아 큰아들(鎭國)이 그 대학에 입학하여 컴퓨터공학을 전공하게 됐고 1994년 졸업과 동시 컴퓨터 공학계의 유수한 대학원인 University of Michigan, Ann Arbor에서 석사(碩士)학위를 취득했다. 재학 중 제대로 학점을 따고 한 해도 거르지 않고 제 연도에 졸업을 했으며 대학원은 1년 반 만에 졸업, 석사학위를 취득했으니 매우 고맙고 장하다 하겠다.

유학기간 중 아빠와 아들이 주고받은 편지 가운데 하나만을 소개코자 한다.

이 내용을 기록하면서 딸 은경(恩慶)의 이태리 유학(留學)을 극력 반대, 못 가게 해서 마음 아팠던 일이 다시 떠오른다. 학구파였던 은경이는 이태리 유학을 목표로 이태리어 공부를 꽤 수준 높게 터득했는데, 내가 극구 반대(極口 反對)했기 때문에 포기했다. 귀엽고 똑똑한 고명딸을 외국에 내보내면 애를 버리고 큰일 난다는 좁디좁은 생각으로 반대했던 내가 너무나 고루한 생각의 소유자였음을 지금까지도 크게 후회(後悔)하고 미안하게 생각하고 있다.

다음 편지는 1990년 아들 진국이가 시험에 합격하여 The Ohio State University 에 입학이 확정됐다는 소식을 접한 후 아들에게 보낸 편지다.

사랑하는 아들 진(鎭)에게.

아빠가 기대했던 대로 1차 목표를 성취한 너에게 축하를 보낸다. 일을 해낸 네가 대견스럽기만 하다. 다른 애들과는 달리 부모 뜻에 순응하고 자기 할 일에 최선을 다하는 너희들에게 아빠는 큰 신뢰와 자부심을 갖고 있다. 그러나 한편으로 나는 너희들에게 생을 살아가는 데 필요한 얘기를 얼마나 해줬는지? 부족했던 것 같다. 이제야 그동안 너와의 대화를 많이 갖지 못한 것이 후회스럽구나!

그러나 너는 내가 그동안 들려준 얘기, 사람은 이렇게 살아야 한다, 친구 사귐은 이렇게 해야 한다, 형제간은 이러해야 한다, 부모에 대한 행동은 이러해야 하고 부모에 대한 감사를 평생 간직해야 한다, 어른들에 대한 예의는 이러해야 한다, 가문을 위한 장남·장손으로서의 역할은 이런 것이다, 국가사회가 필요로 하는 사람이 되어야 한다고 말한 내용을 잘 알아들었을 것으로 생각한다. 아빠의 생각과 철학, 그리고 바람을 잘 알 것이라 믿고 있다.

옛말인 "사내 나이 14세면 호패를 찬다."는 뜻은 그때부터 자기의 인생목표와 항로결정을 스스로 해야 하는 때란 것이다. 이제 네 나이 20세가 되었으니 모든 것을 깊이 있고 신중하게 생각하고 판단하기 바란다.

오늘 너에게 많은 얘기를 하고 싶어서 편지 내용이 길어지고 있다만 너무 부담을 갖지 마라. 지금은 무엇보다 공부에 열중해야 할 때이기 때문이다. 향후 10년을 내다보면서 전공방향을 설정하자는 얘기는 이미 수차례 걸쳐 너와 내가 얘기한 바 있지. 현재로서는 광범위한 정보(서적, 매스컴, 저명인사 및 교수의 견해, 선배들의 조언 등 다방면의 정보)를 종합해보는 시간을 가져라.

자, 아빠의 얘기를 너무 부담스럽게 생각지 말고 너의 사고형성에 그리고 사리판단에 참고요소로 삼도록 해라. 모든 면에서 너무 조급하게 생각하지 말고 좁고 근시안적이 아닌 넓고 원대하게 숙고하고 판단하려는 자세와 능력을 기르도록 해라.

건강유지를 위해 각별히 신경 써야 한다. 네가 떠날 때 김포공항에서 아빠와 단둘이서 특별히 조심하라고 당부한 것이 있지? 다시 한번 강조하는 아빠의 심경을 이해하고 명심하기 바란다. 늘 건강에 유의토록 해라.

이제 그만 줄이겠다.

-1990년 7월 서울에서 아빠가 씀.

다음 편지는 1992년 3월 24일 제14대 국회 총선거 시 내가 무소속으로 당선된 데 대해 아들 진국이가 나에게 보낸 편지다.

아버님 어머님께.

먼저 축하드린다는 말씀부터 올립니다. 진심으로 축하드립니다. 그동안 정말 너무 고생이 많으셨습니다. 자신의 영화를 위함이 아니고 남을 위해 봉사하는 길인데 왜 그리도 힘겹고 어려운가 하는 모순이 가슴을 아프게 했던 그 많은 나날들….

그 누구도 원망하지 않으시고 묵묵히 최선의 길을 걸어오신 존경스러운 아버님, 어머님! 자식으로서 두 분 곁에서 도와야 할 일을 하지 못하고 멀리 타국에서 공부한다는 핑계 속에 가슴만 졸이던 저는 더욱 기쁘고 자랑스럽습니다.

이번 아버님의 쾌거는 저에게 또 하나의 깊은 인생교훈을 주었습니다. 지난날 한두 번, 우리 부모님은 자식들보다 다른 사람들에게 더 많이 사랑을 기울이신다고 생각한 적도 있었습니다. 그러나 이제와 생각해 보니 두 분의 자식에 대한 절대적 무조건적인 사랑의 깊이를 모르고 한 하나의 투정에 불과했던 것을 깨닫게 되었습니다.

이렇게 부모님 곁을 떠나 자신에 대한 일들을 혼자 결정해야 하니 새삼 저에 대한 부모님의 생각과 현명하신 결정들이 감사하기 이를 데 없습니다. 다시 한번 부모님의 성공을 축하드리고 항상 부모님이 저에게 주신 귀한 말씀을 되새기면서 더욱 열심히 최선을 다하겠습니다. 이제 건강진단도 하시고 건강을 챙기시는 시간도 갖도록 하세요.

　　　　　　－3월 29일, 누구보다도 기뻐하고 있는 큰아들 진국 올림.

나의 처가(妻家)

나의 처가는 서울시 성북구 정릉동이었고 장인은 제헌 국회의원을 지내신 이유선(李裕善) 씨이시며 장모는 권일년(權一年) 씨이시다. 장인의 본적은 경기도 부천군 소사읍 심곡리 596번지이고 이조 양녕대군(讓寧大君) 15대손이시다. 나의 처는 그분의 4남 4녀 8남매 중 막내다.

올곧고 고지식한 정치인 이유선(李裕善) 의원

1957년 3월 26일 이승만 대통령의 83회 생일. 이기붕(李起鵬) 국회의장 아들 이강석(李康石)이 이승만 대통령의 양자(養子) 입적이 발표되자 "이제 전주 이씨 집안이 망했다. 어떻게 손자가 아들이 될 수 있느냐?"고 대갈일성(大喝一聲)을 한 이는 제헌 국회의원을 지낸 전주 이씨 양녕대군파의 대표적 인물인 이유선 씨다. 그분은 나의 처 이정희(李正姬)의 친정아버지 곧 나의 장인(丈人)이시다.

이유선 씨는 1903년 11월 14일 경기도 부평군 부내면 구산리(현 구산동)에서 출생하셨다. 배재고등보통학교(현 배재고등학교)를 졸업한 후 일본 통치(日本 統治)에서 벗어나려면 교육이 제일 중요하다고 판단, 고향인 부천군에 구산진영학원을 설립·운영하면서 일제하에서 독립운동에 가담하여 청년동지회를 조직, 회장으로서 비밀리에 조선청년운동을 전개하면서 급기야 성서조선역사와 민족잡지발간, 조선청년의 정신이란 강연으로 투옥되어 옥고(獄苦)를 치르기도 했다.

해방이 되자 경기도 소사읍 치안위원회 부위원장으로 활동하면서 대한독립촉성 청년연맹을 조직하여 반공운동에 앞장섰고, 이승만 박사를 중심으로 조직된 대한 독립촉성 국민회의 경기도 지부 부지부장 겸 중앙상무위원으로서 대한민국 정부수 립에 전위역할을 했으며, 대한민족청년단(일명 족청, 族靑) 부천갑구단 명예단장과 부천물자운영 조합장으로서 지속적인 청년운동 전개와 함께 지역경제 발전을 위해 열심히 노력했다.

이때 이승만(李承晚) 박사는 해외에서 독립운동을 하다가 일본이 패망하자 1945 년 10월에 입국했다. 독실한 감리교 신자인 이 박사는 서울 정동감리교회에 인도 되어 신도가 되었고, 이유선 씨는 이 교회에서 전도사로 여러 가지 교회 일을 맡아 봉사하고 있었기 때문에 이 박사와 자연스럽게 만나게 되었다. 이승만 박사는 양 녕대군(이씨 조선 제3대왕 태종의 첫째아들) 16대손이고 이유선 씨는 15대손이므 로 이유선 씨를 문중 아저씨라고 부르면서 퍽 좋아했다고 한다. 이 박사도 정치인 이기 때문에 조직기반을 위해 제일 먼저 일가친척과 문중에 관심을 갖게 됐을 것이 고, 해외에서 외롭게 지내다가, 피는 물보다 진하다는 말대로 일가의 숙항(叔行, 아 저씨 항렬)을 만났으니 흉허물 없이 대화하면서 급격히 가까워지게 되어 이유선 씨 를 의지하면서 여러 가지 국내사정에 대해 자문(諮問)을 요구하는 사이가 되었다. 당시 이유선 씨는 전주 이씨 대동종약원(全州李氏大同宗約院, 다른 성씨 경우 전국 종친회와 같음)에서 양녕대군파를 대표하는 영향력 있는 인사였기 때문에 자연적 으로 전주 이씨 종중(宗中)에 대한 얘기, 대소행사 얘기, 73세인 이 박사의 후사(後 嗣) 문제 등 여러 가지 이야기가 자유롭게 오고간 끝에 앞으로 종중과 관련한 일 은 유선 아저씨(李裕善 씨를 지칭)와 상의하겠다는 말까지 했다고 한다.

이때 문제의 이기붕(李起鵬) 씨는 이화장(이승만 박사 임시 주거지) 시절부터 이승만 박사의 서무담당 비서였고 당시 이화여대 영문과 교수였던 그의 부인 박(朴)마리아는 유창한 영어실력을 발판으로 이 박사 부인인 프란체스카 여사와 밀착하여 비서 역할을 하다시피 하고 있었다.

이유선 씨는 1948년 5월 10일 실시된 제헌 국회의원 선거에 대한독립촉성 국민회(대표 이승만) 소속으로 출마하여 서울 동대문구에서 당선된 이승만 박사와 함께 고향인 부천(富川)에서 당선(當選)되었다. 이유선 의원은 활발한 의정활동을 펼치는 가운데 이승만 제헌의회 의장의 사회로 열린 제3차 본회의에서 이승만(李承晩) 의장 직권으로, 윤치영(尹致暎) 의원과 함께 국회법 및 국회규칙 기초위원으로 지명되어 국회법(國會法)을 제정했다. 주어진 인연인지 그로부터 37년이 지난 뒤 그때 제정된 국회법하에서 사위인 내가 1985년 국회사무총장이 되었으니 참으로 천생의 인연이 아닐 수 없다. 또 이유선 씨는 당시 소장파 의원으로 각광을 받고 있어서 민주당이 국회에 제출한 내각책임제 개헌안에 대해 경향신문의 인터뷰(1950년 1월 29일자) 요청을 받고 "우선 의회정치 경험이 일천한 우리로서는 자칫 국내적으로 당파를 조장시킬 우려가 있고 또 아직까지 3·8선 이북의 실지(失地) 회복을 하지 못한 상황에 처해 있는 만큼 혼란을 야기할 우려가 있기 때문에 내각책임제 개헌에 반대한다."고 소신을 밝히면서 실지 회복에 대한 강한 의지를 보였다.

제헌국회는 1950년 7월 24일 이승만 의장을 대한민국 초대 대통령으로 선출했다. 대통령이 된 이 박사는 제헌 국회의원인 이유선 씨를 더욱 가까이 하였기 때문에 이유선 씨는 경무대(景武臺, 당시 대통령 관저)에 들어가서 대통령을 자유롭게 만나기도 하고, 이승만 대통령이 자주 불러서 국내실정을 물어보고 답변해 주는 사이가 되었다. 이때 대통령 비서실장은 후일 한국 정치사에 커다란 문제를 유발시키게 되는 이기붕 씨였다. 대통령 비서실장이 된 이기붕(李起鵬) 씨는 자신의 권력기반을 구축하기 위해 요직에 세를 확장하는 한편 대통령 부인 프란체스카 여사 옆에는 자기 처인 박마리아를 두고, 경무대 대통령 곁에는 자신이 인의 장막을 치고 자신에게 유리한 인사들에게만 대통령과의 면담 기회를 주기 시작했다.

경무대를 자주 드나들면서 이런 분위기를 감지한 올곧은 성격의 이유선(李裕善) 씨는 제헌의원의 입장에서 이기붕 비서실장에게 이승만 대통령에 대한 폭넓은 인사접촉을 건의(建議)하였고, 가까운 주변 제헌의원들에게, 아직도 국내사정에 어두운 이승만 대통령을 저렇게 모셔서는 안 된다는 얘기를 하기도 했다. 예나 지금이나 정치무대에는 권력자에 아부하는 정치꾼이 있기 마련이다. 이러한 충정 어린 이유선 씨의 건의와 충고를 마치 이기붕 비서실장을 비난하는 것으로 곡해시켜 전달하는 자가 생기기 시작했다.

이렇게 되자 이기붕 비서실장은 이유선 의원의 경무대 출입을 어렵게 만들기 시작했다. 사실 그동안 이기붕으로서는 대통령이 이유선 씨를 너무 가까이 하는 것이 못마땅했고 더구나 대통령의 숙항인 이유선 씨가 전주 이씨 종중(宗中)에서 영향력 있는 인물이기 때문에 자신에 관련된 얘기는 어떻게 보고할까 하는 걱정이 되어 경무대의 잦은 출입에 신경이 많이 쓰였던 것은 사실이었다. 그래서 이제는 더 이상 묵과할 수 없다고 판단하여 이승만(李承晚) 대통령과의 접근(接近)을 적극적으로 차단(遮斷)했다. 이유선 의원의 경무대 출입은 막혀 버렸다. 어느 정도 심하게 차단했는지 심지어 대통령이 자기 면담을 온 사람에게 '요즘 이유선 의원이 안 보인다고 하면서 안부를 묻더라'는 얘기를 전해 듣는 정도가 되었다고 한다.

또 나중에 확인된 일인데, 이승만 대통령이 이유선 의원을 경무대로 부르라는 지시를 했는데도 아무도 이를 이행하지 않았다는 것이다. 이기붕 비서실장 내외가 장차 이승만(李承晚) 대통령의 후계자가 되기를 염두에 두고 이미 이때부터 자신들의 아들을 이승만 대통령의 양자(養子)로 입적(入籍)시키겠다는 계획을 품고 있었다. 그러나 이승만 대통령과 종중의 파(派)가 다른 효령대군파(孝寧大君派, 이씨 조선 제3대 왕 태종의 둘째아들)인 그들은 이승만 대통령과 같은 파인 양녕대군파(讓寧

大君派)의 대표적 거물(代表的 巨物)인 이유선 씨가 자기네 계획 실행에 절대 위협적(威脅的) 존재이므로 이 대통령과의 접촉을 반드시 차단시켜야만 했다.

급기야 이유선 의원은 2년 뒤 1950년 5월 30일에 실시된 제2대 국회의원 선거공천에서 탈락(脫落)되고 말았고, 선거 후 1개월도 안 된 6월 25일 김일성의 남침(南侵)으로 인해 정부가 부산으로 옮겨갔다. 부산에서 이유선 씨는 (주)조선방직의 전무를 거쳐 부사장이 되었고 6·25전란으로 수없이 발생한 상이군경 보호단체인 대한군경회 원호부장이 되어 그들에 대한 재활과 권익향상을 위해 노력하는 동시에 전쟁 중에 오갈 데 없는 처지에 놓인 맹인들을 보호하기 위한 광명원(光明園)의 원장으로서 사회복지 사업에도 열중했다.

이유선 씨를 가장 두렵게 생각하여 이승만 대통령과의 만남을 철저히 차단시킨 이기붕(李起鵬) 씨는 그 후 1951년 5월에 국방부장관이 되었고, 그 해 12월에 문제의 자유당(自由黨) 창당에 주역을 한 후 1953년 9월 자유당 총무부장을 거쳐 12월에 자유당 중앙위원회 의장이 되면서 명실공히 자유당(총재 이승만 대통령)의 2인자에 올랐고, 다음 해에 민의원의장(국회의장)이 되면서 이제 아무도 그의 권세에 도전할 수 없는 이기붕 천하(李起鵬 天下)가 되었다.

이기붕과 박마리아는 이승만 대통령이 고령에 후사 문제를 생각하면서도 전처(前妻) 박씨(朴氏) 소생으로 일찍 사망한 아들 봉수(鳳秀)에 대해 생각하고 있는 연민, 프란체스카 여사의 이강석(이기붕의 첫째아들)에 대한 절대적인 사랑 등의 분위기를 교묘히 이용하여 이강석(李康石)을 이승만 대통령의 양자로 입적시킬 것을 극비밀리에 추진하고 있었다. 드디어 1957년 3월 26일 이 대통령 83회 생일에 공식적으로 이강석 양자 입적을 발표했다.

손자가 어떻게 양자가 되나, 대갈(大喝)

이때 이유선 씨는 땅을 치면서 격분(激忿)했다. 세상에 손자(孫子)를 양자(養子)로 입적시키는 집안이 어느 나라에 있는가? 이기붕은 이승만 박사의 눈과 귀를 막아놓고 이 나라를 이 꼴이 되도록 권력횡포를 자행하고 있으면서 그것도 모자라서 전주 이씨(全州 李氏) 전체 문중을 풍비박산(風飛雹散)시켜 놓았다고 극렬하게 비난했다. 그도 그럴 것이 이강석은 양녕대군파인 이승만과 달리 효령대군파일 뿐만 아니라, 또 이승만 대통령에겐 손자항렬(孫子行列)인데 양자, 즉 아들이 되었으니 천부당만부당(千不當萬不當)한 일이다. 있을 수 없는 일, 아니 있어서는 안 될 일이 벌어진 것이다.

당시 자유당 소속이었던 이유선 씨는 자유당이 이승만 총재의 국정수행을 올바르게 보필해야 하는데 오히려 이 대통령이 국내사정에 어두운 점을 악용하여 이기붕의 영구 권력을 위한 세력화에만 열중하고 있으니, 나라도 앞장서서 바로잡아야겠다면서 1954년 제3대 국회의원 선거에 고향인 부천에서 입후보하기로 결심하고 공천을 신청했다. 부천 지역에서 이유선 씨가 지조(志操) 있는 정치인이라는 평가를 받아 인기가 좋은 것을 파악한 이기붕 세력은, 이유선 씨를 완벽하게 낙선(落選)시키기 위해 일찍이 내무부 차관과 국방부 차관을 역임한 바 있는 거물급 이기붕 측근 강경파로 평안북도 용천 출신인 장경근(張暻根) 씨를 공천했다. 이유선 씨는 즉각 자유당을 탈당하고 무소속 출마(無所屬 出馬)했으나 그들의 온갖 박해와 치밀한 관권선거로 인해 낙선하고 말았다. 나라의 장래를 걱정한 이유선 씨는 1958년에 실시한 제4대 국회의원 선거에서 아예 처음부터 무소속으로 출마하여 자유당(自由黨) 정권의 불법(不法), 비리(非理)와 이기붕 의장의 권력남용(權力濫用) 사례(事例)를 용감하게 규탄(糾彈)하면서 도전했으나 또다시 장경근 의원을 내세운 저들은 집요한 선거방해와 관권, 금권 선거를 총동원하여 이유선 씨를 제압하여 낙선(落選)시켰다.

그러나 그런 부정선거로 당선된 자유당 장경근 의원도 2년 뒤 1960년 4·19혁명 후 3·15 부정선거 주모자로 구속되고 말았다. 이승만 대통령은 4·19혁명으로 하야한 뒤 그해 5월 29일 하와이로 망명했다. 1961년 5·16혁명 후 이승만 박사는 당시 하와이에 같이 거주하고 있던 이순용(李淳鎔, 前 내무부장관) 씨에게 속히 한국으로 가서 이유선(李裕善) 씨와 협의하여 양녕대군파 문중에서 훌륭한 사람을 양자(養子)로 구해달라고 부탁했다. 이순용 씨는 즉시 귀국하여 이유선 씨에게 이승만 박사의 부탁을 전했다.

이유선 씨는 뒤늦었지만 이것이 정도(正道)라고 기뻐하면서 문중의 원로들과 협의를 하여 우선 양자의 자격기준을 정했다. 성격이 온순하고 미혼인 대학교육을 받은 자, 영어소통 능력 보유자, 집안이 반듯하고 가정교육을 훌륭하게 받은 자라야 한다는 것이었다. 문중으로부터 적격자를 찾는 일을 위임받은 이유선 씨는 일가 사람들의 정보제공에 따라 피곤함을 무릅쓰고 전국 여러 곳을 직접 찾아가서 당사자를 면담까지 하면서 열성을 다했다. 최종적으로 경기도 양주군 의정부읍에 사는 이승용 씨의 둘째아들 이인수(李仁秀, 後 명지대 학장) 씨로 낙점한 후 이승용 씨에게 무조건 아들을 내놓으라고 강요했다. 이렇게 해서 결정된 이인수 씨는 1961년 12월 13일 하와이로 건너가 이 박사와 첫 대면을 하면서부터 공식적으로 이승만 전직 대통령의 양자(養子)가 되었다. 이유선 씨는 그 후 1962년 3월부터 1963년 5월까지 (재)전주 이씨 대동종약원(大同宗約院) 부이사장이 되어 당시 이사장이던 이세정(李世楨) 씨가 70 노령으로 직무수행이 어려워 실질적인 이사장 역할(理事長 役割)을 하면서, 그동안 이기붕 권력을 업고 불법부당하게 처분한 재산을 되찾아놓는 등 종약원을 본궤도(本軌道)에 올려놓았고, 이강석의 이승만 대통령 양자 입적 당시에 저질러졌던 여러 가지 잘못된 흔적들을 모두 정리, 깔끔히 바로잡아 놓았다.

1961년 5·16 군사혁명 후 혁명세력의 민간정부 이양과 더불어 1963년 탄생한 민주공화당은 이유선 씨를 제헌 국회의원을 지낸 정치원로로 민주공화당 중앙위원회 상무위원으로 영입했고, 1963년 11월 26일 실시 예정이던 제6대 국회의원 총선에 경기도 시흥, 부천, 옹진 선거구 후보자로 추천되었으나 사양(辭讓)하였다. 이유선 씨는 교육 분야에 계속 관심을 가져 배재학당 재단이사, 숙명여자고등학교 기성회장 등을 역임하면서 학교 발전에 정성을 쏟았다. 4남 4녀를 둔 이유선 씨가 8남매 모두를 대학교까지 졸업시킨 것을 보면 그분의 교육열을 가히 짐작할 수 있다.

1967년 내가 결혼 후 윤천주 국회의원 비서관으로 있을 때 공화당 중앙당 상무위원실에 들러 인사드리면 자유당 정권을 무너뜨린 4·19혁명 주도자인 나에게 이심전심으로 가끔씩 이승만 대통령이 인의 장막에 갇혀 어렵게 지냈던 얘기와 자신이 이기붕 세력(李起鵬 勢力)과 싸웠던 일화(逸話)를 얘기해 주셨다. 그때 얘기를 들어보면서 느낀 것은, 그분도 정치의 정도(正道)를 지키면서 올곧은 성격에 고지식한 정치를 했던 외골수 정치인이었다는 것이다.

어떤 사람은 그분에 대해 말하기를 자유당 정권의 부정·부패·불의를 규탄하는 수위를 낮춰서 이기붕(李起鵬) 세력과 적당히 타협(妥協)을 했더라면 큰 권세를 가질 기회가 주어졌을 것이라고 지적하지만, 나는 그분의 정의로운 행동을 깊이 존경한다.

1969년 12월 17일 정부로부터 국민의 복지 향상과 국가 발전에 기여한 공로를 인정받아 대한민국 훈등(勳等) 6위인 '국민훈장 무궁화장'을 수훈하셨다.

불의를 배격하는 고집을 굽히지 않고 평생 올곧게 살아오신 그분도 병마에는 어쩔 수 없어 지병인 고혈압으로 인해 1974년 7월 9일 오후 4시 서울시 성북구 정릉 3동 880-25 자택에서 향년 72세로 별세하였다.

평소 장인께서 제일 믿고 사랑했던 장남 이승로(李承魯) 큰 처남과 나 사이에는 아이러니컬한 일이 있다. 나는 국회의원이 되어 여러 가지 민원 중, 멀쩡한 국민의 땅을 개발제한구역(그린벨트)으로 묶어놓고 재산권 행사도 금지시키고 주민생활에 불편을 주고 있는 데 큰 관심을 가졌다. 대전의 경우 면적의 59.2%가 그린벨트로 묶여 있어 전국에서 제일 많이 희생당하고 있다는 사실 때문이었다.

그린벨트 정책의 목적은 좋으나 국민 사유재산을 무한정 묶어놓고 주민생활에 불편을 주고 있는 불합리한 부분은 개선이 돼야 한다는 주장을 펼치면서 전국 그린 벨트해제추진협의회 사람들과 함께 앞장서 대정부 투쟁을 했다. 이 때문에 건설부 당무자와 대전 시민들로부터 '그린벨트 의원'이란 별명이 붙었었다.

이렇게 적극적인 대정부 투쟁을 하는 가운데 나의 큰처남 이승로 건설부 도시계 획과장의 역할을 알게 되었고, 깜짝 놀라 본인에게 직접 확인한 결과 그린벨트 지역 설정과정에서 박정희 대통령과 함께했던 일화(逸話)를 듣게 되었다.

박 대통령이 도시 주변의 자연환경 보전을 위해 1971년 서울시 주변 그린벨트 지정을 효시로 하여 전국적으로 확대하는 계획을 추진할 무렵, 건설부 도시계획과 장이던 이승로는 이한림(李翰林) 건설부장관의 추천으로 이 업무에 참여하게 되었 다고 한다.

민주공화당 고문으로 행사장에 참석하신 장인('66. 6 맨 왼쪽 조경규 前 국회부의장, 세 번째가 장인, 뒤편에 서 있는 저자)

어느 날 아침 이승로 과장은 박 대통령으로부터 직접 전화를 받았다. 아무에게도 알리지 말고 시·도별 상세지도와 색연필을 준비해 가지고 청와대로 오라는 것이었다. 대통령께서 이승로 과장 외에는 경호관 한 사람만을 전용 헬리콥터에 태우고 전국을 돌기 시작하다가, 어느 지점을 지적해 말씀하시면 그대로 받아 지도 위에 빨간색 연필로 그어놓았고, 후에 심의를 거치긴 하지만 그 지역이 바로 그린벨트 지역으로 지정됐다는 것이다. 수차에 걸친 대통령의 부름을 받고 이러한 작업을 계속했고 그 후 1977년 4월 전국 14개 시·도권의 그린벨트가 확정됐다는 것이다.

나는 11대 국회의원이 되어 그린벨트 제도 개선을 위해 수차에 걸친 세미나, 강연 등을 하면서 적극적으로 투쟁했다. 1992년 대선을 앞두고 8월 3일 그린벨트 제도 개선을 김영삼 대통령 공약사업으로 확정짓게 했고, 대통령 당선 후 우선 추진사업으로 결정하여 수차에 걸친 대정부 요청과 회합을 거듭한 끝에 1993년 8월 31일 서정화 국회건설위원장 주재하에 이재환(李在奐), 임사빈(任仕彬) 의원과 고병우(高炳佑) 건설부장관과 당의 정책팀과 당정회의를 개최, 개선안 윤곽을 잡았다. 9월 27일 그린벨트 내에 60평 주택의 증·개축 허용, 생활편의시설 신축, 집단취락 개량 허용 등 22년 만에 대폭 조정된 개선책(改善策)이 확정 발표되었다. 2003년에는 7개 대도시권을 제외한 전국의 그린벨트 지역이 해제(解除)되었다.

결과적으로 처남은 그린벨트 지정 작업의 주역이었고, 그 후이긴 하지만 매제인 나는 정반대로 그린벨트 지정을 비판하고 해제를 요구하는 주역이 되었으니, 역사적으로 이 얼마나 아이러니컬한 일인가!

처가 형제자매(4남4녀)들

- 장인: (故) 이유선(李裕善), 제헌국회의원
- 장모: (故) 권일년(權一年)

- 첫째 처남: 이승로(李承魯), 前 건설부 주택도시국장, 도시계획 전문가
- 둘째 처남: 이승철(李承哲), 목사(은퇴목사)
- 셋째 처남: 이승재(李承載), 前 회사 사장
- 넷째 처남: 이승길(李承吉), 前 회사 사장
- 첫째 처형: (故) 이완희(李完姬)

　　　　　夫: (故) 용재익(龍在益), 前 숙명여자대학교 총장서리
- 둘째 처형: 이영희(李英姬), 前 이화여자대학교 기숙사 사감(舍監)

　　　　　夫: (故) 정인용(鄭仁鎔), 前 서울경신고등학교 교장
- 셋째 처형: 이명희(李明姬), 前 이화여자대학교 기숙사 사감(舍監)

　　　　　夫: 심정구(沈晶求), 前 국회의원(인천, 4선)
- 넷째(나의 처): 이정희(李正姬), 前 기독신보사 기자

　　　　　夫: 이재환(李在奐), 前 국회의원(대전, 2선), 저자(著者)

교유(交遊)관계

　나는 여러 개의 친목모임과 4월혁명공로자회를 비롯한 공적(公的) 단체 등 27개의 조직에 회원으로 참여, 훌륭한 분들과 교류하며 우정을 나누고 있다. 특히 1959년 대학 3학년 때 결성한 석성회(石城會)는 현재까지 58년간 모이고 있다. 고려대 박찬세 선배(朴贊世, 法55학번)를 비롯 서울대 의대 한홍무 박사(韓弘武, 56학번) 등 각 대학 출신 16명으로 시작했는데 현재 6명만 남았으니 세월이 무상함을 느끼게 한다. 지금까지 오랫동안 이 모임의 유지를 위해 물심양면으로 애써주고 있는 이대명 대표(李大明, 주원 회장)에게 감사를 드린다.

　지면관계상 다 소개할 수 없어 하나의 친목단체만 소개한다. 1975년 각 분야에서 국가에 공헌하고 있는 고려대학교 졸업생들이 상호 건강증진을 위해 결성한 골프모임 호림회(虎林會, 회장 鄭京植 등 28명)다. 2017년 11월 현재 235회의 운동모임을 개최했다.

鄭京植(회장, 前 헌법재판관)　　　　李相德(前 (주)대도 사장)

羅鍾浩(총무, 파이어니어 국제보험 사장)　李世基(前 통일부 장관)

金斗琫(前 롯데햄(주) 사장)　　　　李亮燮(前 현대자동차(주) 사장)

金裕祥(前 국회의원) 李在奐(前 국회의원)

金浚烈(前 부장판사) 李種南(前 감사원장)

金重緯(前 환경부 장관) 李春培(前 AMP 사장)

金忠銖(前 국회의원) 李澤錫(前 국회의원)

朴明煥(前 국회의원) 李海龜(前 내무부 장관)

宋炳旭(前 대생저축은행장) 李憲琦(前 노동부 장관)

辛卿植(前 국회의원, 헌정회장) 鄭東允(前 국회의원)

申俊植(前 (주)한농 회장) 趙南照(前 국회의원)

梁承達(前 (주)쌍방울 사장) 崔承雨(前 (주)쌍방울 사장)

李驥周(前 경성방직(주) 사장) 崔奎根(現 그랜드의료법인 회장)

李基澤(前 국회의원) 許殷道(前 검사장)

뒤늦게 진학한 국민학교

나는 충청남도 대덕군 기성면 평촌리 진벌이라는 동네에서 아버님 이성도(李聖道) 씨와 어머님 민유기(閔柔基) 여사의 사이에 셋째로 태어났다. 그런데 위로 첫째와 둘째가 돌도 되기 전에 사망해서 내가 장남(長男)이 되었고 그 후 동생들이 출생해서 6남매(3남 3녀)의 맏이가 되었다. 그 당시에는 의술이 미개했고 치료약도 없던 때라 병에 걸리면 병명도 정확히 모른 채 사망했고 살아남으면 천운으로 여겼다. 그래서 나도 출생 후 돌이 지난 뒤까지 병에 걸리지 않고 생존했기 때문에 1년 늦게 호적에 출생신고를 하여 실제 1936년생이 호적에는 1937년생으로 기록되어 있는 것이다.

나는 네 살 때부터 할아버님으로부터 한문 수학을 받게 됐다. 할아버님께서는 1910년 한일합방으로 우리의 통치권이 일본에 넘어간 사실은 아랑곳하지 않고 일제의 모든 제도와 시책을 거부하면서 당신의 아들에 이어 손자인 나까지 한학의 대가를 만들겠다는 의지가 확고하셨다. 언젠가는 일제가 물러가고 국권이 회복될 것이고 우리의 제도가 되돌아올 것이라고 믿으셨기에 일제식의 국민학교 교육도 부정 배척하셨다. 그래서 나는 국민학교 입학을 포기하고 한문(漢文) 수학에 몰두하게 되었는데 아홉 살 때까지 천자문(千字文), 동몽선습(童蒙先習), 그리고 성인들이 배운다는 소학(小學), 대학(大學)까지 배우는 경지에 이르러 할아버지로부터 잘한다는 칭찬을 받았고 인근 동네에 수재(秀才)로 소문이 났었다.

그런데 나는 한문공부보다 여러 아이들과 어우러져 노는 것을 좋아했다. 한문 공부는 주로 문장을 암기하고 그 뜻을 해석하는 것이었는데 나는 암기력이 우수했다. 할아버님께서 외출했다가 저녁때쯤 집에 오시면 반드시 사랑채 할아버지 방에 가서 아침에 배운 것에 대한 암기시험을 치르게 되어 있었다. 나는 국민학교에 다니고 있는 동네 선배나 동료들을 모아 편을 갈라 동네 뒤 야산에 올라가 소나무 숲 속에서 병정놀이를 많이 했다. 언제나 한쪽 편의 대장은 나였다. 재밌게 논 후 집에 돌아와 할아버지께서 귀가하시기 전 30분 정도만 외우면 완벽하게 암기, 해석시험을 통과하는 데 문제가 없었다. 그런데 어느 날 예기치 않은 사고가 발생했다. 이날이 계기가 되어 나는 엄두도 못 내었던 국민학교(지금의 초등학교)에 늦게나마 입학하게 된 것이다. 이날도 뒷산에 올라가 신나게 놀다가 집에 돌아와 막 책을 펴려고 하는 찰나에 할아버지께서 이날따라 일찍 귀가하신 것이다. 한번 읽어보지도 못하고 시험을 보게 되었으니 암기가 이루어질 수가 있나? 더듬거리니까 벌써 공부를 안 했다는 것을 알아차리시고 바지를 걷어 올린 채 종아리를 맞게 되었다. 할아버지의 말씀이 이어졌다.

"외워봐라."

"…… (묵묵무언)"

"딱! (종아리 때리는 소리)"

"외워라."

"…… (묵묵무언)"

"딱! 딱!"

이것이 수차 계속되니 밖에서 우연히 이를 듣고 있던 어머니께서 안타까운 마음에 사랑채를 지나면서 "아이고, 저 녀석 한문 공부가 저렇게 하기 싫으면 학교나 가지."라고 중얼거렸다. 이때 이를 듣고 화가 나신 할아버지께서 창문을 활짝 열면서 "그래, 네 자식이니 네 맘대로 해라."고 화를 내신 후 집을 나가셨다. 나는 어린 마음에 매 맞는 것을 면하게 해주신 것이 고맙기는 했지만 이후에 할아버지로부터 어머니에게 올 힐책(詰責)이 무서웠다. 그 이튿날부터 어머님은 할머니와 아버지로부터 며느리가 감히 그럴 수가 있느냐는 식의 심한 힐책을 받기 시작했다. 그런데 의외로 할아버지께서는 일체 말씀이 없으셨다. 나는 그런 상황이 오히려 어머님께 더 큰 화가 닥치지 않을까 두려웠다. 그런데 어머님의 용기는 대단하셨다. 이튿날 이장(里長)을 찾아가서 "우리 재환이를 국민학교에 입학시켜 달라."고 부탁했다. 동네아이들을 국민학교에 많이 보내 성적을 올리려는 이장은 적극적이었다.

이렇게 해서 나는 1944년 학기가 시작된 지 2개월 정도가 지난 때 동네에서 약 20리 정도 떨어져 있는 기성국민학교(杞城國民學校)에 입학하게 되었다. 이때 비로소 할아버지께서는 나의 입학에 조건을 붙였다. 첫째 일본식 이름으로 바꾸지 않을 것, 둘째 집에서는 일본 말을 하지 않아야 한다는 조건이었다. 할아버지께서는 상투를 자르는 일, 창씨개명 등의 일제의 시책에 항거한 분이었으니 당연한 조건이었다.

1학년 1반 담임선생은 후미코라는 일본 여자였다. 처음에 가니 손가락을 접었다 폈다, 앉았다 섰다 하는 동작을 몇 번 시키더니 바로 자리를 정해줘서 학생이 되었다. 1944년은 일본이 태평양전쟁(2차 世界大戰)에서 패색(敗色)이 짙어져 가는 해로서 막바지 발악으로 전쟁을 이끌어 나가던 때였기 때문에, 우리에겐 공부도 제대로 안 시키고 매일 인근의 산과 들녘에 나가 마초(馬草, 일본군의 말에게 먹일 풀)를 베다가 운동장에 깔아놓고 말리는 일을 시켰다. 학생마다 일정량이 배정되어 있어 그 양을 채우지 못하면 담임선생으로부터 매를 맞기가 일쑤였다. 어느 날 동료 중에 나이가 어리고 연약한 친구가 배정 양을 완수치 못했다고 마구 때리는 것을 보고 있던 나는 선뜻 내가 해온 것 중 반 정도를 그 친구 앞으로 갈라줬다. 이러자 후미코 선생은 내가 자기에게 반항(反抗)하는 것이라면서 나를 때리기 시작했다. 이렇게 심한 매는 훈계(訓戒)의 매가 아니라 완전히 감정(憾情)의 매였다. 나는 입학하자마자 일본식 이름으로 창씨개명을 거부했으니 일등 신민(一等 臣民)이 아니니까 그렇게 감정적으로 취급하는 것 같았다. 그 후부터 후미코 선생은 다른 일로 화가 나도 나를 불러 세워놓고 알아듣지도 못하는 일본말을 하면서 사정없이 마구 때리는 것이었다. 학교를 그만둬야겠다는 생각까지 했었다. 그래서인지 나는 지금도 일본사람을 싫어한다. 후미코 선생은 어떻게나 매를 잘 때리고 독한지 별명이 땅벌이었다. 공부는커녕 노력 동원에만 일과를 보내다가 1945년 2학년이 되었고 그해 여름방학을 맞아 청양에서 서당 훈장을 하고 계신 부모님을 뵈러 갔다가 8월 15일 해방(解放)을 맞아 어린 나이에도 마을사람들과 함께 목이 터져라 만세를 불렀던 기억이 지금도 생생하다.

해방 후 국민학교 시절은 재미가 있었다. 나는 늘 매 학년마다 반장(班長)을 했고 내가 힘이 제일 세서 세칭(?) 왕초 노릇을 했다. 그러면서도 서울에 살고 계시던 셋째숙부께서 '재환이가 서울에 와서 중학교에 합격만 한다면 내가 대학까지 책임지겠다'는 말씀에 내심으로 사기충천(士氣衝天)되어 공부도 열심히 했다. 국민학교 시절, 지금도 특별히 기억나는 것은 5학년 말경 산직리에 사는 박승철(朴承喆)이라는 동급생이 힘이 세다는 소문이 퍼져 동료들의 부추김으로 나와 씨름 시합을 하게 되었다. 그와 씨름하던 날 거의 전교생이 구경했는데 장시간을 버티는 막상막하에서 2승 2패 무승부로 끝냈던 일이다. 내가 고향에서 국회의원을 할 때부터 그를 수소문해 봤으나 지금껏 찾지 못했다. 지금 어디에 있는지 보고 싶다. 또 같은 산직리에 살던 나보다 두 살 연상이면서 대인관계가 부드러웠던 이무로(李武老) 친구는 내가 국회의원에 입후보했을 때 열심히 도와준 고마운 친구다. 또 나와 학교성적 1, 2등을 다투다가 감정적인 라이벌 의식으로 본체만체했던 매노리에 살던 이필영(李弼永)은 사범학교를 나와 교사를 하던 중 득병하여 고생 중일 때 나는 국회의원에 당선되어 쾌유 전화를 한 번 한 뒤 만나보지도 못한 채 타계했다는 소식을 들어 매우 섭섭했다. 그 외에도 공부 잘하던 송진웅(宋鎭雄) 등 몇몇 친구들, 동네에서 병정놀이 했던 이춘성(李春成), 유석노(俞石老) 등이 생각난다.

나의 국민학교 시절 잊지 못할 선생님은 5학년과 6학년 때 담임을 맡으셨던 예수암(芮壽巖) 선생님이시다. 아이들을 가르침에 있어 친아버지처럼 자상했고 학생이 결석을 하면 꼭 집으로 찾아가 사유를 확인하고 위로해 주는 그러한 참스승이셨다. 그분과 잊지 못할 사연이 있다. 5학년 1반 때의 일이다. 아이들이 공부시간에 시끄럽게 떠든 것은 반장이 통솔(統率)을 잘못해서 그렇다면서 방과 후에 교실에서 걸상을 들고 벌을 서라는 명령이었다. 나는 작은 걸상이긴 하지만 걸상을 들고 한 10분 정도는 견딜 수 있었으나 계속은 어려웠다. 그런데 시간이 가도 담임선생은 그만하라는 지시가 없다. 할 수 없이 밖에서 쳐다보고 있던 나이 어린 소사(교무실의 잡일을 하는 사람)와 짜고 걸상을 내려놓고 있다가 선생님이 나오시는 기색이 있을 때 신호를 주면 걸상을 들고 있고 선생님이 지나가면 다시 내려놓고를 반복했다. 해가 지고 날이 어두워질 때까지도 그만하라는 지시가 없다. 선생님은 교무실에서 자신의 잡무를 정리하면서 내가 찾아와서 용서를 빌기를 기다리셨던 것 같은데 나는 거꾸로 선생님이 그만하라는 지시가 있기 전에는 고집을 부려야겠다는 생각으로 계속했다. 선생님은 내가 소사와 짜고 계속하고 있는 것을 알고 있었을 것이다. 결국 선생님이 교실에 오셔서 "에이, 미련한 놈아, 어두워졌으니 그만하고 집에 가!" 하고 말씀하시고는 나가셨다.

나는 선생님이 학교를 나가시는 것을 확인한 뒤에 학교를 나섰다. 나의 집은 약 20여 리(약 8km) 정도 떨어져 있을 뿐만 아니라 산림이 우거져 저녁 해진 뒤에는 무섭다고 잘 다니지 않는 고갯길(석고개)을 넘어야만 했다. 무서운 마음에 가슴을 졸이면서 고갯길 마루턱에 이르렀을 때 사람 모습이 있어 가까이 가보니 담임선생님이셨다. 다정한 말씨로 "이제 오니? 돌부리에 걸려 넘어지지 않게 조심해서 내려가거라." 하시면서 나와 반대 길인 자기 집으로 향해 가는 것이었다. 나는 눈물이 왈칵 쏟아졌다. 그런 선생님이셨다.

내가 문교부장관 비서관으로 근무할 때 장학사(奬學士)이셨던 선생님을 찾아뵙고 도와드릴 게 없느냐고 문의한즉, 공직자는 공평무사해야 한다면서 그런 말을 하지 말라고 손사래를 치셨다. 오늘날 교육계에서 절실히 필요한 사표(師表)가 될 참 스승이시다.

국민학교 2학년 때 해방이 되었는데, 나는 고향이 아닌 청양에서 해방을 맞았다. 아버지가 일제 말기에 징용(徵用)을 피하기 위해 공주군 옆 청양군 청양(靑陽)에서 생활하셨기 때문이다. 아버지는 그곳에 서당을 차리신 후 수염을 기르고 아이들에게 한학을 가르치는 훈장 노릇을 하고 계셨다. 그때만 해도 훈장(訓長)이라고 하면 일본인들도 약간의 존경심을 갖고 있었다.

내가 여름방학이 되어 아버지를 만나러 청양으로 갔을 때였다. 갑자기 하늘에서 삐라가 떨어지고 동네 사람들이 우르르 몰려나와 만세를 부르는 것이 아닌가. 그제야 나는 비로소 해방이 된 줄 알았다.

우리 집 생활형편은 무척 어려웠다. 당시 셋째삼촌(中道)이 서울에서 건어물 상회를 하고 있었는데, 우리 집에 생활비도 대줘 마치 우리 집안의 구세주와 같았다. 셋째삼촌은 초등학교 졸업 후 무작정 상경하여 일본인이 운영하는 남대문시장의 건어물 상회 점원으로 들어가 착실히 일했다고 한다. 그러던 중 해방이 되자 일본인 주인이 삼촌에게 "우리가 아주 귀국하는 것이 아니고 약 10년 뒤에 돌아올 테니까 그동안 네가 점포를 맡아가지고 있다가, 우리가 다시 오면 그때 돌려 달라."고 했다. 강직한 성품의 삼촌은 "무슨 소립니까? 내가 왜 남의 가게를 거저 맡습니까? 난 안 합니다."라고 단칼에 거절했다. 욕심 내지 않는 삼촌의 모습에 감동한 일본인 주인이 점포를 열쇠로 다 잠가놓고 떠나면서 "야, 너 참 착하다. 10년 뒤에 와서 다시 보자."라며 삼촌에게 상당한 돈을 주었다고 한다. 결국 삼촌은 그 돈을 종잣돈으로 해서 독자적으로 건어물상회를 차렸고, 그동안 점원으로 일하면서 얻은 경험을 십분 활용하여 돈을 많이 벌었다.

아마도 내가 5학년 초쯤이었던 것 같다. 서울에서 내려온 셋째삼촌이 "재환이가 서울에 와서 중학교에 합격만 하면 내가 대학까지 공부하는 비용을 다 대겠다."라고 집안사람들에게 공언을 하셨다. 집안 경제사정이 어려워 공부를 많이 못했던 삼촌께서 돈을 많이 벌고 난 후 장손(長孫)인 나의 교육 뒷받침을 결심하신 것 같다.

그때부터 나는 촌놈이지만 '서울에 가서 공부한다.'는 꿈을 가지고 열심히 공부했다. 요즘 내가 여러 곳에서 강의를 하는데 그때마다 수강자인 부모님들한테 "어린이들에게 희망을 심어줘라. 목표를 정해줘라."고 권고한다. 나의 경우 그 시절 시골학생이 서울에 가서 공부한다는 것 자체가 하나의 환상이었다. 그러나 '나는 서울에 가서 공부할 사람이다.'라는 목표가 생기니까 더욱 열심히 하게 된 것이다. 그 결과 6·25 나던 해인 1950년, 서울의 중학교를 다니게 되는 영광을 갖게 되었다.

사실 나는 한문 공부를 하다가 뒤늦게 국민학교에 진학했기 때문에 다른 아이들보다 2~3세 많았으나, 공부는 계속 전교 1등을 했다. 나는 상업에 종사하고 있는 삼촌의 권유로 상업계 중학시험 1차군(群)에서 어렵다는 덕수중학교(德壽中學校)를 택해 거뜬히 합격했다. 당시 서울과 시골 학생 간의 학력 격차가 매우 컸기 때문에 촌놈인 나의 합격은 기쁨을 넘어 감격적이었다.

그런데 바로 그해 6·25전쟁이 발발했다. 그때는 중학교 입학식을 5월에 했는데, 꿈을 품고 상경하여 중학교에 입학한 지 채 두 달도 안 돼 6·25 남침이 발발했던 것이다.

6·25 피난길, 혼자 7일간 도보로 대전에

쿵! 쿵! 쿵! 적군의 대포소리가 시시각각으로 가까워졌다. 당장 서울 한복판에 포탄이 떨어질 듯했다. 나는 떨리는 손으로 보따리를 싸매고 삼촌댁 식구들과 함께 숭인동 집을 떠나 피난길에 올랐다. 1950년 6월 27일 하오 5시께였다. 청운의 꿈을 안고 시골에서 올라와 서울의 중학교에 합격해서 세상에서 제일 기쁜 나에게 6·25동란으로 피난을 가야 한다는 사실은 참으로 청천벽력이었다.

셋째삼촌은 아이들도 있고 해서 걸어서 피난을 못 가니까 트럭을 사가지고 대전 (大田)으로 내려가기로 하고, 나하고 막내삼촌(忠道)이랑 둘은 걸어서 피난을 가기로 정하고 일단 한강다리를 건너 노량진역(驛)에서 합류하기로 하였다. 집을 나서서 남대문 쪽으로 걸어가는데 거리는 온통 피난 가는 사람들로 인산인해(人山人海)를 이루었고, 미아리 쪽에서는 대포소리가 쾅쾅 나고 머리 위로는 일명 쌕쌕이란 비행기가 획획 날아다니고 완전한 공포 분위기였다.

한국은행(현 은행박물관)쯤 왔을까. 같이 걷고 있던 막내삼촌이 "여기서 잠깐 기다려라. 아무래도 내가 가겟방으로 가서 돈이랑 돈 될 만한 물건들을 다 가지고 와야겠다." 하면서 북창동 시장 쪽으로 뛰어가는 게 아닌가. 당시 막내삼촌은 셋째삼촌이 경영하는 상회에서 일을 보고 있었다. 나는 이불보따리를 멘 채 꼼짝 않고 서서 막내삼촌을 기다렸다. 고작 중학생이었으니 어린 마음에, 게다가 촌놈 아닌가, 서울 경험이라곤 막 2개월밖에 안 된 촌놈이었으니 더 불안하기 짝이 없었다. 사람들이 남대문을 지나 남쪽으로 막 내려가는 모습을 지켜보자니 겁이 나서 더는 서 있을 수 없었다. 순간 '지금 내가 사람들을 따라가도 삼촌은 나보다 어른이니까 금세 따라올 거야.' 하는 생각이 들었다. 그때부터 한 발자국 가고 뒤돌아보고 다시 한 발자국 가고 뒤돌아보고, 그렇게 한 발자국 한 발자국 옮기다 보니 어느새 수백 미터를 걸어온 것이다. 겨우겨우 노량진역에 도착했는데 그곳에 가면 셋째삼촌 일행을 만날 수 있으리라는 내 생각과는 달리, 너무 많은 사람들이 모여 있어서 삼촌을 찾아보기는커녕 내 한 몸을 운신(運身)하기도 어려웠다. 결국 막내삼촌과는 그렇게 해서 헤어지게 되었다.

혼자라는 생각에 겁에 질려 정신없이 걷던 중 한강다리 입구쯤 왔을 때였다. 갑자기 등 뒤에서 "어이, 혼자 피난 가나?" 하면서 어깨를 치는 사람이 있었다.

나는 깜짝 놀라 뒤돌아보았다. 나보다 나이가 좀 들어 보이고 어디선가 본 사람 같기도 했다. 그가 어쩔 줄 몰라 허둥대는 내 앞으로 다가서서는 다정한 표정으로 "나는 중학교 5학년 김승철이라는 선배다. 내가 도와주지." 하면서 내 이불 짐을 자기 어깨에 메는 것이 아닌가. 어찌나 고마운지 눈물이 핑 돌았다. 선배는 학교의 비상소집에 응했다가 집에 연락도 못한 채 피난길에 올랐다고 했다. 내게는 선배가 구세주만 같았다. 나는 교모와 교복을 착용하고 있었기 때문에 그런 운이 주어진 것이다.

선배와 함께 한강을 건너고 나니 통행금지가 실시되었다. 우리는 흑석동 산비탈의 어느 창고에 수용되었다. 이때부터 우리는 그 급박한 상황 속에서도 조금씩 자기 얘기를 하면서 친형제처럼 가까워졌다. 그는 경기도 안성이 고향이고, 누님 집에 기숙하면서 공부하던 독실한 기독교 신자였다.

시장기가 도는 배를 움켜쥐고 막 잠이 들려는 순간, 대낮같이 밝은 서치라이트가 창고 안을 스치고 지나갔다. 적(敵) 비행기의 공습(空襲)일 것이라고 생각한 창고 안의 피난민들이 일시에 뛰쳐나가더니 칠흑 같은 어둠을 헤치면서 산꼭대기로 올라가기 시작했다. 바로 그때였다. 등 뒤에서 "쾅" 하는 굉음과 함께 한강변(漢江邊)이 불바다로 변했다. 나중에 알고 보니 한강다리 폭파 장면이었다. 사람들은 정신없이 뛰었다. 그 길로 바로 피난행렬이 이루어졌는데, 사람들이 지나가고 난 자리에 바로 도로가 형성되었다.

　공포에 질려 얼마를 걸었는지조차 알 수 없는 지점에 다다랐을 때, 갑자기 김 선배가 서울로 되돌아가 누님을 모시고 와야겠다고 한다. 나는 갑작스러운 그의 말에 겁이 덜컥 났다. 그래서 내가 선배에게 "지금 이 난장판에 어떻게 서울로 되돌아갈 수 있으며, 또 가본다 해도 선배 누님이 그 집에 있을 리도 없고, 피난을 갔을 테니 이대로 내려가면서 찾아보는 것이 좋을 것 같다."고 했다. 만약 김 선배가 서울로 되돌아간다면 나 혼자 피난길에 올라야 할 판이니 공포와 불안감 때문에 선배를 더 졸라댔다. 그러나 애원과 같은 나의 만류도 아무 소용이 없었다. 선배가 "내 누나를 서울에 버려두고 피난을 갈 수는 없어. 나, 갔다 올게." 하고는 쏜살같이 불기둥이 하늘로 치솟고 있는 서울을 향해 달리는 모습을 그저 눈물로 지켜보아야만 했다.

　나는 하는 수 없이 그때까지 등에 메고 있던 무거운 이불 짐을 어느 빈집의 안방에 넣은 다음 나중에 찾아갈 생각으로 문을 어깨 멜빵끈으로 묶어놓고, 피난민들 흰옷의 물결 속에서 흘러가는 대열(隊列)을 따라 계속 남으로 남으로 걸어가기 시작했다. 해가 질 무렵 배가 고파 한 집에서 밥을 얻어먹고 있는데 언뜻 선배의 모습이 보이는 듯했다. 나는 밥그릇을 팽개치고 그를 얼싸안고는 엉엉 울었다. 그렇게 반가울 수가 없었다.

　선배 말에 따르면 서울로 가다가 한강다리가 폭파된 것을 보았고, 북한군 부대가 이미 서울 시내에 들어와 우리 군대와 격전이 벌어지는 바람에 어쩔 수 없이 되돌아왔다는 것이다. 이후부터 나는 김 선배와 함께 많은 이야기를 나누면서 민족의 대이동같이 끝없이 펼쳐진 대열 속에서 친형제가 되었다. 그는 나에게 예수의 부활에 대한 이야기를 들려주면서 "죽음을 겁내지 말라. 누구나 죽지만 그리스도 안에서 새 생명을 얻을 수 있다."는 말을 몇 번이고 강조했다.

그렇게 경기도 송탄쯤 왔을 때였다. 고향인 안성(安城)이 얼마 안 남았다고 기뻐하는데 갑자기 비행기 소리가 요란해졌다. 모두가 하늘을 쳐다보는 순간, 김 선배가 "적기(敵機)다!" 하면서 나를 발로 걸어차서 나는 길 아래 논두렁으로 쑤셔 박혔다. 눈 깜짝할 사이에 깊숙한 논두렁으로 떨어진 나는 콩 볶는 것 같은 기관총 소리를 들으면서 머리를 처박고 있었다. 총소리는 멎은 것 같았으나 겁에 질려 고개도 들지 못하고 천천히 온몸을 만져보았다. 다행히 상처가 없는 것에 안도(安堵)하며 눈을 떠보니, 내 옆에 10여 명이 총상(銃傷)을 입고 피를 흘리면서 "사람 살려주세요…."라는 가냘픈 신음소리를 내며 죽어가고 있는 것이 아닌가. 피를 흘리면서도 사력을 다해 몇 발자국씩 남쪽을 향해 기어가다가 끝내 쓰러지는 사람들의 모습은 차마 눈뜨고 볼 수 없었다. 들판에는 사람들이 하얗게 엎어져 있었고 여기저기에서 사람 살리라는 비명 소리만 들리는, 그야말로 아비규환(阿鼻叫喚)의 현장이었다.

초주검이 된 내가 가까스로 언덕길로 올라와 김 선배를 찾기 시작했다. 목청을 돋워 선배 이름을 외치면서 미친 사람처럼 이리 뛰고 저리 뛰어 봐도 끝내 김 선배의 모습은 보이지 않았다. 공포와 슬픔에 젖어 비 오듯 흐르는 눈물을 닦으면서 걷다 보니, 어느새 나는 그 참혹한 현장에서 멀리 떨어져 남쪽으로 내려가고 있었다.

그 후 나는 생명의 은인인 김 선배의 이름을 계속 되뇌면서 대전으로 향했다. 길을 물을 필요는 없었다. 좀 더 빠른 길로 가기 위해 많은 사람들이 기존의 도로로 안 가고 논두렁 밭두렁을 가로 질러 갔는데, 사람들이 지나간 곳이 바로 길이 되어 있었다. 마치 서부영화에서 소떼들이 초원을 짓밟고 지나가고 나면 그곳이 완전히 벌판이 되어버리는 것과 비슷했다.

지금 되돌아보면 그 참혹(慘酷)했던 피난길에서도 어린 내가 굶어죽지 않고 살아남을 수 있었던 것은, 순전히 내가 촌놈이었기 때문이다. 나는 대전으로 내려가는 1주일 내내 밭에서 고구마를 캐먹거나, 목이 마를 때는 물이 없어 토마토를 따서 먹었다. 시기적으로 그 무렵의 토마토는 색깔은 파래도 다 익은 것임을 나는 알고 있었다. 서울 사람들은 빨갛지가 않아 안 익은 줄 알고 토마토에는 손도 대지 않았고, 밭에 고구마가 있는지조차 모르고 있었다.

어떻게 보면 나는 고구마와 토마토, 그리고 김 선배 덕분에 살 수 있었던 것이다. 그가 만일 살아 있어 이 글을 읽게 된다면 얼마나 좋을까. 그러나 이제는 이름 석 자만 알 뿐, 얼굴 모습도 기억나지 않는 김 선배를 찾을 길이 영영 없어진 것 같아 안타깝고 슬프다.

대전 중고등학교 시절 품었던 정치인의 꿈

　혈혈단신 일주일 동안 걸어서 대전으로 내려와 무사히 가족들과 상봉했지만, 이곳 상황도 썩 좋지 못했다. 당시 B-29가 대전역을 폭파하는 바람에 온통 허허벌판이 되어 있었다. 당장 먹고살 길이 막막하여 나는 궁리 끝에, 폐허(廢墟)가 된 대전역에서 노점상을 시작했다. 한학자(漢學者)였던 아버지 역시 생계를 위해 역전에 나오셨는데, 그때 내가 아버지를 모시고 사과와 엿 장사를 시작한 것이다.

　나는 한때 고향 친구들이 모두 부러워하던 서울 중학생이었지만, 반대로 지금은 그 친구들이 대전중학교 학생이 되어 교복을 뽐내며 지나갈 때 나는 역전광장(驛前廣場)에서 노점상(露店商)을 하고 있는 신세가 돼버린 것이다. 나는 나도 모르게 아는 친구가 지나가면 고개를 돌려 피하곤 했다. 어느 날 이 광경을 아버지가 보시고야 말았다. 자식의 그런 모습에 얼마나 마음이 아프셨을까. 아버지의 절대명령으로 대전중학교에 입학했다.

　대전역에서의 1년간의 노점상을 끝내고는 아버지께서 중앙시장 한쪽에 건어물 가게를 차리셨다. 나는 대전 중고등학교 6년 내내 아침 일찍 학교 가는 길에 시장에 계신 아버지에게 밥을 갖다드리고, 방과 후에는 시장터에 가서 장사하는 것을 도와드린 후 아버지를 모시고 밤늦게 집으로 돌아가곤 했다. 이런 생활을 매일같이

6년 동안 계속한 것이다.

그런데 중학교 때였다. 어느 날 신문을 보니 구호물자, 당시는 전쟁 중이라 미국이 우리나라에 구호물자(救護物資)를 원조해 줄 때였고, 전쟁 중에 수없이 많은 전쟁고아가 생기니까 고아원에도 당연히 구호물자를 지원해 주었는데, 그걸 다 횡령하고 있다. 그런데 그 배후는 정부 고위층과 연결된 것 같다는 내용이 대서특필된 것이다. 군에서는 장성들이 군량미를 내다 팔아먹고, 부정사건이 수도 없이 많았다. 대전 천변에는 굶어죽은 시체가 하루가 멀다 하고 나타나는 판국에, 권력기관(權力機關)에 있는 자들이 천인공노할 부정(不正)을 저지르고 있다는 기사를 보니, 어린 나이에도 울분을 금할 수 없었다. 그럴 때마다 나는 '그래, 내가 크면 꼭 정치가가 돼서 이런 것들을 싹 쓸어버려야겠다.'고 하루에도 몇 번씩 다짐하곤 했다.

그 때문인지 나는 중학교를 졸업하고 대전고등학교에 입학할 때부터 목적(目的)하는 바가 정치인(政治人), 즉 국민의 대표인 국회의원(國會議員)이 돼서 부정부패를 척결(不正腐敗 剔抉)하고 국정을 올바르게 펴나가는 정치를 해야겠다는 것이었다. 그 당시 야당은 한민당이었는데, 그들이 부정부패를 파헤치는 발언을 하는 것을 보고 내 마음은 더욱 굳어져 갔다. 비행기 폭격으로 폐허가 된 대전 역전 길거리에서 사과와 엿 장사를 하고, 중앙시장에서 건어물 가게 일을 도우면서 중고등학교를 다녔던 나로서는, 이 같은 꿈을 이룩한다는 것이 하늘의 별을 따오는 일과 같았기 때문에 그 목적 달성을 위해 남달리 무서운 노력을 경주하면서 생활해야 했다.

정치인(政治人)이 되겠다는 포부를 안고 대전고교에 입학했기 때문에, 나는 1학년 때부터 정치인에게 필요한 웅변술(雄辯術)을 배우기 시작하여 각종 웅변대회에 나가 좋은 성적을 거두었다. 2학년 때는 서울과 지방대회까지 참가해 우승(優勝)을 휩쓸었고, 부산 동아대학교 주최 전국학생 웅변대회에 참가해서 대학생을 제치고 내가 1등 상을 수상했던 일은 지금도 잊히지 않는다. 나의 이런 모습을 부러워하던

1년 후배인 송천영(宋千永) 군이 "형님, 내게도 웅변을 가르쳐주세요."라고 해서 같이 웅변대회에 나가기도 했는데, 나중에 그와 함께 국회의원 생활을 하기도 했다.

2학년 때는 대한적십자사 청소년부가 주관하는 청소년 적십자단(Junior Red Cross) 봉사활동에도 참여하게 되었다. 그 당시 본사 청소년부장은 나중에 외무부장관을 하다가 전두환 대통령과 함께 버마에 갔다 아웅산 테러사건으로 사망한 이범석(李範錫, 後 외무부장관) 씨였는데, 나를 무척 귀여워해줬던 분이라 지금

웅변대회 1등상 수상기념(고교)

도 생각이 난다. 봉사활동은 주로 방학기간을 이용하여 농촌지역으로 나가 낮에는 농민들의 일손을 돕고 밤에는 미취학 아동들을 교육시키는 것이 주 내용이었다.

나는 누구보다 열심히 하여 3학년 때는 대전고등학교 단장 겸 충청남도 각 고등학교 단장이 모여 선출한 충남도 단장(忠南 團長)까지 하게 되었다. 농촌봉사 활동을 다녀온 뒤에는 재학생 전체가 모이는 시간에 활동보고회를 갖기도 했는데, 최근 수개월 전 동기생인 박정서(朴政緒, 변호사, 後 지방법원장)가 "그때, 자네의 보고 솜씨가 그렇게 달변일 수가 없고 보고를 듣고 여러 가지 감명을 받은 바가 컸었다."면서 옛날 얘기를 해줘서 다시 한번 회고하게 된 바 있다. 그 당시 동료들은 목전에 있는 대학입시(大學入試) 공부에 혈안이 되어 있었는데, 나는 오히려 3학년 말 겨울방학 때까지 후배회원 15명을 인솔하여 충남 부여군 임천면(林川面)으로 농촌봉사(奉仕)를 나갔을 만큼 이 활동에 열정적이었다.

대전고교 3학년 학생 총수는 8개 반에 647명이었다. 학년말고사(學年末考査)를 치른 후 100등까지의 명단을 교무실 건물 추녀 밑에 기다랗게 방(榜)을 붙여놓았

다. 나는 15등을 했고 1등은 최창규(後 서울대 교수)였다.

내가 그때 적십자 봉사활동에 전념치 말고 공부(工夫)에만 열중(熱中)했더라면 더 좋은 성적을 올릴 수 있었을 것이라고 자부하면서도, 계속해서 농촌 봉사활동에 무게중심을 두었던 것은 왜였을까? 아마도 이다음에 국회의원이 되면 농촌의 현실을 잘 알아야 한다는 생각이 가슴 한쪽에 이미 자리 잡고 있었기 때문이었을 것이다.

1957년 대전고등학교를 졸업할 때 나는 우수 학생으로 수상도 했다. 공부도 잘하고 봉사활동도 열심히 해서인지 자연적으로 학교에서도 인기가 있는 편이었다. 졸업 당시 서울대학교 정치외교학과에 입학한 친구들이 8명 있었다. 그러나 나는 서울대 대신 고려대학교 정치외교학과를 선택했다. 존경하는 정치인이자 야당 투사인 이철승(李哲承) 선배 때문이었다. '아, 고려대학교 졸업생 중에 저런 분이 있구나! 오케이, 나는 고려대학교로 간다.' 이렇게 마음먹게 된 것이다.

농촌 봉사활동(부여군 임천면) 가는 단원들

제2부

4·18과
4·19 주역,
역사의 한복판에서

고려대 입학 후 정치입문 방법 고민

내가 원하던 대로 고려대학교에 들어와 공부하면서 많은 생각이 들었다. '나의 목표는 국회의원인데, 어떻게 해야 국회에 들어갈 수 있나?' 현실적으로 이런 고민(苦悶)들을 하게 된 것이다. 세 가지 방법을 생각했다. 첫 번째는 고시공부를 해서 판검사가 되어 후에 변호사를 하면서 정치에 입문하는 방법이고, 두 번째는 신문사 기자로 들어가서 —그때는 딱히 취업할 만한 곳이 많지 않았다. 그나마 취업이 보장되는 유일한 방법이 신문기자였다— 정치인들과 접촉하면서 정치에 입문하는 방법이다. 마지막 세 번째는 학생운동을 하면서 정치에 입문하는 방법이었다.

나는 이렇게 결론을 내고 맨 먼저 고시공부를 시작했다. 고시에 합격, 성공하여 검찰총장·법무부장관·감사원장까지 지낸 이종남, 이해구(後 장관), 정경식(後 헌법재판관), 김준열(後 부장판사) 등은 고려대 법과대학 출신이고, 나는 정경대학 출신이다. 위에 열거한 사람들이 모두 고대 57학번 동기생들이다. 지금은 학교에서 고시 준비생들에게 많은 배려를 해주고 있지만, 당시만 해도 말 그대로 열악한 도서관뿐이었다. 그냥 도서관 2층 구석에 조그마한 스페이스를 차지하고 고시공부를 한 것이다. 도시락을 4개씩 싸가지고 와서 그거 먹어 가며 공부했다. 나는 안타깝게도 2차는 계속해서 떨어졌다. 그래서 스스로 '내 팔자가 이건 아니구나, 안 되겠다.' 생각하고는 그길로 고시공부를 그만두었다.

이후로는 두 번째 방법인 신문사 입사시험 공부에 열중하기 시작했다. 특별히 공부하는 방법도 없었다. 과거 10년간 조선일보나 동아일보 기자 채용시험 문제를 종합해 놓은 책자를 그저 딸딸 외우는 것이었다. 그런데 날이 갈수록 회의가 생겨났고, 어느 날 문득 여기서 빨리 탈출해야겠다는 생각이 들었다. '너는 결국 직업을 갖기 위한 평범한 샐러리맨의 길을 택하고 있구나! 너의 중학교 시절 목표는 무엇이었는가? 꼭 국회의원이 되어야 부정을 척결할 수 있는가? 학생으로서도 사회정의 실현을 위해서 투쟁할 수 있지 않나?'

결국 나는 사회정의의 실현을 위해서 학생운동을 하자는 쪽으로 가닥을 잡고, 대학강의 틈틈이 자유당(自由黨)과 민주당(民主黨) 연설회장을 쫓아다니기 시작했다. 특히 야당 연설회장에는 빠지지 않고 참석했는데, 주로 거물급 야당 투사들로 유명한 신익희, 조병옥, 조재천, 이철승 씨 등의 연설회장이었다. 그때는 야당 집회장에 가는 것이 그리 쉬운 일이 아니었다. 운 나쁘게 집회장에 갔다가 경찰에 검거되면 위험한 상황에 처할 수도 있기 때문이었다. 자유당이나 경찰이 불순분자(공산당?)로 몰면 꼼짝없이 당할 수밖에 없던 시절이었다.

민주당 외에도 통일사회당(통사당)이 있었는데, 이상하게도 나는 그쪽에는 접근하지 않았기 때문에 진보계 인사들은 아는 사람이 없었다. 아마도 어릴 때부터 한학, 유교사상 등이 몸에 배어 있어 나도 모르게 보수적인 사상이 내재해 있었기 때문이리라. 어쨌든 이렇게 자유당과 민주당 연설회장을 쫓아다니면서 자연적으로 정치의식이 강렬해졌다.

나는 이후로 좀 더 적극적인 학생활동을 위해 몇 개의 단체를 만들었다. 재학 중에 '국제청년웅변연구회'를 만들어 회장을 맡기도 했고, 각 대학의 웅변하는 친구들끼리 모여서 시국강연이나 토론회를 벌이기도 했다. 그때 만난 친구들이 박관용(朴寬用 後 국회의장), 김혁동(金赫東 後 교수), 김순규(金順圭 後 국회의원), 유인재

(俞仁在 後 회장) 등이다. 이들이 바로 4·19혁명의 주역들이다.

우리가 대학을 다닐 때만 해도 공공집회 장소로 제일 큰 곳이 명동에 있는 시공관(市公館)이란 곳이었다. 민주당 전당대회도 그곳에서 열릴 정도로, 그 당시 서울에서는 장충단공원을 제외하고는 대중집회를 할 수 있는 유일한 실내공간이었다. 그곳에서 전국웅변대회를 많이 개최했는데, 전국에서 똑똑하다는 친구들이 다 모여드는 바람에 나는 그곳에서 서울·지방 할 것 없이 우수한 대학생들과 긴밀한 유대관계를 맺게 되었다. 특히 나에게 자신감을 불어넣어 준 행사는 1959년 5월에 개최한 안암민국 모의국회(模擬國會)에서 내무부장관 역을 맡아 한국인의 정치활동을 금지하는 내용의 미군정법령 88호를 폐지하고 그 대안법률을 제정하여 발표하고 이를 통과시키는 역할을 무난히 해낸 활동이었다. 이때 동료학생들과 교수로부터 많은 칭찬을 받았던 기억이 새삼스럽다. 이런저런 모임을 가지면서 정치에 관심이 있거나 정치를 지망하는 학생들과 조직 활동을 하게 된 것이다.

고려대 정외과 1년 재학 중 제12회 전국대학대항웅변대회(성균관대 주최) 최고상인 '대상' 수상 직후 서울운동장 경기장에 계신 유진오 총장에게 보고 후 친구들과 기념촬영('57. 11. 30 오후 3시. 뒤쪽 왼쪽부터 유인춘, 김광연, 이세기, 앞쪽 왼쪽부터 이규진, 강신환, 저자, 이상운)

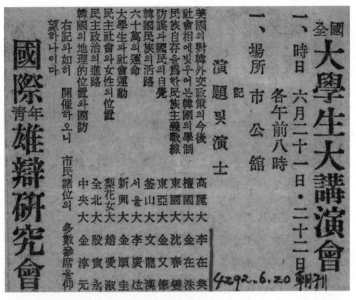

국제청년웅변연구회 활동('59. 6. 20 동아일보)

특히 내가 2, 3학년 때 대외활동을 많이 했는데, 그 경험이 4·18과 4·19를 계획하고 실현시키는 데 많은 도움이 되었다.

미군정법령 88호 폐지 대안법률을 제안설명하는 내무부장관 역(저자)
('59. 5 안암민국 모의국회, 시공관)

4·18의거 모의과정(2월 22일~4·18까지) 일지(日誌)

〈2012. 3. 고려대학교출판부 발행 『고려대학교 4·18의거실록』 내용 전재(轉載)〉

어떤 모임에서 나는 이찬오(李燦五, 철학58) 교우로부터 "어느 후배의 말이 4·18은 자연발생적인 것이지 계획된 것이 아니라고 하더라."는 말을 전해 듣고 아연했다. 그래서 여기 4·18의 모의과정을 기록에 남기려 한다. 고대 4·18의거 이전에 여러 학내 친목모임 또는 서클별로 각급 모의가 있었을 것이다. 그러나 여기서는 당시 5개 단과대학 학생위원장 중심의 모의과정을 일기 형식으로 기록코자 한다.

사람의 기억력에는 한계가 있다. 54년이 지난 지금 4·18의거 모의과정을 상세히 기록해 낸다는 것이 쉬운 일은 아니다. 기록해 내는 사람도 그렇거니와 기록에 나오는 당사자들도 사실 여부의 기억이 아련할 것이다. 다행히 54년 전 당시를 기록해 둔 쪽지들이 편린(片鱗)으로 남아 있어 크게 도움이 되었다.

나는 해마다 4월이 오면 남다른 감회에 젖는다. 4·18데모를 앞장서 실행에 옮겼던 한 사람으로서 오히려 깊은 책임감을 느끼면서, 4·19데모로 숨져간 186명 희생자들의 영혼에 수없이 사죄를 해야 마땅하기 때문이다.

4·18의거 당시인 1960년까지 전국 중·고·대학교의 학생조직은 '대한학도호국단'(중앙총단장은 문교부장관) 체제였다. 따라서 고려대학교의 공식 학생조직 명칭은 고려대학교 학도호국단(단장 유진오 총장) 정경대 학생위원회(위원장 이세기·정외57학번), 법대 학생위원회(위원장 강우정·법학57), 상대 학생위원회(위원장 이기택·상학57), 문리대 학생위원회(위원장 윤용섭·생물57), 농대 학생위원회(위원장 김낙준·농학57)로 되어 있었다. 학생등록금 내역 중에도 '학생회비'가 아니라 '학도호국단비'란 항목으로 학생활동비를 징수했다.

당시 우리 고려대학교는 5개 단과대학별 학생위원회가 있었을 뿐 총학생회란 제도는 없었다. 그리고 학생활동은 주로 단과대학별로 실시했고 전교적인 학생활동은 별로 없었다. 그런데 4·18의거 전년도에 출범한 학생위원회는 당시 전교적인 현안문제가 있어서 그 문제를 논의하기 위해, 5개 대학 학생위원장과 총무부장(總務部長)들이 자주 모임을 갖게 되었다. 회의를 할 때면 정경대 이세기 위원장(정외57)이 주로 회의 진행을 이끌었으나 5개 대학 학생위원장 간에 만장일치 합의가 어려웠을 뿐만 아니라 참여하지 않는 위원장도 있고, 일시에 모이기도 어렵고, 회의를 소집할 사람이 정해져 있는 것도 아니고 해서 지지부진 전원 합의체 운영이 매우 어려웠다.

그래서 정경대 학생위원회 총무부장인 내가 "학생위원회 활동은 앞으로 연말까지 10개월간이다. 5개 대학 학생위원장단 회의를 효율적으로 운영하기 위해, 이전의 선배들도 그렇게 한 예도 있다고 하니 1개 대학 학생위원장이 2개월씩 윤번제로 맡아 대내외적 행사 집행을 책임지도록 하자. 지금까지 이세기 위원장이 회의를 주도해 왔으니 정경대학 학생위원회가 3월과 4월을 맡고 그 다음은 법과대학 순으로 책임져서 운영하도록 하자."라고 제안했다.

이에 대해 5개 대학 학생위원장들은 특별한 이견(異見) 없이 암묵리에 활동을 지속해 나갔다. 단과대학별 학생활동 중심이었던 당시에는 4·18, 4·19 같은 것은 상상하지도 못했고 향후 두각을 나타낼 만한 전교적인 행사도 별로 없었기 때문에 특별한 이견이 없었던 것으로 생각한다. 그래서 5개 대학 학생위원장단 회의는 계속 이세기 위원장이 주재해 나갔고, 자연적으로 정경대 학생위원회(위원장 李世基, 총무부장 李在奐)가 전교적인 대내외 행사 주도에 적극성을 띠고 나가게 되었다. 따라서 모든 연락이나 준비사항들은 정경대 총무부장인 내(李在奐)가 담당하게 되었다.

이러한 가운데 서울 시내 대학가에서 자유당 독재정치 배척분위기가 형성되기 시작하였고, 우리가 독재타도 시위 감행(示威 敢行)을 모의(謀議)하면서부터는 위험한 일에 적극적으로 참여하려는 자가 줄어들기 시작하여 주도적 역할 체계는 더욱 약해지기 시작했다.

당시 내가 5개 대학 학생위원장들에게 모의일시 및 장소연락, 위장한 신입생환영회준비, 환영회경비(호국단비) 예산확보 및 수령절차 강구, 기념타월 제작, 제1진 선두그룹이 연행 구속 등 유고 시를 대비한 정경대 제2선 조직 등 업무집행에 있어 어려움을 많이 겪었던 기억이 새롭다. 당시 정경대의 2선 조직은 학생위원회 부위원장 그리고 정외과와 경제과의 학년별 대표 등을 핵심으로 조직했었다. 나는 이들과 수시로 회합하면서 정보교환, 조직확대, 의견수렴 및 의거준비와 행동요령을 시달했다. 그때 전폭적으로 지원해 주었던 후배 이상갑(李相甲, 정외58) 부위원장과 학년대표였던 이성춘(李成春, 정외58), 장상덕(張相德, 경제58) 부위원장 등에게 깊은 감사를 드린다.

4·19혁명 직후 5월 1일 자로 고려대는 학도호국단 정식 탈퇴를 결정했고, 문교부에서는 학도호국단을 즉각 해체했다.

1960년 4월 18일! 이날은 분명 고대생들이 '행동성을 겸비한 지식인'이라는 것을 만천하에 보여줬고, 우리나라 민주정치 발전을 위한 민주화 투쟁사에 찬연히 빛나는 금자탑(金字塔)을 이룩한 날이었다. 우리는 '이래서는 안 되겠다. 부정부패 정치를 더 이상 보고만 있을 수 없다. 억압된 자유를 찾자. 우리 학생들만이라도 이 땅의 자유·민주·정의를 지켜야 한다.'는 뜻을 모아 2월 하순(下旬) 새 학기 등록이 시작될 무렵부터 민주화 데모 모의(謀議)를 시작했다.

나는 더욱이 학원의 자유와 민주주의를 외치면서 2월 28일 대구에서, 3월 8일 대전에서 고교생 시위가 일어나는 것을 보고, 대학생으로서 그리고 선배로서 특히 불의를 물리치고 정의를 바로 세우려는 고대정신을 이어받은 고대생으로서 부끄러운 생각이 들었다. 또한 수도 서울에서 데모가 없으면 큰 효과나 성공을 거둘 수 없다고 판단하여, 3월 중순경부터 뜻 있는 후배들에 이어 각 단과대학별 학생위원장들과 수차례 비밀회동을 하면서 의견을 조율해 나갔다.

당시에는 학원사찰이 극심해서 우리의 비밀모임은 주로 학교 뒤편에 있는 인촌(仁村) 선생 묘소와 학교 뒷산이나 시내 다방(茶房) 등에서 이루어졌는데, 번화가인 종로 2가의 '궁'다방과 '현대'다방 그리고 '삼안'여관 등지였다. 여기서도 불안하여 결국 몇 번의 중요한 회의는 김낙준 농대 학생위원장 자택(당시 그의 이모부 李盛雨 씨가 내무부 차관이었음)에서 하기도 했다. 그때 우리에게 먹을 것을 많이 사다 주신 김낙준의 어머님께 감사드린다.

모의과정을 여기에 일자별로 적는다.

[2월 22일] 지난 2년 동안 성북구 안암동 개운사(開運寺) 입구 오른쪽 산동네 한 모(韓某) 씨 댁 하숙집의 한방에서 하숙을 하다가 부산 형님 집을 다녀온 이세기 위원장을 만나, 극심해지는 자유당 독재정치를 규탄한 후 새 학기가 되면 민주화 운동을 전개키로 합의했다.

[2월 25일] 부산 출신인 정외과 3년 이상갑(李相甲)과 회동, 자유당 독재정치에

대한 부산의 여론을 청취하면서, 고대가 그대로 있을 수 없다는 데 공감대가 형성되었다.

[2월 28일] 대구에서 고교생들이 최초로 시위를 감행했다. 청주가 고향인 경제과 3학년 장상덕(張相德)을 만나 청주 지방의 민심 얘기 끝에, 고대가 데모를 해야 정치인들이 정신을 차릴 것이라는 데 공감했다.

[3월 8일] 대전에서 나의 모교인 대전고등학교(大田高校) 전교생들이 학원민주화를 외치는 시위(示威)를 감행했다. 선배로서 또한 정의의 상징인 고려대학교의 재학생으로서 부끄러움을 삼키면서, 독재 규탄 의지를 더욱 다졌다.

[3월 10일] 재학생들에게 영향력이 있다는 평판이 있는 이상갑, 김영수(金永洙, 정외58), 장상덕, 강경식(姜慶植, 경제59) 등과 회동하여 3월 8일 대전고교생 시위 상황을 논의하고, "고교생들에게 부끄럽다. 우리도 자유당 부정선거 공작을 규탄해야 한다."라는 데 공감했다. 나는 다른 학생들의 분위기를 좀 더 파악하고 동조학생들을 확인해서 알려달라고 부탁하였으며, 5개 단과대학별 학생위원장들도 곧 움직임이 있을 것이라고 전달해 주고 유사시 여러분도 적극 동참해 달라고 부탁했다.

[3월 15일] 경남 마산(馬山)에서 3·15 부정선거 규탄 데모가 일어나 전국 민심이 크게 동요하게 되었다.

[3월 16일] 이상갑, 이성춘(李成春), 장상덕, 강경식으로부터 대학 내 체육부(體育部)를 비롯하여 각종 서클별로 자유당 부정선거 규탄모의가 이루어지고 있다는 소식에 고무된 나는, 5개 단과대학별 학생위원장들이 중심이 되어 시위를 감행할 계획 수립에 박차를 가했다.

[3월 22일] 이세기, 강우정, 이기택, 윤용섭, 김낙준과 나, 6명은 당시 대강당 601 강의실에서 제1차 모임을 가졌다. "3·15 부정선거 규탄데모가 고등학생 중심으로 전국 각지에서 발생하고 있다. 후배들에게 부끄럽다. 자유, 정의, 진리라는 고대 전통의 정신을 실현하기 위해서라도 우리가 시위를 감행해야 되지 않겠나?"라

는 문제를 놓고 논의했다. "좀 더 정국사태 추이를 파악해 가면서 다시 모여 논의하자. 이재환(李在奐) 총무가 다시 연락해 달라."는 결론을 맺고 헤어졌다.

[3월 23일] 나는 타(他) 대학생들의 동태를 알아보기 위해, 대학 재학생 웅변학도들로 구성된 '국제청년웅변연구회' 멤버인 김혁동(金赫東, 단국대4), 유인재(俞仁在, 동국대4), 김순원(金淳元, 중앙대4), 김순규(경희대4)와 종로 2가 '궁'다방에서 회동, 이구동성으로 자유당 독재를 규탄하고 의기투합했다.

[3월 24일] 이세기와 나는 타 대학과의 연계시위 가능성 모색을 위해 1차로 동국대 박완일(朴完一), 이우대(李愚大), 김훈기(金勳基) 등 3명을 종로 2가 '현대'다방에서 만나 현 시국을 논의하고 대학생들이 일어나야 한다는 데에 공감대를 이루었다.

[3월 26일] 5개 단과대 학생위원장 및 박문현(朴文鉉, 농학57, 농대학생위원회 총무부장)과 나, 7명이 601 강의실에서 제2차 모임을 가졌다. 그동안 각자 수집한 여론과 반응을 설명하고, "고대가 데모를 해야 된다는 학생들이 대부분이다. 그러나 과연 '자유당 독재 철권정치 하에서 학생데모가 성공할 수 있겠는가?'라는 회의를 가진 자들이 많더라."라는 여론을 놓고 논의했다. 결론을 내리지 못한 채, 많은 학생들에게 데모 분위기를 확산시켜 놓고 다시 모이기로 했다.

[3월 27일] 이세기와 나(이상 고대)는 유인재(동국대)와 함께 종로 2가 '궁'다방에서 경희대 김종림(金鍾林), 이석환(李錫煥), 김순규(金順圭), 안길원(安吉遠), 김효영(金孝榮) 등 5명과 회동·모의했다.

[3월 28일] 나는 종로 2가 '현대'다방에서 중앙대 김순원, 박점수(朴占洙), 조종익(趙鍾益) 등 3명과 회동·모의했다.

[3월 29일] 나는 종로 2가 '궁'다방에서 성균관대 이완수(李完洙), 유덕희(柳悳熙), 김병태(金秉泰) 등 3명과 회동·모의했다.

[3월 31일] 나는 5개 단과대 학생위원장 등과 제3차 모임을 가졌다. 자유당 정권에 대한 국민들의 불만이 고조되어 가고 있고, 타 대학에서도 학생들 간에 데모를

하자는 움직임이 있다는 내용의 여론을 종합해 분석한 후, 효과적인 일자를 정해 데모를 강행한다는 원칙에 합의했다.

[4월 1일] 이세기와 나는 종로 2가 '궁'다방에서 건국대 정원찬(鄭圓纂), 황윤경(黃潤慶), 신동림(申東林), 박영용(朴泳龍) 등 4명과 회동·모의했다.

[4월 3일] 나는 장상덕과 함께 종로 2가 '현대'다방에서 서울사대 손중근(孫重瑾)과 경희대 이기태(李基泰), 그리고 연세대 이성근(李聖根) 등을 차례로 만나 동조·모의했다.

[4월 4일] 5개 단과대 학생위원장 및 박문현과 나, 7명이 제4차 모임을 갖고 '자유·정의·진리'라는 고대 전통을 이어갈 우리 고대가 극한점에 달한 자유당 독재폭정과 부정선거를 양심상 더 이상 좌시해서는 안 되겠다는 의지를 재차 다짐하고, 각 단과대학별로 학생위원장 주도하에 데모 감행을 위한 제1선, 제2선 조직에 박차를 가하기로 결정했다.

[4월 6일] 나는 종로 2가 '궁'다방에서 동국대 유인재, 이우대와 함께 경기대 김교근(金教根), 국민대 김종철(金鍾澈), 가톨릭의대 이병갑(李炳甲) 등과 회동·모의했다.

[4월 7일] 나는 5개 단과대 학생위원장 등과 종로 2가 '궁'다방에서 제5차 모임을 갖고, 오는 4월 16일 10시 대운동장에서 신입생환영회(新入生歡迎會)를 개최할 것과 그 자리에서 학생들을 선동(煽動)하여 데모를 이끌어 내자는 데 합의한 후, 구체적 실행사항 등을 논의했다.

[4월 8일] 오후 1시경 인촌 묘소 뒤편에서 그동안 제2선 조직으로 활동해 오던 이상갑, 이성춘, 장상덕, 손진영(孫珍榮, 정외59), 차덕영(車德永, 정외59), 문리대 대의원 이준호(李峻浩, 사학59) 등 9명의 책임자가 3차 회의 개최, 데모 감행의지를 재다짐하고, 2선 조직강화 실천방안을 협의·결정했다.

[4월 11일]

- 오전 10시경 내가 총무부장으로서, 위장(僞裝)된 신입생환영회 개최에 따른 (5

개 단과대학 학생위원장이 서명한) 예산결재를 받으려고 현승종(玄勝鍾, 後 국무총리) 학생처장실을 방문하니, 처장실에 성북경찰서 사찰과 형사 3명이 먼저 와서 "학생들 동향이 심상치 않으니 신입생환영회를 취소시키는 것이 좋겠다."는 권고를 하고 있었다. 그들이 나간 후 처장실로 들어간 나에게 "별일 없지?" 하고 질문하신 처장님에게 "신입생환영회는 순수합니다. 별일 없습니다."라고 허위보고한 후, 결재를 받아 사무처의 까다롭기로 유명한 조태호(趙泰浩, 박정희 장군 동서) 서무과장의 인출사인을 거쳐 11시 50분경 학도호국단비 중 일부를 인출(引出)했다.

– 신입생 환영회 때 쓸 기념타월은 이미 결정한 대로 데모강행을 염두에 두고 타월 가운데에 '고대'라는 글자만 넣어 제작키로 했다. 신입생환영회 총 경비를 수령하여 타월 구입대금을 제외하고, 나머지를 5개 단과대학별로 나누었다. 다만 타월 구입문제는 비밀리에 진행해야 하는 사안이라 아무에게나 임무를 부여할 수 없는 일이기 때문에, 당시 운동선수이자 의지가 강했던 김낙준 위원장이 담당키로 하여 당초 예산요구 시 책정한 기준수량인 3,000매를 김 위원장이 주문 구입했다. 그러나 나의 판단으로는 데모가 시작되면 이 수량으로는 부족할 것 같아 내(李在奐)가 임의로 정경대 학생위원회에 배분된 경비를 유용, 2,000매를 추후(일자 불상) 별도로 청계천시장 내 신광(新光)타월 도매상회 두 곳에 나누어 주문하고, 18일 오전 9시에 대학 본관건물 뒤편 화장실 옆에서 인수키로 했다.

– 한편 이날 도하 각 신문에 3·15 마산 시민 데모 시 행방불명됐던 김주열(金朱烈) 군이 눈에 최루탄이 박힌 모습으로 마산 앞바다에서 발견된 처참한 사진이 대서특필(大書特筆)로 보도되어, 학생들에게 엄청난 분노(忿怒)를 안겨주었다.

[4월 12일] 제2선 책임자 4차 모임. 이상갑, 이성춘, 김원경(金元敬, 정외59), 김영수, 강경식, 장상덕, 손진영, 차덕영, 문리대 대의원 이준호와 최진호(崔眞豪, 사학59) 등으로부터 2선 조직완료를 보고받고 나는 각자에게 학생집결, 홍보, 조직, 선동 등의 임무를 각각 부여했다.

[4월 13일] 그동안 종로 2가 '궁'다방과 '현대'다방 등지에서 데모를 같이하자고 모의했던 타 대학 학생들에게 진척상황(進陟狀況)을 재확인해 본 결과, 대부분의 타 대학 친구들이 "고대가 먼저 데모를 감행하면, 그 후 우리 대학도 학생들을 선동해서 뒤를 잇겠다."고 하여 "그럼 우리 고대가 먼저 감행하겠다."고 최종 통보한 후 비밀유지를 위해 그로부터 일체 접촉을 중단(接觸中斷)했다.

[4월 14일]

- 학생처가 "16일 신입생 환영회 취소, 무기 연기한다."라고 학교 게시판에 공고했다.

- 5개 단과대학별 학생위원장이 제1선, 제2선 데모조직을 완료했다.

- 박찬세(朴贊世, 법학55) 〈고대신보〉 편집국장이 선언문과 국민에게 보내는 호소문 및 유엔 사무총장에게 보내는 메시지 등을 작성 완료했다.

- 성북경찰서는 사찰과 형사들을 총동원, 학내 감시 및 학생위원회 간부 미행 감시를 강화했다.

- 나는 이세기와 함께 성북구 돈암동 산 1번지 이중도(李中道) 씨 댁에 피신(2박)했다.

[4월 15일]

- 나는 5개 단과대 학생위원장 및 박문현 등과 오후 7시경부터 김낙준 위원장 하숙집에 집결, 이세기 위원장 사회로 4시간여에 걸쳐 심각한 논의 끝에 "16일 신입생 환영회는 불가능해졌다. 학교당국의 일방적 취소공고로 인해 학생들 간의 시위분위기는 오히려 더 무르익었으니, 18일 오전에 무조건 강행(强行)하자."고 결의하고 다음과 같은 사항을 결정하였다.

① 18일 아침 일찍, 각 대학 위원장 책임하에 위원장 등 제1진 선두그룹이 연행 구속될 시, 계속 시위를 할 제2선 조직을 확인·다짐하고, 그들에게 상세한 시위계획을 알리도록 한다.

② 18일 12시 50분경 넷째시간 종료 사이렌소리를 신호로 하여 학생 숫자와 관계없이 무조건 교문 밖으로 나가 시위를 강행한다.

③ 학생위원장단을 중심으로 한 제1진은 경찰의 현장연행을 각오하고, 12시 30분까지 인촌동상 앞으로 모여 구호를 외치기로 한다. 현장체포 모습을 보이면 그 자체로 데모촉발이 될 것이다.

④ 선언문 낭독은 이세기 정경대 학생위원장이 담당한다.

⑤ 시위대 최종 집결지는 태평로 국회의사당 앞으로 한다.

⑥ 데모대열의 선도, 유지와 이탈자 단속은 체육인인 윤용섭 위원장과 김낙준 위원장이 체육부에 부탁하여 협조를 얻도록 한다.

⑦ 교내 몇 개 서클과 단체에서 데모모의를 한 것으로 파악되고 있으니, 각 대학 학생위원장이 확인해서 18일 데모계획을 알리고 동시감행(同時敢行) 협조를 얻도록 한다.

[4월 16일] 아침 10시경 100여 명의 학생들이 본관 앞에 모여들어 학교당국의 신입생환영회 취소 공고문을 보면서 웅성거렸으나, 별일 없이 삼삼오오 헤어졌다. 나는 밤 8시경 이상갑, 이성춘, 김영수, 장상덕, 강경식, 손진영, 차덕영, 이준호, 최진호 등 제2선 조직책임자와 일부 대의원들을 인촌선생 묘소 뒤로 소집, 18일 12시 50분경 사이렌을 신호로 삼아 무조건 시위감행(示威敢行) 한다는 계획을 상세히 설명하고, 교실 내에 있는 학생들을 본관 앞 광장으로 동원하는 역할 및 제2선 활동에 필요한 상세한 지침을 시달했다.

[4월 18일]

– 나는 9시 30분경 본관 뒤편 화장실 옆에서 장상덕 등과 함께 타월(2,000매)을 인수받은 후 본관 앞 화단에 은닉시킬 것을 부탁하고, 제2선 조직원들을 본관 옆 서관 올라가는 소나무 밑에 소집했다.

– 10시 30분경부터 삼삼오오 100여 명의 학생들이 본관 앞으로 모이기 시작했

다. 이상갑, 이성춘, 강경식, 손진영, 차덕영, 이준호 등 제2선 조직책들에게 강의실마다 다니면서 학생을 동원하라고 지시한 후, 나는 서관 쪽 강의실을 돌면 본관 앞 집결을 독려하면서 뛰었다.

— 12시 50분 사이렌 소리도 울리지 않았는데, 번개같이 나타난 이세기 위원장이 "친애하는 고대 학생 제군! 한마디로 대학은 반항(反抗)과 자유(自由)의 표상(表象)이다. […]"라고 〈선언문〉 낭독을 시작하자마자 "와!" 하는 함성(喊聲)과 함께 삽시간에 구름떼의 학생들이 모여 일시에 교문을 박차고 나가기 시작했다. 〈선언문〉을 다 읽을 겨를도 없었다. 머리띠로 쓸 타월을 나눠줄 방법이 없어 나는 이성춘, 장상덕과 함께 "머리에! 머리에!" 소리를 지르면서 수건을 집어던지기 시작했다. 누구의 지시도 없이 "독재정권(獨裁政權) 물러가라." "부정선거 다시 하라."라는 구호가 터져 나왔다.

이것이 바로 나의 메모 쪽지에 기록된 고대의 4·18의거 모의과정의 전말(顚末)이다.

혁명아의 탄생 (대담—이재환, 구본형. '60. 8. 25 고대문화 2집)

4·18 당일 시위 중 종로경찰서에 연행, 구타

데모대 선두는 고맙게도 1, 2학년생들이었다. 나는 럭비부의 이병국(李炳國, 정외57)을 비롯한 럭비부 학생들과 함께 대오(隊伍) 속을 달리다가, 대광고등학교 앞에서 경찰의 저지를 받고 대광고교 뒤편 개천길을 타고 돌아 신설동 로터리로 갔다. 데모대가 신설동 로터리 저지선, 동대문 로터리의 저지선을 뚫고 종로 4가에 이르렀을 때, 나는 종로경찰서에 연행(連行)되었다.

최종 집결지인 태평로 국회의사당 앞까지 가야만 하는 나로서는 불법연행임을 항의하면서 거세게 석방을 요구하다가, 이 사람 저 사람 경찰로부터 구타(毆打)를 당하였다. 이후 강제조서를 쓰다가 옆방에서 취조를 당하고 있는 누군가에게 "너 이 새끼 빨갱이지!" 하는 소리를 듣고, '나도 공산당으로 몰리겠구나.' 하는 생각에 소름이 끼쳤다. 그런데 웬일인지 오후 늦게 훈방됐다. 나중에 안 얘기지만 국회의사당 앞에 와 있던 유진오(俞鎭午) 총장(總長)의 강력한 연행자 석방 요구에 따른 조치였다.

나는 마음이 급해 국회의사당 쪽으로 달려갔다. 거기에는 데모대의 잔해만 있을 뿐 아무도 없었다. 주위 사람들에게 물으니 을지로 방면으로 돌아가고 있는 중이라고 했다. 뛰다시피 빠른 걸음으로 을지로 3가쯤에서 데모대 후미에 닿으니, 모두 낯모르는 후배들이 땀을 뻘뻘 흘리며 구호를 외치고 있었다.

각 대학 학생위원장들을 비롯한 제1진 간부들은 한 사람도 안 보여 '모두 구속됐구나.' 싶어 다시 두려움이 엄습했다. 그때 김한중(金漢中, 경제57)이 경찰 백차(지프차) 위에서 구호를 외치면서 선두를 이루어 가는 것을 보는 순간, '이제 성공했구나!' 하고 가슴이 벅차올랐다.

이때부터 나는 종로경찰서에서 당한 구타로 온몸이 쑤시고 힘이 쭉 빠지면서, 그 자리에 주저앉아 버렸다. 후배들의 부축으로 다시 일어났지만 데모대 속에서 그저 밀려 따라가는 정도였다.

그런데 무슨 영문인지 모르나 경찰 백차가 동대문운동장 방향으로 안 가고 청계천 4가 쪽으로 천연덕스럽게 방향을 바꾸어 유도해 갔다. 청계천 4가로 접어들어 천일백화점(天一百貨店) 앞에 이르렀을 때 갑자기 함성과 함께 선두그룹이 흩어지는 순간, 앞을 보니 흉기를 든 일당의 괴한(怪漢)들이 학생들을 공격(攻擊)하는 것이 아닌가! 쇠갈고리, 몽둥이, 쇠파이프 등을 든 괴한들이 무자비하게 학생들을 공격하고 있었다.

여기서 대오는 완전히 허물어졌고, 학생들은 뿔뿔이 산지사방으로 도망치듯 달아났다. 나도 몸이 아파 도저히 학교까지 갈 수가 없어 그길로 미아리 삼촌 집으로 피신했다.

4·18의거 종로 4가 경찰저지선, 나는 여기서 경찰에 연행되었다

4·19의거를 혁명으로 성공시키자

4·19부터 5월 20일까지의 혁명일지

4·19데모 직후 나의 제안으로 구성된 4·19의거학생대책위원회(4·19義擧學生對策委員會)는 데모 후 그 후속대책을 위한 유일한 자발적 학생대책기구였기 때문에 각 대학 대표들이 모여 결정한 회의내용은 역사적인 기록물이다. 당시 처음부터 끝까지 총무위원장으로서 회의내용을 기록해 놓은 일지를 여기에 옮겨 남기고자 한다.

[4월 19일]

— 4월 19일 아침 "고대생 한 명이 사망(?)했다."라는 보도를 접하는 순간 피가 끓어올랐다. 9시경 변장을 하고 집을 나와 광화문 쪽으로 가니 벌써 동국대생들이 효자동 입구에서 구호를 외치면서 연좌 농성 중이었다.

서대문 이기붕(李起鵬) 집 앞에서는 성균관대생들, 국회의사당과 대법원 앞쪽에서는 건국대생들, 내무부 앞에서는 한양대와 중앙대생들, 신촌로터리에서는 연세대생들, 파고다공원 앞에서는 서울대생들이 시위를 벌이는 등 서울 장안은 온통

"독재정권 타도"의 함성만 들려왔다.

– 4월 19일 오후 5시를 기해 비상계엄(非常戒嚴)이 선포되고, 각 학교에는 휴교령(休校令)이 내려졌다. 나는 저녁 늦게 만리동 유인재(俞仁在, 동국대 4) 집에서 타 대학 주동자 5명과 회동, 사태의 전망을 분석하고 두려움 속에 사후문제를 협의했다.

[4월 20일] 이승만(李承晩) 대통령이 "불평의 원인은 시정될 것"이라는 담화(談話)를 발표했다.

[4월 21일] 국무위원이 총사퇴했다.

[4월 22일] 국회 시국대책위원회가 구성됐다.

[4월 23일]

– 이 대통령의 자유당 총재직 사퇴와 함께 "국민이 원한다면 무엇이든 하겠다."라는 성명 발표가 나오는 등 정국은 급박하게 돌아갔다. 나는 이때 4·19 학생시위를 혁명으로 성공시켜야 하고 또 그렇게 할 수 있겠다는 생각으로, '4·19의거학생대책위원회(4·19義擧學生對策委員會)' 조직을 구상했다.

– 오후 1시경 나는 명동 소재 가톨릭의대 4년생인 이병갑(李炳甲)의 연락으로 동 대학 2층 구내식당에 25명의 학생대표들이 모인 자리에서, 학생들에 의한 '4·19의거학생대책위원회'를 구성해서 계엄사와 접촉, 우리의 참뜻을 전하는 방법을 강구하자고 제안하여 합의를 보고, 참석한 25명 전원으로 준비소위원회를 구성키로 했다.

[4월 24일] 10시경 종로 2가 낙원동에 있는 건국대학교 정치대학 지하 구내식당에서 제1차 준비소위원회를 개최, 가칭 '4·19의거학생수습대책위원회'를 종합대학교(11개) 2명씩, 단과대학(19개) 1명씩 총 41명으로 구성하되, 단체의 공신력을 위해 해당 총·학장의 추천을 받아 확대 구성키로 했다. 한편 이날 장면(張勉) 부통령이 사임했다.

[4월 25일] 10시경 건국대 구내식당에서 총·학장의 추천장을 지참한 41명의 각

학교 대표들(고대는 이세기·이재환)이 모여 조직체 명칭을 '4·19의거학생대책위원회'로 최종 확정짓고 위원장 선출에 들어갔다. 옥신각신 설왕설래로 복잡해졌다. 나는 큰소리로 제안했다. "이 문제를 가지고 추태를 보인다면 시민들이, 자유당 정권의 권력쟁투와 똑같다고 비난할 것이다. 우리 모두 자제하자. 따라서 종합대학 측은 양보하고, 단과대학 대표 중에서 뽑기로 하되 나는 단국대 김혁동(金赫東)을 추천한다." 내 제안이 받아들여져 김혁동이 위원장이 됐다. 그리고 총무 1인을 선출하는데 내가(李在奐) 만장일치로 당선되었다.

한편 이날 서울에서는 대학교수단(敎授團)의 "학생들의 피에 보답하라."는 시위와 선언문 발표가 있었다.

[4월 26일] 10시, 이승만 대통령은 "국민이 원하면 하야(下野)하겠다."라는 담화문을 발표했다. 드디어 반독재 민주쟁취라는 학생·시민혁명이 이룩되었다.

학생들이 질서유지 활동에 나서

[4월 27일]

① 9시, 성동구에 소재한 한양대학교 식당에서 '제1차 4·19의거학생대책위원회'를 개최, 조직을 확대키로 하고 종합대학교(11개) 각 12명, 단과대학(19개) 5명씩 총 227명으로 구성함과 동시, 조직체를 전국화(全國化)하기 위해 명칭을 '4·19의 거학생전국(全國)대책위원회'로 확대키로 결정하고 총무분과위원장에 이재환(李在奐, 고대4), 재정분과위원장에 장충준(張忠準, 동국대4), 선전분과위원장에 신요철(申堯徹, 서울대4), 연락분과위원장에 정원찬(鄭圓纂, 건국대4)을 선출하고 각 분과위원회별로 간사 1인씩을 두기로 했다. 이때 고대에서는 5개 단과대학 위원장과 박찬세, 이재환, 김원경(정외2), 손진영(정외2), 차덕영(정외2) 등이 총장 추천을 받아 위원이 됐다.

② 4월 26일 대통령 하야성명으로 인해 경찰관들은 학생·시민의 표적이 되어 사복 차림으로 피신하고 있고 수도(首都) 서울의 치안(治安)은 극도의 혼란(混亂)으로 치닫기 시작하여, 우리 대책위원회는 계엄사령부에 "학생과 군인이 합동으로 각 경찰서를 관활하여 질서를 회복·유지(秩序回復·維持)시키자."고 건의하여 합의를 보았다. 이때 분위기는 일반 시민들이 학생들을 신뢰하고 있었기 때문에 가능했다.

③ 오후 4시 반경 우리는 학생대책위원회 명의로 질서회복을 당부하는 성명서를 발표키로 했다. 이때 안경훈(安瓊勳, 한양대4)이, 50여 명의 대표를 선발해서 질서회복 플래카드를 앞세우고 시가행진을 하자고 제안했다. 그래서 우리는 "모든 것은 이루어졌다." "이제는 질서회복이다."라는 대형 플래카드를 만들어 앞세우고 한양대학교에서 을지로 6가까지 시가행진을 했고, 시민들은 길거리에 나와 우리에게 환영의 박수를 보냈다.

고대가 중부경찰서 접수 관할

[4월 28일]

10시부터 각 대학별로 시내 경찰서를 배분·접수하여 계엄사 헌병들과 공동으로 관할하기 시작했다. 고려대는 당시 서울의 중심으로 가장 중요한 중부경찰서(中部警察署)를 접수·관할하게 되었고, 중앙대는 남대문경찰서, 연세대는 서대문경찰서, 성균관대는 성북경찰서, 한양대는 성동경찰서 등이었다. 대학생 복장으로 비를 들고 거리청소, 교통정리, 공공건물 경비, 불량배 단속 등을 열심히 했다. 서투른 교통신호 때문에 오히려 차량들이 얽혀도 서로 웃으면서 양보하고, 시민들이 거리에 나와 마실 물을 전해주던 고마운 모습이 지금도 기억으로 남아 있다. 나는 3일간 중부경찰서 책임자가 되었으나 실질적인 업무집행은 김진길(金振吉, 물리4) 등 태권도부 학생들이 수고했다.

[4월 29일]

① 오후 1시 대책위원회를 개최하고, '4·19의거학생전국대책위원회' 사무실을 지금까지 사용해 온 건국대 정치대학 지하 강의실로 고정키로 했다. 이 일은 건국대 정치학과 졸업생으로서 학생농촌계몽대를 이끌던 전년규(全年圭) 씨와 건국대 4학년생들인 정원찬, 신동림, 배자옥(裵慈玉) 등이 학교 재단 측을 설득, 성사시켰

음을 기록해 둔다.

② 대책위원회가 해야 할 1차 사업을 '순국학생합동위령제 개최' '4·19 위령탑 건립'으로 정했다.

[4월 30일]

① 오전 10시 대책위원회를 개최, 4·19순국학생 합동위령제 준비위원장에 김혁동(金赫東, 단대4), 총무위원장에 이재환(李在奐, 고대4), 위령탑 건립준비위원장에 김원경(金元敬, 고대3)을 선출했다. 나는 이때부터 매일 4·19의거학생전국대책위원회 사무실에 출근하다시피 하면서 4·19의거수습대책 추진과 함께 4·19를 혁명으로 성공시키기 위한 타 대학과의 연대활동에 주력했고, 이세기 위원장은 4·19정신에 따른 학내개혁에 전념키로 했다.

② 10시 건국대 내 사무실에서 회합, 위령제 개최에 소요될 경비는 정부나 외부단체의 성금을 일체 거절하고 종합대학교(11개)에서 10만 원씩, 단과대학(19개)에서 5만 원씩 부담하고, 중·고교에서 내주는 성금으로 충당키로 의결했다.

4·19 희생자 합동위령제 개최

[5월 1일]

① 11시 건국대 내 사무실에서 회합, 위령제는 4·19의거 1개월이 되는 5월 19일 10시에 서울운동장에서 학생들만 참석한 가운데 개최키로 하고 종합대학교(11개)에서 1개 교당 각 600명씩, 단과대학(19개)에서 각 300명씩, 시내 중고교(51개)에서 1개 교당 250명씩 참석, 총 25,350명으로 하기로 했다.

② 위령탑 건립을 위한 활동은 위령제 종료 후, 동아일보와 공동모금을 통해 추진키로 결정했다.

합동위령제 팸플릿

③ 위령제 준비위원회 부서와 책임자를 정했다. 총무분과위 간사장 이재환(고려대), 재정위간사장 장충준(동국대), 교섭위간사장 강명구(연세대), 의전위간사장 김규복(서울대), 원호간사장 이원방(중앙대), 안내간사장 김명자(이화여대), 연락간사장 이원우(외국어대), 경호간사장에 배자옥(건국대)이었다.

[5월 2일]

① 10시 건국대 내 사무실에서 회합, 위령제 명칭을 '4·19순국학생진혼식'으로 하고 불교식 의전으로 거행키로 했다.

② 각 분과위원회별로 문안작성 등 준비 실무에 들어갔다.

[5월 14일]

① 내가 위령제 때 부를 '진혼가(鎭魂歌)' 작사를 고려대 교수이자 시인인 조지훈(趙芝薰) 선생님을 찾아뵙고 부탁드렸더니 흔쾌히 승낙하셨다.

② 각 대학 총·학장 및 고교장에게 위령제 참석인원 파견의뢰서 우송 완료.

[5월 15일] 조지훈 교수로부터 진혼가 작사 원고를 받아, 당시 작곡계 최고 권위자인 연세대 나운영(羅運榮) 교수를 찾아가 작곡을 부탁드렸더니 역시 흔쾌히 수락하시어 의뢰했다.

진혼가

[5월 16일] 나운영 교수로부터 완성된 '진혼가(鎭魂歌)'를 수령하여 인쇄에 부치니 이것이 바로 저 유명한 '4·19합동위령제 진혼가'이며 그 원본을 아직까지 내가 소장(所藏)하고 있다.

[5월 17일] 오후 4시, 건국대 내 사무실에서 계엄사령부(戒嚴司令部) 치안처장 일행과 우리 대책위원회 측 대표 10명이 회담을 가졌는데 그동안 우리의 위령제 개최를 묵인해 왔던 계엄사 측에서 갑자기 시내 중심가에서 학생들이 많이 모이는 집회는 일체 불허한다는 것이다. 더구나 그 넓은 서울운동장에서 2만 5천여 명을 동원해 그것도 민감한 4·19희생자위령제를 개최한다는 것은 절대 허가할 수 없다는 것이었다. 그 대신 뚝섬 쪽에 있는 한양대학교 운동장 같은 시내 외곽지역이라면 허가하겠다는 것이다.

우리 대책위원회 측은 서울운동장 개최를 절대 양보할 수 없다고 주장함으로써 팽팽히 맞섰다. 나중에는 계엄사 측이 "당일 위령제 종료와 함께 시위를 감행한다는 정보가 있으니 대책위원회 간부 전원을 연행해서 조사하겠다."고 으름장을 놓았다. 그때서야 우리는 그들의 진의를 알게 되었다. 그래서 나는 이때 "좋다, 연행하라. 우리를 연행 조사하느라 4·19위령제를 못하게 됐다는 소문이 나면 계엄군부는 시민들로부터 신뢰를 잃게 될 것이고, 그러면 정말로 걷잡을 수 없는 학생시위가 재현될 것이다."라고 받아쳤다. 새벽까지 회담이 계속됐으나 그들은 "행사 당일 불순분자를 대거 색출·검거하겠다."는 위협적인 말을 남기고 돌아갔다.

[5월 19일] 10시, 이미 새벽부터 계엄사령부 무장군인들이 대거 동원되어 서울운동장을 완전히 포위(包圍)했다. 그러나 우리는 이 같은 삼엄한 악조건 속에서도 한 명의 외부인사 초청 없이 2만 5천여 명의 학생들만 참석, 순수한 학생조직체인 '4·19의거학생전국대책위원회' 주관(祭主, 김혁동 위원장)으로 '4·19순국학생진혼식'을 아무런 차질 없이 성공리(成功裏)에 치렀다.

그런데 또 하나의 계획은 실패(失敗)했다. 이는 4·19 후 기성정치 집단에 실망한 뜻 있는 인사들이 회합, 5·19위령제 직후 그동안 신파·구파로 나뉘어 권력쟁투에만 몰두할 뿐 정국수습이나 수권정당으로서의 능력을 보이지 않고 있는 민주당의 배신과 무능을 규탄하고 대규모 시위를 일으킨 뒤, 송요찬 사령관의 호응을 얻어

대학교수 등 각계의 양심세력이 참여하는 '시민혁명위원회'를 구성한 뒤 이를 바탕으로 새로운 혁명정권을 수립(革命政權 樹立)하여 4·19정신을 구현할 시민혁명(市民革命)으로 승화시키려던 계획이었는데 결국 수포로 돌아갔다. 정보누설이 그 원인이었다. 상해임시정부 독립자금 공급책의 일원으로 OSS(미 극동정보사령부) 요원이었던 김홍국(金鴻國) 씨의 소식이 궁금하다. 많은 이들은 5·16군사쿠데타 세력이 4·19혁명 의의를 희석(稀釋)시켰다고 하지만 따지고 보면 그보다는 4·19 직후 민주당이 정파 간 권력쟁취에 몰두함으로써 4·19학생시위의 참뜻이 구현되지 못했다고 봐야 할 것이다.

[5월 20일] 나는 위령제 총무분과위원장으로서 조금도 하자 없는 결산(決算)을 해야 했다. 11개 종합대학교와 20개(나중에 1개 대학 추가) 단과대학의 분담금 및 51개 중고등학교의 성금을 합하여 총 수입은 4,026,125원이었고 잔액은 961,760원이었다. 이 잔액은 대책위원회 의결을 거쳐 위령탑 건립기금으로 전달했다.

당시 대책위원회는 ① 4·19 희생자 묘역 조성 ② 위령탑 건립 ③ 희생자와 부상자 및 유족에 대한 보상법 제정이라는 필수사업을 우리 손으로 꼭 이룩해 내야 한다는 사명감(使命感)에 충만해 있었다.

나는 대책위원회 부위원장 겸 총무위원장으로서 이 사명을 앞장서 실천하겠다는 신념으로 학교수업도 뒷전으로 한 채 매일 대책위원회 사무실로 출근, 간부들과 함께 하나하나 추진방법을 결정해 나갔다.

그러나 당시 야당이면서 곧 집권당이 될 민주당이 사분오열되어 정국이 극도로 혼미해진 상황에서 허정(許政) 과도정부도 추진력을 발휘할 수 없게 되어 우리의 사업계획을 도저히 추진할 수 없게 되었다. 이후 언젠가 4·19주역들로 정치결사체를 만들어 해결해야겠다고 판단, 후일을 기약하고, 나는 학교로 돌아갔다. 당시 이 대책위원회에 자주 나왔던 각 대학 대표들은 다음과 같다.

(서울대) 신요철, 김광, 김규복, 윤식 (고려대) 이재환, 박찬세, 이세기, 김낙준 (연세대) 강명구, 유영철, 계희청 (중앙대) 김효은, 이원방, 박점수, 김순원 (동국대) 장충준, 유인재, 엄태근, 박완일 (성균관대) 류덕희, 이완수, 이항우, 이승만 (경희대) 안길원, 김효영, 김종림, 김순규 (건국대) 배자옥, 정원찬, 신동림, 이복상 (한양대) 남호명, 안경훈, 문병철, 하태석 (이화여대) 장순옥, 신은숙, 박신애, 김명자 (숙명여대) 최완수, 이종례, 김인숙, 윤명자 (단국대) 김혁동, 김재수 (가톨릭의대) 이병갑, 박명수 (국제대) 유태근, 강희종 (경기대) 김교근, 김종규 (시립농대) 최종진 김영민 (국민대) 김종철, 김병진 (국학대) 이진형, 맹한영 (덕성여대) 김신덕 (수도사대) 박종환, 안용자 (수도의대) 강태영, 최세형 (동양의대) 양종영, 한기섭 (숭실대) 최기만, 김창곤 (외국어대) 이원우, 김기병 (항공대) 안승근, 황창남 (체신대) 유청준, 김종환 (홍익대) 김재각, 박인재 (동덕여대) 김기자 (서라벌예대) 박희균 (서울문리사대) 정동균, 진춘식 등이다.

나는 이 기회에 잘못 전해진 낭설로 고려대 4·18의거를 욕되게 하고 있는 '4·19 데모 시내대학 연합개최 계획설'을 바로잡아 두고자 한다. 4·19혁명 후 모 일간지에 "시내 각 대학들이 연합해서 4월 19일 데모를 하기로 했는데 고대가 이를 어기고 하루 먼저 18일에 시위를 했다."고 보도되었고, 4·19 직후 일부 타 대학 주동자들이 그와 비슷한 언급을 함으로써 마치 고대가 약속을 어기고 배신한 것처럼 알려지고 있어 고려대 4·18의거를 욕되게 하고 있는데, 이는 전혀 사실무근의 역사적 오류임을 밝히고자 하는 것이다.

당시 서울대 문리대생 데모의 사전조직에 핵심적 역할을 했던 내가 잘 아는 김광(金光, 당시 서울대 문리대 학생위원회 부위원장)의 증언(證言)에 의하면 그러한 말이 나오게 된 연유는 다음과 같다.

"서울대 문리대 학생위원회 간부들은 시위를 모의하면서 서울 시내 각 대학들과 연계하여 대규모 항의데모를 일으키기로 하고 날짜는 4월 21일로 정했다. 고려대 학생회와 연락하고 보조를 맞추자는 뜻에서 그 연락책임자로 고대 법대생인 최완준 군을 우리 모임에 참여시켰다. 그런데 그 최 군이 서울대 문리대 모의사실이 누설될까 봐 최종 순간까지 기다리고 있다가 임무를 수행치 못하고 결국 실기를 했다."는 것이다.(『4월혁명과 나』, 도서출판4월회, 2010. 12)

우리 고려대 학생위원장단이 데모를 모의하는 과정에서 나는 최완준 군이 누군지 알지도 못했고, 모의과정에서 단 한 번도 거명되지 않았던 전혀 알 수 없는 사람이었다. 이것이 전부다.

매년 4월 18일 고대 4·18기념탑 찾아 헌화
(오른쪽 두 번째 홍일식 前 고대총장, 저자, 박찬세, 두 사람 건너 이세기, 박명환 등 前 국회의원)

남북통일론 시국토론회 주관

모처럼 학교에 나갔던 5월 말 고대 정경관 옆에서 박찬세(朴贊世) 선배가 부르기에 갔더니, 다짜고짜로 "이 형, 이제는 통일입니다. 학생들의 이 열정으로 조국통일(祖國統一)을 이룩해 내야 합니다. 우리들이 통일운동을 시작합시다."라고 강조하면서 남북통일론을 개진하였다. 아주 짧은 시간의 대담이었지만 나에겐 엄청난 충격이었다. 왜 나는 조국통일 문제를 생각지 못했던가?

나는 그때 바로 '아, 이것이 4·19에 이어 우리가 해야 할 일이구나!'라고 판단했다. 사실 4·19 직전까지만 해도 정부의 북진통일 정책에 이의를 달거나 남북통일 문제를 거론하는 것은 사상적으로 오해를 받을 수 있는 매우 위험한 일로 여겨져 왔었다.

이세기 위원장을 만나 박찬세 선배의 얘기를 전했더니 동감했다. 우리들은 우선 1차로 '남북통일론'을 주제로 하는 '대학생시국토론대회'를 개최하여 뜻을 같이하는 학생들을 모으기로 했다.

나는 1960년 8월 29일자 동아일보에, 고려대학교 정경대학 학생회 주최 '민족통일에 관한 제문제'를 논제로 하는 전국 대학생시국토론대회 개최요강·일정 및 원고 모집내용을 만들어 광고를 냈다. "여기 우리에겐 새로운 과제가 주어졌다. 민족통일! 이 얼마나 애타게 갈구하는 거족적 숙망이더냐! 이제 우리들 신세대는… 우국 애족의 충정으로 새로운 통일방안을 모색함으로써 새 세대의 발안자적 소임을 다하련다." 이것이 취지문이다.

깜짝 놀랐다. 17일 만인 9월 15일 마감일에 전국 각 대학에서 무려 127명의 논문이 쇄도했다. 아깝게도 이틀간의 토론회에 많은 사람들을 다 참여시킬 수 없어서 심사를 거쳤고 부산 동아대학교 4년 박관용(朴寬用, 後 국회의장) 등 25명의 당선자를 발표할 수밖에 없었다. 매우 안타까웠다. 전국 대학생 25명의 우수한 논문을 모아 만든 〈남북통일론(南北統一論)〉이란 책자는 현재까지 귀중한 자료로 남아 있다.

서울시내에 부착한 시국토론회 벽보('60. 9. 4)

드디어 1960년 9월 24일 10시 고려대학교 서관 601 강당에서 정경대학 학생회 주최 남북통일론, '전국 대학생시국토론대회'는 개최되었고 건국 이래 최초로 대학생들이 남북통일 문제를 집단적으로 거론하는 과감한 문을 열기 시작했다.

이틀 동안 사회(司會)를 맡은 나는 너무나도 놀라운 충격을 받았다. 발표자와 토론자 모두는 한결같이 "기성세대들은 믿을 수 없다. 당리당략에 추종하여 말로만 하지, 정작 통일을 원하지는 않는다. 기득권이 없는 순수한 우리 청년 학도들이 통일전선으로 나아가자. 피는 물보다 진하다. 같은 민족이니 통일하자. 4·19의 여세를 집결시켜 판문점에서 남북학생들이 만나 서로 흉금을 터놓고 조국을 통일시키자!"는 등 그 뜨거운 열정은 용광로와도 같았다.

단국대 4년생인 김혁동(金赫東) 군의 '남북통일의 방안과 조건'이란 논문 발표가 최우수상(고려대 총장상)을 받게 됐고, 이 내용이 경향신문 1960년 9월 27일자부터 4회에 걸쳐 게재되어 큰 파문을 일으켰다. 이 대회가 계기가 되어 이후 각 학교 또는 청년단체 등에서 남북통일 문제를 활발히 논의하기 시작하게 되었던 것이다. 서울대학교의 민족주의 비교연구회, 남북통일 연구회 등 많은 유사단체들의 탄생이 바로 그것이다.

'남북통일론' 전국대학생시국토론대회
사회를 보는 저자
('60. 9. 24 고려대 강당)

통일운동 목적 '汎민족청년회의' 조직

1960년 9월 24일, 25일 양일간 토론회를 마친 마지막 날 우리는 그 자리에서 향후 이번 토론회에 참가한 뜻 있는 동지들을 중심으로, 남북통일운동을 지향하는 연구조직체를 구성할 것에 합의했다. 그들은 이번 시국토론회 주최 측인 고대의 이세기 위원장과 나에게 그 준비임무를 맡겼다.

시국토론회를 준비했던 나는 경험을 살려 10월 한 달 동안 새로운 통일문제연구단체 설립을 위해 동분서주하던 중, 사업하는 선배의 도움으로 종로구 태평로에 사무실을 얻어 둥지를 틀고 11월 20일 김혁동(단국대4)을 대표로 하는 가칭 '민족통일문제연구소'를 설립했다. 이제 겨우 30여 명의 회원을 확보하고 몇 개 지방의 책임자 정도를 인선하는 과정에 들어갈 무렵, 주위의 많은 동지들이 "뜻을 같이하는 청년단체를 통합하여 더 큰 통일운동조직을 만들자."고 강력히 권유함에 따라 1961년 1월 중순경부터 기존의 몇 개 청년단체 대표들을 만나기 시작했다. 의외로 빠른 공감대가 형성되었다.

드디어 1961년 2월 25일 오후 3시 내가 주도적으로 만들어 놓은 민족통일문제연구소를 비롯한 청년사회문제연구회 등 7개 청년단체 대표가 모여 통합 준비위원회를 개최, 기존의 각 단체들이 자진 해체하고 새로운 통일운동 목적단체로 '범민족청년회의(汎民族青年會議)'를 결성키로 합의하고 그 자리에서 '결성준비 위원회'를 구성, 총무에 이재환(李在奐, 고려대4)을 선출하고 발기 취지문 및 선언문 작성에 박찬세(朴贊世, 고려대 법4), 강령·헌장 및 수훈 등 문건작성에 한영춘(韓榮春, 단국대 대학원1), 유인재(俞仁在, 동국대4), 김순규(金順圭, 경희대4) 등 준비업무 분담자를 정했다.

"보라! 이제 낡은 역사를 단절시키고 낙후된 민족사를 단축시키기 위해 철저한 전선(前線)정신으로 뭉친 민족주의 청년세력의 결집을 갈망하고 있지 않은가?"

"통일된 조국, 통일된 민족공동체를 실현키 위해 통일투쟁역량(統一鬪爭力量)을 갖출 것이다."라는 박찬세(朴贊世) 선배의 발기 취지 및 선언문은 우리들의 피를 끓게 했고 조국통일 운동전개가 그 목표임을 분명하게 천명하였다. 1961년 3월 30일 75명으로 발기인대회를 개최하여 발기취지문, 강령 등을 만장일치로 채택했다.

드디어 1961년 4월 30일 서울시 종로구 인사동(仁寺洞) 소재 희망예식장에서 평안도 등 이북 5도를 포함한 전국 시·도대의원 587명, 중앙위원 김면중(전남, 고려대4) 외 142명 및 다수의 방청인 참석리에 '汎민족청년회의'의 창립(創立) 횃불을 높이 들었다.

이재환(李在奐) 총무의 경과보고로 시작된 총회는 상임고문에 박찬세(朴贊世) 외 3명, 최고 간부회의 의장 김혁동(金赫東), 최고위원 강신철(姜信喆), 강석현(姜碩鉉), 이성근(李聖根), 이세기(李世基), 이재환(李在奐), 한영춘(韓榮春), 중앙위원회 의장 김순규(金順圭), 민족통일연구원장 박점수, 전국대의원 대회의장 유인재, 중앙상임위원회 의장 김순원, 사무처장에 이두현(李斗鉉)을 선출했다. 물론 핵심세력(核心勢力)은 전국 각 대학의 4·19의거 주동자(主動者)들이었다.

우리 단체의 기관지로 〈조국(祖國)〉이라는 신문도 발행했다(창립총회 기사가 제6호였음). 4·19혁명 이후 계속 앞만 보고 달려온 우리들은 3개월 정도의 휴식시간을 가진 후 본격적으로 활동을 전개키로 다짐하고 각각 고향으로 헤어졌다.

汎민족청년회의 결성('61. 5. 15자 〈조국〉)

5·16쿠데타로 '汎민족청년회의' 해체, 구속기소

　그런데 이게 웬일인가? 바로 보름 뒤 5·16 군사쿠데타가 일어났고 그들 군부세력이 우리 단체를 반국가단체라는 혐의를 씌워 일제히 검거령을 내림으로써 47명의 간부를 체포해 가는 사태가 발생했다. 전국 각 대학별 4·19의거 민주투사들로 구성된 '汎민족청년회의'를 반국가단체로 규정하고 일망타진하려는 저들의 저의가 무엇인가? 바로 이것이 4·19 세력에 대한 탄압의 시초였던 것이다.

　나는 이 단체 조직에 있어 처음부터 총무(總務)로서 사무실 마련 등 조직의 전반적인 업무를 주관해 왔고 최고위원의 위치에 있었기 때문에 며칠 후 스스로 자수하여 이세기, 김혁동, 유인재, 한영춘 등 간부들의 무혐의를 입증하여 석방케 하고 (당시 나의 가장 큰 걱정은 이세기, 한영춘의 고향이 이북이기 때문에 공산당으로 몰리지 않을까 하는 것이었다) 끝내 나 혼자 남아 군사재판(재판장 양중호 육군준장)에 회부되어 8개월 동안 감옥살이를 하게 되었다. 당국은 나를 '이주당 반혁명사건'의 대학생 조직책으로 몰더니 나중에는 '민주당 장면총리 반혁명사건'의 대학생 조직책으로까지 연계 조작하여 혹독한 구타와 심문을 받았지만, 결국 사필귀정으로 5년 징역 구형에 무죄(無罪) 판결로 석방(釋放)되었다.

　이로써 '汎민족청년회의'는 강제 해산(解散)되었고 4·19정신의 연장선에서 순수한 청년학생들의 열정으로 민족통일, 남북통일의 기틀을 마련하고자 했던 희망은 무참히 꺾여 버렸으며 또다시 통일문제 거론을 금기시(禁忌視)하는 세상이 되고 말았다.

이주당(二主黨)과 민주당(民主黨)
반혁명 사건, 5년 구형

앞서 말한 대로 나는 5·16과 동시에 옥고(獄苦)를 치르게 되었는데 그중 하나가 터무니없는 이주당(二主黨) 반혁명 사건이다. 결론부터 말하자면 이주당이란 정당은 그때나 지금이나 없다. 우리들이 4·18과 4·19를 모의할 때 자주 이용했던 종로의 '궁'다방에서 우연히 알게 된, 자칭 정치철학 사상가 정명악(鄭命岳) 씨가 저술한 『이주론(二主論)』이란 책이 있을 뿐이고, 그의 다방 강론(講論)을 들었던 것뿐이다. 이 다방에는 내가 고려대 재학 중 조직했던 '국제청년웅변연구회' 회원뿐 아니라 타 대학 학생들도 많이 모였었는데, 그들은 한결같이 자유당 독재정권을 비판하고 당시의 정치사회 현실에 대해 울분을 토로하던 청년들이었다. 그러니 자연히 "공산주의와 민주주의의 허점을 지적하고 공산주의도 아니고 민주주의도 아닌 두 개 사상의 장점을 골자로 하고 있다."는 그의 '이주론'에 흥미를 갖게 되었다. 때마침 그 무렵 세계정세는 인도의 네루를 중심으로 하는 비동맹노선 제3세계론(第三世界論)이 대두되고 있었다. 그래서 우리들이 그의 얘기에 더욱 흥미를 갖게 된 것이다. 실제로 이주당이 있는 것도 아니고, 단지 정명악 씨가 자기 저서를 자랑하면서 강의하는 것을 흥미 있게 들은 것 외에는 그 이상도 이하도 아니었다.

우리들은 4월 30일 '汎민족청년회의'를 결성한 후 사무실 문을 잠가놓고 다들 고향으로 헤어졌다. 5·16 군사혁명이 발발하자마자 그동안 사무실과 4·19 대표들의 행동을 항상 사찰해 오던 정보경찰들이 사무실을 부수고 들어가 우리 조직의 간부명단을 입수하게 되었고, 그들이 악의적으로 우리 단체를 반국가 단체로 분류하는 바람에 간부 47명이 체포되었다.

그것도 모르고 나는 그 무렵, 고향인 대전에서 태평하게 치과 치료를 받고 있었다. 하루는 전파사(電波社) 앞을 지나가는데 어느 방송국 아나운서가 "은인자중하던 군인들이 미명을 기하여 혁명을 일으켰다."는 것이 아닌가. 그 즉시 6·25가 떠오르면서 '아, 이북에서 또 밀고 내려왔구나?'라는 생각이 들었다. 6·25 때 혈혈단신으로 1주일 동안 대전까지 걸어서 내려왔던 내가 아니던가. 끔찍했던 옛 기억이 떠오르면서 본능적으로 '도망가야겠다. 잡히면 죽는다.'고 생각했다. 급히 집으로 돌아와 대충 준비를 하고 있는데 아버지께서 급히 집에 들어오시더니 "큰일 났다. 난리가 난 모양이다. 라디오를 들으니 단체대표를 검거하는데 그 가운데 고대생이 주동이 된 무슨 단체도 있는 것 같더라. 설마 너는 아니지?" 하고 물으셨다. 예상과는 다른 아버지 말씀에 내가 되물었다. "네? 6·25 같은 전쟁이 난 게 아니고요?" "응, 그런 전쟁이 아니고 육군 장군 박정희 중심의 혁명이란다."

그제야 상황을 파악했지만 그래도 나는 친척집으로 피신을 했다. 5월 20일경부터 우리 집에 대전경찰서 정보형사가 보초를 서다시피 감시하면서, 아들을 찾아오라고 부모님을 윽박지르고 협박하기 시작했다. 참으로 괴로운 일이었다. 어느 날 이세기의 형님인 이민기(李民基) 씨가 대전으로 우리 아버지를 찾아왔다. 그리고는 "이세기를 비롯해서 汎민족청년회의 간부 50여 명이 육군 방첩부대에 잡혀갔는데, 군 수사당국에서 하는 말이 이재환이 주동자(主動者)니까 이재환만 잡아오면 다른 사람들은 다 석방해 준다고 하니, 아무래도 재환 군이 빨리 나와서 자수(自首)를 해야 됩니다."라고 말했다고 한다. 이세기 형님은 이북 황해도에서 살다가 동생인 이세기와 함께 피난을 온 분으로 부산에 직장을 가지고 계신 분이었다. 개학 후 4·18 모의 무렵부터 나를 찾아와 "내 동생은 이북에서 온 사람이기 때문에 자유당 독재정권에서 공산당으로 몰려면 얼마든지 몰 수 있으니, 자네가 친구로서 옆에서 위험한 일에 가담치 않도록 각별히 도와주게나." 하고 부탁하시곤 했다. 더군다나 친동생만큼이나 내게도 각별한 애정을 쏟아주신 분이었다. 우리 아버지로서는 이세기 형님의 그런 말씀에 다소 섭섭한 생각을 가지셨던 것 같은데, 나로서는 그 형님의 심정을 이해할 수 있었다.

나는 이세기 형님이 우리 아버지를 만나고 간 후부터 깊은 고뇌에 빠지기 시작했다. 자수를 할 것인가? 그대로 도피하고 있을 것인가? 그때 군사혁명 세력의 포고문 중에 "반공(反共)을 국시(國是)의 제1의(第一義)로 삼고…" 하는 대목에 주시했다. '나는 지금까지 학생운동을 하면서 단 한 번도 공산주의 사상을 가진 자를 만난 적도 없고 내 집안 전체를 훑어보아도 사상적으로 의심받을 만한 사람이 한 사람도 없으니 자신 있게 자수를 해서 구속된 친구들을 석방시켜 주고, 내가 장차 펼쳐보려는 순수한 나의 꿈(향후 청년정당 결성, 신정치 구상, 남북통일 지향)을 정정당당하게 개진하자.'라고 다짐한 후 자수(自首)키로 결심했다.

예전에는, 지금 서울시청 앞 프라자호텔 뒤편의 한화건물 자리에 육군방첩부대(陸軍防諜部隊) 서울본부(당시 위장명칭은 '서울기업사')가 있었는데, 그곳이 바로 우리를 전담하는 특별검거단(特別檢擧團)이 있는 건물이었다. 자수하기로 결심을 굳힌 내가 직접 그곳으로 찾아가 초병에게 말했다.

"이곳 검거단장을 만나러 왔습니다."

"…너, 뭐하는 놈이야?"

"이재환이가 나타났다고 하십시오."

잠시 후 건장한 사람 2명이 나를 넓은 방으로 끌고 가 의자에 앉혀놓고 나가더니, 밤 12시가 넘도록 한 사람도 나타나지 않고 있었다. 정신적으로 기를 죽이자는 의도인 듯했다. 새벽 2시쯤 되었을까, 수사관 2명이 들어와 백지 몇 장을 책상 위에 놓으면서 "네가 지금까지 살아온 내력(來歷)과 함께 반국가활동(反國家活動)을 한 내용을 숨김없이 다 적어."라고 소리쳤다. 내가 반국가활동을 한 사실이 없다는 내용으로 써서 줬더니 그 자리에서 찢어버리고는 "네가 만든 汎민족청년회의는 반국가단체이고 너희들은 공산당과 같은 조직을 했으니 처벌받아야 한다."면서 그런 활동 사실을 주축으로 다시 써내라는 것이다.

"여보시오, 몇 번을 쓴다 해도 나는 공산당도 아니고 반국가활동을 한 사실이 없습니다. 나는 반독재 민주화 투쟁에 앞장서 고대 4·18의거를 주동한 사실밖에 없습니다."라고 항변(抗辯)하자 그때부터 사정없이 구타(毆打)가 시작되었다. 정말로 많이 맞았다. 내력서를 써주면 찢어버리고 다시 써주면 또 찢어버리고를 수없이 반복했으나, 끝까지 그들의 작전에 말려들지 않았다.

나는 이틀 후 마포형무소 독방으로 이송되었다. 며칠 후 김태정(金泰政)이란 군 검찰관이 마포형무소 취조실로 와서 나를 '이주당(二主黨) 반혁명사건'의 학생동원 책이었다는 내용으로 조사를 했다. 그때 내 느낌으로는 나의 집안이나 주변을 샅샅이 조사해 봤으나 공산당으로 몰아갈 수 있는 근거가 없다고 판단하고 다른 사건으로 연결시키다 보니 이주당 반혁명사건에 포함시킨 것 같았다. 아니, 뜬금없이 이주당(二主黨)이라니! 이주주의(二主主義), 이주론(二主論)은 그때 다방에서 들어봤지만 이주당이란 실체는 전혀 아는 바도 없었기 때문에 실소(失笑)를 금할 수 없었다. 물론 검찰관의 조사내용은 허구(虛構)로 작성되었음에 틀림없다. 이후 재판을 받으러 재판정에 나가 보니 거기에 정명악(鄭命岳) 씨가 낯모르는 7~8명과 함께 묶여와 있었다. 그들이 소위 이주당 반혁명사건의 연루자들인가 싶었다.

그러나 나는 그들을 보는 순간 아찔한 생각이 들었다. 왜냐하면 이제야 얘기지만 거슬러 올라가 1960년 4월 초 '궁' 다방에서 각 대학 대표들과 연합데모 모의를 할 때 만나 그의 이주론(二主論) 강론을 들을 때 늘 옆에 같이 있던 일행 중 한 분은 유석현(劉錫鉉) 씨로 독립운동 단체 중 하나인 의열단(義烈團) 단장을 지내신 분이라 했고, 또 한 분은 독립운동 당시 미(美)극동전략사무국(OSS) 요원이며 독립자금 연락책 중 한 분이었던 김홍국(金鴻國) 씨라고 했다.

여러 날 동안 우리들의 자유당 정권 타도 열기를 감지한 그분들은, 자기들도 자유당 독재의 횡포가 도를 넘어 참을 수 없어서 기존의 독립운동 단체와 애국지사 등을 규합하여 자유당 정권을 타도할 준비를 하고 있다고 하면서 자기들과 제휴하자고 제안을 해왔다. 나는, 그들이 누구인지? 그들의 정체가 무엇인지? 알 수 없기 때문에 며칠 동안 고심을 했다. 왜냐하면 그들이 공산주의 계통 사람들이라면 우리는 여지없이 공산당으로 몰려 친구들이 일망타진될 것이기 때문이었다. 그러면서도 한편으로는 우리들의 독재정권 타도 대열에 과거 독립운동 했던 대선배들이 우리를 뒷받침해 준다면 얼마나 좋을까! 하는 생각도 잠시 했으나 나는 우리 대학생들이 순수성을 지키는 것이 더 중요하다고 판단, 그들의 제의를 거절하고 강론청취도 중단한 후 우리의 만남의 장소도 옮기고 그들과의 접촉을 단절시켰던 일이 머리에 떠올랐다. 그들의 데모감행 제휴 제안을 단호히 거절했던 것이 얼마나 잘했는지, 속으로 쾌재를 불렀다. 그때 그들의 제의를 수락하고 연결을 계속했더라면 연행됐던 간부 47명이 저들처럼 이주당 반혁명사건 연루자가 되었을 것이 아닌가! 나의 거절 결단이 옳았다는 생각을 몇 번씩 했다.

나는 정명악 씨에 대해 아는 바가 전혀 없었다. '궁'다방에서 자주 만나 이야기를 듣고 할 때 자기는 경성제대 출신이라 했지만, 내가 그것을 확인할 필요는 없었다. 우리가 정명악 씨의 하수인 노릇을 한 것도 아니었고 그저 그의 얘기를 흥미 있게 듣는 정도였으니까. 게다가 우리가 그가 주장하던 이론을 써먹은 것도 아니고, '汎민족청년회의'가 이주당의 영향을 받아 조직된 것도 아니고, 아무튼 우리는 그의 얘기를 들으면서도 그의 확실한 정체를 모르니까 일정한 거리를 두었고 그에게 깊이 빠져들지 않았기 때문에 사건연루 부인에 자신만만했다.

그 당시의 군사재판 과정과 양상에 대해 처음 얘기하는 것이지만 이제는 말할 수 있다. 5·16 군사쿠데타 후 그들은 혁명(革命)이라고 명명하면서 그 정당성을 확립하기 위해, 소위 무슨 무슨 반혁명사건 등 많은 사건이 발생했다고 발표하고는 군사재판에 회부했다. 그러다 보니 재판 러시 현상이 일어났다. 마포형무소에서 재판을 받으러 나온 사람들은 일단 중간지점인 종로통 광교 부근의 한 건물에서 대기하고 있다가, 사건별 호출이 있으면 다시 군사재판소가 설치되어 있는 남산 수도경비사령부로 이동해야 했다. 그런데 그 중간지점 건물에서 대기하는 동안은 감시가 허술해서, 약간씩 대화를 할 수 있었다. 그 장소에서 보니 잘 알지도 못하는 이주당 반혁명사건에 연루된 자는 나를 포함해 8명이었는데, 모두 한 줄로 묶여 있었다. 그들 대부분이 생면부지(生面不知)의 사람이었고, 정명악 씨만 아는 사람이었다. 그때 내가 정명악 씨에게 물었다.

"정 선생님, 이게 어떻게 된 일입니까? 정말로 이주당이란 게 있습니까?"

"나도 모르겠어요. 학생은 왜 왔어요?"

"청년단체를 만들었다는 이유로 잡혀 왔습니다."

"학생은 이주당이라고 들어봤어요?"

"아니, 그걸 선생이 아시지 제가 어떻게 알겠습니까?"

정말로 기가 막혔던 것이 정명악 씨 당사자도 모르는 이주당 반혁명사건이었던 것이다. 그날 나의 재판은 인정 심문만으로 그쳤다.

그런데 며칠 후, 이번에는 또 다른 군 검찰관으로부터 '장면(張勉) 민주당 반혁명사건(反革命事件)'의 학생동원책(學生動員責)이란 피의자로 조사를 받게 되었다. 참으로 어처구니없는 일이었다. 나는 4·19혁명 직후 민주당 측에서, 4·18 고려대 시위와 4·19는 자기네들이 비밀리에 대학생들을 조종하여 유발시킨 것이라며 신·구파 권력쟁투를 벌이고 있는 데 대해 깊은 혐오감(嫌惡感)을 갖고 있었다. 그

때문에 민주당에 가담하지 않고 오히려 그들을 비난했던 나인데, 그런 내가 민주당과 협력해서 반혁명을 모의하고 거기다 학생동원의 책임까지 맡은 자라니, 절로 웃음이 나왔다. 나는 민주당 사람들을 만난 적도 없었고, 무척 싫어했던 사람이다. 장면 국무총리도 재판 받으러 나가는 날, 같은 포승줄에 묶여 있는 채로 처음 인사를 나누었을 정도다. 포승줄에는 민주당 조직부장 조중서(曺仲瑞)라는 사람도 있고 여러 명의 민주당 간부들이 있었는데, 난데없이 맨 끝에 정명악(鄭命岳) 씨도 묶여 있었다. 내가 하도 이상해서 "아니, 정 선생님! 또 어떻게 된 겁니까?" 하고 물었더니 "모르겠어요. 이주당은 온데간데없고 이제는 나도 민주당 반혁명사건으로 재판을 받네요."라고 했다.

이로써 이주당은 실체가 없는 것임이 확인된 것이다.

그 당시 계엄사령부 보통군법회의(普通軍法會議) 재판장은 육군준장 양중호(梁仲鎬)라는 사람이었다. 장면 민주당 반혁명사건은 결론도 없이 몇 날 며칠을 끌더니, 어느 날 공판정에서 군 검찰관이 나를 학생동원책으로 명명하며 있지도 않은 얘기로 소설(小說)을 엮기 시작했다. 그러고는 허무맹랑한 논고로 내게 징역(懲役) 5년을 구형(求刑)했다. 1962년 9월 27일 결심공판에서는 무죄를 선고(無罪宣告)했다. 처음에는 나를 '汎민족청년회의'라는 반국가단체를 조직한 최고 주모자(主謀者)로 군사재판에 회부하더니, 여의치 않으니까 이주당 반혁명사건으로, 그것도 안 되니까 다시 '장면 민주당 반혁명사건의 학생동원책'으로 연결시켜 처벌하려 했던 것이다.

8개월간의 형무소 독방(獨房)살이는 길고 긴 험난한 고통의 나날이었다. 그러나 결국 아무 죄가 없던 나는 무죄 석방(釋放)이 되었다. 이주당 사건과 민주당 반혁명사건은 조작된 것이고, 더더욱 4·18이나 4·19 그리고 범민청(汎民靑)과는 전혀 연관 지을 수도 없는 사실도 아니요 근거도 없는 허구(虛構)였던 것이다.

제3부

문교부, 총리실, 청와대, 제11대 국회, 체육부차관

연구조교에서
민주공화당 사무총장 비서역(秘書役)이 되다

내가 마포형무소에 수감되어 8개월간 옥고를 치르는 동안 가장 큰 걱정은 오로지 부모님뿐이었다. 그 당시 이주당의 정명악 씨는 온데간데없이 사라져 버리고 신문마다 민주당 반혁명사건이 제일 크게 보도되었는데, 신문에 내가 포승줄에 묶여 끌려가는 모습이 실린 것이다. 부모님의 정신적 쇼크가 얼마나 크셨을지, 안 봐도 알 수 있었다. 특히 어머니는 병환 중이어서 조금만 쇼크를 받으셔도 그대로 정신을 잃어버리셨기에 걱정이 더했다.

마지막 공판 날에 재판장이 "이재환 무죄!"라고 선고하면서 탕탕탕 방망이를 두드렸다. 나는 풀려나서 그길로 제일 먼저 고향으로 내려갔다. 아니나 다를까, 이런 일이 있는 줄도 몰랐던 어머니는 내가 사실대로 말씀드리자 쇼크를 받고 또 까무러치시고 말았다. 이유야 어떠하든 이때 자식으로서 부모님께 불효한 점만은 두고두고 가슴이 아프다. 특히 모든 사실을 알고 계셨던 아버지로서는 내 걱정에 하루도 편히 주무신 날이 없으셨을 것이다.

이후부터 나는 그동안 나를 걱정해주었던 여러 분들을 직접 찾아뵙고, 그간의 상황에 대해 설명 드렸다.

유진오(俞鎭午) 고대 총장님을 찾아뵈었을 때였다. 총장님께서는 고생이 많았다고 위로하면서 "앞으로 어떻게 할 것인가?" 하고 내게 물으셨다. 8개월간의 옥살이를 하면서 나는 정치에 많은 염증을 느낀 상태였다. 그래서 학교로 돌아가게 되면 대학에서 연구를 계속하거나 교수를 하는 방향으로 진로를 바꾸자고 마음먹었다. 내 생각을 있는 그대로 말씀드렸더니, 유 총장님께서 가만히 고개를 끄덕이시며 고려대 아시아문제연구소의 연구조교(硏究助敎)로 나를 추천해 주셨다.

유진오 총장의 특별배려로 연구조교로 근무하던 1963년 1월 초, 정경대학 학장이신 윤천주(尹天柱) 박사께서 나를 부르셨다. 학장실로 찾아갔더니, 당신께서 당시 집권한 군부세력이 창당하는 민주공화당의 사무총장(事務總長)이 될 것 같으니 나더러 도와달라는 것이었다. 처음에는 단호히 거절(拒絕)의 뜻을 밝혔다. 무엇보다도 정치지망을 접고 학문연구 쪽으로 방향을 바꾸겠다는 내 말을 믿으시고 아시아문제연구소 연구조교로 추천해 주신 유진오 총장님에 대한 도리(道理)가 아닌 것 같았고, 또한 내게 8개월간 억울한 옥살이를 시켰던 5·16 군부세력에 대해서는 제대로 아는 것이 없었기 때문이다. 그러나 윤천주 학장이 내게 어떤 분이신가? 내가 고려대학교에 입학했을 때 맨 처음 나를 불러 신상문제를 자상하게 물으시며 격려해 주신 분이었고, 그 후에도 학문연구에 이런저런 일을 시키시며 한집안 식구처럼 사랑해 주신 선생님이 아닌가! 결국 딱 1년만 보좌하겠다는 조건부(條件附) 응낙을 하게 되었다. 이렇게 하여 나는 26세라는 젊은 나이에 5·16혁명세력의 정치 집결체인 막강한 민주공화당의 박정희 총재와 김종필 당의장 다음으로 세 번째 실권자(實權者)인 윤천주 사무총장의 비서역(秘書役)이란 직위를 맡게 된 것이다.

초기 민주공화당의 조직체계는 이원조직(二元組織)이었다. 즉 일정한 정치목표를 두고 각종 공직선거에 참여하려는 정치당원으로 구성된 위원회라는 대의조직과 정치자금 관리 등 사무를 총괄하는 사무당원으로 구성된 사무국 조직으로 이원화

(二元化)된 조직이었다. 따라서 당의 핵심은 사무국 중심이었기 때문에 대의기구인 위원회에 유형무형의 영향력을 행사하게 되고, 이러한 지구당 사무국의 지휘총책은 중앙당 사무총장이기 때문에 국회의원들이 사무총장의 눈치를 보는 정도의 막강한 자리였다. 이 무렵 기억에 남는 에피소드가 있다.

당시 김종필 당의장은 주로 청구동 자택에서 정치현안을 구상하여 박정희 총재에게 올리곤 했다. 장관을 인선할 때도 마찬가지였다. 김종필 당의장이 올린 사람이 바로 장관이 되는 시스템이었다. 이런 경우도 있었다. 마지막으로 보사부장관 후보자만 결정하면 되는데, 적격자로 내정된 노동법 전공의 서울대 모(某) 교수와 도무지 연락이 되지 않는 것이다. 하필이면 그때 그는 인도에서 열린 국제회의에 참석하고 있었던 것이다.

바로 다음 날 오전 9시에 박정희 총재에게 올려야 하는 내각인선안인지라, 모든 언론과 기자들의 시선이 쏠려 있는 상황이었다. 그때 어느 분이, 제2의 후보로 바로 옆방에 밤늦게까지 있던 해군 출신의 오원선 씨를 추천하여, 결국 이분이 보사부장관이 된 것이다. 그러고 보면 장관이라는 자리가 실력도 중요하지만 운도 따라야 되는 것임을 나는 이때 실감나게 느꼈다.

문교부장관 비서관 시절,
무즙파동과 치맛바람

사무총장 보좌 약속 1년이 채 안 된 1964년 5월 11일 윤 총장께서 문교부장관(文敎部長官)에 임명되면서 나에게 재차 보좌를 요청하시어 장관비서관(長官秘書官)이 되었다. 이때부터 내가 문교부 공무원 노릇을 하게 된 것이다.

이 무렵 재밌는 일화(逸話)들이 많이 있었는데, 그중 '무즙파동과 치맛바람'에 대한 일화만 소개하고 나머지는 이 책의 제7부 「내가 만난 한국의 지도자」〈윤천주 문교부장관〉 편에서 자세히 소개하겠다.

무즙파동과 치맛바람

윤천주 문교부 장관 재임 시에 일어난 일이다. 이 시절에는 중학교 입학시험(中學校 入學試驗) 제도가 있었다. 전기(前期)와 후기(後期)로 나눠서 시험을 치렀는데, 전기에는 대체적으로 경기중학교를 비롯한 소위 명문중학교(名門中學校)의 입시가 치러졌다. 1964년 12월 7일 실시한 서울특별시 지역 전기 중학교 입학시험 문제에서 사건이 발생하였다. 자연과목 18번 문제에서 무즙도 정답으로 인정해야하는 복수정답(複數正答) 사건이 발생하는 바람에, 일명 '무즙파동(波動)'이라 칭하게 되었다. 또한 입시과열 속에서 학부모들 특히 학생 어머니들이(당시에는 대부분 어머니들이 치마저고리를 입었던 시절이었음) 우리나라 교육역사상 최초로 집단적인 시위를 감행하는 바람에 '치맛바람'이라는 말이 생겨나게 됐고, 이후 교육계는 걸핏하면 '치맛바람'이 드세게 나타나게 되었다.

문제의 사건을 불러온 자연과목 18번 문제는 아래와 같다.

다음은 엿을 만드는 순서를 차례대로 적어놓은 것이다.
1. 찹쌀 1kg 가량을 물에 담갔다가 2. 이것을 쪄서 밥을 만든다. 3. 이 밥에다 물 3ℓ와 엿기름 160g을 넣고 잘 섞은 다음에 섭씨 60도의 온도로 5~6시간 둔다. 4. 이것을 엉성한 삼베주머니로 짠다. 5. 짜낸 국물을 조린다.
(문제) 위 3과 같은 일에서 엿기름 대신 넣어도 좋은 것은 무엇인가?
(보기) 1. 디아스타제 2. 무즙

이날 시험이 끝난 직후 학생들과 학부형들 간에 보기 1, 2번이 다 정답이라는 여론이 일기 시작했다. 서울시 교육청(교육감 김원규) 공동출제 위원회는 보기 1번 디아스타제가 정답이라고 발표했다. 그러자 2번 무즙을 정답이라고 쓴 학생들의 학부모들이 "무슨 소리냐? 무즙도 정답이다."라고 주장하고 나섰다. 국민학교 교과서에 "침과 무즙에도 디아스타제가 들어 있다."는 내용이 있으므로 무즙도 정답이라는 것이 그들의 주장이었다. 그럼에도 서울시 교육청은 이튿날인 12월 8일 복수정답은 있을 수 없다고 단호히 발표했다. 그런데 갈수록 반발(反撥)이 거세지고 언론에서 크게 다루기 시작하자, 12월 9일에는 해당문제를 백지화하고 두 개 중 어느 한 가지 답을 썼든 간에 모두에게 점수를 주겠다고 발표했다.

그러자 이번에는 보기 1번을 정답이라고 쓴 학생들 가운데 주로 경기중학교에 지원한 30여 명의 학생 어머니들이 크게 반발, 교육청에 몰려가 부당하다고 외치면서 집단 항의행동을 하게 되었다. 이러자 또 교육청은 12월 10일 처음 발표한 대로

디아스타제만 정답으로 인정하겠다고 다시 발표하였다. 서울시 교육청이 처음부터 지혜롭게 대처하지 못하고 우왕좌왕(右往左往)했기 때문에 사태를 더욱 복잡하게 만든 것이다.

이 당시 단연 교육계의 1인자라고 불리던 김원규(金元圭) 교육감은 학부모들이 연일 교육청에 찾아와 교육감실을 점령하는 등의 집단시위에 당황한 나머지, 자리를 비우고 연락을 끊은 채 숨어버렸다(본인은 후일, 그때 휴가를 냈다고 주장했음).

상황이 이렇게 되자 윤천주 문교부장관은 나에게 명을 내려, 어떤 방법을 동원해서라도 김원규 교육감을 찾아 전화연결이라도 할 수 있게 하라고 하였다. 교육감 비서들에게 문교부장관이 찾는다고 전했는데도, 그는 이틀 동안이나 연락을 주지 않았다. 이틀 후 가까스로 전화연결이 되자 윤 장관은 김원규 교육감에게 "여보시오, 김 교육감! 지금 상황에서 숨는다고 일이 해결됩니까? 교육청과 입시출제위원회의 권위나 체면 유지에 집착지 말고, 교육감이 책임지고 학생들이 희생되지 않는 방향으로 빨리 수습하세요."라고 엄중히 질타(叱咤)를 하였다.

평소 남에게 얼굴을 붉히면서 꾸짖는 것을 보지 못했던 나로서는 윤천주(尹天柱) 장관의 단호한 결단력(決斷力)에 놀란 바 있다. 그런데도 김원규 교육감은 나타나지 않았고, 학부모들과 교육청 간의 대치상태는 더욱 강력한 시위로 이어졌다. 급기야 학부모들은 문교부장관에게 호소하자면서 집단적으로 문교부로 몰려왔다. 낮에는 장관실 입구 복도에서, 저녁에는 안암동 장관 자택 입구에 진(陣)을 치고 앉아 있다가, 장관에게 선처를 바란다는 호소 데모를 하기에 이르렀다. 그때마다 윤천주 장관은 학부모들을 직접 만나 "여러분의 심정을 충분히 이해한다. 나도 안타깝기 그지없다. 지금은 지방별 교육자치제(敎育自治制)이므로 직접 지시할 수는 없으나, 서울시 교육감에게 조속히 해결할 것을 강력히 촉구했고, 학생들이 희생되는 일이 없도록 하겠다."고 답변해 주는 것이 일과처럼 반복되었다.

다음 해 1965년 1월에는 1점 차이로 명문중학교에 입학하지 못할 위험에 처한 42명이 소송(訴訟)을 제기했다. 그 결과 1965년 3월 30일 서울고등법원은 "무즙도 정답으로 봐야 한다. 무즙을 정답이라고 써서 불합격된 학생들을 구제(救濟)하라." 고 판결했다. 이에 따라 구제된 학생들은 경기중학교(京畿中學校) 30명을 비롯해서 4개 명문중학교에 모두 38명이 입학하게 되었다.

이와 같이 학교 입학시험에서 복수정답이 나오는 문제를 출제하여 사건화된 것도 이때가 처음이었고, 아무리 한국의 뜨거운 교육열을 반영한 것이라 해도 장관실에 와서 데모를 한 것도 처음이었고 그리고 교육계에 '치맛바람'이란 웃지 못할 해괴한 용어가 처음 생긴 것도 이때부터였다. 게다가 학부모들이 무즙으로 엿을 만들어와 서울시 교육감실에 내던지면서 "이놈들, 엿이나 처먹어라!" 하고 욕설을 퍼부어 댐으로써, 이후부터 "엿 먹어라!"는 욕설용어(辱說用語)가 생겨났다고 하니, 참으로 한심스러운 교육계 사건이었다.

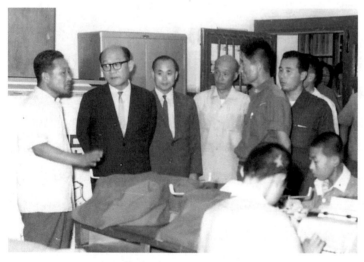

윤천주 문교부장관 모시고 마산상고 시찰(1964년 여름)

대학조교수에서 국무총리 비서관으로

1965년 8월 26일 윤천주 박사는 문교부장관직에서 퇴임한 후 곧바로 (재)한국경제문제연구회 회장, 대한학교체육회 고문, CISV(국제어린이 여름마을) 한국회장을 맡으셨다.

이때 나는 한국경제문제연구회 연구위원으로 임명되어 경제공부를 다시 시작하면서 단국대학교 법정대학 정치학과 강사로 활동하고 있었다. 그리고 이 무렵 한국기독신보사 기자(記者)로 있던 아내와의 운명적 만남이 이루어졌다.

1966년 10월 어느 날이었다. 윤 박사께서 고향인 경북 선산군(善山郡)에서 국회의원에 입후보(立候補)할 생각이라며, 내게 지역의 조직관리 등 필요한 준비를 도와달라고 하셨다. 나는 잠시 망설였으나 이러한 지역 조직활동이 어쩌면 훗날 내가 국회의원에 입후보하게 됐을 때의 일을 미리 경험(經驗)하고 실습(實習)하는 좋은 계기가 될지도 모른다는 생각에 결국 수락하였다. 나는 부지런히 선산군을 다니면서 열심히 지역조직을 확대해 나가고 있던 중, 윤천주 박사가 1967년 제7대 전국구(全國區) 국회의원에 내정되어 지역조직 활동은 중단되었고, 1967년 총선 후 나는 또다시 윤천주 국회의원의 비서관이 되었다.

이렇듯 서울과 지방을 오르내리는 바쁜 나날 속에서도 그동안 마음에 두고 있던 연인(戀人)과 결혼하기로 마음을 굳히고, 1967년 11월 4일 결혼식을 올렸다. 우리 부부의 결혼식 주례자는 김종필 당의장이었다. 처음에는 윤천주 박사가 주례였는데, 김종필 당의장(金鍾泌 黨議長)께서 주례(主禮)를 자청(自請)하셨다. 이와 관련된 일화는 제7부 「내가 만난 한국의 지도자」〈김종필 국무총리〉편에서 자세히 설명하겠다. 김종필 당의장은 내 주례를 선 다음 해인 1968년에 자의 반 타의 반으로 당의장직과 국회의원직을 사임하고 외유했다가 1971년에 국무총리가 되었다.

이후 단국대학교 법정대학 정치학과 조교수로 학생교육에 열중하고 있을 때인 1973년 5월, 김종필 국무총리실 정택영(鄭澤永) 총무수석 비서관으로부터 한 통의 전화가 걸려왔다.

김 총리로부터 나를 데려와 총리실에서 교육(학원)·사회(노동)·문화(종교) 담당 비서관으로 일을 보게 하라는 지시가 있었다면서, 내일 중으로 국무총리실로 들어오라는 것이었다. 전화를 받고 난 후 나는 매우 혼란스러웠다. 이제 대학에서 조교수(助敎授)까지 되었으니 장차 교수로 나아갈 길이 열려져 있던 터였다. 물론 국무총리 비서관은 매우 영광스런 자리였지만, 한편으로는 지금 학교를 그만두면 교수(敎授)의 길을 영영 떠나게 되는 것이 아닌가 싶어 안타까웠기 때문이다.

그러나 김종필 총리는 평소 내가 존경하는 정치인인 데다가 나의 결혼식 주례를 자청해서 맡아주신 분이었다. 게다가 한 국가의 국무총리의 발탁(拔擢)이 아닌가! 이렇게 해서 나는 국무총리실 교육·사회·문화 담당 비서관(2급 국장)이 되었다.

당시 교육계는 특히 대학생 중심의 학원가가 수없는 반정부시위를 전개하여 매우 혼란스러운 상태였다. 사회분야에서는 반정부 노동집회, 반정부 사회단체집회가 비일비재했고, 특히 기독교계 도시산업선교회의 노동자 권익 보호 및 노동조합 결성지원활동 그리고 가톨릭계의 정의구현사제단 및 가톨릭농민회의 반정부활동으로 사회적 혼란이 야기되고 있었다. 일부 문화계 역시 반정부활동이 강하게 전개되고 있는 시기였기 때문에, 여유 있는 점심시간을 낼 수 없을 정도로 일이 많았다. 그렇지만 나는 이 분야의 업무를 보면서 당시 재야 진보적 대표목사인 조승혁(趙承赫) 목사로부터 세계 기독교계의 새로운 흐름인 도시산업선교(都市産業宣敎)의 필요성과 이론에 대해 설명을 듣는 등, 그 당시의 종교계·교육계·문화계를 속속들이 들여다보며 지식의 폭을 넓히는 유익한 기회가 되었다.

　이것이 계기가 되어 나는 김종필(金鍾泌) 국무총리에 이어 1976년에 새로 부임한 최규하(崔圭夏) 국무총리 때까지 6년 5개월 동안을 국무총리 비서관으로 근무하게 되었다.

최규하 대통령,
"경호실 행정처장을 맡게!"

나는 최규하(崔圭夏) 국무총리 재임 시에는 총무수석비서관으로 근무하였다. 사실 처음에는 이전에 모시고 있던 김종필 총리가 사임함에 따라 나도 총리실을 떠나, 본래 근무지였던 단국대학교 조교수직에 복귀(復歸)하려고 했다. 학교에서 학생들을 가르치면서 시간 나는 대로 국회의원 출마를 목표로 해놨던 대전조직을 강화·관리해야겠다고 생각하고 있었기 때문이다.

그러나 최규하 국무총리의 최측근이었던 정동열(鄭東烈) 의전수석비서관의 간곡한 부탁으로, 김종필 국무총리에 이어 최규하 국무총리까지 모시게 되었다. 1978년 3월 나는 총무비서실 업무 총괄자가 되면서부터 최규하 국무총리의 수족과 다름없는 생활을 하기 시작했다. (이 시절의 좀 더 자세한 이야기는 이 책 제7부 「내가 만난 한국의 지도자」 〈최규하 대통령〉 편에서 설명키로 함)

그러던 중 1979년 10월 26일 박정희 대통령 시해사건(弑害事件)이 발생하였다. 최 총리는 대통령 권한대행이 되어서도 삼청동 국무총리공관에서 집무를 보았다. 11월 중순경 총무수석비서관인 나에게 "청와대로 바로 가는 것은 서거하신 박 대통령에 대한 예의가 아니네. 생활에 필요한 가재도구는 내 집 것을 가지고 갈 것이니 전체를 개조·수리하되 간소하게 하게. 그 후에 들어가겠네."라고 지시하셨다.

나는 이에 따라 최 대통령의 검소한 성품에 맞게 수리를 해 나갔고, 최규하 대통령은 취임식을 마친 후에야 수리해 놓은 청와대로 입주하셨다. 아무도 없이 부인 홍기(洪基) 여사와 단 두 분의 청와대 생활이 시작된 것이다.

12월 26일 나는 청와대로 최규하 대통령을 뵈러 갔다. 내심 이 기회에 최 대통령에게 사의를 표명해야겠다고 생각하던 참이었다. 내가 입을 열려고 하는 찰나 대통령께서 먼저 말씀하셨다.

"이봐, 미스터 리, 내일부터 경호실 행정처장 일을 봐야겠어."

나는 마음을 단단히 먹고 나의 포부와 입장을 확실히 말씀드렸다.

"각하, 저는 대전고등학교에 입학할 때부터 국회의원이 되어 나라에 봉사하겠다는 소망을 갖고 있었습니다. 이제는 고향인 대전에 내려가서 조직 강화활동을 해야 할 시기입니다."

내 얘기를 듣고 난 최 대통령께서 웃으면서 말씀하셨다.

"국회의원이 되는 것은 나라를 위하는 것이고, 대한민국 대통령의 경호실에 가서 풍비박산된 경호실을 정리하고 정상화시키라는 대통령의 명령은 나라를 위한 것이 아니란 말인가?"

결국 나는 최규하 대통령으로부터 국가를 위한 봉사의 개념에 대해 훈계를 받고 난 다음 날, 대통령 경호실 행정처장(警護室 行政處長)직을 수행하게 되었다. 이날 말씀 중에 이미 경호실이 너무 방대하니 현재의 6개 처를 4개 처 정도로 축소하고, 경호실장(警護室長)은 거창스럽게 군 장성을 차출해 오지 말고 내부(內部)에서 찾아보라고 분부하셨다.

최규하 대통령께서 국무총리 재임 시, 내가 최선을 다해 성실히 모셨기 때문에 나에게 최고의 신임을 주어 경호실에 단 한 사람 나를 보내려 결정하신 것은 감사한 일이긴 하나, 차지철 경호실장이 김재규에 사살당해 실장이 없는 상황에서 실질적으로 실장의 권한을 행사해야 할 선임처장(先任處長)으로서, 기구를 축소하고 조직을 재정비하는 작업을 혼자 수행하기란 참으로 벅찬 것이었다. 또한 갑자기 실장을 잃은 직원들의 분위기(雰圍氣)는 나를 마치 이방인(異邦人) 취급을 하고 있어 마음 아프고 불안하기도 했다.

그러나 나는 이러한 여건에도 아랑곳하지 않은 채 한 달 동안 사무실 야전침대에서 숙식을 하면서 경호실 내 각종 규정(規定)과 법규(法規)를 새로 제정하고 정비(整備)하는 일을 해 나갔다. 이때부터 그들은 나에 대해 점령군이 아니라 진정으로 경호실 발전을 위해 일하는 일꾼이 온 것 같다고 판단했는지, 나를 이해하고 순응하는 분위기로 돌아섰다. 이 무렵 나는 진심으로 향후 경호실의 발전에 기여하겠다는 생각으로 일을 했고, 지금까지 경호실장의 명령 한마디로 이루어졌던 경호업무가 제반규정에 근거해서 집행될 수 있도록 기반(基盤)을 새롭게 닦아놓았다. 이 일은 지금 생각해도 보람 있는 나의 업적 중 하나라고 생각한다.

기존의 기획관리처와 정보처는 폐지되었고 행정처장 이재환(李在奐) 경호처장 서인석(徐仁錫), 안전처장 고명승(高明昇, 後 국군보안사령관), 통신처장 김윤식(金允植)으로 진용이 짜였다. 경호실장은 내부에서 찾아보라는 최 대통령의 분부에 따라, 다음 해 1980년 1월 1일자 준장 진급자로 결정되어 있던 정동호(鄭東鎬, 後 육군참모차장) 대령을 천거(薦擧), 경호실장 직무대행으로 임명하였고, 그는 1980년 1월 경호실장 서리가 되었다.

나는 정동호 경호실장에게 "나는 경호의 경 자도 모르는 사람이니 실장께서 알아서 잘해 주길 바랍니다."라고 늘 부탁했고, 정동호 실장 역시 나와 자주 소통하면서 경호실 운영을 잘해 나갔다.

그런데 문제는 최규하 대통령께서 "이 사람들아, 누가 나 같은 사람에게 총을 쏘겠나?" 하시면서 경호받는 그 자체를 싫어하시는 것이었다. 사실 우리로서는 이 무렵이 10·26 박 대통령 시해사건 발생 직후라, 국가안보 차원에서 대통령에 대한 신변 안전이 더욱 필요한 때라고 판단했기 때문에 경호에 만전을 기하고 있었다.

정국이 다소 안정되어 가던 6월 말 대통령이 부르셔서 본관 집무실로 갔다.

"이 처장, 그렇게 삼엄한 경호가 꼭 필요한가?"

"아, 예. 그렇지만 종전의 경호에 비하면 반 정도도 안 됩니다. 더 연구해서 국민들에게 폐가 되지 않도록 노력하겠습니다."

"그래. 미국과 같은 선진국들에서는 경호가 있는지 없는지 알 수 없을 정도로 보이지 않게 하고 있는 것 같으니, 이번 기회에 미국에 가서 선진 경호기법(先進 警護技法)을 알아보고 우리도 그런 방법을 활용하도록 하시오. 팀을 만들어서 일간 다녀오시오."

최규하 대통령은 삼엄하고 통제하는 대통령 경호로 인해, 국민들의 생활에 불편을 주어서는 안 된다는 생각을 늘 하고 계셨다. 대통령의 이러한 지시에 따라 나는 일단 '선진경호제도 연구계획(先進警護制度 研究計劃)'을 수립했다. 최규하 대통령 취임 후 국내외 상황변화에 따른 국민들의 욕구에 따라, 대통령의 경호문제를 경호실만의 경호조직이 아니라 국민과 함께하는 국민 총체적 경호(國民 總體的 警護)조직으로 발전시켜 나가야겠다고 판단했다. 이를 위해 나는 여러 선진국의 경호제도를 시찰, 비교분석하여 선진 경호제도로 지향하기 위한 목적으로, 유럽지역 시찰반과 미국 및 동남아지역 시찰반 등 2개 반을 편성하였다. 현지에 출장, 직접 청문하고 관련되는 자료를 수집하여, 연세대학교 법정대학 경찰행정 전공 최평길(崔平吉) 교수에게 용역을 주어 최종 연구결과물을 제출하게끔 계획을 수립했다. 유럽 시찰반(반장 고명승 안전처장)이 먼저 시찰을 마치고 귀국하면 연이어 미주 및 동남아 시찰반(반장 이재환 행정처장)이 시찰을 떠나는 것으로 정했다. 물론 대통령의 재가를 받았다.

나는 경호실 내에서 영어에 능통하고 기획력과 판단력이 우수한 경호처 소속 김기주(金基珠) 직원을 실무자로 선발하고, 연세대 최평길 교수를 연구원으로 하는 시찰단을 구성하여 1980년 7월 22일 출발했다. 김포국제공항을 출발 7시간 40분

비행 끝에 앵커리지 공항에 도착 급유를 한 후, 밤 11시경 뉴욕 케네디 국제공항에 도착했다. 무려 비행시간이 17시간이나 소요되었다. 이후부터 미국을 비롯하여 캐나다, 일본, 대만, 필리핀 등의 시찰이 시작되었다.

내가 이번 각국 경호제도 시찰에서 주안점을 둔 것은 "경호기관이 국민의 협조 하에 어떻게 효과적으로 운영하고 있느냐?"였다. 요약하건대, 선진국은 경호의 중요성도 인정하지만 국민의 인권도 중요시하면서 경호작전 체계 등을 가능한 범위 내에서 최대한 국민에게 공개함으로써, 경호에 대한 관심과 동참을 끌어내어 국민 총체적 경호를 유도하여 성공적으로 운영하고 있음을 보았다. 반면 정치적 불안정 국가 즉 후진국의 경우는 국민의 인권보다는 통치권자의 신변안전 경호에 더욱 주력하고 있는 양상이었다.

내각책임제 국가의 경우는 경호업무의 대부분이 경찰에 주어지고 있는데, 조직체계나 임무수행 능력 등에 있어 미약함을 보이고 있었다. 국내 정치정세가 불안하고 군사적 불안정이 있는 국가의 경우에는 절대 권력자 한 사람을 위하고 체제수호를 위한 전위부대적 성격이 강했으며, 조직체계나 임무수행 능력에 있어 후진성을 면치 못하고 있었다.

최규하 대통령은 공개적인 무력시위 위주의 경호에 대해 늘 불만스럽게 여기고 있었다. 그래서 "나 같은 사람에게 누가 총을 쏘겠나?"라는 말을 자주 하셨다. 당시는 최규하 대통령의 탈권위적으로 소탈한 성격 때문이라 하더라도, 시대는 바야흐로 선진화된 경호를 위한 새로운 기법과 과학적인 교리개발을 통해 전문화된 경호 조직의 운영을 요구하고 있었다. 과거와 같은 인원, 무기 등을 동원하는 양적 무력 중심의 위압적 통제경호(威壓的 統制警護)에서, 보이지 않게 시민 속에서 유연하게 안전을 확보하고 장비를 수반하는 두뇌 중심의 효율적 경호기법(效率的 警護技法)으로 발전(發展)시켜야 할 것이다.

나는 이상과 같이 대통령 경호실 근무시절을 회고하면서, 미주지역 시찰반원으로 나를 수행하면서 고생을 많이 했던 김기주(金基珠) 직원에 대해 다시 한번 그 노고를 치하한다. 실력과 능력을 겸비했던 그가 상당한 세월이 지난 뒤 나와 같은 행정처장직을 수행(遂行)했다고 하니, 나보다 멋지게 잘해냈으리라 생각되어 매우 기쁘다.

　그리고 이 시절을 떠올리면 아직도 풀리지 않는 두 가지가 있다.

　하나는, 1980년 7월 초 어느 날 정동호 경호실장이 나에게 단둘이서 저녁식사를 하자고 청한 일이었다. 처음에는 사양했으나 정 실장이 강요하다시피 해서 마지못해 약속을 했다. 퇴근하면서 따라가 보니 약수동 부근에 있는 요정이었다. 분위기로 볼 때 정 실장의 단골 요릿집인 것 같았다. 그런데 아무리 생각해 봐도 그가 왜 이런 요란한 저녁식사 자리를 만들었는지, 전혀 짐작이 가지 않았다. 다만 식사 도중 정 실장이 밖에 들락날락하면서 무전기로 대화하는 모습이, 나를 손님으로 대접하는 것 같지 않아서 매우 불쾌했다. 나는 원래 술을 좋아하지 않는 데다 기분도 별로 좋지 않아 술도 먹는 둥 마는 둥 했고, 진지한 분위기도 아닌 데다 특별한 사안을 얘기하거나 별다른 대화 내용도 없이 시간만 흘려보내다가 밤 12시가 넘어서야 각자 집으로 헤어졌다. 참으로 의문(疑問)투성이의 저녁이었다.

　그런데 정권이 바뀌고 세월이 흘러 5·18특별법에 의해 전두환·노태우 내란죄 재판이 진행되자, 1980년 8월 최규하(崔圭夏) 대통령의 사임(辭任)은 자의가 아니라 전두환 등 신군부 세력이 김정렬(金貞烈) 前 국무총리에게 부탁하여 김정렬 씨가 최규하 대통령을 찾아가 하야(下野)를 종용(慫慂)했다는 의혹이 불거졌다. 또 실제로 최규하 정부에서 국무총리를 역임한 바 있는 신현확(申鉉碻) 씨가 1995년 12월 16일 검찰진술에서 "김정렬 씨로부터 최 대통령 사임 다음 해인 1981년 최규하 대통령에게 하야할 것을 권유(下野勸誘)한 사실이 있었다는 얘기를 직접 들었다."

고 말한 사실에 초점을 맞춘다면, 여러 가지 상황상 그날 정동호 실장 초대 만찬 때가 바로 그 김정렬 씨가 최규하 대통령을 만나 하야를 권유한 때였다는 유추해석이 나온다. 그런 해석이 나오고 보니 그날 저녁, 경호실에 있는 유일한 최규하 사람인 나를 손님 형식으로 요정에 불러놓고, 실장 자신은 정신이 다른 곳에 가 있어 방 안팎을 드나들며 분주하게 행동했던 그날의 의문이 풀린다. 나를 연금(軟禁)시켜 놓은 상황에서 그들은 준 비상사태하에서 움직이고 있었던 것 같다.

또 한 가지는, 최규하 대통령께서 한두 달 후에 대통령직을 그만두실 계획으로 있었다면, 과연 나를 불러 그렇게 무력 위주의 삼엄한 경호를 하지 말 것을 당부하시고 미국과 같은 선진국에 가서 보이지 않게 하는 선진 경호기법을 배워오라고 지시를 했겠느냐 하는 의문점(疑問点)이다.

낭비 없는 국가예산 사용에 그렇게 엄격했던 분이 그런 지시를 절대 하실 리 없다. 그렇다면 국가안위 지상주의자이신 최규하 대통령이, 자진 하야를 하지 않으면 국가발전에 더 큰 위해가 될 것이란 그 어떤 나름대로의 판단이 있었던 것은 아닐까?

최 대통령은 1980년 6월 말경 선진국에 가서 선진 경호기법을 배워오라고 내게 지시했고, 7월 초 내가 작성한 유럽지역 시찰반과 미주 및 동남아지역 시찰반 해외 출장 계획을 재가(裁可)했고, 7월 중순 유럽 시찰반 출국, 7월 22일 미주 및 동남아지역 시찰반 출국을 윤허(允許)했다.

그런데 채 시찰 일정이 끝나지 않은 상황에서 인도네시아 자카르타에 와 있던 나에게 (현지시간 밤 12시경) 정동열 의전수석비서관 명의로 "모든 일정을 중단하고 급거 귀국(急遽 歸國)하기 바람"이란 전문을 보낸 것이다. 그리고 나서 최규하 대통령은 다음 날인 1980년 8월 16일 하야성명(下野聲明)을 발표했다.

최규하 대통령의 사임이 자의에 의한 것이 아니라고 주장하는 분들에게는, 이 대목의 내용도 참고가 되리라고 본다.

제11대 국회의원 당선

1980년 8월 16일 최규하 대통령이 하야한 후 나는 한직인 기획관리관으로 자리를 옮기고 본격적인 국회의원 출마준비에 들어갔다. 우선 정동호 경호실장의 소개로 당시 민주정의당 창당준비위원회 사무총장인 권정달(權正達) 씨를 면담하면서, 나 자신을 소개한 후 다음과 같이 말했다.

"대전 인구가 62만여 명인데 며칠 전 신문보도에 의하면 대전을 1개 선거구로 하여 남재두(南在斗) 씨를 조직책(組織責)으로 선정했다고 했다. 그렇게 크게 선거구를 획정한다면 무리이다. 그리고 대전(大田)은 지난 10대 선거까지 야당도시로 분류됐던 점을 고려한다면 여당으로서 부담이 따를 것이다. 나는 오래전부터 국회의원에 대한 꿈을 가지고 노력해 온 사람이기 때문에, 이번에 어떠한 형태로든 꼭 입후보해야겠다. 대전은 이전부터 동구와 중구 2개의 선거구가 있었던 것이니 이번에도 2개의 선거구로 획정(劃定)하는 것이 합당하다. 그럴 경우 나는 부모님과 함께 동구에 오랫동안 거주하고 있으니 동구도 좋고, 또 중구는 나의 출생·성장지인 충남 대덕군 기성면과 인접해 있으니 중구를 맡아도 자신이 있다."고 강력히 설파(說破)했다.

그리고는 어디든 한쪽의 조직책 선정을 간곡히 부탁했다. 그 당시 막강한 권력자였던 권정달 씨로서는 나를 무례하고 당돌한 사람으로 여겼을 것이다. 어쨌든 10일 후 내 의견이 받아들여져 대전이 2개 구로, 즉 동구(東區)와 중구(中區)로 나뉘어졌다. 나는 즉시 이미 대전선거구의 조직책으로 있던 남재두(後 국회의원) 씨를 찾아가 "귀하의 경우 거주는 동구이고 조직기반이라 할 수 있는 당신 부친이 세운 대전일보사는 중구에 있으니, 어느 쪽이든 당신이 먼저 선택하라."고 권했다. 그는 조직 참모들의 의견과 여론을 수합하여 결정하는 과정에서, 어느 때는 동구 또 어느 때는 중구로 발표했다가 최종에 동구로 결정하는 바람에 혼선(混線)이 생기기도 했다. 그래서 한국일보 같은 경우는 남재두가 중구, 이재환이 동구 조직책으로 선정됐다는 오보를 내기도 했다.

나는 중구지구당(공식명칭: 민주정의당 충남 제1지구당) 조직책(組織責)을 맡게 되었고, "기존의 대전지구당 창당준비위원에 대한 배속(配屬)은 현 거주지를 중심으로 처리하라."는 중앙당의 방침에 따라 박규태(朴圭兌, 前 민주공화당 사무국장) 씨는 동구로, 안광순(安光淳, 前 민주공화당 중앙위원) 씨와 이일우(李一雨, 前 민주공화당 청년부장) 씨 등은 내가 맡은 중구지구당의 창당준비위원이 돼서 나를 돕게 되었다. 나는 즉시 안광순 씨를 사무국장에 이일우 씨를 조직부장에 임명하고 창당준비에 박차를 가했다. 이외에도 나를 도와준 분들은 前 민주공화당 중앙위원이었던 이기복 씨, 김우영 씨 등이 있고 당시 충청남도 총력안보위원장 박찬욱 씨, 사무처장 구자윤 씨, 대전건축설계사회장 박홍우(朴弘雨) 씨, 현대약품사장 한남섭(韓南燮) 씨, 나의 이종동생이자 중학교 교사이던 박대순(朴大淳) 등 여기에 다 기록할 수 없을 정도로 많다. 역대 국회의원 선거에서 대전고등학교 출신이 당선은커녕 여당의 공천을 받아 입후보한 적도 없었기 때문에, 대전고 졸업생(大田高 卒業生)들이 나에 대해 큰 관심을 보이면서 지원해 주었고, 특히 나와 동기(同期)인 36회 동문들과 동생 재찬(在燦)이와 동기인 46회 후배들의 적극적인 지원에 대해선 영원히 잊을 수 없다. 이외 모든 분들에게 다시 한번 깊은 감사를 드린다.

아들의 중구지구당 창당대회에서 꽃다발을 받고 웃으시는 아버님(한학자로 대중집회에서 꽃다발을 받기는 평생 처음. 뒤에 앉아 있는 아내가 웃고 있다. '81. 2. 7 시민회관)

　1981년 2월 7일 대전시민회관에서 민주정의당 충남 제1지구당(대전중구지구당) 창당대회에서 지구당위원장에 선출되어 인사를 마친 후, 중구 대흥동에 지구당사 무국을 차리고 3월 25일에 있을 총선거를 향하여 본격적인 선거운동을 시작했다. 그 당시 대전시 전체 인구는 약 62만여 명, 중구 지구당 관내는 동구에 비해 그 반수가 넘는 32만여 명에 달했다. 1선구 2인 당선제였는데 3월 25일에 실시되는 제11대 국회의원 선거에 대전 중구(大田 中區)에서는 민주정의당 공천자인 나를 비롯하여, 야당인 민주한국당 후보자 류인범(柳寅範, 前 대전고 교사)과 강석하(姜錫夏, 前 대전시의회 의장) 등 총 9명이 출마하였다.

그런데 나를 제외한 8명 모두 "여당의 이재환 후보자는 대전 사람이 아니다. 당선되면 前 공화당 김모(金某) 의원처럼 보따리 싸가지고 서울로 날아갈 사람이다." 라고 이구동성 악선전(惡宣傳)을 하는 바람에 소문이 퍼져 매우 황당하고 곤혹(困惑)스러웠다. 이에 대해 나는 다음과 같이 설명했다.

"저 이재환은 대전 시내와 붙어 있는 충청남도 대덕군 기성면 출생입니다(이 당시 대전시는 충청남도에 속해 있었음). 여기서 국민학교·대전중학교·대전고등학교를 졸업했고, 중앙시장에서 중학교 3년 고등학교 3년 총 6년 동안 아버님을 도와 장사를 하면서 학교를 다닌 사람인데, 내가 대전 사람이 아니라면 하늘에서 떨어졌습니까? 아니면 강에서 떠내려 왔습니까?"

개인유세나 합동유세장(合同遊說場)에서 지역발전을 위한 공약설명은 뒷전이고 이런 내용으로 나를 소개하는 데 급급했다. 왜냐하면 대전 출신 전직 국회의원들 대부분이 당선만 되면 서울에 가서 생활했고 대전 시민들은 그들의 얼굴도 볼 수 없다는 것이 누적된 불만이었기 때문에, 나에 대한 거짓말 악선전(惡宣傳)이 널리 퍼져 사실인 것처럼 전파되면 득표(得票)에 치명적(致命的)일 수 있기 때문이었다.

이때 나를 아는 분들이 이러한 거짓말을 바로 잡아주었고, 이 악선전 분위기를 전환시키는 데 크게 도움을 주었다.

그중 첫 번째는, 중앙시장에서 건어물장사를 하던 아버님으로부터 외상거래를 하고 있던 200여 명에 가까운 소위 자전거 부대(外上去來者)들의 도움이었다. 이 분들은 각 동별 골목 요지에서 골목가겟방을 하는 사람들로서, 새벽 6시경 자전거로 아버님 점포에 오셔서 오징어와 명태 등 건어물을 외상으로 사다가 파는 상인들이다. 아버님을 모시고 장사를 해온 나도 그들의 면면을 잘 알고 있었다. 막상 선거운동이 시작되니까 그분들이 "아, 그때 이성도(나의 아버님) 씨 옆에서 장사를 돕던 그 학생이 바로 민정당 입후보자(民正黨 立候補者) 이재환이야?" 하면서 마치 자기 아들이나 친척이 입후보한 것처럼 기뻐했다고 한다(아버님께서는 그들의 외상값이 오랫동안 밀려도 심하게 독촉하지 않아 그들에게 인기가 좋았다). 어느 동(洞)을 막론하고 200여 명의 상인들의 입에서 "이재환이 중앙시장에서 장사하면서 학교 다녔던 그 학생"이라는 입소문이 번져나가면서 큰 효과를 보게 되었다.

두 번째는, 나와 동연배로 학교를 다녔던 대전여고 졸업생(大田女高 卒業生)들의 입소문 효과였다. 나는 고등학교 다닐 때 살던 집이 대전여고 옆 대동(大洞)의 후생주택이었기 때문에, 아침 등교시간에는 어김없이 여학생들과 마주치게 되었는데 수줍음을 타 항상 얼굴이 빨개져서 고개를 숙이고 다녔다. 내 자랑 같지만 그 무렵 나는 키도 크고 잘생겼다는 평을 받고 있었고, 웅변대회라면 1등을 휩쓸었으며, 청소년적십자 충남단장으로서 농촌봉사활동 체험설명회를 대전여고 등 각 학교에서 실시하여 꽤 인기가 있었다. 그러한 사람이 방과 후에는 중앙시장에서 오징어와 명태를 파는 장사를 하고 있으니, 상당히 화젯거리가 된 것은 당연했다. 그래서 여학생들은 내 별명을 '오징어'라고 불렀다고 한다. 국회의원 선거가 시작되던 해에는 이미 가정주부가 되어 있던 그들 사이에서 "오징어 걔가 민정당으로 나왔다는데…"라는 입소문이 퍼져나가 득표에도 크게 도움을 받았고, 한편으로는 내가 대전 사람이 아니라는 악선전을 잠재우는 데 큰 역할을 해주었다. 마침내 사필귀정으로 돌아가긴 했지만, 어떤 경우든 선거에 있어서 이렇게 근거 없는 악선전(惡宣傳)을 만들어낸다면 민주정치는 요원한 것이 될 것이다.

입후보자에게는 당시 선거법상, 개인유세와 입후보자 전체가 한자리에 모여 정견을 발표하는 합동유세의 기회가 주어졌다. 오래돼서 다 기억할 수 없으나 지금도 기억하고 있는 나의 소신 발언 한 토막을 적는다. 이는 어느 유세장에서도 빼놓지 않고 역설했던 내용이다.

"여러분, 저는 고려대학교 4학년 재학 중 부정·부패를 일삼고 반민주적 독재횡포를 자행하고 있던 자유당 독재정권에 항거하여 4·19혁명을 주도했던 사람입니다. 지금은 제가 민주정의당이라는 여당 후보로 출마했지만, 여러분의 지지로 국회의원에 당선된다면 '여당 내 야당(與黨 內 野黨)'이 돼서 불의에 항거하고 부정과 부패를 파헤치는 데 앞장서겠다는 약속을 하겠습니다."

　나는 두 번의 국회의원을 하면서 이 약속을 지켜 실행했고, 이것을 실천하려다 정치적 피해(被害)와 압박(壓迫)을 받았던 일도 있었다.

국회의원 선거운동,
전신주에 절한다?

　그 당시에는 지금과 같은 선거법이 없어 선거운동에 대한 제약이 그리 심하지 않았다. 돈 봉투와 선물 돌리기가 비밀 아닌 비밀로 행해졌다. 경제적 여유가 있는 후보자의 경우에는 투표 전날 저녁 돈 봉투를 만들어 어렵게 생활하고 있는 집에 전달하는 방법이 오히려 경쟁적으로 이루어지고 있던 때였다. 그래도 선거 때 제일 중요한 것은 사람들이 많이 모이는 행사나 장소에 반드시 찾아가 악수인사를 해야 하는 것이다. 특히 상가(喪家) 방문은 필수적(必須的)이다. 경사가 아니고 애사이기 때문에, 불참하면 누구는 왔는데 아무개는 안 왔다는 비난이 뒤따르기 때문이다. 지금 같아서는 안 되지만 그 당시 상가에는 막걸리 통을 보내는 것이 상례였다.

　대전 중구의 경우 9명이 입후보했으니 1인당 최소 2통씩 보냈을 테고, 나는 여당 후보자이므로 똑같이 할 수 없다 하여 3통씩 보냈다. 그러니 한 상가에 최소한 막걸리 19통은 있게 마련이어서, 술이 풍성했고 자연히 문상객도 많아졌다. 1981년 2월에 창당하고 바로 선거운동을 시작했으니 한창 추운 때 선거운동을 하게 됐다. 상가는 왜 그렇게 많이 생기는지, 어떤 날은 하루에 여덟 집을 가기도 했다.

　대개의 경우 상가 마당이나 입구에 김장할 때 쓰는 대형 플라스틱 용기에다 막걸리를 부어놓고 노란 플라스틱 물바가지를 띄워놓는다. 상가 입구에 들어서자마자 술 취한 조문객 한 사람이 인사하면서 "우선 한잔하고 문상하시죠." 하며 한 바가지를 퍼준다. 그걸 다 마실 수 없으니 반 정도는 도로 붓고 반 정도 마신다. 특히 나는 반드시 먹어야 한다. '이재환은 대전 사람이 아닌 데다 청와대에서 높은 벼슬과 좋은 직장에서 귀공자 생활(貴公子 生活)을 한 사람'이라고, 상대 후보 측에서 악성 여론(惡性 輿論)을 퍼뜨려 놓았기 때문이다. 그러니 마시지 않으면 당장 "아, 이재환(李在奐)은 역시 막걸리를 안 먹더라."고 나쁘게 소문을 퍼뜨릴 것이 아닌가? 그래서 반 바가지 정도라도 먹은 후 빈소에 들어가 상주에게 문상인사를 한다. 인사하고 나오면 또 한 사람이 다시 막걸리 있는 곳으로 데리고 간다.

　다시 반 바가지를 먹고 나면 식사하는 장소로 안내한다. 비빔밥이나 국수나 국밥 한 그릇을 먹고 나면, 벌겋게 이글거리는 화톳불 앞에서 불을 쬐고 있는 문상객(問喪客)들에게 인사하러 간다. 여기서 또 어려움이 있게 된다. 불을 쬐고 있는 사람들 앞쪽으로 가서 인사를 해야 하는데, 그렇게 되면 그 뜨거운 화톳불을 내가 등에 업고 인사하게 된다. 한 사람씩 그 앞에 서서 "안녕하십니까? 민정당 이재환입니다. 잘 부탁합니다."라고 말하며 허리를 굽힌다. 그때 상대방이 나에게 정면으로 비아냥대면서 "국회의원 찍어주고 나면 안 보이고 그만입디다."라고 하면 "아, 예. 저는 그렇게 하지 않겠습니다. 정말입니다. 또 뵙겠습니다." 하는 식으로 대답한다. 생각해 보라. 1인당 5회씩 90도 각도로 허리를 구부려 인사를 하려면 어떻겠는가? 게다가 술은 취해 올라오고, 등짝의 화톳불은 뜨겁고… 평균 약 80여 명의 문상객이 와 있는 상가의 경우 적어도 90도 각도의 굴신운동(屈伸運動)을 400번 이상 하게 되는데, 그렇게 하고 난 후에는 머리가 핑 돈다. 그리고 나면 어지러워서 자기 비서 앞에 가서도 비서인 줄 모르고 똑같은 부탁인사를 하게 된다. 이런 상태로 하루 저녁에 몇 곳을 다니면 심하게 정신이 없어져서, 전신주(電信柱) 앞에 가서도 사람인 줄 알고 절을 한다는 말이 거짓이 아닐 때가 있다.

나는 연달아 여덟 곳의 상가에 문상을 가서 그런 식의 굴신인사를 했다가, 정신을 잃은 적이 몇 번 있었다. 예를 들어 여덟 곳 상가를 돌면서 평균 400번씩 굴신인사를 했다면, 90도 각도의 굴신인사를 3,200번 했다는 것이 아닌가? 그날 언제 어떻게 집으로 돌아왔는지도 모른 채, 아침 5시경에 집사람의 깨움으로 눈을 뜨게 되었던 것이다. 선거운동 기간 중 처음부터 끝날 때까지 옆에서 동행하며 나를 도와주던 동기동창 김현문(金玄玟, 前 사장) 친구가 "자네는 배가 대체 어떻게 생겼기에, 하루저녁에 막걸리를 그렇게 많이 마시고서 거기다가 저녁밥까지 8번을 다 먹은 채로 견딜 수가 있나?" 하고 물었다. 나는 "나도 모르겠어. 안 먹으면 안 되니까, 할 수 없이 주는 대로 먹으니까 그렇게 된 것 같아."라고 말도 안 되는 답변을 하면서 서로 웃었다. 김현문, 영원히 잊을 수 없는 참으로 고마운 친구다. 거짓말 같은 엄청난 고생담(苦生談)이었지만 이 역시 당시 억척스러웠던 나의 선거운동 편린 중 하나이다.

길거리 어디서나 유권자에게 90도 인사('84. 2. 4)

11대 선거 때 나를 지원해 줬던 지역유지들

이병익(반공연맹 도지부장), 이남용(평통자문위 중구회장), 이웅열(중도일보 회장), 신기훈(노인회 도연합회장), 박찬욱(총력안보 도협의회장), 이창주(유족회 도지부장), 김수영(대전 유림회장), 임영중(주부교실 도지부장), 한용동(대전새마을금고 연합회장), 이계연(중구새마을지도자 협의회장), 이은필(중구새마을 부녀회장), 박영규(충남택시조합 이사장), 이면상(대전고 동창회장), 박홍우(기성국교 동창회장), 한남섭(前 기성국교 동창회장), 조선형(충남걸스카우트 연맹장), 한대순(약사회장), 노창실(한진약국 사장), 이무로, 노병천, 안광순, 구자윤, 이일우, 이기복, 김우영, 박대순, 김세정, 김갑상, 김현문, 홍은기, 최용빈, 유명준, 송병조, 이현우, 송석운, 박정서, 서영근, 이현덕, 임종원, 송병욱, 이영재, 김은호, 권호익, 권택원, 김명호, 유수준, 권용원 등 수많은 대전고 36기 동문들….

지면관계상 그 많은 분들을 다 소개치 못함을 용서 바란다.

당선 초에 닥친 몇 가지 애로사항

　1981년 3월 25일 국회의원에 당선되자마자 선거기간 중 나를 적극적으로 지원해 줬던 대전고등학교 총동창회로부터 공식적인 요청사항이 들어왔다. 그동안 역대 정권에서 충청남도 도지사(道知事)에 대전고등학교 출신을 한 번도 임명해 주지 않았으니, 이번 민정당 정권에서는 이러한 민원을 해결하라는 것이었다. 이면상(李冕相) 회장, 박영규(朴英圭) 부회장 등 막강한 영향력이 있는 선배들의 공식화된 요청이기 때문에 그냥 적당히 넘어갈 수 없게 되었다.

　나는 권정달(權正達) 민정당 사무총장을 방문, 대전·충남 지역사회는 대전고교 출신들이 거의 주역을 하고 있는데 앞으로 민정당이 이 지역에서 조직기반을 강화하려면 민정당 정권에 와서 비로소 대전고 출신이 도지사로 임명되었다는 칭송 분위기가 형성돼야 하니, 대전고 출신을 충남 도지사(大田高 出身 道知事)로 임명해 주시고 그것이 정 어려우면 대전시장이라도 대전고 출신을 보내달라고 요청했다. 그러고는 대전시장 후보로 당시 경기도 의정부 시장으로 재직 중인 대전고교 2년 후배인 심대평(沈大平, 後 충남도지사, 국회의원) 씨를 천거했다. 그 후 얼마 안 돼 권정달 총장으로부터, 대전고 출신자 중 충남도지사 급수에 적합한 사람이 없다는 연락과 함께, 대신 내가 천거했던 심대평 씨가 대전시장으로 오게 되었다.

나는 동창회 총의로 나에게 부여된 민원을 해결하게 되어 무척 기뻤고, 선배들로부터 "역시 이재환이 화끈한 일꾼!"이라는 칭찬을 받았다.

　또 하나의 어려움이 있었다. 선거기간 중 제일 큰 선거공약(公約) 중 하나가 당시 중구 태평동에서 가장동을 거쳐 유성으로 나가는 외곽도로 건설계획 실현과 이와 연관된 25년간의 숙원(宿願)인 가장교(佳狀橋)를 건설(建設)하겠다는 것이었다. 나의 지구당 사무국장 안광순, 조직부장 이일우 씨 등은 이 사업의 공약을 적극적으로 반대했다. 이것은 지난 정권인 민주공화당 때 막강했던 이 지역 출신 김용태(金龍泰) 의원도 공약을 했다가 유야무야됐던 사업이니만큼 새로운 공약도 아닐뿐더러, 유권자들이 이번에도 또다시 헛공약(空約)을 하고 있다면서 믿지 않을 테니 공약사업으로 내걸지 말자는 것이었다.

　그러나 나는 다른 국회의원이 못했던 것을 해내면 유권자들이 향후 신뢰를 가지고 더욱 지지해 줄 것이라는 판단하에 반대를 무릅쓰고 공약(公約)으로 내세웠던 것이고, 어떠한 일이 있어도 꼭 실현하겠다고 다짐했다. 그 노력의 일환으로 선거기간 중 전두환(全斗煥) 대통령과 김주남(金周南) 건설부장관 일행을 공약사업 현장인 가장동(佳狀洞) 천변(川邊)에 모셔다놓고, 내가 직접 가장교 건설의 필요성과 사업규모, 내용 등을 설명했다. 잠시 후 전두환 대통령이 내 설명에 동의하면서 옆에 있던 김주남 건설부장관에게 성사 검토지시(檢討指示)를 하는 것이 아닌가! 이때부터 나는 당선 후 적어도 2년 이내에 완공시키겠다는 의지를 가지고, 김주남 건설부장관을 수차례 방문하여 일을 빈틈없이 진행시켜 나갔다.

가장교 건설희망지인 천변에서 전두환 대통령에게 필요성을 설명하는 입후보자 이재환('81. 3. 18 왼쪽부터
천영성 민정당도지부장, 대통령, 저자, 이병내 대전시장, 김주남 건설부장관은 저자 뒤에 가려 있음)

그런데 엉뚱하게도 대전의 유력 건설업자들로 인해 어려움을 겪었다. 당시 대전에는 가장교 건설사업을 해낼 만한 건설회사가 2개가 있었는데, 모두 대전고교 선배가 운영하는 회사였다. 하나는 (주)계룡건설(사장 李麟求, 대고31회)이고 다른 하나는 (주)영진건설(사장 李鍾完, 대고32회)이었다. 약 11억 규모의 가장교 건설사업은 이 당시 대전시가 발주하는 건설공사로는 처음 있는 큰 공사였기 때문에, 서로 자신들에게 연고권(緣故權)이 있다고 주장하는 것이었다. 나는 솔직히 건설업계를 전혀 알지 못했고, 또 그들이 주장하는 연고권이 무엇인지도 몰랐다. 게다가 소문에 의하면 이들 두 회사는 오래전부터 사이가 나쁘고, 그 영향으로 대전고교 동창회도 그들 각각 중심으로 양분되어 있다는 것이었다. 그것을 증명이라도 하듯

대전 시중에는 가장교 건설공사 때문에 대전고 동문들인 두 회사가 추잡한 싸움을 하고 있다는 말이 파다했고, 이재환 공약사업이기 때문에 이재환도 욕을 많이 먹게 됐다는 소문까지 돌게 됐다.

극회의원이란 표를 얻어야 하는 직업이기 때문에 분쟁이 있을 경우 개입해서는 안 된다는 것이 불문율처럼 되어 있는데, 나로서는 참으로 어렵고 딱한 입장이 된 것이다. 그것도 두 사람 다 대전고교 선배들이라 더욱 난처했다. 이 일을 원만히 해결한답시고 관여해도 욕을 먹을 것이고, 관여 안 해도 혼란과 비난을 면치 못할 상황이었다.

내가 심대평(沈大平) 시장을 찾아가 "가장교 건설공사의 발주자(發注者)는 대전시가 되는 것이니 심 시장이 두 분 선배를 만나서 잘 조정해 달라."고 부탁했다. 그런데 심 시장에게서 "대전시장이 발주자가 되는 것은 요식행위인 것이고, 가장교 건설공사는 이 선배님의 선거공약으로 성사가 된 것이니 이 선배님이 조정해 주셔야지, 저는 공무원이라서 그렇게 하면 큰 오해를 받습니다. 시장으로 온 지도 얼마 안 되니 이 선배님께서 저를 좀 도와주십시오. 그리고 저는 일주일 후에 해외출장을 가게 되어 10여 일 후에나 귀국합니다. 그동안 잘 해결해주시기를 간곡히 부탁합니다."라는 대답이 돌아왔다. 혹 떼러 갔다가 오히려 혹을 붙이고 온다는 속담이 딱 맞았다.

나는 마음이 여린 사람이다. 심대평은 내가 국무총리실에 있을 때 같이 근무했던 절친한 후배이고, 실력이 출중하기 때문에 향후 큰 인물이 될 수 있는 사람이었다. 게다가 선배로서 도와줄 수 있는 일이 있다면 지원해야 한다고 생각할 만큼 사랑하는 후배였고, 내가 천거한 연유로 해서 대전시장으로 온 지 얼마 안 되니 욕먹지 않게 보호해 줘야겠다는 생각이 들어, 할 수 없이 내가 다른 방법을 찾아서라도 해결해야겠다고 마음먹었다.

여기서 내가 실수한 것이다. 이런저런 생각 하지 말고 발주처인 대전시(發注處

大田市)에 떠맡기고 나는 빠졌어야 했다. 그렇게 못 했던 것이 괴롭게 된 것이다.

얼마 전 국회 교통체신위원회의 교통부 업무현황 보고에서 교통부가 국민들에게 여가를 즐기게 함으로써 삶의 질 향상을 도모하겠다는 정책의 일환으로, 지역별 적소(適所)를 택해 '국민생활 관광단지(國民生活 觀光團地)'를 조성하겠다는 사업계획을 보고받았던 기억이 났다. 그길로 윤자중(尹子重) 교통부장관을 방문, 대전시내 명산인 보문산(寶文山) 일대를 관광단지(觀光團地)로 조성해 줄 것을 부탁했다. 윤 장관은 "전국적으로 국회의원들의 요청이 수없이 들어오지만 예산은 한정되어 있기 때문에 어려움이 많다."고 하면서도 일단 적극 검토해 보겠다고 했다. 결국 나는 수차례에 걸쳐 장관에게 요청하여 '보문산 국민생활 관광단지' 조성사업을 따냈다. 3년간 25억 원을 투자하는 사업계획이었다.

나는 이 안(案)을 가지고 먼저 계룡건설(주) 이인구 선배를 만나 사업내용을 상세히 설명하고, "이 사업에 관심이 있다면 적극적으로 지원해 주겠으니 가장교 건설 문제는 연고권을 주장하고 있는 이종완 사장에게 양보(讓步)하시고, 더 크고 보람 있는 보문산 국민생활관광단지 조성을 성공적으로 이끌어 주시지요." 하고 부탁했다. 이인구 선배는 즉석에서 흔쾌히 응낙(應諾)했다.

이와 같은 행동이 누군가에 의해 오해를 유발시킬 우려가 있음에도 내가 이렇게 적극성을 띤 이유는, 내가 선거 때 공약한 사업으로 인해 대전사회에 분란과 욕먹는 일이 일어나면 안 되었기 때문이다. 또 한 가지는 이 건을 잘 조정함으로써 두 분 선배를 화해시키는 동시에, 대전고교 동창사회의 화합을 이끌어 내서 시민들의 모교에 대한 비난을 해소시켜 보겠다는 일념 때문이었다. 두 분 선배도 나에게 이번 기회에 양분된 동창사회의 화합을 꼭 이루어내겠다는 약속을 했고, 나도 크게 기대했었다. 그러나 그 후 내가 기대하고 바랐던 일은 단 한 가지도 이루어지지 않았다. 내가 대전고교 출신으로서 대전에서 최초의 국회의원이 됐으니까 나의 노력을 진심으로 이해해 주고 잘될 줄 알았던 것은 순전히 나 혼자만의 착각(錯覺)이었다. 내가 너무 고지식했고 순진(純眞)한 사람으로 기록되었던 것을 나중에 알고 씁쓸한 마음을 달랬을 뿐이다.

　다만 가장교 건설공사는 내가 국회의원에 당선된 후 2년 만인 1983년 5월 7일 시민들의 환호 속에서 당시 최인기(崔仁基, 後 내무부장관) 충남부지사와 함께 준공 개통식(竣工 開通式)을 가짐으로써, 대전시민의 25년 숙원(二五年 宿願)을 풀었을 뿐만 아니라 대전 서부지역 발전에 기초적인 기여를 했고, 지금도 시민들에게 유용하게 이용되고 있으니 기쁠 뿐이다.

25년 숙원 '가장교' 준공과정 설명(왼쪽 충남부지사 최인기 '83. 5. 7)

이일우 조직부장에 대한 보은

　제11대 국회의원 총선에 앞서 민주정의당 대전중구지구당 창당준비위원회에서부터 선거 때까지, 조직부장으로 일해준 이일우(李一雨, 대전고 선배, 32회) 씨에 대한 이야기를 빼놓을 수 없다. 그는 조직부장으로 임명되자마자 사무실에 야전 군용침대를 갖다놓고 잠을 자면서 나의 선거를 도왔다. 새벽까지 각 동별 지도위원장(당시 동별 책임자의 명칭임)들로부터 동별 여론내용, 득표활동 상의 애로와 문제점, 득표 활동내용 및 상대방의 동향 등을 보고받고 조직결산을 하면서, 그들을 격려하고 지시하는 것이었다. 나는 그의 놀라운 열정과 노력, 성실성에 감동했다. 3월 25일 새벽 나의 당선이 확정되자 얼마나 기뻐하던지, 꼭 자신이 국회의원에 당선된 것처럼 좋아했다.

　그런데 문제는 국회의원 선거가 끝난 지 8개월여 만인 12월 24일 크리스마스이브였다. 나는 당선 후 계속해온 당선사례 활동에 피로가 겹쳐 세상모르게 곤하게 잠들어 있었다. 비몽사몽간에 전화벨 소리가 들려 수화기를 드니 "의원님, 어떻게 해요, 애 아빠가 죽었어요." 하면서 울먹이는 여인의 목소리가 귓전에 들어왔다. 이일우 씨 부인으로 충남대 병원 응급실이라고 했다. 시계를 보니 새벽 2시였다. 그 당시 충대병원은 대흥동에 있었다. 허겁지겁 옷을 찾아 입고 달려갔다.

낮에도 멀쩡했던 이일우 부장이 아무 의식 없이 응급실 침대에 누워 있었다. 사연인즉 24일 늦게까지 술을 먹고 25일 새벽녘에 친구들과 함께 다시 유성으로 술을 마시러 가다가, 신신농장(현 선화감리교회) 앞 굽어진 길목(당시에는 이곳이 S자형으로 꼬부라져 있는 위험한 길이었고 주변은 다 논바닥이었음)에서 교통사고가 나 논바닥에 쑤셔 박혀 있는 차량을 행인이 발견, 경찰에 신고하여 응급실에 와 있다는 것이었다. 구조했던 사람의 말로는 이일우 부장이 운전대에 있는 것으로 보아 과음(過飮)하고 운전을 하다가 논바닥에 박힌 것 같다는 증언이었다. 그런데 구조될 때는 분명 일행 3명이 있었는데, 그들이 어느새 사라지고 없다는 것이다. 지금까지도 알 수 없는 미스터리로 남아 있다. 어쨌든 술 냄새가 진동하는 환자는 의식불명(意識不明) 상태가 지속되고 있었다.

의사에게 설명을 들었다. 환자가 목뼈가 부러져서 가슴 밑 이하 하반신 신경이 죽어 있다면서, 긴 바늘로 하반신 여러 곳을 사정없이 찔렀는데도 아무 반응이 없었다. 지금부터 수술을 한다 해도 이 상태로는 급속도로 욕창(살이 부패해 들어가는 현상)이 생기므로 몸 전체를 움직여 주는 물침대가 있어야 하는데, 이 병원뿐 아니라 대전 시내 어느 병원에도 물침대가 없으니 빨리 서울의 큰 병원으로 옮겨 수술을 받도록 하라는 것이었다.

참으로 난처한 일이 아닌가? 그러나 내 마음대로 결정할 수 없는 일이었다. 아들인 이상민(현 유성구 국회의원) 군이 있었으나 고등학교 정도의 나이였으니 결국 부인과 상의할 수밖에 없었다. 부인은 "의원님이 결정해 주세요. 나는 의원님이 결정하시는 대로 이유 없이 따르겠습니다."라고 했다. 책임이 막중한 순간이었다. 나는 결정했다. 새벽 3시 반경인데 지금 서울에 있는 병원으로 옮긴다 해도, 저 상태의 응급환자를 안전하게 이송할 수 있겠는가? 또 서울에 가도 아침이나 돼서 물침대가 있는 병원을 찾아야 할 터인데, 그런저런 시간이 많이 소요되면 환자의 상태는 급격하게 나빠질 것이 아닌가?

일단 이 시각부터 대전에 있는 모든 병원을 뒤져서라도 물침대를 찾아보자는 생각으로, 새벽녘이지만 실례를 무릅쓰고 유명하다는 대전 시내 정형외과마다 무조건 전화를 해봤다. 그러나 아무 곳에도 물침대는 없었다. 새벽 4시 조금 지난 시각에 대전성모병원 원장신부님에게 전화를 걸었다. 급한 사정을 설명하고 병원에 물침대가 있느냐고 물었더니, 고맙게도 한 번 알아볼 테니 30분쯤 후에 다시 전화를 해달라는 것이었다. 무척이나 감사했다. 하느님이 도우셨다. 다시 전화를 걸었다. 알아본 결과 있긴 한데 오랫동안 사용하지 않아서 기능이 어떨지는 확인해 봐야 한다고 했다. 나는 "원장님, 무조건 환자를 성모병원으로 옮길 테니, 죄송하지만 사람 하나 살려주시는 셈치고 수술준비와 물침대 정비를 지시해 주십시오."라고 간청을 드렸다. 나는 곧바로 이일우 부장을 성모병원으로 옮겼다. 그 사이 물침대는 사용할 수 있게 정비되어 있었고, 아침 8시부터 대기하고 있던 의료진이 수술에 들어갔다. 5시간여 동안의 수술은 성공리에 끝났다. 원장신부님이 한 사람을 살려주셨다.

그 후 이일우 씨는 목발을 짚고 다니긴 했으나 사회생활엔 지장이 없었다. 나는 그때 원장신부님이 무척 감사하고 고마워서, 서울에서 의회활동을 한 후 대전에 오면 수시로 찾아뵙고 인사를 드리곤 했다. 이 일을 계기로 나는 한때 천주교 신자가 되기 위해 (대흥동성당 조성옥 신부에게) 교리공부를 하기도 했다.

내가 이일우 씨를 처음 만났을 때 그분이 특별히 하고 있는 사업이 없었기 때문에, 나는 남모르게 약간의 생활비를 보태드렸다. 아들의 대학등록금도 몇 차례 도와준 일이 있으나, 나로서는 그분이 나의 국회의원 선거에 큰 도움을 주신 감사한 분이었고 또한 그의 생사를 다투는 일에 용단을 내려 생사를 구하는 데 성공했던 터라 영원히 잊을 수가 없다.

어느 날 그는 나에게 "이 의원의 도움을 계속 받을 수도 없고 하니, 내가 사업을 할 수 있도록 도와줄 수 없겠느냐?"고 부탁을 해왔다. 목발을 짚고 다니면서 무슨

완쾌한 이일우 조직부장을 위로하고 있는 저자('83. 3. 25 성모병원)

사업을 할 수 있겠느냐고 물은즉 "보해양조(寶海釀造) 대전지사(大田支社)가 없으니 그것을 만들어 달라. 보해소주가 제일 인기가 있으니 무조건 잘 팔리게 될 것이고, 나는 지사장으로 앉아 있으면서 요식업체로부터 주문을 받고 배달만 지시하면 되는 것이니 목발을 해도 아무런 지장이 없습니다."라는 대답이었다.

 듣고 보니 그것이 좋을 것 같았다. 그런데 문제는 내가 전남 목포가 본거지인 보해양조(주)를 전혀 모르고 있다는 사실이었다. 알아보니 사장이 임광행(林廣幸) 씨라고 했다. 무조건 전화를 걸어 인사하고 면담시간을 약속받아 목포에 있는 본사를 찾아갔다. 면담 약속전화를 할 때는 국회의원 이재환이라고 말했으나, 이날에는 국회의원 배지를 떼고 면담했다. 우선 이일우 씨에 대해 상세한 설명을 하고 나서 "나의 국회의원 당선을 위해 헌신적으로 봉사해 준 그분이 불의의 교통사고로 어렵게 되었으니, 이제는 도움을 받았던 제가 그를 도와줘야만 인간의 도리를 다하는 것이 아니겠습니까? 이일우 씨는 대전 토박이로서 발이 넓기로 유명해서 일명 마당발이라고까지 불리고 있고, 의리가 있는 사람이기 때문에 그에게 보해양조 대전지사를 만들어 주셔도 절대 손해나는 일은 없을 것입니다. 저도 보해양조의 발전을 위해 도울 일이 있으면 적극적으로 돕겠습니다. 아무쪼록 선처해 주시길 간곡히 부탁드립니다."라고 간청했다.

내 말을 듣고 난 임 사장은 "국회의원께서 겸손하게 배지를 떼고 그것도 여기 먼 곳까지 직접 오셔서 말씀하시는 내용을 들어보니, 오히려 제가 고맙다는 생각이 듭니다. 국회의원은 일단 당선되면 다 그만 아닙니까? 그런데 의원님만은 예외인가 봅니다. 의원님의 의리에 찬 순수한 말씀과 행동에 감명 받았습니다. 의원님의 부탁을 받아들이겠습니다. 저희 회사에도 계속 관심을 가지고 도와주십시오."라고 답변했다. 이로 인해 드디어 처음으로 보해양조(寶海釀造) 주식회사 대전지사(大田支社)가 생기게 된 것이다. 나는 내 부탁을 듣고 그렇게 보스(Boss)답게 시원하게 결단을 내리시던 그 모습이 지금까지도 잊혀지지 않고 있으며, 그분이야말로 목포의 거인(木浦 巨人)이라고 믿고 있다.

이일우 부장의 아들 이상민(李相珉)은 현재 변호사요 국회의원이다. 반가운 일이다.

제11대 국회의원,
'25시를 뛰는 인간 기관차'

　11대 국회의원에 당선된 후 제일 먼저 해야 할 일로 나는, 호별 방문(戶別 訪問)을 통해 유권자들에게 감사 인사(人事)를 드리는 것으로 잡았다. 하루도 빠짐없이 아침 9시부터 집집마다 방문하여 인사드리고, 12시 정각이 되면 카스텔라 2개와 우유 한 병을 사서 자동차 안에서 점심으로 때우면서 여의도 국회의사당으로 향했다. 그 당시 대전에서 서울까지는 1시간 50분 정도 소요됐는데, 오후 2시에 개최되는 상임위원회 회의에 참석하는 데는 아무런 지장이 없었다.

　이렇게 하여 6개월 동안 선거구 내 총 70,618가구의 84.1%를 직접 방문해서 당선 감사인사를 드렸는데 이것이 국회의원 지역구관리 역사상 초유(初有)의 일이라 하여 국회에서 유명한 일화(逸話)가 되었다. 또 1983년 2월 15일자로 유성읍을 비롯한 충남 대덕군(大德郡) 일부지역 42개 리(里)가 대전(大田)으로 편입(編入)되어 나의 지역구가 됐을 때도, 14,306가구의 90.5%를 호별 방문하여 이 지역 국회의원으로서 인사를 드림으로써 국회의원 지역관리 역사상 전무후무한 기록(前無後無 記錄)을 세웠고, 지역 농촌 서민생활의 애로사항을 청취하여 국정에 반영했다. 이때부터 지역언론은 나의 별명을 '25시를 뛰는 인간기관차(人間機關車)'로 이름 붙였다.

나의 11대 국회의원 활동 중 가장 잊을 수 없는 쾌거(快擧)는 둔산동에 있던 공군교육사령부(空軍敎育司令部)의 이전(移轉)계획을 성사시켰던 일이다. 당시 나와는 절친한 사이로 사형(師兄)이라 부르던 이희근(李喜根) 공군참모총장을 수차에 걸쳐 방문, 대전 서부발전의 핵심에 장애가 되고 있는 사령부(前 공군기교단) 이전을 강력히 요청한바 나의 끈질긴 설득과 도시개발에 특별한 식견을 가졌던 이희근 장군(예편 후 한국산업기지개발공사 사장 역임)의 용단에 의해 이전계획이 수립되었다. 그 후 차질 없이 실행되어 그 넓은 부지에 신시가지가 들어서 현재와 같이 둔산동 신도시(屯山洞 新都市)로 화려하게 발전하는 모습을 보면 감회가 남다르다.

또한 앞에서도 잠시 언급했던 대전 시민의 28년간 숙원이었던 서부대전 발전의 핵심, 가장동과 태평동을 잇는 가장교(佳狀橋)를 정부예산 11억 원을 끌어와 국회의원 당선 2년 만인 1983년 5월 7일 준공시켰다. 이로써 유성으로 나가는 시민 교통편의는 물론 유성까지 연결하는 서부지역의 개발을 촉진하는 데 선도적 역할을 하게 된 일은, 국회의원 활동 중 잊지 못할 또 하나의 기록이다.

땀에 흠뻑 젖어도 서민들을 찾는 「25시를 뛰는 인간기관차」 이재환 의원

나는 선거구인 대전시 중구(大田 中區) 관내 661개 동을 비가 오나 눈이 오나 안 가본 곳 없이 찾아다니면서 지역별로 처리해야 할 애로사항을 파악하는 한편, 화재와 수해 현장은 물론 병원 등을 찾아 위문하고 격려한 것 등은 그 횟수를 헤아릴 수가 없다.

11대 국회 재임 중 1984년 8월 말 현재 3년 4개월간 나의 일정표를 중심으로 지구당 사무국이 집계한 자료(資料)에 의하면 각종 행사참석 격려 546회, 민원청취 668건, 병문안 위로 1,195회, 상가 조문 1,232회, 결혼 주례 1,454건, 영세민 취로사업장 격려 418회, 강연 및 좌담회 개최 353건 등이었음을 참고로 기재한다. 이 때문에 주민들이 나에 대해 '25시를 뛰는 인간기관차(人間機關車)'란 별명 외에 '동장 국회의원(洞長 國會議員)'이란 또 하나의 별명(別名)을 붙였던 것이다.

11대 국회의원 시 언론이 이름 붙인 홍보물

국회 대정부질의를 통해
서민생활 안정대책을 촉구

　나는 국회의원이 된 바로 그해에 임기 4년 동안 한 번의 기회도 얻기 어려운 본회의 대정부 질문(本會議 對政府 質問)의 기회를 갖게 되었다. 그때 나는 국무총리에게 정부가 우선적으로 해야 할 서민생활 안정대책을 세우지 않고 있음을 중점적으로 따지면서 대안을 제시했고, 특히 대전시내 중심지에 있는 군사시설과 호남선 철도는 대전발전을 가로막고 있는 장애물이므로 조속히 이전대책을 세우라고 촉구하여, 해당 장관으로부터 "향후 도시계획 수립 시에 이전계획을 함께 추진하겠다."는 약속을 받아냈다.

　다음은 저자가 제11대 국회의원으로 1981년 10월 12일 제108회 국회 제1차 본회의에서 대정부 '경제에 관한 질문' 내용이다.

대전 중구(大田 中區) 출신 이재환 의원입니다.

존경하는 의장 선배 동료의원 여러분!

그리고 이 자리에서 나온 국무의원 및 경제각료 여러분!

본 의원이 오늘 제11대 국회가 생긴 후 처음으로 열린 정기국회에서 경제에 관한 대정부 질문을 하게 된 것을 영광으로 생각합니다. 본 의원의 생각으로는 1~2년 전에 비해 그동안 온 국민이 합심 협력해서 이제 서서히 경제의 안정 기조를 되찾고 있는 것 같습니다. 또한 우리는 세계 경제의 악조건을 극복하고 제2의 경제도약을 위해 새로운 결의를 다지면서 희망과 기대를 걸고 노력하고 있는 것도 사실입니다.

그러나 이러한 시점에서 가장 중요한 것은 정부의 경제정책이 국민들에게 납득이 되고 국민적 합의를 얻을 수 있어야 한다는 것입니다. 그러기 위해서는 무엇보다도 국민들에게 정부의 정책방향과 대응책을 명확히 제시해야 한다고 생각합니다. 그럼에도 불구하고 아직도 일부 관료가 독선적인 엘리트 의식에 젖어 고식적인 판단을 고집하거나 국민의 참된 소리를 정책에 반영시키지 않고 무시한다면, 정부가 계획하는 경제발전 계획에 커다란 차질이 초래될 것이라는 점을 분명히 지적하면서 당면문제에 대해서 질문을 하겠습니다.

먼저 국무총리에게 질문합니다.

첫째, 정부가 정책과제로 삼고 있는 성장을 어느 정도 조화시킬 것이냐 하는 문제입니다. 성장을 위해서는 자금을 공급해야 되겠고 자금을 공급하면 물가는 올라가는 소위 물가와 성장 간의 상충관계 '트레이드 어프'를 어떻게 성취할 것이냐를 묻고자 합니다.

요즈음 국내경기는 극소수 수출품목을 제외하고는 극히 침체되어 있는 것이 사실입니다. 기업들이 고금리(高金利) 고부채(高負債) 고세율(高稅率) 때문에 기업을 할 수 없을 정도가 되어 있다고 하는 사실을 정부는 확실히 알아야 합니다.

한 기업의 투자활동도 문제입니다. 80년대 투자활동을 보면 전년 대비 26%가 감소되었습니다. 특히 제조업 분야에서는 37.7%라고 하는 감소율을 나타내고 있습니다. 올해에도 계속해서 투자율은 감소될 것이고, 또 하나 9월에 접어들면서 수출의 증가율이 저하되고 있다는 사실입니다.

이러한 상황에서 기업이 위축되고 국민경제가 축소되어 가는데 안정을 유지한다고 할 경우에는 또 다른 부작용이 유발될 것입니다. 따라서 정부가 80년대에 새로운 경제발전 정책에서 추구하려는 안정과 성장의 관계가 어떤 것인지 이 자리에서 국민들에게 확실히 제시해 주기를 바랍니다.

둘째, 민간 주도 경제에 관한 질문입니다.

새 시대를 맞아서 정부는 한국 경제의 운용을 민간주도 경제로 전환한다고 여러 번 천명했습니다. 한편 민간에서도 민간주도라고 하는 말이 무성하게 나돌고 있습니다마는 아직까지도 정부는 민간주도의 정책모습을 뚜렷이 나타내지 않고 있고, 또 민간에서도 그 내용과 한계를 정확하게 파악하지 못하고 있습니다.

따라서 정부는 빠른 시일 내에 민간주도 경제의 내용이 무엇인지를 확실히 설명해 주어야 할 것이고 또 그러한 시책에로의 전환을 말로만이 아니라 실질적으로, 빨리 강구해야 한다는 점을 본 의원은 이 기회에 강조하는 것입니다.

다시 말해서 지금까지 많은 문제점을 유발했던 정부의 자원배분 기능 같은 것은 민간주도 경제에 넘겨주어야 할 터인데, 이러한 기능과 역할을 어떻게 할 것인가를 소상하게 답변해 주시기 바랍니다.

또 앞으로 진정한 민간주도 경제를 이룩하고 경제정책에 대한 신뢰와 국민적 합의를 이루기 위해서는 정부의 정책결정 과정에 경제단체, 근로자, 소비자, 학계, 언론계 대표들을 직접 참여시키는 것이 바람직하다고 생각하는데, 이 점에 대해서는 어떻게 생각하고 있는지 답변해 주시기 바랍니다.

셋째, 88년도 서울올림픽을 앞두고 이 올림픽 경기를 어떻게 끌고 갈 것인지 묻고 싶습니다.

우리는 모처럼 찾아온 이 기회를 산업발전과 경기회복으로 연결시켜야 되겠습니다. 그런데 요즈음 정부의 대응자세를 보면 올림픽 특수경기에 대해서 등한시하는 느낌도 있고, 또 이러한 특수경기를 놓치게 되지 않을까 하는 우려가 있습니다. 따라서 오늘 이 자리에서 정부는 과연 올림픽 개최를 경제도약의 계기로 이끌어갈 치밀한 계획과 준비를 하고 있는지 올림픽 준비위원장인 국무총리가 답변해주기 바랍니다.

나의 대정부 질문 방청(왼쪽부터 외삼촌, 아들 진국, 아버지, 뒷줄 왼쪽 세 번째 어머니, 네 번째 숙모, '81. 10. 12 본회의)

다음은 경제기획원장관에게

첫째, 외채에 관한 문제입니다. 많은 동료의원들이 우리나라 국제수지 적자와 외채관리 문제를 걱정하는 것은, 이 문제가 이제는 경제각료들만의 문제로 끝나는 것이 아니라 모든 국민의 큰 관심사로 되어 있기 때문인 것입니다. 따라서 "원리금상환부담율이 13% 미만이기 때문에 문제가 없다. 이익이 있으니까 외채를 들여오는 것이다." 하는 식으로 얼렁뚱땅 대답할 것이 아니라, 외채관리는 앞으로 이러 이렇게 해서 국제수지를 어떻게 개선해 나가겠다는 보다 구체적인 내용을 국민 앞에 솔직히 설명해주기 바랍니다. 이익이 나니까 돈 빌려다 장사한다는 정도는 국민들도 다 압니다. 좀 더 성의 있는 답변을 촉구합니다.

듣기로는 국무위원 여러분들 사이에 외국의 금융기관이나 외국정부가 우리 한국에 대해서는 차관(借款)을 얼마든지 주겠다고 하더라는 식으로, 퍽 안이하게 생각을 하고 있다고 합니다마는 천만의 말씀입니다. 국제금융기관이라고 하는 곳은 '햇볕이 쨍쨍 쪼이고 있을 때만 우산을 파는 사회'입니다. 이러한 냉혹한 속성을 국무위원 여러분은 분명히 아시고, 국제수지 방어책을 철저히 강구해야 한다는 점을 경고합니다.

둘째, 기업인의 사기를 진작시키고 투자를 증진시킬 대책은 있는지, 이 점에 대해서 답변해 주시기 바랍니다.

셋째, 정부는 중소기업을 육성하겠다고 여러 번 이야기를 해왔습니다. 그러나 그 투자규모를 80년도에는 경제개발비 가운데 5.4%, 81년도에는 4.4%, 내년도에는 3.8%로 감소시키고 있고, 제5차 5개년계획 기간 중에도 개발비 중 2.9%만 경공업 부문에 배정했습니다.

본 의원 생각으로는 이것이 대단히 미흡하다고 보는데 부총리는 어떻게 생각하시며, 국민투자기금을 지원확대하고 시중 은행의 중소기업 자금대출 비중을 크게 늘리는 그러한 금융지원 확대방안을 강구해야 한다고 보는데 어떻게 할 것인지 답변해 주시기 바랍니다.

넷째, 정부는 공식집계나 신고소득 속에 포함되지 않은 소위 지하경제(地下經濟)에 대한 정책적 접근을 하고 있는지 묻고 싶습니다. 만약 있다면 어떤 규모로 파악하고 있으며, 또 만일 없다면 앞으로 어떻게 대처할 것인지 밝혀주시기 바랍니다.

다섯째, 정부는 70년대 개발경제 체제하에서 특정 기업에 대해서 많은 특혜와 지원을 했습니다. 이러한 과보호로 인해서 기업은 지나칠 정도로 정부의존형 체질이 되어버렸고, 그로 말미암아 국제경쟁사회에서 경쟁하기 어려운 그런 취약화(脆弱化)를 초래했습니다.

이제 정부가 경제발전정책의 전환을 다짐하고 있어 기업들도 자력성장을 할 수 있도록 키우기 위해, 가슴 아프고 뼈저리지마는 결단을 내릴 때가 왔다고 저는 생각합니다. 때문에 여기서 이러한 기업들의 지원체제를 다시 '스크린' 하기 위한 하나의 특별위원회를 구성할 것을 제의합니다. 이에 대해 정부의 의향은 어떤지 말씀해 주십시오.

여섯째, 우리나라의 예산문제입니다. 균형예산 편성과 재정팽창 억제문제는 항상 논의가 되어왔습니다. 그런데 이 기능이 둘로 나누어져 있기 때문에 더 큰 문제라는 생각이 들어서, 이러한 팽창억제와 그리고 균형예산 편성을 효율적으로 하기 위해서 세입·세출기능을 통합하는 방향으로 정부조직을 개편해야 할 것으로 보는데, 어떻게 생각하는지 말씀해 주시기 바랍니다.

다음은 재무부장관에게

첫째, 중요한 것은, 많은 국민들이 세금을 부담한 만큼의 재정적인 혜택을 받지 못한다고 느끼는 데 있습니다. 이러한 국민감정이 계속되어 나간다고 하면 조세정책에 커다란 문제가 야기될 것입니다. 본 의원은 이러한 문제를 해결하기 위해 정부와 납세자 간에 어떠한 공감대를 꼭 형성해야 한다고 생각하는데, 그러한 구상을 하고 있는지 만일 구상이 있다면 어떤 것인지를 발표해 주기 바랍니다.

둘째, 최근 경제계 일각에서 수출증대와 국제수지 개선을 위해서는 환율을 실세화해야 한다고 주장하고 있는 가운데 시중에서는 환율 인상설이 나돌고 있습니다. 이것이 사실입니까? 국민들을 일시적으로 속이거나 은폐정책의 구습을 버려야 할 때가 왔습니다. 이 기회에 정부의 환율 기본정책을 확실하게 밝혀주시기 바랍니다.

셋째, 증권시장에 관한 문제입니다. 이 증권시장은 다 아는 이야기라서 길게 설명하지 않겠습니다. 다만 증권시장을 육성해야 하는 것은 정부에 그 책임이 있다고 봅니다. 따라서 증권시장의 안전 육성을 위해서 우량기업을 지속적으로 공개하고 증시안정기금을 설치할 필요가 있다고 보는데, 재무장관은 어떻게 할 것인지 답변해 주시기 바랍니다.

다음은 상공부장관에게

첫째, 지나친 양적 위주의 수출증대 정책은 산업구조의 왜곡, 그리고 채산성 악화로 인한 장기 수출 기조의 취약 등 여러 가지 문제점들을 야기하고 있습니다. 따라서 이러한 양적 위주의 정책을 질적(質的) 가득률(稼得率) 위주의 정책으로 과감하게 전환(轉換)해야 한다고 보는데 이에 대한 방법을 강구하고 있는지를 구체적으로 말씀해 주시고, 또 여러 가지로 국제무역 환경이 변했습니다. 이러한 환경에 대비해서 투자조정을 단기적으로 할 것이 아니라 소위 수출산업의 비교우위의 측정작업을 광범위하게 먼저 실시하고, 그 위에서 장기적인 투자 조정을 과감하게 해야 될 것으로 보는데 어떻게 생각합니까?

둘째, 10개 종합상사의 해외 누적재고가 수백억 원이 된다고 합니다. 그래서 해외 부실금융이

1천억 원을 넘는다고들 합니다. 실제로 그 실상은 얼마나 어떻게 되어 있는지 소상히 밝히시기 바랍니다.

(…이하 생략)

다음 농수산부장관에게

첫째, 장관은 한국의 농수산업을 비교우위(比較優位) 산업으로 경쟁시킬 수 있다고 생각하십니까? 이에 대한 견해를 밝혀주시고, 내년도 농수산 부문의 예산안을 보면 금년 대비 7%가 감소되었으며 5차 5개년 계획에 있어서도 농수산 분야의 성장률을 겨우 2.6%로 설정해 놓았습니다. 이것은 지난 62년부터 79년 사이에 실제 성장률 연평균 3.9%에 비해 1.3%가 뒤지는 것입니다. 과연 이러한 상황에서 농민들이 어떻게 희망과 기대를 가질 수 있단 말입니까? 이에 대한 농수산부장관으로서의 대책은 세우고 있습니까? 이에 대한 장관의 소신을 밝혀주시기 바랍니다.

둘째, 농수산부가 추진하고 있는 미호천(美湖川) 등 9개 대단위 농업종합개발사업이 모두 당초 계획대로 완공이 안 되고 있습니다. 어떤 사업은 8년씩이나 연장되었고 어떤 사업은 84년까지 지연된 이유가 무엇입니까? 또 당초 사업비보다 훨씬 초과소요될 3,910억 원에 대한 대책은 무엇인지 답변해 주시기 바랍니다.

다음은 건설부장관에게

인구정책이나 지방도시의 발전이라고 하는 측면에서 대전, 대구, 광주 등 3개 도시에 대한 성장거점도시(成長據點都市) 육성계획은 매우 고무적인 개발계획입니다. 그러나 이를 효과적으로 달성하기 위해서는 당해 도시별로 현존하고 있는 여러 가지 개발저해 여건에 대한 특별조치가 선행되고 또 노동집약적인 적정공업을 유치시켜야 된다고 봅니다.

예를 들어 대전(大田)의 경우, 대부분 묶여 있는 개발제한구역(開發制限區域)을 해제해야 되고 도심지에 산재한 군 시설물을 이전해야 하며 중심부를 관통하고 있는 호남선 철로(湖南線 鐵

路)를 외곽으로 이설(移設)해야 합니다.

그리고 입지적 여건으로 보아 식음료공업, 섬유, 조립금속, 기계공업 등이 전략적 특화산업으로 중점 배치되어야 합니다. 이와 같은 시책을 병행시킬 계획까지 구상하면서 진행되어야만 되는 것이지, 그렇지 않고 그저 그냥 단순하게 도시를 육성한다는 말만으로는 백년하청 격이 되고 말 것입니다. 이에 대한 정부의 앞으로의 정책방향과 장관의 소신을 밝혀주시기 바랍니다.

다음은 동력자원부장관에게

에너지 확보 문제라고 하는 것은 우리 한국 경제발전에 있어서 사활(死活)이 걸린 문제입니다. 그렇기 때문에 전략적 차원에서 실천성이 있는 확고한 중장기 종합대책을 세우지 않으면 안 됩니다. 장관은 지난 8일 본회의에서 80년대 에너지 수급계획을 설명했습니다마는 그에 대해서 몇 가지 따지고자 합니다.

첫째, 86년도에 석유의존도를 49.8%로 낮추어 나가겠다고 했습니다. 그러한 이야기는 앞으로 정부가 80년대에 수출을 연평균 20.3%로 신장시키고 수출제품도 중화학제품으로 전환하려는 소위 수출산업구조 전환정책을 강구하고 있는 것과는 서로 앞뒤가 맞지 않는 답변인데, 이는 무엇을 근거로 한 것입니까? 장관의 그 답변이 확실하다면 그렇게 할 수 있다는 근거는 어디에 둔 것인지, 자세히 설명해 주시기 바랍니다.

(…이하 생략)

경제각료 여러분!

본 의원은 이상에서 몇 가지 당면문제에 대해서 언급을 했습니다마는, 여러분은 이러한 문제점들이 정녕 세계 경제상황이 좋아지지 않으면 해결될 수 없는 것이라고 생각하고 있습니까? 그렇다면 우리의 여건과 비슷한 나라들이 안정 성장을 계속하고 있는 것을 어떻게 설명하시겠습니까?

경제도 '뜨거운 가슴과 냉철한 머리로 다루어야 한다.'고 저는 생각합니다. 민족의 생존과 번영이라고 하는 뜨거운 민족애를 바탕으로 해서 경제를 이끌어 가야 합니다. 그리고 어떤 장애요인이 있다면 그것을 제거하는 데 가장 효율적인 정책수단은 무엇인가를 차가운 이성과 철저한 현실감각으로 도출하고 대응해 나가야 된다는 것입니다.

이런 점에서 우리 경제각료들은 과연 그와 같은 뜨거운 가슴과 냉철한 머리로 오늘의 한국경제를 다루어 나가고 있는 것인지? 묻고 싶습니다.

물론 여러분들은 여러 가지로 어려운 상황 속에서도 애를 많이 쓰고 있습니다. 그러나 정부에서 발표하고 있는 계획을 보면 경제발전 기본방향이나 경제의 구조면에서 큰 발전이 없습니다. 오히려 오늘과 같은 국제경제의 악조건하에서도 경제를 운용하는 사고가 지난날의 고정관념에서 벗어나지 못하고, 세계경제가 호전되면 잘될 것이라는 그야말로 안일한 진단만을 하면서 일종의 재래식 대응책(在來式 對應策)만 강구하고 있는 것이 아닌가요? 심히 걱정됩니다.

본 의원은 지금이야말로 한국경제를 보는 시각이 달라져야 할 때라고 생각합니다. 말하자면 현실경제학과 현실에 바탕을 둔 경제정책을 수립하고 경제운용의 본질적인 사고를 과감하게 전환해야 할 때임을 강조하는 바입니다.

이제 더 이상 지난날의 잘못으로 파생된 문제를 질질 끌고 가면서 얼버무리려 하지 말고, 잘못된 것이 있으면 국민들에게 탁 털어놓고 소상하게 설명하면서 경제난국 극복을 위한 백서(白書)라도 발표하고, 국민들에게 협조를 구하면서 진지하게 설득하는 자세가 필요한 것입니다.

이렇게 할 때 비로소 경제정책에 대한 국민의 신뢰와 그들로부터의 단합된 힘을 얻을 수 있으며, 따라서 우리가 바라는 제2의 경제도약(經濟跳躍)도 성취되리라고 확신합니다.

경제각료 여러분들의 솔직하고 진지한 답변을 기대하면서 본 의원의 질문을 마치겠습니다. 감사합니다.

장영자 사건 국정조사 하라,
지구당위원장직 박탈

나는 목표했던 국회의원이 되었기 때문에 혼신을 다하여 의정활동과 지역구 관리를 하고 있었다.

그러던 어느 날, 한국 최초 최대 규모의 장영자(張玲子) 어음사기사건이 발생했다. 당시 신문들은 "사기 주범인 장영자는 전두환 대통령 처삼촌(妻三寸)의 처제(妻弟)로서, 1981년 2월부터 6,404억 원에 달하는 거액의 어음을 시중에 유통시켜 1,400억 원을 사기로 취한 건국 이래 최대 규모의 금융사기사건(金融詐欺事件)"이라고 보도했다. 또한 "이 사건은 권력과의 유착이 의심되고, 일정한 자금이 민정당 창당자금(民正黨 創黨資金)으로 흘러갔지 않았나 하는 의혹(疑惑)을 낳고 있다."고 보도했다.

이 사건 발생으로 사회 전체에 엄청난 충격과 파문이 일어났고, 민정당에 대한 국민들의 의혹과 불신(不信), 비난(非難)이 일기 시작했다.

나는 급히 상경하여 이재형 민정당 대표(民正黨 代表)를 찾아갔다. 사태의 심각성과 지방여론을 전했더니 대로하면서 "이 사건은 국회 국정조사(國政調査)를 통해 내용을 샅샅이 조사해서 국민들에게 소상히 밝혀야 한다. 이런 일은 젊은 국회의원들이 앞장서야 한다."고 강조했다.

이재형(李載瀅) 대표의 생각은 나와 똑같았다. 우리 민주정의당은 국민들에게 "노력한 만큼 대가를 받는 사회, 깨끗하고 정의로운 사회를 만들겠다."고 약속하지 않았는가! 나는 젊은 동료의원들을 만나 국회 국정조사 발동(國政調査 發動)을 강조하고 다녔다.

드디어 1982년 5월 4일 대검 중수부는 장영자·이철희(장영자의 남편)를 외환관리법 위반으로 구속 수사하기 시작했고, 은행장들이 구속되었다. 국회에서는 민정당 정치자금수수설, 권력과의 유착관계를 거론하면서 정치 쟁점화가 되었고, 야당(野黨)에서는 국회의 국정조사권 발동을 강력히 주장하기 시작했다.

5월 20일 검찰이 사건 전모라면서 발표하자 야당 측은 조사미흡과 많은 의혹을 제기하면서 더욱 거세게 반발(反撥)했고, 국회에 '장영자 사건 국정조사 실시의건'을 정식 제안하기로 결정했으며, 국민들은 정부와 민정당을 사정없이 비난하기 시작했다.

이때, 날아가는 새도 소리 한번 지르면 떨어뜨릴 수 있다는 막강한 권력을 가진 민정당 중앙당 이상재(李相宰) 사무차장이 나를 불러서 갔더니, "국회에서 야당이 장영자 사건 국정조사 실시에 대한 제안 설명을 하게 되면 이재환 의원이 반대발언(反對發言)을 하라."는 주문이었다.

나는 그 자리에서 즉각 할 수 없다고 거절(拒絕)했다. "나는 국회의원 선거유세에서 유권자들에게 정의실현을 위해서는 여당 속의 야당이 되겠다고 약속한 사람이다. 이 사건은 정의롭지 못한 사건이므로 오히려 나는 국정조사를 통해 사건을 올바르게 파헤쳐서 국민에게 보고하고 사과해야 한다고 생각한다. 따라서 나는 국정조사 반대발언을 할 수 없다."고 한즉 "당신이 하도록 당 방침(黨 方針)이 결정됐으니 꼭 해야 한다. 거절한다면 당신에게 어떤 불이익(不利益)이 돌아갈지는 나도 알 수 없다."면서 협박성을 띤 어조로 강요하는 것이었다.

나는 일찍부터 이 건에 대해 국정조사를 해야 한다고 말하고 다녔기 때문에, 역(逆)으로 나에게 야당의 국정조사 제안에 대한 반대발언을 시키는 것으로 판단하였다.

민정당은 사건의 사후대책을 위해 수시로 의원총회를 열었다.

나는 그때마다 "우리 당은 창당 시 국민들에게 정의사회를 구현하겠다고 선언했다. 현재 국민들은 이 사건을 어떻게 보고 있는가? 국민들은 이 사건을 권력과 유착한 건국 이래 최대의 금융사기사건으로 단정하고, 우리 당으로의 정치자금 유입(政治資金 流入)을 의심하고 있다. 그렇다면 우리가 해야 할 일은 자명하지 않은가? 이번 기회에 국회에서 여야 동수로 국정조사단을 구성한 후 철저히 조사해서, 잘못이 있으면 국민들에게 사과와 용서를 구하고 재발방지를 약속해야 한다. 그래야만 민주정의당이 국민 속에서 살아날 수 있는 것"이라고 동료의원들에게 강조했다.

이 같은 나의 행동을 눈여겨본 4선의 고려대 선배 한모(韓某) 의원께서 나를 불렀다.

"당신의 그 이론 정연한 발언과 용기를 보니 장차 큰 정치인이 되겠다. 그러나 다선의원이 되려면 당 공천(公薦)을 많이 받아야만 하는데, 당 지도부나 고위층에 밉보이면 장차 공천에 지장이 있으니 적당히 하라. 어쩌면 벌써 찍혔을지도 모른다. 아끼는 마음에서 하는 말이다."라면서 충고(忠告)하는 것이 아닌가! 그러나 옳다고 판단한 나의 행동은 계속되었다.

나에 대한 국회 국정조사 반대발언 강권은 계속되었으나 내가 끝까지 불응(不應)하자, 대타로 전병우 의원(全炳宇, 전씨종친회 추천설이 있던 전국구의원)이 결정되었다. 당시 야당이던 민한당(民韓黨) 임종기(林鍾基) 총무 외 120명 국회의원 명의로 제안된 '장영자 사건에 대한 국정조사특별위원회 구성결의안'은 1982년 6월 1일 국회 운영위원회에서 찬성 10, 반대 11로 부결시켰기 때문에 본회의 심의 자체가 불발로 끝났다. 당시 집권당인 민정당의 영향력이 얼마나 대단하였는지 건국 이래 최대 규모의 금융 사기사건에 대한 국정조사는 언론보도의 확대도 없었고 끝까지 파헤치려는 야당의 투지도 안 보이는 가운데 슬그머니 역사 속으로 묻히고 말았다. 당시 야당인 민한당이 여당인 민정당의 영향권 내에서 조종되고 있다는 세론(?)이 사실이었던가?

아무튼 이 사건 수습 주역인 이상재(李相宰) 사무차장은 12·12 신군부 정권장악 후 언론개혁 주관자로 1도 1사 방침을 성공시켰던 사람이 아닌가. 단기간 내 조용히 수습한 그의 능력이 대단하다.

그러나 결과적으로 이로 인해 민정당에 대한 민심은 급격하게 떨어져 나가기 시작했다. 그래서 4년 뒤 치른 12대 국회의원 총선에서 민정당은 가까스로 과반수를 넘기는 정도로 다수당 지위확보에 실패하고 만 것이다.

한편 이때까지만 해도 나의 이러한 국회 국정조사 반대발언 거부가, 결국 내가 민정당 대전중구지구당 위원장직을 박탈(剝奪)당하는 원인이 될 줄은 전혀 몰랐다.

1983년 초가 되면서부터 중앙 언론계에 대전 모(某) 지구당 위원장의 교체가 예상된다는 소문이 나돌기 시작했다. 그러더니 얼마 후에는 대전지방 정가에까지 확산되면서, 심지어 나에게 안부를 물어오는 이도 있었다. 어떤 변화의 조짐을 느꼈으나 나는 오불관언(吾不關焉), 지역봉사 활동에만 전념(專念)하고 있었다.

그러던 6월 어느 날, 지난번 나에게 국회 국정조사 반대발언을 하라고 강요했던 중앙당 이상재(李相宰) 사무차장으로부터 연락이 와서 서울시청 앞 모 호텔 안가에서 만났다. 만나자마자 다짜고짜로 대전중구지구당 위원장직 사퇴서(辭退書)를 쓰라는 것이었다. 극히 위압적이고 강압적이었다.

'아, 올 것이 왔구나. 그동안 소문이 날 정도로 나에 대한 다방면의 대책을 강구한 끝에 지구당위원장직을 박탈하는 것으로 결론을 냈구나.' 하는 직감이 들었다.

오늘의 이 같은 강권이라면 이미 전두환 대통령 결재까지 난 것으로 판단됐으나 나는 일언지하에 거절(拒絶)했다.

"나는 직선된 지역 국회의원이다. 당선된 기반인 대전중구지구당의 위원장직을 내놓아야 할 이유가 무엇이냐? 지역 유권자에 의해 선출된 국회의원의 지구당위원장직을 빼앗는다는 것은 국회의원 활동을 정지시킨다는 것인데, 그렇다면 나도 대전 유권자들에게 위원장직 사퇴이유를 설명해야 하지 않나? 말해 달라."

"자세한 이유는 설명할 수 없다. 다만 전두환 대통령 각하의 '통치권(統治權)'을 위해서'라는 것만 알아둬라."

"그런 막연한 이유라면 나는 절대 사퇴할 수 없다."

결국 "사퇴서를 써라!" "쓸 수 없다!"만 계속되는 숨 막히는 강박분위기 속에서 3시간 정도를 흘려보냈다. 2일째, 3일째에도 나에 대한 이런 식의 압박(壓迫)은 계속되었다.

그렇게 며칠이 지난 후 나는 안기부(安企部)에서 왔다는 2명에게 안내(?)되어 남산에 있는 노신영(盧信永) 안기부장 집무실에 도착했다. 외교관 출신인 안기부장의 말씨는 부드러우면서도 위압적이었다. 그가 나에게 물었다.

"왜 국회에서 국정조사 반대발언을 하라는 당 방침을 거부했느냐? 무슨 특별한 이유가 있느냐?"

"민주정의당의 간판은 정의사회 구현이다. 국민여론은 이번 금융 사기사건에 대해 국회에서 국정조사권을 발동, 철저히 밝히라는 것이었다. 그리고 나는 지난 국회의원 선거유세에서 유권자들에게 부정부패 배격과 정의구현을 위해서는 여당 속의 야당 역할(野黨 役割)을 하겠다고 약속(約束)했다. 이 건에 대한 나의 판단(判斷)은 국민여론에 따라 국정조사를 통해 철저히 내용을 밝힘으로써, 민정당이 약속한 대로 정의사회 구현을 위해 노력하는 모습을 보여야만 민심이 민정당을 떠나지 않는다는 것이 나의 판단이다."

"잘 알겠다. 그렇지만 전두환 대통령 각하의 통치권을 위해서 지구당위원장직을 사퇴하는 것이 이 의원을 위해 좋을 것 같다."

마치 그 무엇에 대해 최후통첩을 하는 듯한 언중유골로 들렸다.

그 이후부터 나에게 주어진 유형무형의 정신적 물리적 방법의 강박조치를 도저히 감내할 수가 없어서(아직도 그 내용을 소상히 밝힐 수는 없음), 나는 1984년 9월 말 눈물을 삼킨 채 지구당위원장직 사퇴서(辭退書)를 제출했다.

그런데 이 소식을 들은 대전중구지구당 기간조직요원 100여 명이 중앙당사에 항의 농성키 위해 버스를 동원하여 서울로 향했다는 연락을, 국회 상임위원회 회의 도중에 받게 되었다. 나는 곧바로 충청남도 경찰국장에게 전화를 걸어 그들이 탑승한 버스를 고속도로상에 정차시켜 달라고 부탁했다. 그러고는 황급히 내려가 천안휴게소 마당에 잡혀 있는 버스에 올라가 간곡히 만류, 설득했다.

"여러분, 나의 사건은 이미 끝났다. 나 때문에 이런 집단행동을 하게 되면 여러분에게 피해가 갈 것이니 중단해 달라. 자세한 설명은 나중에 하겠다. 오늘은 나를 믿고 일단 대전으로 돌아가 달라."

"우리는 이재환 위원장을 만나려는 것이 아니라 중앙당 지도부를 만나려는 것이다. 말도 안 되는 이재환 의원에 대한 위원장직 박탈조치를 철회할 때까지 집단농성(集團籠城)을 하러 가는 것이다."

그들은 나의 얘기를 듣는 것을 거부했다. 나는 3시간여의 대치상태에서 그들을 계속 설득하여 일단 해산·귀가시켰다. 사적 감정으로는 그들이 중앙당으로 쳐들어가 집단농성을 함으로써 사태를 확대시키고, 고위 당직자들을 곤혹스럽게 뒤집어놓으면 시원하겠다는 생각도 들었으나, 그것은 공인(公人)으로서 할 일이 아니라고 판단했다. 내가 선비의 아들로서 윤리교육을 받아 마음이 연약했던 것인가?

나는 지구당위원직 박탈에 따른 상세한 경위를 기자회견을 통해 발표할 계획을 세우고 있었는데, 이를 예상이라도 했는지 중앙당의 바로 그 이상재(李相宰) 사무차장으로부터 "기자회견 같은 것을 하면 신변보호를 보장할 수 없으니 행동을 삼가라."는 협박성 전화를 받았다.

얼마 후 뜻밖에도 한 친구가 전화를 걸어와 내가 체육부차관에 임명됐다는 신문기사를 봤다고 알려왔다. 나는 사전에 아무 연락도 받은 것이 없어서 참으로 어이가 없었다. 이윽고 중앙당 이(李) 사무차장으로부터 "속히 체육부차관으로 부임하라."는 전화가 왔다. 기가 막힌 내가 "나는 장차관을 하기 위해 국회의원을 한 것이 아니라, 국회의원을 하기 위해 국회의원을 한 것이다. 차관은 무슨 놈의 차관이냐? 나는 안 간다."라고 단호히 말했다. 그러고는 일주일 동안 부임을 하지 않았다.

그러나 여당이란 굴레 때문에 대통령 발령을 끝까지 거절하기란 불가능한 일이라서, 할 수 없이 1984년 10월 17일 울며 겨자 먹기로 부임하게 된 것이다.

지금 생각해 보면 전두환 정권 초기의 그 막강한 권력 앞에서 대통령의 처가 쪽 인사가 주역이던 금융 사기사건을 적나라하게 파헤치자고 주장하며 대항하는 행동을 한 것인데, 이는 마치 계란으로 바위를 깨겠다는 행동이었다. 이후부터 관계 정보기관에서는 일거수일투족 나의 동향을 계속 감시하고 있었다.

내가 장영자 사기사건에 대해 국정조사를 주장했다는 사실과 그로 인해 대전중구지구당위원장직을 강압에 의해 박탈당했다는 사실을 언론에 공개하면, 신문들은 전두환 정당인 민정당 내에서도 국정조사 찬성론자들이 있어 소속의원들의 단합도 어렵게 되었다든가 하는 식의 기사를 내보냈을 것이다. 또는 국정조사 주창자에게 당직을 박탈하면서까지 이 사건을 감싸고 있어 정경유착 의혹(政經癒着 疑惑)을 짙게 하고 있다고 보도(報道)할 것을 염려하여, 그들이 나의 동태를 철저히 감시했다고 생각한다.

또한 지구당 위원장직만 사퇴서를 내게 하고 국회의원직은 그대로 둔 이유는, 장영자 사건에 대해 국정조사를 주장하고 야당의 국정조사안 발의에 대해 당의 반대 발언 지시를 거부했다는 사유로 유권자가 뽑은 국회의원직까지 뺏는다면 이는 법률을 초월한 전두환 정권의 독재적 횡포(獨裁的 橫暴)라는 국민적 비난이 쏟아질 것을 우려하여, 체육부차관직에 전념하고 국회의원직은 유명무실한 겸직으로 껴안고 있으라는 의미였다고 판단한다.

　나는 대한민국 헌정회 사무총장 재직 중 나와 유사한 케이스가 있었음을 들었다. 당시 2선 의원이었던 김종기(金鍾基, 後 대구 4선 의원)의 증언에 의하면, 자기도 장영자 사건 국정조사를 주장했다가 당 사무총장과 이상재(李相宰) 사무차장 연석 회의에 소환되어 지구당위원장직 사표 제출을 강요받았다고 한다. 다행히 이 소식을 들은 자기의 보호자 전두환 대통령의 지시가 있어 이를 모면했다고 한다.

고위직 공무원 최초로
공산국 소련에 가다

　어쨌든 나는 체육부차관에 부임한 이상 여기서도 최선을 다하는 것이 국가를 위하는 길이라 생각했다. 국가역량을 발휘해야 할 '86아시안게임과 '88올림픽 준비를 위해 동분서주했고, 특히 88올림픽의 성공을 위해 미수교 공산국가인 소련을 비롯한 동구 공산국가까지 방문했다. 4년 전 '84 LA올림픽은 공산권이 불참하여 반쪽 올림픽이 되었기 때문에, 서울에서 개최되는 제24회 88올림픽은 자유진영 국가와 공산진영 국가들을 올림픽 사상 최고로 많이 참가시켜 올림픽의 르네상스를 이룩해 보자는 것이 우리의 목표였다. 그러나 이번에도 최근까지 동구라파 공산국가들의 참가가 불투명하여 걱정을 하고 있는 상황이었다.

　그런데 하늘이 우리에게 기회를 주었나? 1984년 11월 17일 뜻밖에 국제근대5종 경기연맹 독일인 사무차장(獨逸人 事務次長) Dieter 외 1인이 대한근대5종 경기연맹 최귀승(崔貴昇) 전무의 안내를 받아 나의 집무실로 찾아왔다. 그는 1985년 9월 소련의 우크라이나 키예프(Kiev) 시에서 개최되는 제20회 세계청소년 근대5종 경기 선수권대회에 한국 선수단을 파견해 줄 것을 요청했다. 나는 이 대회가 소련에서 개최된다는 점과 국제연맹의 수석부회장이 노비코프라는 소련사람임을 확인하고, 이 같은 국제경기대회 참가형식을 통해 국교관계가 없긴 하지만 공산 종주국

(宗主國)인 소련과 자연스럽게 접촉을 갖는다면 스포츠 외교사상 획기적인 전기를 마련하게 될 것이라고 생각했다. 그뿐 아니라 소련의 협조를 얻어 동구 공산국가들의 88올림픽 참가권유(參加勸誘)를 부탁하면 성과가 있을 것으로 판단하여, 즉석에서 한국 선수단의 파견은 물론 내가 선수단장(團長)으로 참여하겠으니 주최 측인 국제연맹에 연락해서 가부를 알려달라고 했다. 그는 한국과 소련이 미수교 국가인데다가 체육인이 아닌 한국 공무원이 단장이 되는 것을 이해할는지 모르겠다고 대답하고는, 그래도 최선을 다해보겠다면서 돌아갔다.

사실 우리와는 미수교국인 관계로 북한대사관만 있는 소련에 간다는 것은 분명 일신상의 위험(危險)을 수반하겠지만, 나는 체육부차관으로서 더 많은 동구 공산권의 88올림픽 참가를 위해 소련으로 가서 그들이 필요로 하는 요구사항을 수락해주고 그들의 협조를 구하기로 결심했던 것이다. 다음 날 선수단장으로부터 와도 좋다는 회답이 왔다. 체육부장관이 외무부장관에게, 외무장관이 국무총리에게, 국무총리가 대통령에게 보고하여, 1985년 9월 14일부터 9월 27일까지 14일간 이재환 체육부차관의 소련, 헝가리, 루마니아 등 동구 3개국 방문(東歐 3個國 訪問) 안건이 9월 12일 대통령 재가(裁可)로 최종 결정되었다.

나는 대한민국 정부 고위직 공무원으로서 최초로, 수교도 없는 위험한 미지의 세계인 공산종주국 소련과 동구 공산국가를 방문한다는 사실에 흥분과 약간의 불안감이 교차했다.

우선 결론부터 말하면 소련, 헝가리, 루마니아 3개국을 방문하여 당초 목적한 바를 달성했고, 88올림픽 참가 159개국 중 동구 공산권국가를 비롯하여 한국과 미수교국인 25개 국가가 참가하게 되었다. 이러한 과정을 통해 역사상 오랜만에 동서화합(東西和合) 최대 규모의 서울올림픽으로 성공(成功)시키는 데 일조한 것은, 지금도 영광과 보람으로 남는다.

1985년 9월 14일 스위스로 가서 그곳에서 소련 비행기를 타고 모스크바로 들어

가는 계획이 확정되었다. 이때는 소련의 새 실력자 고르바초프가 서기장(書記長)으로 등장했다는 보도가 난 지 6개월이 지난 때였다.

인구 2억 8천만 명에 130여 개의 종류나 되는 언어가 통용되고, 사하라에 버금가는 열기를 뿜는 사막지대와 만물을 꽁꽁 얼어붙게 하는 냉대지방이 남북으로 펼쳐져 있는 인류사상 최초의 사회주의국가인 소련을 향해 가고 있다는 사실을, 나는 비행기 안에서 조용히 생각해 보았다.

스위스의 취리히에 도착한 것은 현지시간으로 9월 15일 오전 8시 50분이었다. 이곳에서 한국인이 경영하는 고려정(高麗亭)에서 아침식사를 하고 12시에 모스크바로 가는 소련 비행기를 탔다. 지금은 소련이란 국가명칭이 없어졌고 러시아가 주축이 되어 있어 여러 면에서 많은 변화와 발전이 있지만, 그 당시의 소련상황은 아주 열악했다. 여기서는 그때의 상황을 적는다.

1등석이라는 것이 우리 KAL기의 일반실 좌석 정도도 안 되는 것이었고, 벽은 종이로 도배를 했는데 언제 바른 것인지 때가 시커멓게 묻어 있었고, 바닥에 깔린 카펫도 아주 낡은 것이었다.

내 옆에 앉아 있던 노인이 영어로 인사를 청하며 말을 걸어왔다. 그 노인은 70세로 프랑스 사람인데 파리와 모스크바를 20년간이나 내왕하면서 무역을 하고 있다고 했다. 이런저런 얘기를 주고받다가 그가 내게 이런 충고를 해주었다. "모스크바에 가면 어디를 가나 소련사람들이 시키는 대로 해야지, 그렇지 않으면 손해를 본다. 불평을 해서도 안 된다. 또한 그들로부터 약간의 서비스를 받는 경우에는 반드시 소련말로 "쓰빠시보!", 즉 고맙다는 인사를 해야 한다."

서비스 얘기가 나와서 하는 말인데 5시간 10분이 걸린 비행시간 중에 뚱뚱한 스튜어디스가 음식을 한 번 갖다 준 것 말고는 기내서비스라고는 전혀 없었다.

모스크바 공항에 도착한 나는 우선 공항풍경을 보고 놀랐다. 80년 모스크바올림픽 때 새로 지었다는 공항이 이토록 우중충하고, 그 흔한 실내장치나 시설이 없는지 이해할 수 없었다. 마치 큰 창고를 개조해서 공항으로 쓰는 것 같은 인상을 받았다. 한 시간여 동안 서서 까다로운 입국수속을 마치고 밖에 나오니 소련체육성의 국제부장과 우리 일행의 안내 겸 통역을 맡은 안내양 한 사람이 마중 나와 있었다. 통역 겸 안내 담당 Olga 양의 일성은 체재 중 사진을 일체 찍을 수 없다는 경고였다.

우리 일행은 공항식당에서 저녁을 먹고 다시 국내선 비행기를 타고 근대5종경기가 열리고 있는 키예프(Kiev)공항에 15일 밤 11시 50분경에 도착했다. 키예프는 모스크바 이전에 소련의 수도였다고 한다. 이곳 루스(Rus)호텔에 도착한 것은 새벽 1시 반이었다. 긴 여정에서 얻은 피로와 긴장감으로 잠이 잘 오지 않았다. 이곳은 우리와는 국교가 없는 공산주의 종주국인 데다가 키예프공항 도착 시에 북한군이 많이 보였으며, 또한 며칠 전부터 북한의 거물급 사절단 일행이 이곳을 방문 중에 있다는 소식도 들었다.

나는 내일의 바쁜 일정을 위해 억지로 잠을 청했다. 잠깐 눈을 붙였다가 비몽사몽간에 시끄러운 음악소리에 놀라 눈을 떴다. 새벽 6시였다. 창밖을 내다보니, 긴 오버코트를 입은 노인들이 바구니를 들고 창고 앞에 줄을 서서 기다리고 있었다. 잠시 후 창고 문이 열리더니 한 줄로 선 노인들이 바구니에 무언가를 담아들고 나왔다. 나중에 알았는데 야채를 배급받는 광경이었고, 시끄러운 음악소리는 아침 6시에 울리는 우크라이나 공화국의 국가라고 했다.

나는 서둘러 아침을 먹은 다음 김세원(金世源) 단장과 최귀승(崔貴昇) 감독으로부터 이미 경기에 들어간 우리 선수단의 성적과 대회 상황에 대한 보고를 들었다. 예상대로 우리 선수들의 성적은 낮았으며, 참가하는 데 의의가 있다는 말을 되새기며 자위해야 했다. 이후에는 서울에서 만났던 국제근대5종 경기연맹의 Dieter 사무차장을 만나, 나의 초청만찬(招請晩餐) 개최 가능성을 타진하고 협조를 구하기로 했다. 사실은 Dieter 차장과는 이 문제에 관해 사전협의를 해놓고 있었다. Dieter

차장은 88올림픽 개최국의 차관(次官)이 직접 만찬을 주최한다면 큰 효과가 있을 것이라고 말한 바 있어, 더욱 기대를 가지고 그에게 협조를 의뢰한 것이다. 사무차장을 만나 협의하던 중 그의 소개로 이 연맹의 사무총장인 스웨덴 사람 Henning 씨를 알게 되었다. 그도 나의 만찬주최 계획에 적극 찬동해 주었다. 또 Dieter 차장은 나에게 소련체육성의 Chuvilin 차관보와의 면담이 잡혔다면서, 그를 만나면 정치성이 있는 말은 하지 말고 스포츠 관계 이야기만 하는 것이 좋겠다고 조언을 해 주었다. 때마침 소련 체육성장관은 미국 출장 중이었고 차관 역시 레닌그라드에 출장 중이어서, 소련체육청에서 육상, 수영 등 7개 올림픽 종목을 직접 관장하고 있는 Chuvilin 차관보를 만나게 된 것이 더 효과적이었다. 나는 미리 준비해 온 만찬 초청장을 돌렸다.

오후 5시경 수영 경기장으로 가서 우리 선수들을 격려한 후 그 자리에서 소련 체육성의 Chuvilin 차관보와 국제근대5종 경기연맹 수석부회장인 소련인 Novikov 씨와 인사를 나누고, 내가 주최하는 저녁 만찬에 참석해 줄 것을 요청했더니, 모두 쾌히 참석할 것을 약속했다.

드디어 저녁 8시에 파티가 시작되었다. 우선 참가 면에서 대성공이었다. 국제근대5종 경기연맹 토휄트 회장을 비롯해 노비코프 수석부회장, 체코슬로바키아·헝가리·루마니아의 집행위원, 동구권 각국의 선수단장 15명, 소련 Chuvilin 차관보, 그리고 이번 대회의 조직위원회 부위원장인 우크라이나 공화국의 체육성차관 및 국제국장 등을 합해서 모두 20명이 참석했다.

나는 루스(Rus)호텔 연회장 입구에서 이들을 일일이 맞이했다. 우리나라 대한민국이 소련 땅에서 그것도 유서 깊은 키예프에서, 한국의 체육부차관(韓國 體育部次官) 이름으로 역사상 최초의 만찬(歷史上 最初 晩餐)을 주최한다는 것은 얼마나 감격스럽고 자랑스러운 일인가! 나는 가슴속에 와 닿는 흥분을 억누르면서 마음을 가

다듬고 만찬사를 시작했다.

"I would like to say a few words, Mr. President, my dear friends from the UIPMB and sports committee of the U.S.S.R……."

이와 같이 말문을 연 나는 이번 대회에 참가한 각국 선수단과 임원관계자들의 노고를 치하하고, 앞으로 대한민국에서 개최될 88서울올림픽은 체제와 이념을 초월한 스포츠 정신으로 전 인류의 화합과 우정, 그리고 전진을 약속하는 대회가 될 것이며, 따라서 여러분의 적극적인 성원과 참여를 바란다는 요지의 연설을 했다. 그리고 마지막에 소

개방 전 소련을 방문, 88올림픽 참가 권유
(왼쪽부터 체육성 직원 Olga양, 前 KOC 총무 최만립, 저자, '85. 9. 18 크렘린 광장)

련말로 "쓰빠씨보!"라고 인사했다. 한동안 만장의 우레와 같은 박수가 계속되었다. 연설을 마치고 자리에 앉는 순간, 서울 하늘에 펄럭이는 태극기의 물결과 거리를 활보하는 우리 젊은이들의 환한 얼굴이 자꾸만 내 눈앞에 떠올랐다.

토웰트 회장은 답사(會長 答辭)를 통해 88올림픽개최국 체육부차관의 초청만찬은 처음 있는 일이기에 더욱 감사하다면서, 한국의 근대5종 경기발전을 위해 UIPMB가 적극 돕겠으며 서울올림픽의 성공을 기원한다고 말했다.

이후 참석자들로부터 88서울올림픽 준비상황에 대해 많은 질문이 있었다. 소련을 비롯한 체코슬로바키아, 헝가리, 동독 등 동구공산국가들의 체육 관계자들이 올림픽 준비상황 설명에 깊은 관심을 갖고 여러 질문을 하면서 일일이 메모하는 것을 볼 수 있었다.

17일은 아침 9시에 사격 경기장에 나가 우리 선수단을 격려한 후 Chuvilin 및 Novikov와 각각 2차 회담을 가졌다.

오후 7시 10분 크로스컨트리 경기장에서 제20회 세계청소년 근대5종선수권대회의 폐회식이 거행되었다. 폐회식은 매우 간소하게 치러졌다. 2개 중대 규모의 군인이 도열한 가운데 의식이 진행되었다. 그들 중에 꼭 한국사람같이 생긴 군인들이 있어 한국어로 말을 거니 전혀 알아듣지 못했다. 알고 보니 몽고사람이었다. 소련에는 몽고사람이 아주 많이 살고 있다고 한다. 한인(韓人)은 1979년 당시 38만여 명으로 소수민족으로는 29위에 속했다.

폐회식이 끝난 다음 9시 반경부터 선수촌호텔에서 대회조직위원장 주최로 만찬회가 열렸다. 대회관계 인사들은 물론이고 참가선수 전원이 한자리에 참석했다. 전날 저녁에 열렸던 나의 초청만찬이 매우 유익했고 즐거웠다는 감사인사를 여기저기서 받고 보니 무척 기뻤다.

특히 주최 측에서 특별히 나와 우리 선수단의 좌석을 회장단 테이블 바로 앞인 연회장 한가운데에 마련해 준 것은 퍽 인상적이었다. 이것은 두말할 것도 없이 외교적 관례로 보아 주최 측에서 우리 대한민국 선수단을 특별예우해 준 것이라는 보고를 받았을 때, 우리나라가 소련에서도 그 국력을 인정받게 되었다는 생각이 들어 기분이 좋았다.

나는 소련 방문기간 중 되도록 많은 소련 체육계 인사들과 만나 스포츠를 통한 양국 간의 이해증진과 특히 88서울올림픽 참가문제를 집중적으로 논의했고, 이와 관련된 세부사항에 이르기까지 서로 흉금을 터놓고 이야기했다. 특히 7개 올림픽 종목을 관장하고 있는 Chuvilin 차관보와는 세 차례나 회담하고 88올림픽에 관한 비디오필름과 홍보자료도 전달했다. 그 당시 Chuvilin 차관보 등과 협의한 내용을 대강 정리해 보면 다음과 같다.

첫째, 근대5종 경기 등 우리 측의 경기력이 약한 종목에 대한 기술지원 문제 협의.

둘째, 레슬링과 체조 등 주요경기 종목의 동구권 코치 초청문제 협의.

셋째, 올림픽 시찰단 상호방문 및 상호전지훈련 실시문제 협의.

넷째, 서울 올림픽 문화행사에 소련의 볼쇼이발레단 참가를 정식으로 초청 제의.

다섯째, 88올림픽 공식 공급업자로 스포츠용품 생산업체 참여가 가능하도록 통보하고 펜싱 등 경기용품의 정책적 수입 가능성도 언급.

여섯째, 서울 올림픽 조직위원장의 소련방문문제 협의.

일곱째, 서울 개최 국제체육행사 때 소련 고위 체육인사 방한초청, 특히 86년 4월 서울에서 개최되는 세계 각국 올림픽위원회(ANOC) 총회 때 그라모프 소련 체육성장관의 초청문제(실지로 이 총회에 그라모프 소련 체육성장관이 한국을 다녀갔음).

여덟째, 88올림픽과 관련하여 한국과 소련 간 그리고 동구 공산국가 간의 통신문제, 즉 88올림픽 홍보자료 송부방법 및 상호접촉 창구확인 등에 관한 문제협의.

아홉째, 동구 공산권국가의 88올림픽 참가권유 등을 협의.

소련 체육성의 고위관계자들 특히 Chuvilin 차관보의 반응은 다음과 같았다.

첫째, 한국 측이 제시한 사항은 매우 중요하므로 상부에 정식으로 보고할 것이고, 곧바로 정책적인 검토가 있게 될 것이다. 이에 대한 결과는 추후 한국에서 개최되는 각종 국제체육행사에 참가하는 소련선수단의 임원을 통해서 전달하고 실현할 것이다.

둘째, 장차 소련 체육성 실무자들이 한국 방문을 고려해 보겠다. 그 이후 적절한 시기에 체육행사 교류가 있게 되지 않겠나.

셋째, 한국의 고위 체육인사들로 구성되는 체육사절단의 소련방문이 이루어지도록 최선의 노력을 다하겠다.

그는 끝으로 말하기를 이번 한국의 이재환 체육부차관을 키에프(Kiev) 국제경기

참가라는 이유를 붙여 소련정부가 초청한 것은 그 자체가 매우 큰 의미를 갖는 것이라면서, '큰 의미'라는 말을 여러 번 강조했다. 또한 그는 "현 시점에서 우리 양국은 불행하게도 국교가 없다. 그러나 스포츠를 사랑하고 소중히 여긴다는 중요한 공통점을 가지고 있음을 확인했다. 따라서 우리 양국은 모든 문제를 한꺼번에 해결하려 하지 말고 단계적으로 추진하고 효과적으로 해결되도록 쌍방이 노력하자."고 말했다.

그의 말은 다분히 외교적인 언사이면서도 그 속에 깊은 뜻이 있음을 알 수 있었다. 이번 나의 소련방문이 소련 측에 88서울올림픽 참가를 위한 사전 정지작업적 효과를 가져다 주었다는 것을 확인하게 되었다. 즉 서울올림픽에 소련이 참가할 것을 결정할 경우 동구권을 비롯한 북한의 반발이 있을 때에 극히 자연스럽게, '소련은 88서울올림픽 개최 3년 전인 85년부터 이미 한국과 순수한 의미의 스포츠 교류와 체육계 고위인사 간의 방문(체육부차관의 방문)이 이루어지고 있었음'을 내세워 이들을 설득하는 데 필요한 자료로 삼으려는 속내를 읽을 수 있었다.

내가 소련을 방문하여 스포츠교류를 협의하고 돌아온 후 1985년 9월 26일 서울에서 개최된 제4회 세계유도선수권대회에 소련선수단이 참가한 것(한국체대 이상찬 총장이 오래전부터 막후노력을 했음)을 효시로 하여, 1987년 말까지 총 19개 종류의 대회에 330여 명의 소련선수가 한국을 다녀갔으니 이 얼마나 큰 업적이며 쾌거인가!

소련 방문 이야기는 이 정도로 줄이기로 한다. 좋든 싫든 우리는 소련(현재는 러시아)과 대화해야 하고 적극적인 교류를 해야 함을 강조한다. 나는 비록 스포츠분야의 접촉이었지만 대소련외교의 일익을 담당할 수 있었던 것을 가슴 뿌듯하게 생각하며, 다음 목적지인 헝가리 방문길에 올랐다.

88올림픽 참가권유차 동구공산권으로

　헝가리 방문은 1985년 9월 20일부터 3일간이었는데, 입국부터 출국까지 헝가리 체육성 '아얀' 차관(次官)의 보좌관인 Mrs. 모라와 의전과장 카거 코시스가 나를 시종 안내해 주었다. 장·차관은 모두 외국출장 중이어서 체육성에서 국제체육 업무를 총괄하는 갈 티보르 본부장과 2차에 걸쳐 대담하였다.

　첫째로 나는 88서울올림픽의 준비상황을 상세히 설명하고 헝가리 선수단의 참가를 강력히 요청했다. 둘째로 88올림픽대회 기간 중 헝가리 민속무용단을 공식 초청했다(긍정적 반응이었음). 셋째로는 양국 간 고위체육계 인사 상호방문을 협의했고, 마지막으로 체조 등 주요경기 종목 상호 전지훈련 실시 등을 협의했다.

　헝가리 측에서는 한국 측의 제안이 매우 중요하므로 장관 귀국 후 즉시 보고·협의하게 될 것이라면서 첫째, 88올림픽 기간 중 국제역도연맹 총회를 개최해 줄 것. 둘째, 1987년에 세계역도월드컵대회를 한국이 개최해 줄 것을 요청해 왔다.

　21일에는 7만여 명을 수용하는 국립 축구경기장과 체조경기를 주로 하는 1만 3천여 명 수용의 다목적 실내체육관 등 체육시설을 시찰했다. 공산국가 체제라 그런지 규모가 웅장할 뿐만 아니라 내부 연습시설(演習施設)도 잘 되어 있었다. 헝가리에는 소련에서와 같은 혁명완수 구호 플래카드가 걸려 있지 않았다. 공산주의 국가로 보이지 않을 정도로 매우 자유스러운 사회 분위기에다 물자도 여유 있어 보였다. 힐튼호텔 등 외국 유명 체인호텔이 들어와 있으며, 이들 호텔에서는 달러($) 결제가 이루어지고 있었다. 다만 주택 부족이 국가적 문제이고, 자동차의 경우도 구입 신청하면 보통 2~3년이 걸린다고 한다. 1956년 헝가리의거(義擧) 이후 아직까지도 소련군이 주둔하고 있어, 소련에 대한 시민들의 감정이 좋지 않다고 귀띔해 준다. 나도 이동하는 자동차 안에서, 소련 군인에게 삿대질을 하면서 야유를 보내는 일단의 헝가리 시민들을 목격했다.

헝가리의 수도 부다페스트 시는 도시 한가운데를 흐르는 도나우 강을 중심으로, 양쪽에 중세시대의 건물이 즐비한 고풍스러운 아름다운 도시다. 도나우 강을 중심으로 왼편은 부다(Buda)이고 오른편은 페스트(Pest)로 이루어져 있으며, 양편을 연결하는 다리가 8개나 있고 다리 모습이 무척 아름다웠다.

힐튼호텔로 가는 작은 도로 옆에 우리나라의 5일장과 같은 소규모의 장이 선다고 해서 가보았다. 우리 일행을 보고 한 여성이 "인삼술 사시기요. 이거이 먹으면 100년을 삽네다."라고 말을 걸어왔다. 악센트로 보아 북한여성이 틀림없었다. 아직 우리나라 대사관이 없는 상황이라 북한사람들과 말을 섞고 접촉한다는 것이 다소 꺼림칙했지만, 용기를 내 그녀에게 다가갔다. 콜라병 같은 병 속에 실처럼 가느다란 뿌리를 넣고 술을 부어놓은 것이었다. 외견상으로도 전혀 신뢰가 가지 않는 상품이었다. 더욱이 술병의 형태나 붙어 있는 라벨이 너무 엉성하고 조잡해서, 그것이 진짜 인삼주라 하더라도 술맛이 나지 않을 것 같았다. 이러한 상품판매 행위가 당시 북한의 외화벌이의 한 방편이었다고 한다.

루마니아 방문도 9월 23일부터 3일간이었다. 수도인 부카레스트 공항은 우리나라 지방도시의 공항만도 못한 것 같았다. 시가지 입구에 개선문이 있었는데, 이는 제1차 세계대전 승리를 기념해서 세운 것이라고 한다. 파리 개선문보다 3m가 더

높다고 한다. 같은 공산국가인데도 헝가리 부다페스트에 비하면 사람 왕래가 훨씬 적고 시내도 약간 한산한 느낌이 들었다. 입국 시부터 출국 시까지 시종일관 루마니아 체육성의 '세프티뮤 토데아' 차관(次官)이 안내를 도맡아 해주었다.

체류기간 중 2차에 걸쳐 면담을 가졌다. 특히 24일 저녁에는 부카레스트 호텔 2층에서 루마니아 체육성 실무관리자 등 관계자 20명이 참석한 연석회의를 가졌다.

여기에서도 나는 첫째로 88서울올림픽의 준비상황을 상세히 설명하고 루마니아 선수단의 참가를 강력히 요청했다. 둘째로는 조정, 카누, 그레코로만형 레슬링, 남자 핸드볼 등의 루마니아 코치들의 한국 초청을 제의했다(긍정적 반응 보임). 셋째로 세계적인 올림픽체조 금메달 선수 코마네치가 지도하는 주니어 체조 팀의 방한을 제안했다(긍정적 반응 보임). 넷째로 양국 간 고위급 체육인사 상호방문을 협의했다(긍정적 반응 보임). 다섯째로 양국 스포츠의학 교류협의, 즉 루마니아의 최신 스포츠의학과 한국의 침술 등 한방의학 간의 교류를 제안했다.

이후 우리 일행은 부카레스트 교외에 있는 각 경기종목 국가대표선수 종합트레이닝센터인 스나코프 시설을 방문했다. 유감스럽게도 코마네치 같은 유명 체조선수들을 길러낸 체조학교는 부카레스트에서 3시간여 거리에 위치해 있어 방문하지 못했다.

나는 9월 23일 오후부터 특별한 시찰을 안내받았다. 토데아 차관과 함께 국내 비행기로 루마니아 북부지역의 산업 및 문화 중심도시인 수차바 시에 도착해 1박을 하면서, 만 하루에 걸쳐 동 지역의 체육 및 문화유적지를 시찰케 해주는 것이 아닌가! 문화유적지는 주로 중세기에 건립된 수도원(修道院, 현재도 신부, 수녀의 수도장)이었는데 중세 루마니아의 특이한 건축양식, 세계적인 수도원 천장벽화 등 당시의 찬란했던 문화를 설명해 주는 것이었다. 그리고 가는 곳마다 동 지역 군 단위 체육회 회장 일행이 나와 우리를 환영해 주는 특이한 행사가 곁들여졌다.

토데아 차관이 나에게 설명한 바에 의하면, 이 시찰 코스는 일찍이 루마니아를 방문하는 국가급 귀빈들을 위해 마련된 코스인데, 이미 스페인의 카를로스 국왕과 사마란치 IOC위원장, 영국의 대처수상, 이란의 팔레비 국왕 등이 다녀갔다는 것이다. 그의 설명을 듣고 나자 나는, 88올림픽 주최국 체육부차관으로서 내가 그런 세계적인 명사의 반열에 올랐다는 생각에 무척 기뻤고 평생의 큰 영광이 아닐 수 없었다.

나는 세계청소년 근대5종 경기가 열린 소련의 키예프에서 서독 근대5종 경기연맹 회장인 크라우스 쇼만(Shorman) 교수를 소개받고 며칠간이지만 가까이 지낼 수 있었다. 그는 서독 프랑크푸르트에 거주하고 있는 시의원(市議員)이기도 했다. 귀국길에 같은 비행기로 프랑크푸르트에 도착해 그의 집에서 1박을 했다. 갑작스런 그의 초청으로 1박을 하는 동안 그로부터 서독은 오래전부터 일반시민 간의 사회체육 활동이 활성화되어 있어 어린이들이 어릴 때부터 부모 따라 체육을 접하게 되고 선호함으로써, 각급 경기종목에서 국가대표급 선수가 나오게 된다는 얘기를 듣고 깊은 감명을 받았다. 그의 안내로 서독의 4대 국가선수 트레이닝센터 중 한 곳인 다름슈타트 시의 주요 체육시설을 시찰하는 기회를 가졌다. 또한 서독체육회 및 NOC를 방문하여 대담했으며, 그가 소개한 서독 올림픽위원회위원장 보좌관인 슈뢰더 박사의 안내로 뮌헨의 올림픽파크의 관리와 운영 실태를 파악하는 등, 계획에 없던 유익하고 의미 있는 시찰 행운을 만끽하고 14일 만에 귀국길에 올랐다.

끝으로 이번 방문행사에 수행원으로서 모든 일을 짜임새 있고 빈틈없이 완벽하게 처리해 준 체육부 해외협력담당 오지철(吳志哲) 과장(後 문화관광체육부 차관)에게 깊은 감사를 드린다. 그는 서울법대 출신으로 5개 국어에 능통할 뿐만 아니라 판단력과 추진력이 강한 자로서 어떤 일에 임하여도 크게 성공시킬 인물이다.

체육부차관 재직 시 관계직원들의 건의를 수용해 주지 못해 미안한 일이 있었다. 한국을 방문하는 여러 나라의 IOC의원 내외접견 대화 시나 외국인 다수 참석행사

때 차관이 늘 검은색 복장에 검은 넥타이를 매는 것이 외관상 좋지 않다면서 개선을 건의해 왔으나, 동의해 주지 못했던 점을 이 기회에 미안한 말과 함께 해명코자 한다. 내가 차관으로 취임한 지 14일 만인 10월 31일 모친이 작고하셔서 탈상 때까지 그렇게 하는 것이 도리라는 나의 신념 때문이었고, 끝내 나는 탈상 시까지 1년 동안을 그렇게 검은 양복에 검정 넥타이를 착용하고 생활했다.

이후 나는 서독의 경우처럼 우리도 올림픽이 끝나고 나면 일반 사회인들의 체육에 대한 욕구가 확산·증진될 것이란 판단하에, '사회체육진흥(社會體育振興) 10개년계획'을 수립해 전두환 대통령의 재가(裁可)를 받아놓았었다. 올림픽이 끝난 후 이것이 1990년 '국민생활체육진흥종합계획'(일명 호돌이 계획)으로 구체화되어, 현재 국민생활체육회가 구성되었다. 더더욱 이로 인해 전국적으로 생활체육의 활성화가 이루어진 셈이니, 나로서는 무척 흐뭇하고 뿌듯한 일이다.

이렇게 체육진흥을 위해 노력하는 중에서도 나는, 이미 국회의원 당선 직후부터 준비하고 있던 '공유토지 분할에 관한 임시특례법(公有土地分割 特例法)'을 완성하여 '84년 12월 국회에 제출했다. 이것은 현재 공동명의(共同名義)로 되어 있는 토지의 경우 전원이 동의하지 않으면 분할이 불가능(分割 不可能)케 되어 있는 것을, 공유자 3분의 2만 동의(同意)하면 분할이 가능토록 하는 특례법이다.

대전의 경우 중구 선화동, 은행동 등 9만 8천여 명의 토지가 이미 사망한 지 오래된 김갑순과 공동명의로 되어 있어 사망한 김갑순(金甲淳)의 동의가 없으면 영원히 분할할 수가 없게 되어 있었다. 전국적으로 조사해 보니 서울시 제기동(祭基洞)을 비롯한 여러 지방에 그러한 곳이 수없이 많았다. 이 법의 골자(法 骨子)는 시·군·구별로 판사를 위원장으로 하는 공유토지분할 위원회를 설치하고, 공유자 중 3분의 2가 동의서명(同意署名)해 분할신청을 하면 심의해서 분할등기(分割登記)를 하게 해줌으로써, 내 땅을 내 마음대로 할 수 없던 자들에게 재산권을 행사(財産權 行

使)할 수 있게 해준 건국사상 최초(建國史上 最初)의 획기적인 특례법이었다.

　이 무렵의 나의 활동은 비록 권력으로 지구당위원장직을 박탈당해 반신불수 국회의원이 됐지만, 국민의 애로사항을 해결(隘路事項 解決)해야 하는 국회의원으로서의 직무(職務)를 마지막까지 다하려는 내 신념의 결과물이었다.

공유(共有)토지분할에 관한 임시특례법(안)을 성안, 제안 설명하는 저자('84. 11대 국회 건설위원회)

제4부

의회민주정치 발전에 기여한 국회사무총장 시절

뜻밖에 국회사무총장이 되다

체육부차관 재직 1년여가 지난 '85년 12월 초 어느 날 청와대 안현태(安賢泰) 경호실장으로부터 전화가 왔다. 대통령께서 이 차관님을 부르시니 내일 아침 8시 반까지 본관 집무실로 오라는 내용이었다. 마침 체육부장관이 해외출장으로 부재중이라 혹시 어떤 내용으로 나를 부르는지 아느냐고 물은즉, 자기도 모른다고 했다. 이튿날 아침 나는 제시간에 청와대로 가 전두환(全斗煥) 대통령을 면담했다.

"이 차관, 올림픽 참가유치를 위해 공산권 국가까지 다녀왔다지요. 맡은 바 임무수행을 위해 최선을 다하고, 그렇게 신념과 추진력이 강한 사람인 줄은 잘 몰랐습니다."라고 운을 떼면서 갑자기 "국회가 너무 시끄러워요." 하고 말을 이었다.

당시 12대 국회의 의정환경(議政環境)은 '85년 3월 11일 개원 초부터 시작된 야당의 직선제 개헌주장으로 인해, 국가사회 전체적으로는 물론 정계와 국회도 매우 불안정(不安定)했다. 국회 내에서는 민정당이 다수당으로 지배적이었으나, 국회 밖에서는 강경한 정치단체인 민주화추진협의회(약칭 민추협(民推協), 김영삼·김대중 공동대표) 등 재야세력의 정치적 힘이 강했다.

그런 데다가 '86년도 예산안의 통과시한(12월 2일)이 임박함에 따라 여야가 대립된 상태였다. 11월 29일 밤 법제사법위원회 회의장 입구에서 신민당 장기욱(張基

旭) 의원 주동하에 신민당 의원들이 합세하여, 유상호(柳相昊) 위원장을 옆방 308호실에 강제로 끌고 들어가 20여 분간 연금(軟禁)시켜 놓고 회의를 못 하게 한 사건이 발생했다. 다수 신민당 의원들은 이미 11월 26일부터 예산결산위원회 회의장에 들어가 회의 진행 중인 김종호(金宗鎬) 위원장의 의사봉과 마이크를 탈취하는 등 회의진행을 방해(會議 妨害)하는 사태가 발생해 예산심의가 좌초에 부딪히는 상황이 벌어지고 있었다.

전두환 대통령은 이런 상황들을 국회가 시끄럽다고 표현한 것 같았다. 이윽고 전(全) 대통령이 내게 "국회가 매우 어려우니 국회사무총장(國會事務總長)을 맡아 일해 주시오."라고 말했다.

나는 깜짝 놀랐다. 현재 이진우(李珍雨) 사무총장이 재직하고 있을 뿐만 아니라, 국회사무총장직은 3권 분립 제도상 입법부의 사무 전체를 총괄하는 입법부에 하나밖에 없는 장관(長官) 자리로서 대통령의 최측근이 가는 자리가 아닌가? 전혀 의외의 지시에 나는 문득, 지난날 장영자 어음 사기사건의 국정조사를 주장했다는 이유로 나를 대전지구당위원장직에서 밀어냈던 생각이 나서 "각하, 저는 능력이 없어서 못하겠습니다."라고 대답했다.

그런데도 전 대통령은 "내가 당신을 적임자라고 판단했으니 당분간 비밀에 붙이고 있다가 발표가 되면 가서 열심히 해주시오."라고 일방적으로 명령했다. 도무지 알 수가 없었다. 대통령 말대로 시끄러운 국회를 어느 한 사람의 힘으로 어떻게 조용하게 할 수 있단 말인가? 특히 나는 장영자 사기사건 당시 당의 명령을 거부한 채 민정당에서 유일하게 공개적으로 국정조사를 주창했기 때문에, 당 총재인 대통령에 대한 불충으로 낙인이 찍혀 있지 않았던가? 그런 나를 왜 입법부의 사무총괄자로 발탁하겠다는 것인가? 아무리 생각해도 이상해서 민정당 고위층 인사 등을 비롯하여 다방면으로 알아본 결과, 누가 나를 추천한 것이 아니라 나의 직무수행 능력을 보고 전두환(全斗煥) 대통령이 단독결정(單獨決定)한 것으로 확인됐다. 특이한 예외 케이스의 인사였다.

이후 1985년 12월 18일 국회법 규정에 따라 제128회 국회 제20차 본회의에 '국회사무총장(이재환) 임명 승인의 건'이 상정되어, 국회의원 투표(投票)에서 재석의원 151명 중 찬성 149표로 국회사무처 사상 초유의 압도적인 다수득표로 장관급(長官級)인 국회사무총장에 선출되었고, 그 즉시 본회의장 국회의원 전원 앞에서 인사발언을 한 후 곧바로 제14대 총장에 취임하게 된 것이다.

국회사무총장 재임 2년 3개월 동안 나는 국회도서관을 준공했고 국회의원회관 신축을 설계·기공하여 오늘과 같은 국회의원회관을 건립케 했다.

특히 여러 차례 여야의원 격돌 시 막후에서 여야 원내총무를 접촉하여 여야 간 협상(與野 協商)을 주선·성공시키는 역할(役割)을 함으로써, 의회민주정치 발전을 위해 공헌한 기록을 남겼다.

의사당 내에서 야당의원 강제구인? 안 돼!

　사무총장 취임 후 현황파악을 할 시간도 없이 분주하게 연말연시를 보내며, 나는 '국회의사당 건물 내에서 국회의원이 구인(國會議員 拘引)당할 초유의 반민주적 반의회적 사태발생에 과연 어떻게 대처할 것인가? 어떻게 예방할 수 있을까?'라는 큰 고민거리에 봉착했다.

　검찰에서는 내가 사무총장으로 취임하기 전에 일어난 '89년도 예산안 심의과정 중 '85년 11월 26일부터 김종호 예산결산위원장에 대한 신민당 의원들의 회의진행 방해사건, 11월 29일 신민당 장기욱 의원 중심의 유상호 법사위원장 폭행 감금사건, 12월 2일 신민당 김태룡 의원 등의 국회 146호실 출입문 기물 파손사건 등을 조사할 목적으로, 신민당 장기욱(張基旭) 의원 등 17명에 대해 '86년 1월 8일까지 검찰청에 출두(檢察廳 出頭)할 것을 통보하였다. 1월 10일까지 3차에 걸쳐 소환통보를 했으나 신민당 의원들이 불응하자, 검찰은 1월 10일 17명 중 1차로 주동자급인 장기욱, 김태룡, 이철, 김동주, 김영배, 신순범, 김정길 등 7명의 신민당 의원에게 구인장을 발부(拘引狀 發付)하고 강경하게 나왔다.

　이에 야당인 신민당(新民黨) 측은 '86년도 예산안의 불법통과를 사유로 이재형(李載瀅) 국회의장, 이세기(李世基) 민정당 총무 등 관련자 5명의 민정당 의원을 검찰에 고발(告發)하는 한편, 구인장 발부 백지화를 요구(白紙化 要求)하면서 10일 오후부터 국회 신민당 총무실에 모여 무기한 철야농성에 돌입(徹夜籠城 突入)했다.

서울지방검찰청은 10일 의사당 내에서 농성을 하며 구인장 집행을 거부하는 신민당 의원들에 대해 경찰력을 동원해 영장을 집행한다는 방침을 굳히고, 서울지검 수사관과 경찰 등 20여 명으로 구성된 '구인대(拘引隊)'를 편성하여 10일 오후부터 국회의사당 밖 승용차 안에서 대기하면서 11일 밤 자정에 의사당 내에 투입, 구인장이 발부된 7명의 신민당 의원들을 강제연행(强制連行)한다는 계획을 세우고 있었다.

한편 나는, 검찰의 지휘를 받은 경찰이 진압복 차림의 전경을 가득 실은 버스 2대를 준비했다가 나중에는 8대를 더 늘려, 400여 명의 전경들을 서울지검청사 주변에 대기시켜 놓았다는 보고를 받았다. '전경 400명?' 나는 그 순간 1958년 12월 24일 국회부의장이 경위권을 발동, 300명의 무술경관(武術警官)을 야당의원들이 농성 중인 본회의장에 투입해서 야당(당시 민주당)의원을 강제로 끌어내고 자유당 단독으로 보안법개정안 등을 통과시킨 소위 '2·4보안법파동사건(保安法波動事件)'이 떠올랐다.

의사진행 협조를 부탁하는 국회사무총장(저자)

장기욱 등 신민당 의원들이 민정당 단독으로 '86년도 예산안을 통과시키지 못하도록 김종호 예결위원장에 대한 사회방해, 유상호 법사위원장에 대한 20여 분간의 옆방 감금사건, 민정당 단독 예산심의장 146호실 출입문 및 기물 파손행위 등은 내가 부임하기 전에 발생한 일이라 그것이 얼마나 심한 위법행위였는지는 모르겠으나, 야당의원 17명을 검찰에서 소환하고, 불응한다 하여 7명에게 구인장을 발부하기에 이른 것은 종전 야당의 예산안 투쟁행태에서 보면 크게 더한 것도 아니고, 장소를 이동하면서 민정당이 단독으로 예산안을 심의하는 등 여러 가지 정황을 고려해 볼 때 처음부터 대야대책(對野對策)이 다소 지나치게 강경한 방침으로 정해지지 않았었나 하는 생각이 들었다.

　언제나 그랬듯이 사건이 발생하면 그 대책을 정함에 있어 정부·여당 내 강경파 주장대로 결정되게 마련인데, 이 경우도 그렇게 된 것 같았다. 아니나 다를까, 정부·여당 내 고위층 어떤 인사는 나에게 전화를 걸어 "11일 자정이 H아워이니 국회사무총장이 전경투입 등을 완벽하게 리드해 달라! 밤 12시가 되면 농성장의 전기를 끊어라. 추우면 해산할 것 아닌가?" 등등의 여러 가지 요구를 해왔다. 물론 국회사무처 규정상 몇 곳을 제외하고는 밤 12시 이후에는 소등하고 전기를 끊게 되어 있다. 그러나 예년에 없이 강추위였던 1월, 농성장에 전기를 넣어주지 않고 난방을 정지한다면 어떻게 되겠는가? 나는 그에 응하지 않았다. 그러자 말할 것도 없이 나에 대한 비난(非難)과 규탄(糾彈)이 쏟아져 나왔다고 한다. 주로 강경파 측 인사들로서 "국회사무총장(事務總長)이 협조를 안 하고 소극적이다. 그 사람 야당이냐? 도대체 그 사람을 사무총장으로 추천한 사람이 누구냐? 당장 총장을 바꿔쳐야 한다."는 등의 성토(聲討)였다고 한다.

　어떻게 할까? 나도 여기서 강경파 측에 서서 전경 투입을 리드해 주고 공(功)을 세울까? 그러면 더 출세를 하겠지!

사실 '2·4보안법파동' 때는 무술경관 300명을 갑자기 하루 만에 국회사무처 경위(경비)로 임명하여 본회의장에 투입, 농성 중인 야당의원을 밖으로 끌어내 감금시킨 전례(前例)도 있지 않은가! 국회사무총장이 마음만 먹으면 전경 투입으로 구인장 집행(拘引狀 執行)을 얼마든지 할 수 있다.

그러나 나는 여기서 이렇게 결심했다. '나는 국회의사당의 관리보호와 함께 국회의원들의 의정활동을 효과적으로 지원해야 하는 국회사무총장이다. 만약 의사당 내에서 검찰이 경찰을 동원해 국회의원을 강제 구인하는 초유의 사태가 발생하고, 그 모습이 국민들에게 보여지고 외신으로 보도된다면 국내외에 이 나라 의회민주정치의 조종(弔鐘)을 울리는 일이 될 것이다. 그러므로 나는 이를 막기 위해 국회사무총장으로서의 역할을 다해야겠다.'

정부·여당·야당·국회가 모두 비상근무 중인 1월 10일 밤, 나는 우선 서(徐) 검찰총장과 정(鄭) 서울지검검사장에게 "구인장이 발부되었으니 공권력을 행사하지 않을 수 없다는 데는 동감이다. 그러나 이를 집행하기 위해 야당 국회의원 7명을 의사당 내에서 강제 연행할 경우 불상사가 발생할 것은 뻔한 일이다. 이런 모습들이 방영되고 보도될 때 국민들은 약자 동정 심리로 돌아가 오히려 야당을 동정하고 정부·여당을 비난할 것도 명약관화하다. 이럴 경우 정국수습에 보탬이 안 될 것 같으니 여야 간 대화로 푸는 방법을 강구해야 한다. 국회사무총장인 내가 양당의 원내총무와 절친한 사이이니, 어떤 방법으로든 일단 여야 총무회담을 성사시켜 대화(對話)로 풀 수 있도록 시도해 보겠다. 그러니 시간적 여유를 달라."고 요청했다. 장(張) 안기부장과 청와대(靑瓦臺) 정무수석 비서관에게도 같은 내용을 설명하고 이해와 협조를 부탁했다. 일단 모두 동의해 주었다.

그러나 여야가 극한 대립 속에서 총무끼리도 서로 기피하고 있는 상태였다. 나는 친구인 민정당 이세기(李世基) 총무와 신민당 김동영(金東英) 총무를 따로따로 만나, 이쪽 얘기를 저쪽에 저쪽 얘기를 이쪽에 전달하면서 마치 결혼중매쟁이 같은 역할을 했다. 그러고는 두 사람에게 이렇게 말했다. "반독재 민주화투쟁의 절친한 동지인 우리 4·19세대가 머리를 맞대고 대화를 통해 현명하게 대처하여, 의회민주정치의 보장과 발전을 위해 사명감을 갖고 오늘의 이 어려움을 풀어보도록 노력해보자. 검찰 측은 법원으로부터 구인장을 발부받았으니 철회할 수도 없다. 오히려 집행시간만 조여오고 있으니 의사당 관리·보호 책임자인 나로서도 더 이상 법 집행에 협조하지 않을 수 없다. 내가 비밀리에 자리를 만들 테니 두 총무끼리 직접 만나 피차간의 체면을 유지하고 명분을 찾아서 이 어려운 상황을 풀어보자."

나는 수차에 걸쳐 양측을 오고가면서 계속 호소하였다.

철야농성 중인 신민당 강경파 의원들은 유혈사태 발생까지 각오하고, 국회의원이 의사당 내에서 개처럼 경찰에 끌려가는 모습을 국민에게 보여주자는 단호한 태세였다. 신민당 김동영 총무는 12일 새벽에 기습적으로 야당의원을 연행할 것을 예상, 새벽 1시에 50여 명이 참석한 긴급의원총회를 열어 '의사당 사수결의'를 한 다음 부총무단에게 구체적 실시계획을 세우라고 지시했다. 이에 따라 총무단은 소장의원 30명을 선발, 3개 조를 편성하여 정문, 현관, 총무실 주변에 초병 역할을 담당케 하는 한편, 농성장 안쪽을 의자와 탁자로 봉쇄해 놓고 경찰과 일전의 태세로 대기하고 있었다.

민정당은 12일 오전 9시 프라자 호텔에서 정순덕(鄭順德) 당 사무총장, 이세기 원내총무, 김(金) 법무부장관, 서(徐) 검찰총장, 정(鄭) 서울지검장이 참석한 긴급 당정회의를 개최하고 여야 간 대화를 통한 해결을 모색하되 구인시기를 계속 늦출 수는 없으니 12일 중으로 구인절차(拘引節次)를 밟기로 결정했다. 이로 인해 여야 간의 긴박한 분위기는 극도로 고조되었다.

한편 이 소식을 들은 나는 지난번 정부 측에 건의했던 나의 여야대화 해결방안에 다소 기대를 걸고 있는 느낌을 받아, 용기를 내 더 열심히 뛰었다. 연 3일 동안 수

야당의원 구인사태 해결,
신민당 김동영 총무와 숙의
('86. 1. 11 신민당 총무실)

차에 걸쳐 양측 총무 사이를 오가면서 만남을 주선하던 중, 12일 11시 30분경 서울지방검찰청 최환(崔桓) 공안부장이 나를 찾아왔다. 그는 나에게 구인장 집행시기가 오늘을 넘길 수 없다고 했다. 나는 "안 된다. 더 기다려 달라. 내가 막후에서 여야 총무회담을 주선하고 있으니 시간을 더 줘야 한다. 이미 정(鄭) 서울지검장과 장(張) 안기부장, 청와대 정무수석에게까지 다 얘기해 놓았으니 서두르지 말아 달라."고 부탁했다.

내 생각으로는 그의 국회 방문목적이, 이미 나의 건의를 고위층에서 알고 있긴 해도 일단 구인장 집행기관인 서울지검이 겁박 분위기를 띄우기 위한 하나의 방편인 것으로 판단했다. 나는 즉각 이런 분위기를 활용했다. 최환 부장을 내 방에 대기시켜 놓은 채 12시경 농성장인 신민당 총무실로 찾아가, 김동영(金東英) 총무에게 서울지검공안부장의 국회방문 사실을 전하며 말했다. "이것이 검찰(檢察)의 최후통첩(最後通牒)인 것 같다. 나도 김 총무에게 마지막으로 호소한다. 우리 세대가 풀어 봅시다. 국회사무총장인 나로서도 더 이상 버틸 수 없다. 김동영 총무가 역사적인 여야협상의 대결단을 내려주기 바란다." 어떤 사람은 이를 두고 일종의 겁박수단이라고 말할지 모르나 나는 진심이었다.

김동영 총무는 20여 분 동안 당 간부진과 구수회의를 마친 후 나에게 "좋다. 당신 말대로 민정당 이세기(李世基) 총무를 만나 일단 대화를 해보겠다. 검찰 측의 구인장 집행(拘引狀 執行) 문제는 의사당 책임자인 당신이 보류(保留)하도록 협조해 주고, 이세기 총무를 만나도록 주선해 달라."면서 안주머니에서 협상안(協商案)을 적은 메모지를 이세기 총무에게 전하라고 건네줬다. 협상안 내용은 다음과 같았다.

① 야당의원 자진출두 후 조사에 응함 ② 피해자, 가해자 여야의원 동시조사 ③ 구인장 취하 및 의원 불기소 약속 등이었다.

"좋다, 여당총무를 만나겠다."는 이 한마디가 그렇게 어려웠나? 이 한마디를 끌어내기 위해 나는 그렇게 목매고 조바심했나? 몸의 힘이 쫙 빠지는 것 같았다.

어쨌든 나는 만남을 성사시켰다는 기쁜 마음으로 단숨에 이세기(李世基) 총무에게 달려가 메모지를 전달하고, 이재형(李載瀅) 국회의장에게 상황을 보고했다. 잠시 후 민정당 노태우(盧泰愚) 대표 등과 간부회의를 마치고 나온 이세기 총무가 나에게 말했다. "역사를 이룩했네! 당 지도부와 협의가 잘되었으니 비밀리에 김 총무와 만날 장소와 시간을 정해 달라."

나는 다시 신민당 김 총무실로 가서 이 사실을 전했다. 김 총무는 "이(李) 총장이 끝까지 수고해 주시오. 이 총장이 이세기와 만날 장소를 정해서 연락해 주면 그리로 가겠소."라고 했다.

나는 장소를 여의도 순복음교회 앞에 있는 맨하탄호텔(현 렉싱턴호텔) 1015호로 정하고, 시간은 3시 30분으로 잡은 후 양측에 통보했다. 비밀리에 현장에 먼저 도착한 나는 혹시라도 약속이 깨지는 않을까 노심초사(勞心焦思)하고 있었다. 불안한 시간이 흐르는 가운데 오후 3시 30분경 두 총무 모두 모습을 드러냈고 마침내

'여야 총무회담(與野 總務會談)'이 이루어졌다.

그런데 1차 회담이 끝나고 그 협상안으로 간부회의를 마치고 나온 김동영(金東英) 총무의 입에서 예상치 못한 말이 튀어나왔다. "협상 초안은 더 발전시켜야 한다. 그러니 이세기 총무 말만 믿고 끝낼 수는 없다. 이재형 국회의장(國會議長)이 여야 협상안에 사인을 해 보증인 역할(保證人 役割)을 해줘야만 믿을 수 있겠다는 것이 우리 당의 결정이다."

나는 즉시 의장공관으로 이재형 의장을 찾아뵙고 그동안 진행됐던 전후사실을 말씀드렸다. 그 순간 이 의장의 반응은 무척이나 뜻밖이었다. "왜 나도 모르게 국회사무총장이 양당 총무를 접촉했나요?" 당황한 내가 "저는 의사당 내에서 국회의원이 강제 구인되는 사태를 예방하는 것이 의회민주정치의 발전에 기여하는 것이라 생각했고, 또 평소 김동영 총무와 이세기 총무와도 절친하기 때문에 우리 세대들이 이 난관을 극복해 보자는 뜻에서 그렇게 노력했던 것입니다."라고 답변했다. 그러자 이 의장은 "나도 모르게 양당 총무들이 작성한 협상내용을 왜 내가 보증합니까?" 하면서 응낙하지 않겠다는 뜻을 밝혔다. 나는 여야협상이 성사되지 않을 것을 우려하여 이 의장에게 "비밀을 유지하는 생각에만 매어서 제가 큰 잘못을 저질렀습니다. 용서해 주십시오."라고 사과를 드렸다. 이 의장은 사과를 받아주지 않고 계속 묵묵부답이어서 큰 걱정을 했으나 두 총무에게는 의장의 보증인 서명은 내가 책임질 테니 염려치 말라고 장담했다. 이런 가운데 오후 6시 50분경에 이뤄진 제2차 총무회담에서 협상안이 구체화되고, 정가의 분위기가 총무회담 성사를 크게 칭찬·환영했고, 여야협상으로 인해 정국이 수습될 기미를 보이자 그제야 국회의장(國會議長)은 나를 불러, 저녁 9시경 의장공관에서 마무리 총무회담을 하도록 하고 그때 내용을 보고 보증서명을 하겠다고 말씀하시는 것이 아닌가! 천만다행으로 두 총무들이 수락해주고 합의문이 완성되어 국회의장이 보증서명한 후 밤 9시 30분경 드디어 총무회담 합의문(合意文)이 발표되었다. 이때부터 신민당 의원의 국회의사당 농성이 풀어졌고 의사당 내 국회의원 구인사태(拘引事態)는 발생하지 않았다. 이날이 1986년 1월 12일 밤이다.

여야 총무회담 합의문 내용은 다음과 같다. ① 야당의원은 자진 출두해 조사를 받는다. 이 경우 구인장 집행은 없다. ② 피해자와 가해자 여야의원 동시 조사하되 수사 시기는 금주 중으로 한다. ③ 국회의원이 기소되지 않게 하고 국회의장 주재 하에 여야 총무가 계속 노력한다.

나는 지금 생각해도 풀리지 않는 한 가지 의문이 있다.

당시 내 딴에는 여야 총무회담을 태동시킨 것이 당시의 경색정국을 푸는 데 결정적인 계기가 되었고 큰일을 해냈다고 자부했는데, 이재형(李載瀅) 국회의장이 그때 나에게 "왜 나도 모르게 국회사무총장이 양당 총무를 접촉했나요?"라고 말한 이유를 당초 알 수가 없다. 그렇지만 그 당시의 내 느낌으로는 의사당 내 국회의원 구인문제가 극한 상태에 이르면 국회의장이 나서서 여야협상을 주선하고 사태를 해결할 생각(?)이었는데, 수하에 있는 사무총장이 비밀리에 양당 총무를 접촉해 여야 총무회담을 성사시켰으니 그것이 못마땅한 기색이었다. 그러나 설마 그랬을까? 아무래도 그 속내를 헤아릴 수가 없다. 역시 고단수 정치인이었다.

1984년 1월 13일자 동아일보는 "신민당 의원 국회농성 타결의 전말" 제하의 기사에서 여야 총무회담 태동(胎動)과 관련하여 다음과 같이 보도했다.

「… 낮 12시 이재환(李在奐) 국회사무총장이 신민당 총무실로 찾아와 김 총무에게 '서울지검 공안부장이 신민당에 구인장 집행을 통보하기 위해 곧 들르게 될 것'이라고 전달. 이때 김 총무는 저고리 안주머니에서 △여야 공동조사 △불기소를 위한 여야의 공동노력 등의 절충안 내용이 적힌 메모지를 꺼내 보이며, 민정당 이세기 총무와 접촉할 수 있도록 주선해 줄 것을 당부. …」

[1차 총무회담] 「… 팽팽한 대치 분위기가 계속되는 가운데 국회 농성사태 해결(籠城事態 解決)에 전기(轉機)가 된 것은 12일 오후 열린 여야 총무회담. 이 회담은 이날 낮 1시 50분경 이재환(李在奐) 국회사무총장이 김동영 총무를 방문, 민정당의 회담수락 사실을 통보함으로 써 마련. 오후 3시 20분, 의사당 근처 여의도 맨하탄호텔 1015호실에서 민정당의 이세기 총 무와 신민당의 김동영 총무는 서로 악수를 교환하며 대좌. 이때 분위기는… 어색한 분위기가 아니어서 모종의 사태해결이 임박했음을 느끼게 했다. …」

여·야 총무회담 태동시켜 신민의원 구인사태 예방

임시국회 소집,
막후 노력으로 성사시켜

1986년 1월 12일 밤 신민당 의원 국회농성은 풀어졌고, 검찰은 다음날인 13일과 14일 양일간에 걸쳐 신민당, 민정당 의원들을 동시에 소환 수사하였다. 그런데 정구영(鄭銶永) 서울지검장은 1월 15일 10시 기자들에게 "지난해 국회파동 시 의사당 내 폭력사건과 관련 2일 간의 수사를 마무리 짓고, 1차로 신민당 의원 17명 가운데 구인장이 발부됐던 7명을 공무집행 방해 및 폭력행위 등 처벌에 관한 법률위반 혐의로 불구속 기소(不拘束 起訴)했다. 기소된 7명은 신민당의 장기욱, 김태룡, 신순범, 김영배, 이철, 김정길, 김동주 의원이다."라고 발표했다.

이에 신민당은 즉시 확대간부회의를 개최 "민정당과 정부는 지난 1월 12일 야당 농성 해제 시 만천하 국민 앞에 밝힌 여야 협상공약(與野 協商公約)을 헌신짝처럼 파기(破棄)하고 우리 당 소속의원 7명을 전격 기소(電擊 起訴)했다."고 정부·여당을 맹비난하면서 향후 강력한 대여투쟁(强力 對與鬪爭)을 결의했고, 김동영 원내총무는 사표를 제출하고 배수진을 치는 등 새로운 정치파국(政治破局)이 시작되었다. 신민당은 '87년 3월까지 대통령직선제 개헌을 완료하겠다고 선언하면서 원외에서 강경한 정치투쟁을 하고 있는 민주화추진협의회(民主化推進協議會)와 함께 1,000만 명 개헌 서명운동(署名運動)을 전개키로 하고, 각 시·도별 추진본부 결성대회라는 대중집회를 열어 대여투쟁을 확대해 나가기 시작했다.

한편 민정당의 노태우(盧泰愚) 대표는 확대간부회의를 주재하고 "임시국회를 열어 모든 현안을 국회에서 다루어야 한다."고 강조하면서 국민들에게 임시국회(臨時國會)의 필요성과 당위성을 적극 홍보하고 나섰다. 또한 신민당과의 대화를 적극 모색할 것을 지시하면서, 어떻게 하든 임시국회를 열어 개헌정국(改憲政局)을 원내(院內)로 끌어들여 정치적으로 해결하겠다는 노력을 하고 있었다.

언론들은 사설을 통해 "서명정국, 정치인이 정치적으로 해결하라."고 촉구하는 상황이었다.

이러한 상황 속에서 나는 지난번 여야 총무회담을 성사시켜 의사당 내 국회의원 구인사태 발생을 예방했던 것과 같이, 모든 정치현안을 국회 내에서 해결하는 것이 의회정치 발전을 위해 바람직하다고 판단, 임시국회 소집을 위한 여야 총무회담 성사를 위해 막후활동(幕後活動)을 시작했다.

나는 3월 5일부터, 지난번처럼 양당 총무 측을 왔다 갔다 비밀리에 접촉하면서 "4·19세대의 대표적인 사람들이 여당과 야당의 원내 대표의원(원내총무)으로 있으면서 의회중심 민주정치를 외면한 채 극한투쟁으로 일관한다면, 민주화운동을 했던 사람으로서 비난받을 부끄러운 일인 동시에 자존심에 관한 문제다. 누가 우리를 의회정치 지도자의 반열에 넣어주겠나? 먼 훗날 역사가들이 두 총무를 두고 1986년 그 어려운 정치상황 속에서도 대국적 도량으로 의회정치 발전에 큰 공을 세웠던 사람들이라고 기록할 수 있게 노력해 보자."고 계속하여 설득했다.

내가 하도 자주 찾아가 같은 내용으로 말문을 여니까, 김동영(金東英) 총무는 나를 만나기만 하면 웃으면서 "보소, 이 총장! 이 형은 할 일이 그렇게도 없소? 임시국회는 물 건너갔어요."라며 농담까지 건넸다. 이세기 총무와 김동영 총무는 참으로 훌륭한 정치지도자(政治指導者)이다. 두 분이 각자 자기 당의 강경파 의원들에게 앞을 내다보는 큰 정치를 하자고 설득하여 문을 열었다.

극도의 정국경색 이후 53일 만인 1986년 3월 10일 아침, 서울시청 앞 프라자호텔에서 양당 총무가 만나는 조찬 총무회담(朝餐 總務會談)을 성사시켰다. 드디어 임시국회가 열리게 되었고 개헌문제 등의 모든 정치현안들을 국회 내로 끌어들여 논의케 하는 등, 의회정치 발전에 진일보하는 성과를 이룩해 냈다.

당시 동아일보는 1986년 3월 10일자 여록(餘錄)란에서 "국회사무총장 막후 정치력 발휘(政治力 發揮)"란 제목하에 다음과 같이 보도했다.

이재환 국회사무총장의 막후노력으로 50일 만에 임시국회가 열리는 계기가 됐다는 신문보도
(여·야 총무회담 성사)

「… 민정당 이세기 총무와 신민당의 김동영 총무는 지난 1월 중순 의원기소 파동 이후 50여 일 만인 10일 아침, 서울 프라자호텔에서 약 1시간 동안 조찬을 겸한 회담을 가진 자리에서 3월 임시국회 날짜와 회기 등에 관해서 쉽사리 합의. 이날 양당 총무의 합의는 지난주 몇 차례에 걸

친 막후 접촉을 통해 큰 줄거리에 대해 의견 접근을 본 탓인지 별다른 논란 없이 발표됐는데, 이 같은 여야합의(與野合意)에 이르기까지에는 이재환(李在奐) 국회사무총장이 양 총무와의 오랜 지기(知己)관계를 이용, 적지 않게 노력(勞力)했다는 후문. 이 총장은 이날 아침에도 조찬장소인 프라자호텔에 나와 양 총무가 만나는 것을 확인한 뒤에야 돌아가는 등 이번 임시국회 소집에는 국회사무총장의 '정치적 활동(政治的 活動)'이 눈에 띄기도. 회담이 끝난 뒤 민정의 이 총무는 매우 만족스러운 표정으로 "그동안 막후 접촉과정이 보안이 잘 되어 큰 말썽 없이 합의에 이르게 됐다."면서 신민의 김 총무에게 "국회를 국정토론의 장으로 만들기 위해 '우리 세대(世代)'가 역량을 발휘해 보자고 말했다."고 합의배경을 설명. …」

EU 등 각국 의회사무총장과 교류협력 다짐

나는 국회사무총장 재직 중 1986년 4월 멕시코에서 개최된 제75차 국제의원연맹(IPU) 총회 및 국회사무총장 회의에 참석하고 브라질, 아르헨티나, 페루 등 4개국 순방을 비롯한 해마다 열리는 국제사무총장 회의에 빠지지 않고 참석하여, 각국 의회사무처 간의 교류와 협력을 다짐으로써 의원외교의 성공을 뒷받침하는 데 최선을 다했다.

그중에서도 가장 의미가 있었던 것은 EU의회(구주의회) 등 유럽 4개국을 순방하여 의원외교 활동의 길을 모색하고, 해당국 의회사무총장과의 대화를 통한 교류활동이었다.

1987년 2월 17일부터 3월 1일까지 13일간의 일정으로 안중기(安重基) 국회사무처 섭외국장을 대동하고 첫 번째 방문지인 구주의회(歐洲議會)가 있는 스트라스부르그(Strasbourg)로 갔다. 구주의회 방문목적은 구주의회에 '아세안 및 대한민국의원 친선협회'가 구성됐기 때문에, 구주의회의 주요인사와 구주의회를 주도하는 나라의 의회사무처 지도자들을 만나 우호협력(友好協力) 관계를 강화(強化)하는 한편, 향후 구주의회의원 친선협회의 운영방안을 협의하기 위해서였다. 3일간 체류하면서 플럼 구주의회의장, 린쉐 한·EU의원친선협회장, 크럼쉬 기민당그룹의장, 베이 자민당그룹의장, 빈치 구주의회사무총장 등을 면담하고, 구주의회가 한 국·EU의원친선협회를 결성해 준 데 대해 감사를 표명하였다. 또한 한국과 소원 (疏遠)한 구주의회의장과 의회사무총장의 방한초청(訪韓招請)을 제의한바 흔쾌히 수락했으며, 한·EU의원친선협회 사절단의 상호교환 방문(相互交換 訪問)에 합의 를 보는 성과를 올렸다.

구주의회는 EC 12개 회원국가에서 각기 EU의원을 선출하여 별도 구주의회를 구성하고, 국가별 구분 없이 정치이념에 따라 교섭단체(Political Group)를 구성·운영하고 있다. 구주의회 총 의석 518명 중 사회당 171석과 공산당 46석을 합치면 무려 217석으로 거의 과반수에 육박하고 있어, 이 구주의회(歐洲議會)를 우리나라 의 구라파 사회주의국가(社會主義國家) 의원외교의 중심지(外交 中心地)로 활용하 는 것이 효과적이겠다는 판단을 했다. 구주의회는 점차 그 영향력이 확대되어 가고 있고 EC(유럽연합) 내 여론형성에 큰 역할을 하고 있기 때문에, 구주의회와의 친선 협회 활동에 비중을 높이기로 했다. 특히 좌파세력(左派勢力)의 큰 영향력을 감안 해서 사회당계 구주의원을 적극적으로 방한 초청(招請)하는 것이 효과적이란 결론 을 내렸다.

스페인 방문에서는 카르바할 상원의장을 면담하고 세라노 알베르카 상원사무총 장을 면담, 한·스페인 의원친선협회 사절단 방문일정을 협의한 후 제77차 IPU총 회에 참가할 한국대표단의 활동에 대한 지원을 요청하여 적극적인 지원을 확약받 았다.

영국(英國) 방문에서는 브라도 쇼우 하원사무총장을 면담한 후 의회운영 현황을 시찰하고 하원사무총장이 베푸는 오찬에 참석해 친교를 다지는 동시에, 하원사무 처에 한국사무처 직원 1명을 파견, 연수(研修)시키기로 합의하고, 브라드 쇼우 사 무총장이 방한초청을 수락했다.

프랑스 방문에서는 아멜레 하원사무총장을 면담하고 제77차 IPU총회에서 한국 대표단의 활동을 지원해 달라는 부탁을 했고, 특히 현재 파리에 주재하고 있는 한국국회주재관의 활동에 대해 적극 협조해 줄 것을 요청하여 약속받았으며, 하원 사무총장이 방한초청을 수락했다.

　　결론적으로 이번의 방문성과(訪問成果)를 종합하면 첫째, 방문국 의회와 기존의 우호관계를 더욱 다지고 재확인했으며 둘째, 국회사무처 간의 협력을 강화시켰으며 셋째, 구주의회의 중요성을 파악하는 한편 구주의회 내에 친한 분위기를 조성했고 특히 사회당그룹(Socialist Group)에 대한국(對韓國) 인식을 제고시켰으며 넷째, 오는 '87년 4월 27일에 열리는 제77차 IPU총회가 우리나라 상주공관이 없는 좌경국가인 '니카라과'에서 개최됨을 감안, 우리 대표단에 대한 활동지원을 요청하여 적극적인 지원 약속을 받아내는 등, 실질적인 협력과 교류 활성화의 성과를 거두었다.

원활한 의정활동 지원을 최우선으로

국회사무총장 재직 2년 3개월 동안 나는 신축 중이던 국회도서관을 완공시키고 국회의원회관 신축을 추진하는 등, 국회의원들의 원활한 의정활동을 지원하기 위한 일들을 많이 했다.

국회사무처의 의원지원 기능을 강화하기 위해 사무처의 기강을 쇄신하고 업무태세 재정비를 위해 매월 첫째 월요일 9시에 전 직원 조회(朝會)를 실시, 입법부 직원으로서의 사명감을 고취시켰다. 이와 더불어 복무자세 교육을 실시하는 한편 본회의와 상임위원회 개의 중(開議 中)에는 기동성 있는 의정보좌를 위해 '야간대기조'를 편성·운영하는 등 능률적이고 적극적인 자세로 사무처 기능을 강화시켰으며, 국회의원 보좌진을 보강하기 위해 사무보조원 1명을 추가 증원시키고 고용직인 운전원에 사명감을 넣어주기 위해 6급 상당 비서로 직급을 상향조정했으며 국회의원 비서관 명칭을 보좌관(輔佐官)으로 변경 격상시켰다.

국회사무처가 설치된 지 38년이 되었으나 창설기념식(創設記念式)이 없을 뿐더러 사무처 역사 기록물조차 없던 것을 1986년 5월 31일 국회사무처 사상 처음으로, 국회의장단을 비롯하여 사무처 전 직원이 참석한 가운데 '국회사무처 설립 38

주년 기념식(38周年 記念式)'을 거행, 사무처 제1의 임무인 국회의원에 대한 의정
활동 보좌의 철저를 다짐하고 직원들에게 훈·포장 및 국회의장, 사무총장 표창을
수여함과 동시에 장기 근속자들에 대한 공로패를 수여하는 등 38년 만에 대대적으
로 직원들의 사기를 진작시켰다.

  이렇듯 사무처 창설기념식 제정과 함께 창설 이래 38년간의 사무처 활동사를 기
록케 하여, 국회사무처 창설기념식 날에 때맞춰 '국회사무처 창설 38년사(創設38
年史)'를 발간(發刊)케 하였다.

3급 이상 직원 매월 조회를 개최한 이재환 국회사무총장

기관장이 챙겨야 할 교훈

나는 1986년에 들어서 간부회의 때 "국회사무처가 창립된 지 38년이 됐는데 기념식이 없으니 올해 5월 31일에 38주년 기념식을 하는 것이 어떻겠느냐?" 제안했다. 국장 이상 간부들이 깜짝 놀라면서 이구동성으로 찬성했다.

나는 계속해서 "기념식만 할 것이 아니라 38년간 국회사무처가 한 일에 대한 기록물이 있어야 38년의 역사를 내세울 수 있지 않겠느냐?"고 말한즉 한 번 더 찬사를 보내면서 전원일치 합의를 했다.

그래서 나는 기록편찬국장에게 국회사무처 38년사 발간을 지시했다. 시작한 지 1년 8개월 만인 1987년 12월에서야 38년사가 발간되었다.

그런데 약 27년이 지난 2014년 4월경 그 편찬작업에 참여했던 한 분으로부터 전해들은 이야기에 나는 깜짝 놀랐다. 편찬지침을 받은 당시 편찬과에서 직원들 간에 "무슨 38년사를 만든다는 거야. 40년사면 몰라도….." 하면서 불만스러운 분위기가 있었다는 것이다. 38년 만에 제1차 기념식을 개최하니 38년간 일했던 역사기록물을 만들어보자고 국장들이 만장일치 합의 찬성했는데 담당국장이 직원들에게 그 취지를 정확히 설명하지 않았던 것 같다. 그러니까 직원들이 오해를 했던 것이 아닌가?

회의석상에서 결정됐다 해도 지시를 통해 그 취지와 참뜻이 밑에까지 정확하게 전달이 되었나를 기관장은 다시 한번 체크해야 되겠다는 교훈을 얻었다. 나의 교훈(敎訓)으로 기록한다.

1948년 국회사무처가 창립되어 오늘(1986년 당시)에 이르기까지 38년간 국회사무처가 걸어온 역정을 사실 그대로 기록 조명해 봄으로써 우리 스스로의 모습을 재발견하고 보다 나은 의회정치 발전과 입법보좌 기능의 고도화를 위해 스스로 진지하게 성찰(省察)하자는 뜻에서, 38년 만에 처음으로 개최하는 제1차 기념식을 계기로 38년사를 만들어보자는 참뜻이, 불만으로 소화됐다니 참으로 우습게 되었다.

신념과 추진력으로
국회의원회관 신축

다음으로는 국회의원 회관 신축이다. 제11대 국회 당시에는 국회의원 회관을 의사당 본관 큰길 건너편에 있던 (주)라이프주택 건설이 지어놓은 소형 아파트 건물을 매입하여 사용했다. 극히 협소할 뿐만 아니라 국회의원들의 의정활동 사무실로서의 특수성에 맞지 않아 많은 불편(不便)을 겪었다. 게다가 서울시가 발표한 서강대교(西江大橋) 신설계획에 따르면 의원회관 2개 동이 철거될 상황이었다.

나 역시 11대 국회의원일 때 그 비좁은 의원회관을 사용한 경험이 있어, 사무총장 취임 후에는 국회의원의 원활한 입법활동 지원과 여건조성을 위해 국회의원 회관을 신축해야겠다고 생각했다. 당시 '88서울올림픽을 대비하여 사무공간의 확충 필요성을 갖고 있던 바로 옆의 KBS에 현재 사용 중인 의원회관 건물을 매각하여 대금을 국고에 편입시킨 후 그에 상응하는 예산을 확보하고, 정부에 약간의 예산을 추가로 요청하여 승인이 된다면 예정돼 있는 부지에 큰 문제없이 신축할 수 있겠다는 구상을 했다.

이재형(李載瀅) 국회의장에게 이런 구상을 설명했더니 "이보게 사무총장, 의원회관 신축은 불가능하네. 전두환 대통령이란 사람이 국회와 의회민주주의를 싫어하는 사람인데 그런 예산 지출을 허용하겠는가? 말도 안 되네. 무슨 일을 성사시키려면 분위기를 알고 덤벼야 하는데, 그것은 되지도 않을 일이니 시작도 하지 말게!"라는 대답이 돌아왔다.

나는 어안이 벙벙했다. 풍문으로 전두환 대통령과 이재형 의장 사이가 좋지 않다는 얘기를 듣기는 했으나, 이렇게 적나라하게 말씀할 줄은 전혀 몰랐고 구체적인 내용으로 얘기하는 것도 처음 듣는 일이었다. 전두환 대통령이 국회와 의회민주주의 정치를 싫어한다고? 만약 이 말이 사실이라면 그 같은 생각을 가지고 어떻게 국정을 펴나갈 수 있단 말인가? 어디에다 확인해 볼 수도 없고, 아무리 생각해도 나로서는 납득이 가지 않았다.

몇 날 며칠을 곰곰이 생각하다가 결심했다. 전두환 대통령이 국회사무총장 임명을 말씀할 때 나더러 "이 차관이 그렇게 신념과 추진력이 강한 사람인 줄 잘 몰랐다."고 하신 말씀이 있었기에, 이번에도 내 소신껏 전 대통령이 정말로 의회정치를 싫어한다면 그것은 잘못된 것이라고 말씀드리자는 것이었다. 동시에 의원회관의 신축 필요성을 적극 설명해 예산지원을 약속받아내야겠다고 결심했다.

이를 실현시키기 위해 첫 단계로 나는 먼저 박현태(朴鉉兌) KBS사장을 만나 매입을 권고, 실무자 간에 협상을 시작케 하여 상호 매각·매입에 합의했다. 내가 처음 구상한 대로 의원회관 신축계획을 수립하여, 대통령께 구두 결재라도 받아놓아야겠다는 생각으로 청와대와 연락을 취했다. 그러고는 건축 중인 국회도서관 건립현황(國會圖書館 建立現況) 보고를 드리겠다는 명분으로 대통령 면담신청을 하였다. 그런데 1986년 8월에 들어서부터 전국적으로 심한 장마가 지는 바람에 대통령께서 수해지역을 시찰하느라 시간이 없다고 했다. 얼마 후 안현태(安賢泰) 경호실장으로부터 연락이 왔다. 8월 28일 수해시찰을 마치신 후 아침 8시에 접견시간을 정해 놨으니, 과천 경제기획원 내 대통령 집무실로 오라는 것이었다.

8월 28일 8시 대통령을 면담하고 건축 중에 있는 국회도서관은 약 85%의 공정이

완료되어 곧 준공하게 되었음을 보고하면서, 발생하는 두 가지 문제점과 그 대책을 곁들여 보고했다. 첫째는 서울시의 서강대교 건설로 인해 국회의사당 전면도로가 확장되면 현재 사용 중인 의원회관 2개 동이 철거되어 불가피하게 신축 국회도서관 2개 층에 의원회관 일부를 옮겨야 하는바, 그렇게 되면 신축 도서관의 기능을 제대로 발휘치 못하게 됩니다. 이에 대한 대책으로는 신축 도서관의 설계를 변경하거나 국회의원회관을 신축하는 것이 있습니다.

둘째는 현재의 국회의장 공관이 도로에 접해 있어 서강대교가 건설될 경우 차량통행의 급증으로 인한 위험, 소음, 배기공해 등이 심각할 것으로 예상되는 바 의장공관을 이전하거나 신축하는 대책이 요청됩니다. 특히 현재 사용 중인 국회의원 회관은 너무나 협소해서 의원들의 의정활동에 큰 불편이 있습니다. 의사당 경내에 예정부지도 있고 하니 현재의 의원회관에 대해 매입을 희망하고 있는 KBS에 매각하여 대금을 국고에 편입시키고, 그에 상응하는 예산에다 약 70~80억 정도의 추가 예산만 승인해 주시면 새로운 국회의원회관(國會議員會館)을 건립할 수 있습니다.

나는 위와 같이 보고하면서 꼭 승낙을 받기 위해 이재형 국회의장이 말씀하신 내용을 인용 "각하, 지금 정가에서는 대통령께서 국회와 의회정치를 싫어한다는 여론이 있습니다. 이것을 불식시키기 위해서라도 의원회관 신축을 윤허하시는 것이 좋겠습니다."라고 부언하려 말고, 좀 더 부드럽게 말을 바꿔 "각하, 각하의 의회정치 발전에 대한 의지를 알리는 뜻에서 기념비적 의원회관 건립이 될 수 있도록 예산확보를 관계부처에 지시해 주시면 좋겠습니다."라고 말씀드렸다. 내 우려와는 달리 전 대통령께서 "그래, 의회정치 발전을 위해서는 의원들의 입법활동을 원활히 할 수 있는 여건조성이 제일 중요하지요. 현재의 의원회관이 사용상 불편한 점이 많다고 하니 조속한 시일 내에 의원회관을 새로 짓도록 하시오."라며 그 자리에서 윤허(允許)했다. 반면 의장공관에 따른 대책안에 대해서는 "공관이 좀 시끄러우면 어떻습니까? 거기서 회의를 하는 것도 아닌데. 그 문제는 예산상 안 됩니다."라고 단호하게 거부했다.

　그 순간 지난번 전두환 대통령은 의회정치를 싫어하는 사람이라고 했던 이재형 의장의 말이 떠오르면서, 정가에 나도는 대로 대통령과 이재형 의장 사이가 좋은 관계가 아니라는 얘기들이 사실인가 의아스러웠다.

　어쨌든 전두환 대통령의 구두 윤허를 받고 난 후 계획이 성사되었다는 기쁜 마음으로 경제기획원 건물을 나와, 곧바로 폭우(暴雨)가 쏟아지는 가운데 이재형 의장이 입원해 있는 성남병원(城南病院)으로 달려갔다. 내가 "의장님, 대통령께서 국회의원 회관 신축을 허가했습니다."라고 보고하자, 이 의장은 일언반구 말이 없었다.

　'아, 내가 무슨 실수를 했나?' 얼굴이 후끈 달아올랐다. 만약 이 의장의 말대로 전두환 대통령이 의회정치를 싫어해 반대하는 사람이라 해도, 280여 명의 국회의원들에게 편리함을 제공하는 회관건립이 성사되었다면 어쨌든 잘된 일이 아닌가? 무엇이 기분 나쁜지 모르지만, 기분이 나쁘다 해도 수하에겐 속내를 접고 잘됐다든지 수고했다든지 좌우간 무슨 언급이 있어야 하지 않는가? 예산확보를 위해 대통령의 눈치를 봐가면서 애써 설명하고 쉽지 않은 일을 성사시킨 나로서는 섭섭하기 이를 데 없었다. 또 한편으로는 앞으로 국회의장 때문에 회관건립에 엄청난 어려움이 따르겠구나 하는 걱정을 직감했다.

　어쨌든 대통령께서도 윤허하셨고 예산문제도 해결됐으므로, 정식으로 국회의원 회관 신축계획서를 작성하여 대통령의 정식 재가(正式 裁可)만 받으면 되었다. 나는 이미 사무처 실무진에게 계획서 작업을 준비시켰기 때문에 다 된 것이나 다름없었다. 그런데 정작 국회의장이 결재를 안 하고 늦추기 시작하는 것이 아닌가! 당시 국회법이나 규정상으로는 모든 사무의 최종 결재권자는 국회사무총장이고, 국회의장은 입법부 수장으로서 상징적인 위치에 있었을 뿐이다. 그럼에도 나는 많은 사무에 대해서 사전에 의장에게 구두로 보고하고 집행하고 있었다. 이(李) 의장이 사사건건 당신의 결재를 받으라고 했기 때문이다. 전직 사무총장을 지냈던 한 분이 "역대 사무총장 중 제일 힘들었던 사람이 이재환 사무총장이다."라고 표현할 정도였다.

이재형 의장은 18일 동안이나 결재를 미루다가 어떻게 생각하셨는지 9월 15일에 결재했다. 비로소 공식적인 절차를 밟아 1986년 10월 15일 전두환 대통령의 친필 재가(親筆 裁可)를 받았다. 1987년 2월 16일 10시 연건평 12,960평, 지하 2층 지상 7층, 25평형 300개 사무실, 승용차 250대 지하주차장, 세미나실, 의원식당, 의원면담 및 휴게실 등 편의시설을 갖춘 현대식 석조건물을 1988년 2월 준공 목표로 기공식(起工式)을 가졌다.

문외한(門外漢)이 겪은
험난한 회관 신축과정

문제는 이제부터 시작이었다. 내가 우려했던 대로 건축과정에서 이재형(李載瀅) 의장은 무리한 지시를 내리는 경우가 많았다.

나는 1986년 12월 20일 법규에 따라 조달청에 제1차 공사(지하층부 골조공사, 140억 원)의 시공업자 선정을 의뢰했다. 그런데 3일이 지난 23일 이 의장이 갑자기 시공업자 선정의뢰 업무를 중단하라고 명령하면서 "국회사무처가 5~6개의 건설업자를 선정하여 조달청에 추천해 주고, 그중에서 1개 업체를 결정해 줄 것을 요청하는 방법으로 추진하라."고 지시하는 것이 아닌가. 관계 실무자의 의견을 들어 보니 이것은 법규상 맞지 않는 것이었다. 이때부터 국회 주변에서는 대림건설 얘기가 나돌기 시작했다.

이튿날 나는 이재형 의장을 방문, 국회의원 회관건립에 따른 국회사무총장으로서의 입장과 방침(事務總長 立場 方針)을 말씀드렸다. 즉 "저는 시공업자 선정에 절대로 영향을 주거나 관여하지 않겠습니다. 혹 저를 대상으로 있을지 모를 건설업계로부터의 중상모략(中傷謀略)과 유언비어(流言蜚語)에 대해 의장님께서 사무총장을 보호(保護)해 주시기 바랍니다."고 청을 드렸더니 이 의장이 피식 웃었다.

나는 일주일 동안 숙고한 후 지시대로 따를 수 없다는 결론을 내리고, 12월 31일

다시 의장을 방문하여 "지시하신 대로 조달청에 추천할 5~6개 업체 선정작업을 아무리 공평하고 합리적으로 한다 해도 업계는 그 자체의 공정성을 인정하지 않을 것이고, 오히려 많은 의혹(疑惑)을 살 우려가 있으니 의장님께서 지시하신 방법을 따를 수가 없습니다. 따라서 시공업자 선정문제는 그대로 조달청(調達廳)에 맡기도록 해야겠습니다."라고 보고했다.

한편 조달청에서는 정식으로 국회사무처에, 1987년 1월 12일 자로 국회의원 회관건설 제1차 공사 시공업자로 (주)동산토건을 선정했다고 통보해 왔다. 이를 의장에게 보고한즉 화를 벌컥 내면서 "조달청이 어떻게 (주)동산토건과 수의계약으로 결정했는지 사무총장이 그 과정을 조사(調査)해서 나에게 보고(報告)하시오."라고 지시했다.

아니, 국회사무총장이 무슨 권한으로 조달청의 행정행위를 조사한단 말인가? 할 수 없이 조달청에 의장의 말을 전하니 1월 16일 김태승(金泰昇) 조달청 차장이 이재형 의장을 방문, (주)동산토건과 수의계약으로 결정한 내용과 사유를 설명하고는 법적 하자가 없음을 확인해 주고 돌아갔다. 그럼에도 불구하고 이재형 의장은 나를 불러 "조달청에 연락해 제1차 시공업자 선정을 취소(取消)케 하고 최종 실시 설계가 완성되거든 그때 가서 일괄적으로 다시 발주토록 하라."고 또 다른 지시를 했다. 나는 도무지 이해가 되지 않았다. 조달청에서도 법과 규정에 따라 시공업자 선정업무를 진행한 것일 텐데, 그것을 국회의장이 원하는 대로 이랬다 저랬다 할 수는 없는 것 아닌가? 어떻게 보면 입법부의 수장인 국회의장이 일개 청(廳) 단위기관인 조달청과 업자 선정(業者 選定)을 두고 다툼을 벌이고 있는 것 같아 창피한 생각이 들었다.

조달청이 이미 집행한 행정행위를 국회의장의 말 한마디로 어떻게 취소할 수 있겠는가? 이번에는 내가 조달청에 통보하지 않고 의장 지시에 대한 검토보고서를 들고 다시 이 의장을 방문했다. "말씀하신 최종 설계 완성일이 '87년 4월 30일이므로 그때 가서 발주한다면 국회사무처의 새로운 발주준비 소요기간 약 2개월, 조달청에서의 행정절차 소요기간 1개월 등 최소한 3개월이 더 소요되어 '87년 7월 말경에나 시공업자가 선정되므로 준공목표인 '88년 2월 말 준공은 불가능(不可能)하게 되어 어렵습니다."라고 설명했다. 이 의장은 이튿날 나를 불러 "2월 말에 준공치 않아도 좋으니 4월 30일 최종 실시설계가 완성된 후 다시 일괄 발주토록 하라."고 지시하면서, 조달청에 다음과 같은 2개 방안을 제시하라고 했다. "제1안은 제1차 공사에 대한 시공업자 선정을 취소하고 다시 제1차 공사 발주분 140억 원을 전체 공사로 보고 건설업체 도급 한도액 순위 1군에 경쟁 입찰케 하는 것이고, 제2안은 제1차 공사 발주분은 조달청 측이 이미 결정한 (주)동산토건으로 하고 제2차 공사 발주분은 1차 공사가 끝나고 최종 실시설계가 완료된 후 전체 공사로 보고 다시 발주해 조달청으로 하여금 도급 한도액(都給 限度額) 1군(群)에 넣어 경쟁 입찰케 하는 것이다. 이 2개 방안을 조달청에 제시하고 협조해 달라 요청하라."는 것이었다.

건설 분야에 문외한(門外漢)인 나로서는 지시 후 새로운 지시, 또 새로운 지시가 거듭되어 이쯤에 와서는 머리가 터질 것만 같았다. 발주(發注)가 뭔지 최종 실시설계(實施設計)가 뭔지도 잘 모르는 상황이었으니 정신 차리기에 바빴다. 여하튼 나는 의장의 지시대로 조달청에 2개 방안을 제시, 협조 요청서를 보냈다. 1월 20일에 회신이 오기를 "제발 조달청의 행정행위를 그대로 인정해 달라. 제시한 2개 안은 원칙적으로 받아드릴 수 없으나 의장님의 뜻이 그러하다니 국회사무처에서 정식 공문으로 요청하면 검토해 보겠다."는 것이다. 나의 느낌으로는 향후 어떤 문제가 발생하여 여론이 일게 되면 귀책사유를 우리 국회사무처에 떠넘기려는 저의가 엿보였다.

이재형 의장의 고집도 대단했다. 공문이 온 다음 날 21일 내게 조달청으로 "제1차 공사분은 기결정대로 하고 제2차 공사는 4월 말 최종 실시설계가 완성된 후 도급순위 1군(群)에 넣어 경쟁입찰로 시공업자를 선정토록 하라고 연락하라."고 지시했다. 이때 나는 의장에게 "저는 처음부터 시공업자 선정은 어디까지나 조달청의 권한이기 때문에 어떤 건설업체가 어떤 방법으로 결정되든 간에 관심이 없습니다. 이렇게 시공업자 선정방법 문제로 여러 차례 오락가락했기 때문에 당초의 준공목표인 '88년 2월 말 준공계획 이행은 전혀 불가능하게 되었으므로 대통령에게 경과를 보고해야 합니다."고 말씀드렸다. 한편 제1차 공사의 시공업자로 선정된 (주)동산토건은 '87년 2월 9일 착공에 들어갔다.

이재형 의장은 무슨 이유에선지 청와대에 보고(靑瓦臺 報告)할 '국회의원회관 건립 현황보고서' 작성에도 직접 관여(直接 關與)하기 시작했다. 사무처 실무자가 작성한 "본 공사는 당초 부분발주 방법으로 '88년 2월 준공 예정이었으나 발주계획이 변경되어 현재로서는 '88년 2월 준공이 어려운 실정이다."라는 보고서 내용을 "본 공사는 당초 '88년 2월 준공 예정이었으나 건축물량 등의 사정으로 예정기일 준공은 어려울 것으로 사료된다."로 수정(修正)하라고 직접 지시(指示)했다. "발주계획이 변경되어"를, "건축물량의 사정으로"로 바꾸라는 것이다. 아마 이 의장 자신도 발주방법에 대해 조달청에 이래라 저래라 지시한 사실이 외부로 드러나는 것을 원치 않는 듯했다.

나는 '87년 5월 16일 의장에게 최종 실시설계 내용에 따라 산출해 본 개략적인 공사 소요예산이 265억 원으로 집계되었음을 보고하면서, 그대로 집행하겠다고 했다. 보고를 받을 때는 아무 말이 없던 이재형 의장은 5일 후인 5월 21일 나를 불러 "외부 벽 화강석 붙이기, 지하주차장 설치 등 일부 공사를 유보한 199억 5천만 원의 규모로 추진하라."고 지시하는 것이 아닌가! 왜 예산액수를 줄이는지 알 수는 없으나 외벽공사를 유보한다는 것은 우스운 일이라서 내가 곧바로 "의장님, 외벽 화강석 붙이기와 지하주차장 설치를 유보하는 공사가 어디 있습니까?" 하고 반문한 즉 "자네는 내가 시키는 대로만 해요."라고 퉁명스럽게 대답했다. 이재형 국회의장이 직접 건설 실무자가 된 것이다.

'87년 5월 30일 조달청으로부터 제1차 공사가 완공되었다는 통보가 왔다. 일정상 즉시 제2차 공사를 조달청에 발주해야 하는데 의장으로부터 아무런 지시가 없다. 시일은 가고 답답해서 내가 최명헌(崔明憲) 비서실장과 이한동(李漢東) 운영위원장(민정당 총무)에게 제2차 발주일자를 의장에게 문의해 달라고 부탁(付託)하니, 두 분 역시 손을 설레설레 흔들면서 거절(拒絶)했다. 그분들은 이재형 의장의 성격을 너무 잘 알고 있기 때문에 의원회관 건립 건에 대해서는 그 근처에도 가지 않으려는 태도였다. 그렇지만 내가 이재형 의장과의 사이에서 고통 받고 있는 것을 세세히 알고 있던 터라 오히려 나를 위로(慰勞)해 주었다.

이렇게 한 달쯤 지나게 되자 나는 더 이상 직무 집행을 늦출 수가 없어, 6월 24일 조달청에 제2차 공사를 발주하고 시공업자 선정을 의뢰하는 공문을 보냈다. 6월 26일 조달청으로부터 의외의 공문이 날아왔다. 내용인즉 "당청에서는 통상 동일 구조물의 계속 공사로서 시설물에 대한 장래의 하자책임 구분 곤란 등의 사유로, 전차(前次) 시공자와 수의계약으로 집행하고 있습니다. …귀 요청대로 하자승계 조건부 경쟁으로 집행할 것인지 또는 지금까지 당청의 집행관례대로 수의계약으로 할 것인지의 여부를 문의하니, 조속 회신 바랍니다."라는 것이었다. 조달청의 이러한 공문은 전례가 없는 것으로서 이재형 국회의장 때문에 보낸 것 같았다.

의장에게 즉시 공문내용을 보고하면서 "어떻게 회신할까요?" 문의한즉 "이 사람아, 뭘 그것을 묻나? 당연히 지난번에 말한 대로 건설업체 도급순위 1군에 넣어 경쟁 입찰토록 하라고 해." 하면서 몹시 기분이 상한 듯했다. 이재형 의장은 도급순위 1군(都給順位 1群)을 끝까지 고집하였다.

이 같은 험난하고 고통스런 과정을 거쳐 발주한 제2차 공사 시공업자 선정문제는 이재형 의장의 요구를 받아들인 조달청이 지금까지의 관례대로 집행을 하지 않은 극히 예외적(例外的)인 케이스로, 도급순위 1군에 속하는 30개 업체 중 22개 업체가 참가한 가운데 경쟁 입찰(競爭 入札)을 실시했다. 그러나 그 결과는 제1차 시공업체였던 (주)동산토건이 낙찰자로 결정되었고, 조달청은 일부 유보공사 없이 전체의 회관건립 공사계약을 체결한 후 7월 16일 국회사무처에 통지해 왔다. 내가 의장에게 결과를 보고하니 그렇게 적극적으로 간여했던 이재형 의장이 묵묵부답(黙黙不答)이었다. (주)동산토건 측은 7월 20일 국회사무처에 제2차 공사 착공계를 제출하고 7월 25일 착공에 들어갔다.

이러한 7개월간의 험난(險難)했던 경과(經過)와 사유로 인해 '88년 2월 말 준공목표였던 국회의원회관 건립은 공정상 '88년 말 준공을 목표로 할 수밖에 없었다.

나는 완벽한 의원회관 건립을 위해 온갖 정성을 기울이던 중, 제13대 국회의원에 출마하기 위해 '88년 3월 18일 자진 사표를 제출, 사무총장직을 떠났고, 제13대 국회의원 총선에서 전국적인 민정당의 참패로 낙선하는 바람에 준공식(竣工式)에도 참석치 못했다. 처음 시작부터 착공할 때까지 수많은 고통과 눈물이 배인 신축건물에 입주도 못 해 본 셈이었다.

그러다가 마침내 1992년 제14대 국회의원 총선에서 당선되어 배정받은 235호실로 들어서는 순간, 참으로 감개가 무량하고 남다른 감회에 젖게 되었다. 요즘에 와서는 처음과는 달리 이 회관을 중심으로 해서 옆으로 넓게 확장되어 더 넓고 편리한 의원회관으로 발전한 모습을 보니, 남모르는 기쁨이 더하다.

사회복지연구,
박사학위 취득

　나는 모든 인간은 인간답고 가치 있는 생활을 할 권리가 있으며, 그 권리는 어느 누구로부터도 침해당할 수 없는 기본적 인권으로서 보장되어야 한다는 사상을 가지고 있다. 현대국가는 이러한 기본적 인권사상 즉 구체적으로 생존권, 생활권, 문화권, 교육권 및 사회적 정치적 권리 등을 포함한 실천체계를 설정하는 것을 제일로 삼아야 한다. 즉 인간으로 태어난 이상 누구나 동일한 인간으로 존중받아야 한다는 인권사상에 대한 구체적 실천과 정책활동을, 사회복지의 과제로 삼아야 한다는 것이다.

　인간의 권리로서의 사회복지권은 현대에 이르러 많은 학자들에 의해 발상되었으나, 1970년대까지 그에 대한 연구 실천과정에서 이렇다 할 성과를 얻지 못하고 있다는 것이 공통적인 평가였다. 특히 한국의 사회복지권은 제5공화국 헌법에서 최초로 명문화되어 그 역사적 의의를 갖고 있긴 하나, 그 성과에 관해서는 미지수로 남아 있다. 일반적으로 복지란 인간이 존재하는 사회체제 내에서 여러 가지 요인으로 파생되고 있는 사회적 불평등, 빈곤, 실업, 질병, 장애 및 기타 생활영위에 대한 위기 등의 제요소를 제거·억지시키고, 인간의 기본적인 생존권을 유지·증진하며 또한 그 방향을 제시하는 사회정책적 시책이고 그것을 위한 활동의 체계라고 볼 수 있다.

그러나 이러한 '인권사상에 입각한 사회복지를 어떻게 도입·확보하여 어떠한 방법으로 실천화할 것인가?'가 문제이다. 그러므로 나는 이러한 큰 문제를 앞으로 행정적 차원에서 어떻게 극복해야 할 것인가를 하나의 과제로서 제시하고 연구했다.

나는 단국대학교 법정대학 정치·행정학과에서 학생들을 교수하면서 항상 사회복지 분야에 관심을 가지고 계속 연구했다. 1974년 초 어느 날 단국대 장충식(張忠植) 총장께서 나를 부르시더니 "정부의 박사학위 수여제도가 바뀌어 내년 1975년부터는 누구나 대학원 박사과정을 졸업해야만 박사학위 논문제출 자격을 주게 되어 있습니다. 그러나 현직 교수가 1974년 말까지 논문을 제출하면 종전대로 논문심사만으로 학위를 수여하게 되어 있으니, 연말까지 박사학위 논문을 준비(論文 準備)해 보시지요."라고 권고(勸告)하셨다.

나는 즉석에서 "싫습니다. 저는 앞으로 정치 분야에 진출하려고 하는데 지금 말씀하신 대로 구제(舊制)에 의해 학위를 받는다면, 누군가 어느 때에 가서 나의 학위를 두고 적당(適當)히 받은 학위라고 비하(卑下)할 것입니다."라고 말하며 사양(辭讓)했다.

이런 연유로 나는 그해 1974년 단국대학교 대학원 박사과정에 정식 입학했던 것이고, 모든 학점을 취득하고 1977년에 박사과정을 졸업함으로써 박사학위 논문제출 자격을 획득하여 '한국사회복지의 행정적 과제'란 제목으로 1977년부터 박사학위 논문을 쓰기 시작했다.

그런데 거의 완성단계에 다다랐을 때인 1980년에 들어서면서 내가 제11대 국회의원 입후보 준비를 하는 바람에 논문쓰기가 잠시 중단됐었다. 그러다가 1981년 3월 국회의원 당선 후에 나는 다시 주경야독의 정신으로 밤늦게까지 논문쓰기를 시작하여, 1982년 6월 박사학위 논문 심사위원회를 통과한 후 1982년 9월 졸업식에서 정정당당히 신제(新制)에 의한 박사학위(博士學位)를 취득하게 되었다.

박사학위 취득을 축하하는 부모님을 비롯한 가족과 친인척들('82. 9. 17)

논문 지도교수는 단국대학교 법정대학 교수 한영춘(韓榮春) 박사였고, 심사위원장은 당대 행정학계의 거두인 중앙대학교 행정대학원장 박문옥(朴文玉) 박사였다. 심사 첫날 위원 중 한 분인 성균관대학교 윤근식(尹謹植) 박사가 "현직 국회의원이 박사학위를 청구한 논문을 심사한다는 것이 의아해서 알아봤더니, 이재환 씨는 국회의원이 되기 전에 박사과정을 이수했고 1977년부터 논문을 쓰다가 국회의원 입후보 때문에 제출이 늦어졌고, 국회의원 당선 후에도 학구열을 늦추지 않고 학위논문을 완성시켜 심사를 청구한 것으로 파악했기 때문에 과정상 아무런 문제는 없습니다. 그러나 현직 국회의원이라고 해서 적당히 심사할 수는 없으니 양해하세요." 라고 하여 크게 긴장하면서부터 5차에 걸친 엄격한 심사를 받는 동안 석학들의 날카로운 질문에 진땀을 흘렸던 시간 시간들이 지금도 기억에 생생하다.

박사학위 취득을 축하하는 장모님을 비롯한 처가식구들(처형3명, 동서3명, 처남3명, 처남댁3명, '82. 9. 17)

    나는 그 당시의 학위논문(學位論文)에서 우리의 바람직한 사회복지제도(社會福祉制度)를 언급하였다. 우리나라의 사회복지 정책은 공적 부조, 공적 연금제와 의료보험을 중심으로 하고 있으나 아직도 개선해야 할 문제점들이 산재해 있으며, 그 밖의 다른 분야는 관계 법률만 제정돼 있을 뿐 크게 실효를 거두지 못하고 있거나 활발하지도 못한 실정이다. 따라서 우리의 사회복지 수준은 선진 복지국가와 비교할 수 없을 정도로 낮은 수준에 있다.

    예컨대 아직까지도 정부예산 가운데 사회보장 부분예산의 비율은 4%선(1981년 3.92%)에 머물러 있을 뿐만 아니라, 사회보장비 지출이 국민총생산(GDP) 대비 2%도 못 된다는 사실(1981년 기준 한국 1.77%, 일본 5.5%, 선진복지국가 10~20%)은 현대에 있어서 사회복지가 국가의 적극적인 개입을 필요로 하고 있음을 감안할 때, 오히려 복지대상의 급증추세에 비추어 복지정책은 둔화되지 않을까 우려되는 바이다.

복지국가 건설 첫 시발 연도인 1982년의 예산규모를 보면 사회개발 분야 중 교육투자를 확대함으로써 교육환경을 개선하여 국민에 대한 기회균등을 통해 빈곤의 세습화를 예방하겠다는 의지를 표시한 것 외에, 복지사회 건설에 필요한 제반문제에 대해서는 우선 기본적인 영역에서부터 점진적으로 실시해 나가겠다는 것이 정부의 시책방향인 것 같다.

제5차 경제사회발전 5개년 계획에 있어서도 안정, 능률, 균형을 기조로 삼으면서 소득계층 간 및 지역 간의 균형발전을 기본목표 중 하나로 제시하고 있다. 따라서 이 기간 중 사회보장제도의 발전을 위해 의료보험 제도의 확충, 산재보상보험 제도의 내실화, 공적 부조사업의 확충 등을 실천해 가겠다는 목표를 세우고 있다. 그러나 그 실천 전략을 성장과 복지의 균형 조화를 이룩한다는 데에 두었고 또 이 계획에서 지속적 성장기반을 공고화하는 것을 기본목표로 연평균 8%의 성장을 전제로 하고 있음을 감안할 때, 과연 현재 계속 저하되고 있는 경제발전 회복에 대처해야 할 정부의 경제성장 정책과 어떤 조화와 균형으로 복지수요를 충족시킬 것인지 의문이 크다.

그뿐만 아니라 우리나라의 사회복지 제도나 복지관련 법률들을 검토해 볼 때, 그것들이 사회복지 개념에 따른 소득보장이나 의료보장, 충분한 복지서비스로서의 역할을 다하지 못하고 있어 개선·발전시켜야 할 부분이 허다하다.

현재 우리의 사회복지 현황을 살펴보면 앞으로 계속해서 고도의 산업화와 도시화로 인한 사회변동이 진행될 것인데, 이에 따라 발생하는 새로운 사회문제와 함께 각양각색으로 증대해질 복지적 요구를 어떻게 효과적으로 해결할 것인가? 또 그러한 사회문제 예방을 위해 어떤 방법을 강구할 것인가? 복지수준의 향상과 복지시설의 확대 및 질적 충실은 어떻게 할 것인가? 하는 것들이 가장 큰 과제(課題)인 것이다.

이러한 과제에 대처하기 위해서는 무엇보다도 정부(政府)가 타 부분의 발전 비중이 약간 저하되더라도 복지사회를 이룩해야겠다는 확고한 의지(意志)를 가지고, 보다 적극적인 사회복지 정책을 수립하여 과감한 국가개입(國家介入)하에 사회보장 재원을 증대시켜야 할 것이다. 또한 보건사회부, 문교부, 내무부 등 수개 부처에 산재한 사회보장 업무를 통합하여 국가적인 차원에서 포괄적이고 통일적인 업무를 집행하기 위해 전담 행정기구(專擔 行政機構, 가칭 사회복지청)를 설치하고, 장기적 목표와 기본정책 방향을 설정하여 사회변동의 추세를 감안해 국민의 기본적 욕구 수준의 향상과 예방적 서비스 증진을 위해 실효성 있는 제도를 연구 개발해야 한다.

더불어, 나는 한국 사회복지 발전을 위해 앞으로 고려해야 할 것들을 다음과 같이 제시했다. 첫째, 실업보험제도 둘째, 노령연금제도 셋째, 장애자취업촉진제도 넷째, 가족수당제도 다섯째, 가족복지정책의 체계 확립 여섯째, 국민복지연금제 조기실시 일곱째, 전문 인력의 확보 문제 등이다.

현재에 이르러서 보면, 내가 지적하고 제시(提示)했던 문제와 과제들이 눈부시게 개선, 발전하고 있다. 내가 주장한 바와 같이 전담 행정기구로 보건복지부(部)가 설치되었고, 대통령 선거전에서 선거공약의 초점(焦點)이 사회복지 문제에 이르게 되었으니 참으로 다행한 일이다. 내가 희구(希求)했던 복지국가 건설(福祉國家 建設)이 머지않아 다가올 것 같다.

국회의원 낙선 후
지역활동 배가

민주주의는 약속과 그 실천이라는 말이 있기도 하지만, 한번 약속한 것은 어떠한 경우에도 반드시 실천해야 한다는 것이 나의 생활철학(生活哲學)이다.

나는 또다시 국회의원이 되기 위해 국회사무총장직을 사임하고 1988년 4월 26일 실시한 제13대 국회의원 선거에 입후보했으나, 이미 전두환 대통령과 민정당에 대한 민심(民心)이 떠나버린 상태였기 때문에 그런 후유증에 따라 나도 낙선하고 말았다. 그렇지만 나는 유권자에게 공약한 사항을 실천하기 위해 여당의 지구당위원장으로서 대전지역 발전을 위해 중앙정부 장관들을 수시 방문하면서 지역활동을 계속했다.

국회의원 선거 낙선 이후 4년 동안 내 자신의 행적(行績)을 살펴봄으로써 자신의 약속실천(約束實踐) 여부를 확인(確認)하고 내 스스로가 더 부지런히 일하려는 계기로 삼고자 조사해 보았다. 나는 우선, 연례행사로 꼭 실시해 온 몇 가지 일들을 간략하게 기록해 본다.

먼저 해마다 2월이면 고교 졸업생들에게 축하 메시지와 함께 그들이 대학진학 또는 사회생활에 필요로 하는 마음가짐을 편지에 가득 담아 보냈다.

3월 근로자의 날에는 각급 기업체의 노조간부들을, 그리고 4월 예비군의 날이면 소대장급 이상 간부들을 초청, 위로 간담회를 갖고 각종 애로사항 개선점 등을 청취하면서 위로·격려했다. 또한 각 동별로 우수 새마을 지도자 및 새마을 부녀회장을 추천받아 표창을 하고 격려하는 것은, 무보수로 행하고 있는 그들의 일이 참으로 애국하는 일이기 때문이다.

매년 5월이 되면 어버이날에 불우 노인들을 초청하여 위로잔치를 열고, 또 20명 안팎의 훌륭한 어머니들을 초청하여 표창을 하고 감사를 드렸다. 그리고 스승의 날에는 나의 옛 은사 선생님을 비롯하여 현직 초·중·고교의 모든 선생님들에게 진심으로 노고를 치하 드리는 감사 편지를 올렸다. 특히 어린이날에는 소년소녀 가장을 초청, 위로잔치를 베풀고 적으나마 격려금을 전달하면서 그들이 희망과 용기를 갖도록 격려했다. 이밖에도 나는 매년 3월 성년의 날을 맞으면 성년이 된 젊은이들에게 축하 편지를 띄우고 그들에게 인생의 앞날과 삶의 올바른 길이 무엇인가를 진지하게 설명해 주었다.

보훈의 달 6월에는 지역구 내 보훈대상자 전원에게 위로와 감사를 드리는 편지를 올리고 특히 전몰군경 미망인들을 초청, 공연(公演)을 베풀고 선물도 드리면서 깊은 감사와 위로를 드렸다.

8월 광복절을 맞아 선물을 들고 생존 독립유공자 유족들을 일일이 예방하고 위로했다.

10월에는 열악한 가정형편으로 혼례식을 갖지 못하고 생활하고 있는 분들을 찾아, 내가 주례를 서고 식장비용 등을 부담하여 무료결혼식(無料結婚式)을 올려주었다. 그리고 지역 여성들의 교양증진과 생활의 지혜를 얻도록 하기 위해 10월과 5월 등 연 2회 여성 교양강좌를 개최하였다.

12월에는 경로당을 예방, 노인 어른들을 위로하고 불우아동 시설을 방문하여 위문품으로 그들을 격려하며 불우이웃돕기에 앞장섰다. 또 우편집배원, 청소미화원,

방범대원, 근로청소년들을 직접 찾아가 작은 정성을 담아 전달하면서 격려했다.

그리고 해마다 2회에 걸쳐(1회에 100명씩) 우수반장을 선발, 표창하면서 그들이 무보수로 수고하고 있는 데 대하여 시민의 한 사람으로서 감사의 뜻과 함께 격려했다.

'91년 11월 말 현재 집계에 따르면, 비가 오나 눈이 오나 상가조문 4,018회, 결혼주례 1,346회, 지역을 계속 순방하여 19만여 명의 주민과 면담을 한 기록은 국회의원 지역구 관리활동 사상 처음 있는 기록(記錄)이었기 때문에, 지금까지도 지역구민들의 칭찬이 자자하다고 전해온다.

11대 국회의원 시 청소부에게 전국 최초로 야광조끼를 선물하는 저자 ('84. 3. 26)

이와 더불어 나는 대전을 위해 태어났고, 대전 발전을 위해 헌신해야 한다는 사명감(使命感)을 구체적으로 실천에 옮기기 위해 '대전지역개발연구소'를 설립, 운영했다. 말로만의 대전개발이 아니라 실질적으로 이를 위해 연구하고 뜻을 같이하는 교수, 언론인, 문화예술인, 청년학생 등 많은 각계각층의 시민과 흉금을 털어놓고 토론하며 그 지혜를 하나로 모으자는 것이 또한 나의 생각이자 이 연구소의 설립 목적이었다.

나는 또한 1990년 8월 이 지역 여성의 능력개발에 도움을 주기 위해 무료로 대전지역개발연구소 부설 '여성교양대학(女性敎養大學)'을 개설·운영하여, 꽃꽂이·지점토공예·생활도예 등 7개 과목을 설정하고 3개월간 무료로 교육(無料敎育)시켜 1

년에 1,658명씩 총 8천여 명의 교양교육생을 배출(排出)했다.

오래전의 일이지만 나는 이 기회에 나의 봉사활동 중 가장 보람 있고 통쾌하게 실천된 것 중에 몇 가지만을 더 기록해 보고자 한다.

첫째, 시민의 재산권 행사를 동결시키고 있는 시가화 조정구역(市街化 調整區域)을 전면 해제(全面 解除)한 것이다. 1986년 9월부터 건설부가 유성, 신탄진 등 8개 지역의 790만여 평을 도시계획법에 의거 개발제한(開發制限) 조정구역으로 묶어놓아 시민의 재산권 행사를 불능케 함은 물론 지역발전을 저해해 왔던 것이다. 나는 동분서주하며 중앙의 행정당국과 민정당 고위층을 수없이 방문, 이 지역의 전면 해제를 강력히 촉구하고 협조를 요청함으로써 마침내 1989년 11월 14일 건설부 고시(672호)로 전면 해제시킨 일이다. 당시 이종찬(李鍾贊) 민정당 사무총장의 협조에 감사드린다.

시가화 조정구역 전면해제조치 기자회견('89. 3. 28)

둘째, 유성출장소(儒城出張所)를 구(區)로 승격시킨 것이다. 나는 내무부와 국회, 그리고 당시 민주정의당 정책위원회 등을 방문하여 끈질기게 그 필요성을 강조하고, 인구 10만 명이 되어야 구(區)로 승격(昇格)된다는 기준(基準)에 얽매이지 말고 미래의 인구증가에 대비하는 미래지향적 행정을 펴달라고 간청한 끝에 드디어 유성이 구로 승격하게 된 것이다. 오늘에 와서 보면 나의 예상이 적중했다.

셋째, 시가화 조정구역에 인접해 있어 제약되어 있던 건축통제지역을 1989년 3월 3일 자로 주거지 준공업 및 공업지역을 막론하고 전면 해제(全面 解除)한 것이다.

넷째, 1989년 1월 1일자로 대전직할시에 편입된 기성동, 진잠동, 탄동 및 구즉동 등 4개 지역을 차례로 방문, 그 지역 어른들께 직접 인사드리고 지역유지 등 200~300명 주민들을 초청 편입환영 간담회(編入歡迎 懇談會)를 개최, 애로사항을 청취하여 시정(市政)에 반영시켰다.

다섯째, 도로의 흙먼지로 고통을 받아 오랫동안 주민들의 숙원이었던 유성-도안동-가수원 간 약 2km의 흙먼지 길을 중앙의 특별교부금 지원으로 완전 포장(鋪裝)했다.

여섯째, 원내동(院內洞) 지역 쓰레기 매립장 건설계획을 중단(中斷)시켰다. 식수오염대책 강구를 요구하는 솔마루부락 주민들의 민원을 해결하기 위해 당시 김용성 시장과 담판, 90가구에 상수도 시설을 해줌으로써 농촌지역에서 유일하게 수돗물을 먹게끔 한 것은 통쾌한 일이었다.

일곱째, 흙먼지와 진수렁으로 인해 주부들이 그토록 갈망하던 용문동 서부노인회관-백운국민학교의 도로포장과 미곡창고 앞-탄방주공아파트 입구 도로를 포장하였다. 도로포장을 완공 실현하여 주민잔치가 벌어지고 눈물 흘리는 주민들로부터 감사패를 받던 순간, 나는 13대 선거 시 주부들 앞에서 공약했던 것을 실천하게 되어 큰 보람을 느꼈다.

여덟째, 상류로부터 내려오는 생활폐수로 인한 악취, 야간통행상의 어려움을 참다못해 일으킨 변동천(邊洞川) 하류지역(변동 5거리 부근) 주민들의 집단농성을 해결하고 복개(覆蓋)하였다. 이외에도 둔산 신시가지 개발에 따른 많은 민원과 대전의 오랜 숙원사업 중 민원 87건을 해결함으로써, 지역주민들로부터 약속을 실천(約束 實踐)하는 정치인(政治人)이라는 평가와 신뢰(信賴)를 받아 인기가 높았다.

이처럼 나는 정치가로서 나의 명예와 인격을 걸고 시민들 앞에서 약속했던 공약사업들을, 국회의원이 안 되었어도 완전히 해결한 것에 대해 큰 자부심을 갖고 있다. 이 기회에 협조와 지원을 아끼지 않으신 중앙과 지방의 관계기관 모든 분들에게 깊은 감사를 드리는 바이다.

민원해결에 감사하는 지역주민들('89. 11. 20 진잠)

제5부

제14대 국회의원 시절부터 정계은퇴까지

무소속 당선, 민자당 재입당 경위
의정사상 최초, 국회개원 지연 '헌법소원 심판'을 청구
김영삼 대통령직 인수위원으로 발탁되다
대전 정부 제3청사 건립 왜 안 돼?
제14대 국회의원, '여당 속의 야당'
대전을 위한 공약사업, 모두 실현
대전개발 구상, 통일 한국의 수도로
갑자기 '초상집 X개'가 되다
그래도 일어서서 뛰어야만 했다
정도(正道)를 지킨 탓에 날아간 대전시장(市長) 후보
후진을 위해 때를 맞춰 물러나겠다는 것은 나의 신념
고지식한 정치는 실패해야 하나?

무소속 당선,
민자당 재입당 경위

1992년 초 제14대 국회의원 선거가 다가오자 지역여론이나 5개 정보수집기관의 판단은, 이재환(李在奐)이 집권당인 민자당 서구·유성구의 공천자가 될 것이라는 데 이론의 여지가 없는 분위기였다. 그러나 당시 3당 합당으로 이루어진 민자당 내 신민주공화당계 대표인 김종필 최고위원이 자파 공천을 관철키 위해 소위 '몽니'를 부리는 바람에, 하루저녁에 뒤집혀 신민주공화당계 박충순(朴忠淳) 씨로 공천이 바뀌게 되었다. 참으로 기가 막힐 일이었다.

무소속 당선 14대 총선 시 투표하는 저자 내외
('92. 3. 4)

나는 13대 국회의원 낙선 후에도 4년간 대전지역 발전을 위해 열심히 성실하게 노력하며 활동해 왔는데, 그 노력의 결과가 고작 이것이란 말인가? 이것이 과연 내가 생각하고 바라던 정도정치(正道政治)인가?

가슴이 아팠다. 나는 숙고 끝에 당시 여당으로서는 감히 엄두도 못 낼 용단을 내려 민자당을 탈당(民自黨 脫黨)했다. 이때 10억 원을 지원할 테니 오라고 하는 당시 현대 정주영(鄭周永) 회장의 통일국민당 입당제의(入黨提議)도 뿌리치고, 혈혈단신 무소속으로 출마했다.

그리고 마침내 지역발전을 위해 노력한 만큼 대가를 받는 것이 당연하다는 유권자들의 적극적인 뒷받침으로 많은 지지를 받아, 14대 국회의원에 압도적으로 당선(壓倒的 當選)되었다.

나의 공천 내정을 뒤엎고 하루저녁에 공천자로 바뀌었던 박충순 후보(19,474표)보다 무소속 이재환은 그의 2배보다도 더 많은 득표(48,464표)로 당선되었으니, 공천의 잘못이 여실히 증명된 것이다.

◇西·儒城	
朴忠淳 (自)	19,474
李熙元 (주)	22,394
金泰龍 (국)	39,588
柳寬石 (新)	2,818
朴榮文 (無)	2,973
尹泰鉉 (無)	1,058
李在奐 (無)	48,464
鄭吉峻 (無)	2,071

제14대 국회 무소속 당선

공교롭게도 그 당시에는 나와 같은 무소속 당선자가 많은 편이었다. 나는 당선 직후 전국 22명의 무소속 당선자들을 규합하여 새로운 원내교섭단체를 만들어 보겠다는 생각으로 '무소속의원 동지회(無所屬議員 同志會)'를 구성했다. 이후 총무 겸 대변인으로서 적극적인 활동을 전개했으나, 의원들이 제각기 마음에 두었던 기존 정당으로 입당하고 마지막 4명만 남게 되어, 나의 포부가 저절로 무산되고 말았다.

이렇게 되자 서구·유성구 각 동에서 주민들이 집단으로 찾아와 "지금 대전을 위해 해결해야 할 일들이 산적해 있는 때다. 이제 무소속의원들도 제각기 생각했던 정당으로 입당해서 몇 명 안 남아 힘도 못 쓰게 돼 신당 창당이나 교섭단체 구성도 어렵게 되었다. 지난 총선 당시 민자당에서 공천을 안 주고 뒤집었던 일은 섭섭하지만, 이젠 보란 듯이 당선됐으니 떳떳하게 친정집인 집권 여당으로 돌아가서 대전 발전을 위해 더 큰 일을 수행해야 한다."고 요청하면서 입당촉구 연판장(入黨促求連判狀)까지 제출하는 사태가 벌어졌다.

이에 대해 나는 "선거 당시 유권자들에게, 만일 내가 대전 발전을 위한 큰일을 하기 위해 불가불 정당을 택해야 할 필요가 있는 경우에는 여러분의 의견을 물어서 택하겠다고 했기 때문에, 당장 입당할 수는 없다."고 하며 반대했다. 그러자 급기야 '입당권고(入黨勸告) 대책위원회'까지 구성하여 입당토록 압력을 가했고, "유권자들에게 물어보고 행동한다고 했으니 그럼 설문조사로 물어봅시다."라고 의견을 모아 그들 주관하에 입당여부 여론조사까지 실시하였다.

1992년 9월 당시 87,371 세대주를 대상으로 "이재환 의원이 대전 발전을 위한 일들을 실현시키기 위해 집권 여당에 입당해야 하는지, 그 여부에 대해 아래 난(欄)에 적어 주십시오."라는 '설문조사서'가 발송되었다. 그 결과 64.9% 수합에 61.3% 찬성, 38.7% 반대라는 결과가 나왔다. 이로 인해 결국 원소속(原所屬)이었던 민주자유당에 재입당(再入黨)하게 된 것이다.

무소속 당선 후 민자당에 재입당할 때
지역구의 동정 기사

나는 입당하면서 "대전발전을 위해 혼신의 힘을 다 쏟을 것이며 특히 반대한 38%의 유권자들의 진정 어린 사랑에 넘친 충고 또한 흔쾌히 받아들이고, 오로지 대전발전을 위한 공약실천(公約實踐)으로 그 사랑에 보답(報答)하겠다."고 약속했다.

그리고 그로부터 4년 뒤 그때 약속한 대로 확실하게 공약을 다 실현시켰다. 만약 내가 무소속으로 4년간 허송세월을 했다면 국회의원 생활은 편안하고 쉽게 했을지 몰라도, 대전 발전을 위해서는 단 한 가지의 일도 제대로 못 했을 것이다.

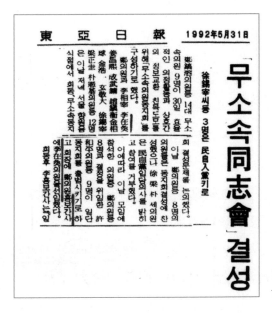

14대 국회 무소속동지회 홍보간사(대변인)으로 선임되다('92. 8. 30)

의정사상 최초,
국회개원 지연 '헌법소원 심판'을 청구

　1992년 3월 24일 실시한 제14대 국회의원 선거에서 나를 비롯해서 무소속의원 당선자가 22명이나 되었다. 나는 몇 분과 상의 후 가칭 무소속구락부라는 교섭단체를 만들기 위해 여러 의원을 접촉했다. 14대 의원 임기가 시작되는 5월 30일 오후 무소속의원들이 모여 일단 '무소속의원 동지회(無所屬議員 同志會)'를 발족키로 하고 정호용(鄭鎬溶, 대구서갑) 의원을 회장(會長)으로, 총무(總務) 겸 대외 발표자(홍보간사)로 나(李在奐, 대전서·유성구)를 선임했다.

　우리는 즉시, 149석의 민주자유당과 97석의 민주당 간에 지방자치단체장 선거문제 등에 대한 당리당략으로 개원조차 하지 않고 있는 데 대해 6차에 걸친 성명(聲明)을 발표, '여야가 당리당략을 버리고 조속히 국회를 개원, 국민을 위한 경제난국 타개 등 시급한 민생현안을 심의할 것'을 촉구했다(1992년 6월 16일자 동아일보 기사 참조).

　6월 29일에 겨우 개원된 임시국회는 여야 의견대립으로 회의 한 번 열지 않고 원(院) 구성도 하지 않은 채 7월 28일 자동폐회(自動閉會)되고 말았다. 이날 우리 무소속의원 동지회 일동은, 원 구성의무를 이행치 않고 위헌(違憲) 행위를 하고 있는 3당 원내 교섭단체 대표의원(원내총무)을 상대로 헌법소원 심판을 청구하기로 결의했다. 그러나 다음 날 7월 29일 민주자유당 측이 단독으로 제158회 임시회를 소집했고 민주당도 대표회담을 통해 국회정상화를 도모하려는 움직임이 있어서 우리는 헌법소원 심판청구를 일단 보류했었다.

그런데 여야협상 결과는 참으로 어처구니없게도 국회정상화를 위한 기본적 선결요건인 원 구성(院 構成)은 당분간 하지 않기로 합의하고 지방자치법 개정안, 대통령선거법 개정안, 대통령 선거자금 국고지원 확대 등을 우선 협의하기 위해 정치관계법 심의 특별위원회를 구성키로 했다는 것이다. 지방자치법 개정, 대통령선거법 개정도 필요하지만 민생문제 해결을 위한 현안들이 산적해 있는데 여·야당이 스스로 아예 국회의 기능을 정지시켜 원 구성(상임위원회 구성) 자체를 하지 않기로 합의했다니 세계 어느 나라 국회에서 이런 일이 있을 수 있나?

우리나라는 국회운영을 상임위원회 중심주의를 채택하고 있기 때문에 국회법 제48조 규정에 의해 국회의장이 각 교섭단체 대표의원(원내총무)의 요청에 따라 교섭단체별 의원의 상임위원회 배정(선임)을 통해 원 구성(構成)을 함으로써 국회활동이 시작되게 되어 있다. 그런데 각 당 교섭단체 원내대표 의원이 당리당략으로 국회의장에게 요청을 하지 않음으로써 상임위원회 구성이 안 되어 국회의 활동을 가로막고 있다. 따라서 특히 어느 정당에도 속하지 아니한 무소속의원(無所屬議員)들의 의정활동 권한이 침해(權限 侵害)당했고 또 그 행사를 봉쇄 차단시키고 있는데 대해 분개(憤慨)치 않을 수 없었다.

이제 더 이상 기다릴 것도 없이 헌법재판소에 권한쟁의 심판(權限爭議 審判)을 청구하고 또 국회의원을 선출하여 참정권을 행사하려는 국민의 헌법상 기본권을 침해하는 위헌행동(違憲行動)을 계속하고 있기 때문에 헌법소원 심판(憲法訴願 審判)을 청구(請求)하기로 하였다. 무소속의원들과 협의를 거쳐 총무인 내가 실행하기로 했다. 우선 해야 할 일은 우리를 대리할 법정대리인(변호사)을 선정하는 문제가 시급했다. 본 건이 정치문제라 변호사들이 기피하고 있는 데다 변호사 선임비용도 없기 때문에 막막했다. 생각 끝에 평소 의협심이 강하고 국가관이 뚜렷한 고려대학 후배인 이기창(李起昌) 변호사를 찾아가 전후사실을 얘기하고 도움을 요청한 즉 즉석에서 무보수 법정대리인(法定代理人)을 수락해주었다.

이렇게 해서 대한민국 의정사상 최초(議政史上 最初)로 국회의원에 의해, 국회개원 지연과 국회의 원불구성(院不構成)으로 인해 국회의원의 권한이 침해되었다는 사유로 헌법소원 및 권한쟁의 심판 청구라는 사건(事件)이 최초로 발생하게 되었다. 나는 1992년 8월 13일 오후 3시 정호용 회장의원과 함께 기자회견을 하고 오후 5시 헌법재판소에 청구서를 제출(請求書 提出)했다. 이로 인해 나는 심한 공격과 협박(脅迫)을 받았다. 그러나 나는 헌법기관인 국회의원으로서 정도(正道)를 행한 것이기에 두려울 것이 없었다. 정의감에 불타 무보수 청구인의 법정대리인으로 선뜻 나서주어 많은 일을 도와준 이기창 변호사에게 다시 한번 감사를 드린다.

(1) 헌법소원 심판청구서 내용(요약)은 다음과 같다.
  · 사건명: 국회 원불구성에 대한 헌법
    소원
  · 청구인: 이재환(李在奐), 정호용(鄭鎬
    溶) 등 6인 국회의원
  · 피청구인: 대한민국 국회(교섭단체),
    민주자유당 대표의원 김용태, 민주당
    대표의원 이철, 통일국민당 대표의원
    김정남
  · 침해된 권리: 헌법 제1조 제2항 등에
    의하여 청구인들에게 부여된 헌법 제
    40조의 입법권 및 입법권에 내포된

의정사상 최초 개원지연 헌법소원 제출
('92. 8. 1 무소속동지회)

헌법상의 기본권 존중주의, 국민주권주의, 의회주의, 법치주의 원리 및 헌법 제25조에 규정된 공무담임권 등이 침해(侵害)되었음

·심판청구의 취지: 피청구인들(3당 교섭단체 대표의원들)이 제14대 국회에서 원 구성은 물론 상임위원회를 구성해야 할 권한을 행사하지 아니한 행위는, 국회가 개회되어 자신들의 대변자로 선출한 국회의원으로 하여금 국정심의를 하도록 기다리고 있는 국민들의 참정권(參政權)인 헌법상의 기본권을 침해하고 있음은 물론 청구인들(李在奐 등 무소속의원들)의 입법권(立法權)을 침해하고 헌법상 보장된 국민주권주의, 의회주의, 법치주의, 적법절차 원리 등을 위배하고 청구인들(李在奐 등 무소속의원들)의 공무담임권을 침해한 위법행위로서 이는 위헌(違憲)임을 확인(確認)해주시기 바랍니다.

※ 청구인들은 국회가 열리지 아니함으로써 국민들 간에 일고 있는 정치에 대한 불신과 의회정치의 포기라는 위기적 상황을 초래케 한 위법사항에 대하여 헌법재판소가 준엄한 헌법적 판단을 내려주셔서 우리 국회가 국민주권주의, 의회주의라는 헌법상의 이념을 수호하는 한편 국회가 본연의 사명과 역할을 다할 수 있도록 뒷받침해 주실 것을 기대하면서 헌법소원 심판을 청구하는 바입니다. 1992년 8월 13일 청구인 대리인 변호사 이기창(李起昌).

또 이 건과 동시에 우리들(청구인들)은 3당 교섭단체 대표의원 김용태, 이철, 김정남을 대상으로 하여 입법권한 침해 등에 관한 권한쟁의 심판(權限爭議 審判) 청구서도 같이 헌법재판소에 제출하였다.

(2) 권한쟁의 심판 청구서 내용(요약)은 다음과 같다.

·침해된 청구인들의 권한: 청구인들이 헌법기관인 국회의원으로서 헌법 제1조 제2항(국민주권주의) 제41조(국회의 구성) 등과 국회법에 의하여 상임위원회를 구성하여 그 운영에 참여하고 입법, 의안심의 등 국회의 의사결정 과정에 참여하여 발언하고 질의·토의 및 표결하는 권한이 침해되었음.

· 심판청구 취지: 피청구기관(3당 교섭단체 대표의원)이 1992년 6월 29일 제
14대 국회가 늑장 개원된 이후 지금까지 국회법 제48조 제1항의 규정에 의
한 소속 교섭단체 의원의 상임위원 선임(배정) 요청(要請)을 국회의장(國會
議長)에게 하지 아니한 부작위(不作爲, 규범적으로 해야 할 행위를 하지 않
는 일)는 헌법과 국회법에 정한 권한을 행사하지 아니함으로써 국회상임위
원회 구성을 기피한 위헌, 위법행위(違法行爲)로서 헌법과 국회법에 의하여
부여받은 헌법기관으로서 청구인들의 입법권(발언권, 질의토의권, 표결권)
등의 권한을 침해(權限 侵害)하였으므로 그 부작위는 위헌임을 확인한다라
는 결정을 구(求)합니다. 1992년 8월 13일 (청구인 대리인) 변호사 이기창
(李起昌).

이상과 같은 헌법소원과 권한쟁의 심판청구서가 제출됨에 따라 개점휴업 상태인
국회를 비난하는 국민의 소리가 확산되어 가자 두 달이 채 못 된 10월 2일에 상임
위원회(常任委員會)가 열리게 되어 국회운영이 정상화(正常化)되었고 따라서 소원
심판 청구심의는 자연적으로 취하(取下)하게 되었다.

김영삼 대통령직 인수위원으로 발탁되다

나는 1992년 제14대 대통령선거 직후인 12월 30일에 구성된 제14대 김영삼 대통령직 인수위원회 위원으로 발탁 임명되었다. 정원식(鄭元植) 前 국무총리를 위원장으로 하고 민자당의 중견 국회의원 14명으로 구성된 인수위원회에 대전·충청권의 대표(大田·忠淸圈 代表)로서 선임된 나는, 이 기회를 통해 대전의 오랜 숙원이자 현안문제인 정부3청사 건립 조기실현, 대전 엑스포 기채액의 국고지원 해결, 유성지역을 중심으로 한 전국 그린벨트 규제 대폭 완화 등 대전 발전을 위한 사업들을 새 정부의 최우선 추진사업으로 결정토록 하겠다는 결심을 했다.

연말 연초 연휴를 지나 새해를 맞이한 1월 4일 나는 대전 중도일보의 송명학(宋明學, 현, 한남대 교수)기자와 인터뷰를 가졌다.

"대통령직 인수위원회는 정부 각 부처의 조직·기능·예산을 파악, 정부의 인적 물적 자원관리 계획을 수립하는 동시에 개혁과제를 선정하는 작업을 병행, 국정의 연속선상에서 순조롭고 효율적으로 정권을 인수하는 일을 추진하게 된다. 내가 대전·충남을 대표하여 유일하게 선발된 연유를 알아본즉, 그동안 청와대와 국무총리실, 행정부 정부위원(차관), 국회사무총장(장관)을 역임하는 등 다방면의 경험과 경륜이 인수위원회 업무수행에 필요한 사람으로 평가된 것이라고 한다.

대통령직 인수위는 약 5개 분과 정도로 세분해서 2~3명 위원이 공동으로 담당할지에 대해서는 아직 구체적으로 확정되지 않았다. 개인적으로 특별히 희망하는 분야는 아직 생각해 보지 않았고, 어떤 임무가 부여돼도 소홀함이 없도록 최선을 다하겠다. 나는 이번 기회를 통해 대전·충남지역 발전의 청사진도 논의케 할 계획이다. 인수위원회는 취임할 대통령이 안정 속에서 개혁정책의 방향을 구체화하는 일을 담당케 된다. 때문에 대통령의 대선공약에 대한 실천 구체화작업도 동시에 이루어지도록 할 것이며, 대전·충남지역에 대한 공약이 반드시 실천될 수 있도록 힘껏 노력하겠다."

그린벨트 전면 재조정, 전담반 구성 건의

인수위원회 전체회의에서는 대통령 선거 시 약속했던 수많은 공약을 예산상 다 실천하는 것은 불가능하니 미국의 예처럼 취임 후 우선 추진할 사업, 임기 내 추진사업, 그리고 막대한 예산소요로 실천이 어려운 계속 검토사업으로 분류하자는 데 의견이 집약되었다.

1차로 우선 추진사업을 결정하는 토론에서 최병열(崔秉烈, 後 한나라당 대표) 의원이 "약 4,000억 원이나 소요되는 정부 제3청사 대전건립 건은 예산상 우선 추진 사업에 포함시킬 수 없다"는 의견을 제시했다.

　나는 즉각적으로 최 의원의 발언에 대해 공박(攻駁)하고 정부 제3청사 대전건립 공약의 경위(公約 經緯)와 그 사업의 타당성을 논리적으로 거론하며 질타(叱咤)했다. 동석했던 김영삼 대통령 당선자(金泳三 當選者)가 "이재환(李在奐) 의원의 얘기가 맞다"고 결론을 내려주었다. 그 덕에 대통령 취임 후 우선 추진할 사업으로 결정되어 그해 1993년 9월 7일 정부의 11개 외청이 들어서는 지상 20층 4개 동, 연건평 6만 8천 평에 달하는 대전정부3청사 건립의 기공식(起工式)을 가졌다.

　이와 더불어 우선 추진사업으로 결정돼 실현한 것은 다년간 국민의 재산권 침해와 생활불편을 주고 있는 그린벨트지역(개발제한구역)에 대한 대폭적인 완화조치 시행과 대전엑스포 지원을 위해 대전시가 기채(起債)한 800억 원 중 200억 원을 1994년 정부예산에 자치단체보조금(自治團體補助金) 명목으로, 또 백제문화권 특정지역개발사업비로 256억 원을 국고보조금으로 지원받은 것이다.

그린벨트 제도 대폭개선 경과를 보고하는 저자('93. 7. 29)

나는 교육, 사회, 문화 분야를 담당하는 제5분과 위원회에서 업무를 수행했다. 지난날 국무총리실에서 다년간 이 세 분야의 업무를 경험한 바 있어 크게 도움이 되었다. 여러 가지 문제점을 발견하고 향후 시정방향 및 대책 답변서를 받아보았는데, 나는 사회 분야인 보훈복지 분야 시책이 편중된 점을 지적했다.

그중에서도 보훈병원 운영의 경우 서울, 부산, 대구, 광주에만 보훈병원이 있어 대전·충남지역 보훈대상 환자들은 대구나 광주 병원으로 가야 하는 어려움을 겪고 있었다. 특히 대구 보훈병원은 노태우 정권이 들어서면서 건립되었다는 사실을 확인했다. 이것은 분명히 시책의 공평성이 결여된 것이므로 즉각 시정할 것을 지적하여 지금의 신탄진 대전보훈병원을 건립(大田報勳病院 建立)하게 된 것이다. 건설비용은 국비로 하되 건립대지는 지방자치단체가 제공하는 것이 관례였다면서, 대지 제공을 전제로 한 사업계획을 보훈처에서 제출해 왔다.

그런데 염홍철(廉弘喆) 대전시장이 대전시는 그 많은 대지를 제공할 수 없다면서 소극적(消極的)으로 나오는 것이 아닌가? 이런 분위기를 알게 된 황명수(黃明秀) 국회의원이 천안으로 가져가겠다고 나섰다. 다급해진 나는 할 수 없이 대전시 5개 보훈단체 대표들과 부지물색(敷地物色)을 위해 여러 곳을 찾는 강행군을 했다. 거의 전부가 그린벨트에 포함되어 있는 현재의 부지를 최종적으로 결정하여 보훈처를 수차 방문, 최종 담판하여 결과적으로 대지문제까지 해결, 전액 국고지원(全額 國庫支援)으로 건립하게 되었다. 대전·충남지역 보훈대상자들의 타 지역 병원이용 불편을 해소해 주고, 그들의 오랜 숙원을 해결해 주었던 일은 지금도 통쾌하다.

대전 정부 제3청사 건립 왜 안 돼?

1993년 1월 21일 오전 10시 영등포구 여의도 사무실, 제14대 대통령직 인수위원회 전체 회의장.

"4천억 원이나 소요되는 대전 둔산 정부 제3청사 건립은 경제의 호전 여부를 보아가면서 2~3년 뒤로 미루어야 합니다." (崔秉烈 위원)

"지금 무슨 말씀을 합니까? 대전 사람들을 세 번씩이나 속이자는 것입니까? 국토의 균형개발 차원에서도 해야지 무슨 이유를 또 답니까? 왜 안 된단 말입니까? 소요예산 3,700여억 원이 전액 국가예산으로 투자되는 것이 아니지 않습니까? 내용을 자세히 알고 반대하세요!" (李在奐 위원)

제14대 대통령 선거 시 김영삼 당선자가 대통령 후보로서 공약한 980여 가지 공약사업을 놓고 ① 취임 후 우선 실천할 사업 ② 계속 검토할 사업 ③ 실천이 어려워 포기하는 사업 등 세 지로 분류하는 매우 중요한 회의였다.

최병열(崔秉烈) 위원이 누구인가? 당시 "14대 김영삼 대통령이 취임하면 누가 비서실장(秘書室長)이 될 것인가?"라는 신문기사에서 한 번도 빠지지 않고 현홍주(玄鴻柱) 의원과 함께 연일 보도되는 막강한 인사(莫强 人士)가 아니던가? 그런 그가 사업비가 많이 소요된다는 사유를 들어 정부 제3청사 대전 건립을 반대하고 나서니, 위원들 간의 분위기는 막강한 영향력을 갖는 비서실장이 될 것으로 보이는 최병열 위원의 주장에 동조(同調)하는 분위기로 변했다. 나는 정부 제3청사 대전건립이 또다시 무산되겠다는 위기의식에서 본능적으로 직사포식 정면반박(正面反駁)을 하게 된 것이다.

정부 제3청사 대전건립, 즉 외청 및 정부기관 대전 이전이라는 사업계획은 1985년 전두환(全斗煥) 대통령 당시 국토의 균형개발과 안보적 차원의 인구 서울밀집 억제라고 하는 종합계획에 따라 정부가 발표했던 것이다. 그런데 전(全) 대통령 재임 중 단 한 가지도 실현되지 않았고, 이어서 1987년 13대 노태우(盧泰愚) 대통령 후보가 대선공약(大選公約)으로 발표했으나 그 역시 당선 후 재임 5년 동안 삽질 한 번 하지 않고 떠나버려 대전 시민을 두 번이나 실망시켰던 정부의 공약이었다.

나는 평소부터 우리 대전(大田)은 토질이 좋고 산세가 온화하고 수려하며 그 지형이 크고 넓어 한반도의 중심이란 국토의 지정학적 위치나 지형지세로 보아 장차 통일한국의 수도(統一韓國 首都)가 될 수 있는 곳이기 때문에, 도읍지(都邑地)로 잘 가꾸어 나가야 한다는 신념과 철학을 가지고 있었다. 또 그러한 방향으로 모든 일을 추진코자 했던 터라, 대전이 우선 제2행정수도로의 발판을 굳힐 수 있는 절호의 기회가 될 수 있었던 정부 제3청사 건립계획이 실천되지 않고 있는 데 대해 안타깝게 여기고 있었다.

정부 제3청사 대전건립이
확정된 후 축하받는 이재환 의원
('93. 1. 24 대통령직인수위원회,
가운데 김영삼 대통령당선자,
오른쪽 정원식 인수위원장)

이러한 때에 내가 그의 실현을 위해 역할을 할 수 있는 기회가 주어진 것이다. 바로 1992년 제14대 대통령 선거가 다가왔기 때문이었다. 당시 나는 여당인 민주자유당의 대전시 지부장(大田 支部長)이면서 김영삼 대통령 선거대책 위원장이었다.

나는 주위의 참모들이 "또다시 거짓말이 되고 실현 가능성도 없는 일"이라고 반대하는 것을 무릅쓰고 김영삼 대통령 후보를 대전시민회관 당원대회('92. 11. 17)에 초청하여, 그 자리에서 엑스포 기채액 국고지원, 대전 남부순환도로 건설 약속과 함께 정부3청사 대전건립을 대통령선거 공약으로 채택하게 했다. 또한 김영삼(金泳三) 대통령 후보 본인이 직접 대전 시민에게 발표하도록 했던 대선 공약사업이었다.

4천여억 원의 비용이 소요된다고 하나 그것은 전체 외형이고, 실제로는 현재 11개 외청(外廳)들이 사용하는 건물 전세대금이나 건물매각 대금을 국고에 귀속시킨 후 예산을 쓰는 것이기 때문에 실소요 예산은 그렇게 많지 않았다.

나는 이와 같은 그간의 정부 제3청사 대전건립에 따른 상세한 과정과 내용을 직접 문서로 만들어, 정원식(鄭元植) 위원장을 비롯한 14명의 대통령직 인수위원(引受委員)들을 이틀 동안 일일이 찾아다니면서 정부 제3청사 대전건립 사업의 필요성을 끈질기게 설명하고 설득(說得)했다.

이렇게 해서 정부 제3청사 대전건립은 '대통령 취임 후 우선 실천할 사업(優先 實踐事業)'으로 분류·결정되었고 김영삼 대통령 취임 후 6개월 만인 1993년 9월 7일 마침내 광활한 대전시 둔산벌에서 대통령 참석하에 정부 제3청사 기공식을 갖게 되었다. 드디어 '제2의 수도 대전' 시대의 개막(大田時代 開幕)을 만천하에 알리는 새로운 역사의 쾌거(快擧)를 이룩한 것이다.

나는 참으로 벅찬 감격의 그날을 맞으면서 지금까지도 고맙게 생각하는 일이 있다. 이 청사건립 사업이 또다시 무산될 뻔했던 대통령직 인수위원회 전체회의에서 위원들의 반대(反對) 분위기를 인지하고 기사화(記事化)하려던 대전의 중도일보 박상배(朴相培) 기자에게 "어느 위원이 반대했다는 내용이 보도되면 내가 대전지역 언론사와 짜고 언론 플레이를 한다고 인수위원회 전 위원들이 오해할 테고, 그렇게 되면 정말 성사가 어렵게 되니 보도하지 말아 달라."고 간곡히 부탁했는데, 이를 이해하고 협조해 주었던 박상배(현, 한국가스안전공사 감사) 기자의 지원이다.

방송국마다 뒤질세라 대전이 제2행정 수도로 도약하는 순간의 기공 발파소리를 방방곡곡에 전파하고, '3청사 유치에 앞장섰던 이재환(李在奐) 대전시 지부장…' 등등의 표현으로 인터뷰 기사를 실었던 신문을 보면 지금도 감개무량하다. 이 공약사업의 실현은 바로 애써주신 많은 사회단체와 대전 시민들의 노력 덕분이었다. 무한한 존경과 감사를 드린다.

3청사 유치 앞장선 李在奐 의원(신문보도)

대전시 서구 둔산벌 16만여 평 대지 위에 들어선 연건평 7만여 평, 지상 20층 규모의 건물 4개 동의 웅장한 정부 제3청사! 1986년 계획발표 후 사장(死藏)되었던 것을 8년 만에 되살려 기공식을 갖게 한 이 사업이, 대전발전에 기여할 유발효과(誘發效果)는 어떤 것인가? 크게 국가적으로 보면, 수도권 인구분산과 국토의 균형발전이란 효과를 가져올 것이고, 지역적으로는 인구유입에 따른 지역경제의 활성화, 11개 외청과 행정기관 관련 120여 개 단체·사업체 등의 동행 이전에 따른 취업·고용증대(雇傭增大) 효과, 적어도 1조 6천여억 원 이상의 지역생산증가(地域生産增加) 효과('85년 국토개발연구원 보고)를 거둘 것이라는 것이 전문가들의 분석이었다.

4년간의 건축공사 끝에 준공을 마치고 관공서들이 입주 완료한 지금의 상황은 어떠한가? 기대효과에 크게 미치지 못하고 있다는 냉혹한 비판의 소리만 들려오고 있다. "알짜 부서는 안 내려오고 껍데기만 내려왔다. 민원업무는 계속 서울에서 취급하기 때문에 관련 사업체들이 동행이전(同行移轉)을 안 했다. 공무원들이 서울에

대전 정부 제3청사 건설현장 방문,
건설기간 확인하는
이재환 의원('95. 6)

서 출퇴근하고 있으니 음식장사도 안 된다. 택시사업에도 효과가 없다." 등등.

이 모든 것들은 정치역량으로 해결해야 할 문제들인데 대체 이 지역 현역 국회의원들은 무엇을 하고 있는지? 유권자들은 이렇듯 대전발전을 위한 획기적 대사를 이룩한 공헌자인 나에 대해 2년 반 뒤에 실시된 제15대 총선에서 자민련 바람이라 하여 나를 당선시켜 주지 않았으니, 지역발전을 위한 공적과 투표는 별개인가? 그렇다면 과연 어느 누가 지역발전을 위해 그렇게 헌신적으로 일을 할까? 15대 국회의원 선거에서 낙선하여 국회에 입성하지 못한 나로서는, 정부 제3청사 건립효과가 그렇게 미진하다는 얘기를 들으면서 그저 안타깝기만 하다.

1997년 12월 준공식 날, 국회의원이 아니기 때문에 준공 테이프 컷팅에도 참여치 못하고 되돌아와야 했던 그 씁쓸했던 감정보다는 오늘날 이때까지 들려오고 있는 안타깝고 불만 섞인 시민들의 목소리에 더더욱 씁쓸한 감정을 억누를 수 없다.

정부3청사 대전건립 기공식('93. 9. 7 둔산지구, 김영삼 대통령,
이웅열 중도일보회장, 이재환 의원)

제14대 국회의원,
'여당 속의 야당'

"이 정부가 부산·경남 정권인가?" "예산편중과 인사독점을 시정하라!"

나는 1996년도 예산을 심의하는 1995년 11월 14일 국회예산결산위원회 전체회의에서 부산·경남지역에 지나치게 편중된 예산안을 보고, 이에 시정을 촉구하고 아울러 인사독점(人事獨占)도 시정(是正)하라고 다음과 같이 촉구(促求)했다.

최근 언론에 보도되어 논란이 되고 있는 특정지역에 대한 예산의 편중 지원과 이 지역 출신 인사들의 요직 독점 시비 문제는 속히 해명되고 시정되어야 합니다.
먼저 인사문제를 보면 이른바 PK(부산·경남) 출신이 대부분의 국가요직(國家要職)에 장(長)으로 있고 국영기업체, 정부투자기관, 금융기관에까지도 PK 출신 인사들이 주요 직책을 다 맡고 있다는 것입니다. 또 통계를 보면 '95년 6월 기준으로 총 470명의 전체 장성 중 22.8%가 역시 PK 출신이라고 합니다.
이는 원인과 경위가 어떻게 되었든 국민들은 지연, 학연에 의한 PK 지역에 대한 정실인사(情實人事)라고 생각하고 있다는 점에 유의해야 할 것입니다.
특히 PK지역에 대한 예산의 편중지원도 시정돼야 합니다.

지난 7월 재정경제원(財政經濟院)은 부산시를 비롯한 전국 6대 도시의 신규 지하철 건설을 전면 재검토한다고 발표한 바 있습니다. 그러고 나서 다른 시·도의 것은 다 빼버리고 부산시의 신규 지하철 3호선 건설을 위한 설계비로 263억 원을 내년도 예산에 넣어주었습니다. 왜 대전(大田)과 광주(光州)는 삭제(削除)해 버렸습니까?

이것이 예산편성 주무장관이 말하는 지역균형개발 정책입니까? 또 어제 국회 답변에 대해 동료 김태식(金台植, 당시 광주 국회의원) 의원도 지적했습니다만 "지하철 건설을 여러 도시에서 동시에 건설하면 사고의 위험이 있다."고 답변했는데, 그렇다면 지난 3월 25일 김영삼 대통령이 대전에 오셔서 공약을 했을 때는 대통령에게 위험하지 않다고 거짓으로 보고했고 그래서 대통령이 공약(大統領 公約)하신 것이란 말입니까?

참으로 한심합니다.

또 전국 7개 지역에서 첨단과학 산업단지 조성을 위한 예산을 요구했으나, 전부 제외하고 부산 과학산업단지(釜山 科學團地)만 진입로 확장이란 명목으로 25억 원을 책정했습니다. 이게 말이 됩니까?

아까도 잠깐 언급했습니다만 대전에 첨단과학 산업단지를 조성한다면서 이 지역의 농민들의 재산을 9년 동안이나 동결(凍結)시켜 놓았습니다. 그래서 본 위원은 민자당 대전시 지부장으로 이 문제해결을 위해 임기 내내 온갖 심혈을 다 기울이고 있는 것이고, 지난 '94년 2월에는 본 위원이 국회건설위원회에서 "정부의 첨단과학단지 조성정책은 전국의 7개 지역에 한꺼번에 국가공단화를 시도하지 말고 EPB(재정경제원), 상공부, 건설부, 과기처 등 관계부처 간 회의를 거쳐 우선순위를 정해 연차적으로 해결하는 것이 좋겠다."고 건의하여 정부가 이를 받아들여 그렇게 추진했습니다.

그래서 1994년 5월 2일 관계부처 실무자 회의를 개최(재경, 통산, 건교, 과기처)했으며, 1994년 7월 11일에는 이들 부처의 간부회의를 개최했고, 1994년 7월 30일 건교부는 지방 과학산업단지 조성 계획을 변경, 1994년 12월 15일 통산부, 건교부, 과기처 공동으로 "대전과 부산시의 지방 과학산업단지를 국가공단으로 변경 지정함이 좋겠다."는 안건을 산업정책심의위원회(위원장 재경원 장관)에 상정, 요청하였습니다.

그런데 청천벽력으로 1995년 2월 6일 재경원장관(財政經濟院長官)이 "지방공단을 국가공단으로 변경하는 목적은 산업정책 차원의 문제보다는 예산 요구 문제로 판단한다."는 설명을 붙여 반려(返戾)했습니다.

재경원장관! 이거 어떻게 된 겁니까? 이래도 되는 겁니까? 답변해 보세요!

대전(大田)과 부산(釜山)시 공단을 다 같이 산정심의위에 상정했는데 예산이 없어 안 된다고 반려해 놓고, 그래 부산(釜山)만 25억 원을 지원한다고요? 또 이번 예산안에서도 부산·경남은 요구한 대로 다 주고 그것도 모자라 1차 심의 때 누락된 것을 2차 심의 때 다시 반영해 주고! 이거 왜 이러십니까?

이 정부가 PK(부산·경남) 정권(政權)입니까?

이렇게 편파적으로 예산을 편성해서는 안 됩니다. 절대로 안 돼요! 내가 한번 말해볼까요. 부산·경남 출신 동료의원들은 내 발언에 오해 없으시기 바랍니다.

다른 지역에는 없는 부산시의 3개 하수처리장 건설사업비로 200억 원, 녹산공단 공업용수 공급비로 34억 원, 납골당 건립비 16억 원, 이 밖에도 부산항 건설사업비가 당초 377억 원에서 504억 원으로 늘고, 전용공업용수 수도시설비가 70억 원에서 112억 원으로 늘어나는 등 그래 가지고 부산시에 대한 국비지원액이 당초의 5,966억 원에서 6,594억 원으로 증액된 것 아닙니까?

대전시(大田市)의 1년 예산(豫算)이 8,000억 원 정도밖에 안 되는데 이거 너무한 것 아닙니까?

부산 과학산업단지 진입로 확장 25억 원 지원문제도, 들리는 바에 의하면 홍(洪) 장관이 부산에 갔다가 지역 유지들에게 약속했기 때문에 어쩔 수 없었다고 하는데 홍 장관이 대통령입니까? 여기 이 자료에서 보는 바와 같이 수차 관계부처 실무자 회의를 거쳐 꼭 필요하다고 해서 산업정책 심의위원회에까지 상정한 것은 반려해 놓고, 장관이 부산에 가서 멋대로 약속한 것은 예산에 넣어주고, 이래도 되는 겁니까?

이에 대해 소상한 해명(解明)이 있어야 되고 대구시가 요구한 대구과학단지 조성에도 25억 원을 지원해 주고, 대전시에는 처음부터 적게 신청한 13억 5천만 원이라도 다 같이 지원해 줘야 합니다.

그리고 홍 장관은 지난 11월 10일 국회예결위에서 예산편성을 함에 있어 지역균형개발을 도모한다고 답변했는데, 이 첨단과학 산업단지 조성정책을 어떻게 하는 것이 지역균형개발 차원의 정책인지 답변해 주기 바랍니다.

여기 '대전 푸대접 심각(深刻)'이라고 1면에 톱 기사화된 대전여론(大田輿論)의 표본을 보도한 신문을 잠시 후 부총리께 전달하겠습니다만, 이렇게 신문에 보도가 되어도 정부 여당이 대전에서 지지를 받을 수 있을지 그것도 아울러 답변해 주기 바랍니다.

부산·경남 예산편중 질타('95. 11. 14 예결위)

대전을 위한 공약사업,
모두 실현

　나는 14대 국회 임기 4년 동안 대전 발전을 위해 제시하고 설계했던 공약사업들을 모두 실현시켰다. 실현 내용과 그 성과는 다음과 같다.

　첫째, 정부 제3청사(청 단위 중앙행정기관 대전 이전) 건립 유치.

　1985년에 청(廳) 단위 행정기관 대전 이전 방침을 세운 후 8년간 보류되어 오던 11개 청 단위 중앙행정기관의 대전(둔산) 이전 건립을 실현(建立 實現)했다. 나는 대전·충남 대표로 대통령직 인수위원이 되어 다른 위원의 반대에도 불구하고 이 사업을 김영삼 정부 출범 후 최우선 사업으로 선정케 하여, 마침내 '93년 9월 7일 기공식을 갖고 연간 2조 6천억여 원의 지역소득(地域所得)과 5만 6천여 명의 신규 취업이 전망되는 등 대전에 엄청난 발전을 가져올 정부 제3청사(20층 건물 4개 동)를 건립했다.

　둘째, 그린벨트(개발제한구역) 제도 대폭 개선(大幅 改善).

　국회 건설위원으로 들어가 대전지역 그린벨트(개발제한구역 59.2%) 해당 주민의 재산권 회복과 대전시의 장기적 발전을 위해서 제도개선을 정부(건설부)에 강력히 주장, 투쟁해 왔다. '그린벨트 의원'이라는 별명을 들어가면서까지 중앙부처에 대해 열성적인 활동을 전개했는데, 대통령직 인수위원회의 석상에 개발제한구역 주민대표들을 참석시켜 그 실상을 설명케 하고 그 많은 폐단을 지적하여 제도 개선을 건의할 정도였다. 그 결과 주택을 60평까지 증·개축할 수 있게 하는 등 실로 22년 만에 대폭 개선하여 주민들의 재산권 행사와 생활불편 해소에 획기적인 전기를 마련했다.

셋째, 대전남부 순환고속도로 건설.

1991년에 착공키로 계획했다가 예산을 못 따와 중단되어 왔던 이 고속도로는, 내가 국회의원으로 당선된 후 건설위원이 되어 대통령을 비롯한 관계 장관에게 수차 건의하고 끈질기게 투쟁한 끝에 '94년 2월 6일 마침내 대망의 기공식을 갖고 중앙정부 예산으로 건설되었다.

이 고속도로는 대전을 거치지 않고 경부고속도로와 호남고소도로를 연결(세천→보문산 뒤편→진잠)하여, 대전 시내의 교통난 해소는 물론 도로변의 개발로 인해 대전발전에 크나큰 효과를 가져왔다.

예산결산위원회 계수조정위원으로
예산확보
('94. 7. 1 왼쪽 이상득 의원,
오른쪽 최돈웅 의원)

넷째, 엑스포 개최로 인한 빚(기채) 800억 원을 중앙정부 지원으로 해결.

국가행사인 엑스포 때문에 대전시가 기채한 800억 원과 그에 따른 이자 415억 원(충청은행 돈, 5년 상환에 따른 이자) 도합 1,215억 원을 대전시민의 세금으로 갚는다는 것은 부당하다고 강력히 주장하면서, 나는 국회의원 당선 직후 다음 날부터 지난 4년여 동안 23차에 걸친 끈질긴 대정부 교섭과 투쟁을 전개해 왔다. 당정(黨政) 예산심의 회의 시에 찬반 격론으로 책상을 치다가 손가락을 다쳐 피를 흘리면서까지 예산투쟁(豫算鬪爭)을 했다. 2년 연속 국회예산결산위원회 위원과 계수조정위원(計數調整委員)으로 참여해서 조정효과를 가져오기도 했다. 그 결과 1994년 예산에서 400억 원을 이자가 싼 정부융자금(財特)으로 지원 전환시켰고, 1995년 예산에서 200억 원을 지원받았으며, 1996년도 예산에서 나머지 200억 원을 지원받아, 총 800억 원의 빚을 모두 해결하였다.

엑스포 빚 200억 원을 중앙에서
갚아주게 된 것은 이 재 환 의원의
투쟁 결과다. 대전이 무대접 이라고
책상을 치고 피를 흘려가면서 까지
투쟁하는 이 재 환 의원의 무서운
의정활동을 지켜본 나 로서는
깊은 찬사를 보낸다.
1994년 9월 예산계수조정시
전문위원 한석정 拜

나의 예산투쟁 활동을 목격한 당시
전문위원이 느낀 소감문('94. 9)

선량(이재환 의원)의 예산투혼(중도일보 기사)

다섯째, 대전 첨단과학 산업단지 예산확보 및 국가공단 승격 추진.

국가공단 승격의 계기를 마련키 위한 하나의 방편으로, 당초 예산계획에도 없던 공단진입로 확장사업비 60억 원을 '95년도 예산에서 특별 지원토록 했다. 또한 계속적인 국가지원을 얻어내기 위해 이미 지방공단으로 지정되어 것을 국가공단으로 변경 승격시키고자 부단히 노력한 결과, '95년 예산결산위원에서 재경원장관·통산부장관으로부터 국가공단으로 지정하겠다는 약속을 받아냈다.

여섯째, 대전보훈병원(大田報勳病院) 건립 유치.

나는 대전·충남 지역 보훈대상자들의 오랜 숙원사업인 대전보훈병원 유치를 위해 대통령직 인수위원회에서 대전시내 설치 필요성을 강력 제기하고, 대전지역 보훈단체 대표들과 함께 당시 채남석(蔡南錫) 대전지방보훈청장 및 이병태(李炳台) 보훈처장을 수차례에 걸쳐 방문 호소한 끝에, 결국 지방비를 들이지 않고 대지매입까지 전액 국비 지원으로 건립했다.

일곱째, 대전지하철(大田地下鐵) 건설 국고지원 50억 원 투쟁 확보.

'95년 예산결산위원이 되어 대전지하철 건설사업에 대한 중앙예산 지원을 끈질기게 주장하였고, 광주 출신 야당 예결위원들과 공조투쟁(共助鬪爭)까지 벌였다. 그 결과 중앙의 사업승인도 아직 나지 않았고 '96년도 예산안에서도 전면 삭감되었던 대전지하철 건설에 필요한 국고지원 50억 원을, 예산 확정 최종단계인 '95년 12월 2일 새벽 두 시 반에 극적으로 타결하여 지하철 건설을 앞당겼다.

여덟째, 500억 원의 긴급 구제 금융을 받아 대전 경제 타격 방지.

갑작스런 영진건설(주) 부도사태(不渡事態)로 당시 추석을 앞둔 대전 지역경제의 타격을 방지키 위해 대전에서 당정회의(黨政會議)를 개최, 500억 원의 긴급 구제금융(救濟金融)을 지원받아 연쇄 부도를 막고 관련된 170여 개 영세기업체의 도산(倒産)을 막았다.

대전남부 순환고속도로 기공식(좌로부터 셋째 이회창 당대표, 다섯째 저자. '94. 2. 6)

이 밖에도 나는 '엑스포 기념재단'의 수익금을 대전 발전을 위해 쓸 수 있게 법률을 제정했다. 엑스포가 끝난 후 전체 시설물 관리와 운영을 중앙정부(당시 상공부)가 전부 관장하여 사업을 추진하겠다는 내용의 법률안을 내놓았는데, 나는 이때 국회 엑스포 지원 특별위원으로서, 막대한 지방비를 투자한 대전시와 대전시민을 참여시키지 않고 완전 배제한다는 것은 지역균형 발전에 어긋날 뿐만 아니라 대전을 무시하는 것이라고 강력히 항의했다. 그리고 그 대안으로 ① 재단 이사장은 대전시장의 추천으로 임명케 하고 ② 재단의 사업승인은 대전시장과 협의를 거쳐서 승인하고 ③ 재단의 수익금을 대전 발전을 위해 쓸 수 있도록 하는 등의 방안을 제안하여 통과시킴으로써, 향후 대전 발전에 크게 도움이 되도록 하였다.

또한 획기적인 예산확보 활동도 펼쳐 나갔다. 2년 연속 국회 예산결산위원회 위원, 분과위원장 및 계수조정위원으로 참여해 대전발전과 관련된 국고지원 사업에 '95년 1,830여억 원, '96년 2,370여억 원 등 그야말로 대전 역사상 가장 많은 예산을 끌어온 획기적인 신기록(新記錄)을 세웠다.

나는 11대 국회에서 장영자(張玲子) 금융 사기사건에 대한 국정조사를 주장하다
가 끝내 전두환 정권의 미움을 사, 강제적으로 지구당위원장직을 박탈당하는 불운
(不運)을 겪은 바 있다. 14대 국회에 들어가서도 소속정당과 정파를 떠나 오로지
국민의 편에 서서 국가정책을 비판하면서 대안을 제시하는 의정활동을 전개함으로
써, 언론이 주목(注目)하는 국회의원이 되었다.

국회본회의 발언에서
국회의원 국민소환제 입법을 제안('93. 5. 3)

1993년 5월 3일 국회본회의에서는 대정부 정책발언을 통해 "국민의 동의와 동참
이 없는 김영삼 정부(金泳三 政府)의 개혁은 성공할 수 없다. 우선 서민생활 안정을
위한 개혁부터 하라."고 촉구했고, 국회의원도 부정부패에 연루됐거나 국정에 소홀

한 경우에는 유권자의 불신임으로 그 직을 내놓게 하는 '국회의원 국민소환제(國民召還制)'를 도입할 것을 제안했다.

'여당 내 야당'으로 소문이 나 있던 나는 국회 예산결산 심의위원회에서 PK(부산·경남)에 인사와 예산이 편중된 것을 보고 "이 정권이 부산·경남 정권이냐?"라고 강하게 질타하며 여당 내 부산·경남 의원들을 당혹(當惑)케 했음은 물론 야당의원들까지 놀라게 한 바 있다. 또 여당 당무회의 석상에서 전직 노태우(盧泰愚) 대통령의 비자금사건 처리에 소홀한 당 지도부를 신랄히 비판하여 언론의 초점이 되면서, 고위층의 심한 노여움을 사기도 했다.

1995년 6·27지방선거 완패 직후 열린 당무회의에서는 "지방선거에 완패한 것을 지역감정의 결과로 돌리는데, 그것보다는 집권당의 정책시행이 국민공감대를 이루지 못한 데 원인이 있음을 알아야 한다. 따라서 대국민 사과성명을 내야 한다. 특히 대전·충남인들에게는 선거기간 중 '김종필을 쫓아냈다' '충청도 핫바지'라는 얘기가 나돌았으므로, 충청인들의 마음을 상하게 해서 죄송하다는 내용의 사과성명을 내야 한다."고 폭탄선언(爆彈宣言)을 했다.

"여당 의원으로서 어떻게 그런 말을 할 수 있느냐?"는 압력(壓力)과 함께 당의 지도부와 청와대로부터 미움을 샀지만, 나는 여당이지만 옳은 말은 해야 하는 용기를 잃어서는 안 된다고 생각했다.

나는 국회의원을 하면서 국민의 고통이 무엇이며 국민이 원하는 바가 무엇인가를 가슴으로 파악하고, '25시를 뛰는 인간기관차'라는 별명처럼 온몸을 던져 '실천하는 국회의원'으로 기록(記錄)되기를 원했다. 또 그렇게 열심히 했다.

대전개발 구상,
통일 한국의 수도로

　나는 비록 1996년 총선에서 낙선하여 15대 국회에 입성하진 못했지만, 대전 개발을 위한 뜨거운 열정만은 버릴 수가 없어 국회의원이 아니더라도 나의 고향 대전 발전을 위해서 계속 뛰어야 한다는 신념으로 '정부3청사완전이전대책위원회'를 구성하고, 당초 계획대로 11개 중앙행정기관의 완전이전(完全移轉)을 위해 노력하는 등 많은 활동을 계속했다.

　그러는 한편, 바야흐로 개방화시대에 접어들어 국가 간의 경쟁은 물론 본격적인 지방화시에 도시 간의 개발경쟁이 활발히 전개되고 있음을 감안, 향후 대전 개발을 위한 하나의 훌륭한 지침서(指針書) 내지는 꼭 필요한 안내서를 만들어 내기 위한 충정으로 1997년 10월 9일 '21세기 대전 개발을 위한 세미나'를 준비하고 개최하였다. 나는 세미나에서 다음과 같은 개회 인사 겸 기조연설(基調演說)을 했다.

　여러분도 잘 아시는 바와 같이 우리를 둘러싼 국내외 환경은 어제와 오늘이 다르게 급속하게 변화하고 있다. 이 속에서 국가 간의 경쟁뿐만 아니라 지역 간에, 그리고 도시 간의 국제적 경쟁이 치열하게 전개되고 있는 것이다. 그런가 하면 국내적으로는 본격적인 지방화시대가 펼쳐지고 있다. 내 고장 살리기 경쟁, 내 고장 부강하게 만들기 경쟁이 지역 간에 가속화 되고 있다. 이러한 시대적 변화 속에서 민족의 대염원인 남북통일도 조만간 다가올 것으로 예측되고 있다. 이렇게 엄청난 변화의 도전 속에서 우리 고장 대전의 황금시대를 만들기 위한 새로운 기회를 발견하고, 이들 기회를 실용적이고도 미래지향적으로 살리는 일이 오늘날 우리들에게 주어진 당면과제라고 생각한다.

21세기에 우리 대전은 모두가 기원하듯 국가행정과 미래과학기술의 중추도시이자 미래 통일 한국(統一韓國)의 중심거점도시, 아니 수도(首都)가 되어야 한다. 그러자면 대전에서 극복해야 할 일이 많이 있다. 대전의 제조업 기반은 크게 취약하고 대덕연구단지가 입지해 있다 해도 첨단산업의 발전은 아직 요원하다. 그리고 교통시설, 상하수도, 환경시설 등 도시기반시설도 형편없이 부족한 실정이다. 시민들의 공동체적 결속력도 약한 편이다.

이러한 장애를 극복하고 21세기에 우리 대전이 명실공히 대한민국을 앞장서서 선도하는 도시로 다시 태어나기 위해서는 둔산행정타운이 조기에 완결되어야 한다. 그리고 대덕연구단지의 기술혁신 인력자원을 활용하여 대전이 첨단과학산업(尖端科學産業)의 메카로 자리 잡아야 하며, 대전 엑스포의 정신을 이어받은 국제행사가 이곳 대전에서 부단히 펼쳐져야 한다. 더불어 도심의 과밀문제가 구축되어야만 한다. 살기 편리한 좋은 주택도 더욱 많이 건설하고 환경오염 없는 인간 중심의 환경도시(環境都市)를 만들어가야 한다.

그리고 통일시대에는 대전이 한반도 전체의 과학혁신 도시이자 수도(首都)로서의 기능(機能)과 역할을 다할 수 있도록 준비(準備)해야 한다. 이렇게 대전이 21세기와 통일시대의 선진도시로 변신하기 위해서는 대전 시민과 산업체, 학교, 그리고 자치단체 간에 긴밀한 협조가 이루어져야 한다. 특히 대전 시민(市民) 모두가 주인의식(主人意識)을 갖고 내 고향에 대한 자긍심과 미래에 대한 희망으로 대전을 발전시키기 위한 지혜를 모으고 실천하는 노력이 절대로 필요하다.

다시 말씀드린다면 대전을 '21세기 대통합 국토창조(大統合 國土創造)의 시범적인 대도시'로 만들어 가야 한다. 그리고 '세계적인 과학기술 도시'로 만들고, 다양한 일자리가 많이 창출되는 '신산업거점도시(新産業據點都市)'로 건설해야 한다. 또한 통일시대의 '국가행정의 중심도시'뿐만 아니라 '진정으로 살아보고 싶은 환경문화 복지도시(福祉都市)'로 만들어야 한다.

아무쪼록 이 세미나가 대전시가 안고 있는 핵심문제를 기탄없이 토론하고 미래의 변화에 진취적으로 대응하여 대전시가 세계적인 도시로 도약하고, 통일시대에 한반도의 중심도시가 되기 위한 전략을 도출(戰略 導出)하고 다양한 의견을 수렴하는 밑거름 역할을 할 수 있게 되길 간절히 바란다.

끝으로 바쁘신 가운데서도 여기에 왕림하여 주신 이회창(李會昌) 한나라당 총재님을 비롯한 내빈 여러분과 사회자, 주제발표자, 토론자 그리고 행사 준비를 위해 애써주신 모든 분들께 다시 한번 감사드린다. 특히 제4주제 발표자로, 대전이 지리학적으로 볼 때 한반도의 중심도시로 발전할 수 있는 여러 가지 여건을 갖추고 있기 때문에 잘 가꾸어 나간다면 통일 한국의 수도(首都)로 발전시킬 수 있다는 논거를 제시했던 당시 서울대 지리학과 류우익(柳佑益, 後 통일부장관) 교수에게 감사드린다. 또한 국토개발연구원 박양호(朴良浩) 박사에게 감사드린다.

당시 나는 세미나 결과를 『21세기의 대전개발, 그 전망과 대책』이란 책자로 발간(發刊), 대전시청을 비롯한 각 기관에 배포(配布)하였다. 많은 참고가 되기를 바란다.

대전지역개발연구소 이사장으로 21세기의 대전개발 세미나를 주관('97. 10. 9 유성리베라호텔)

나는 이 세미나 개최보다 앞서 14대 국회의원 재직 시인 1994년 7월 16일 10시부터 1시간 10분 방영한 대전 KBS총국 개국 51주년 기념특집 '2천년대 대전의 미래상' 프로그램에 각계 전문가 및 교수와 함께 출연하여 '2천년대를 향한 대전의 미래'는 통일 한국의 수도(首都)로 발전시켜야 한다는 나의 구상을 발표하였다.

[사회자: 충남대 육동일 교수] 이재환 국회의원께서는 '2천년대 대전의 미래상'을 어떻게 구상하고 계십니까?

[이재환 의원 발표] 저는 오래전부터 대전은 통일 한국의 수도(統一韓國 首都)가 돼야 한다는 신념을 가지고 있으며, 또 그러한 구상을 실현시키기 위해 계속 노력하고 있는 중입니다. 이미 정부의 21세기위원회에 그러한 제안을 했고 또 앞으로 구성하게 될 통일국토개발연구 위원회에도 이에 따른 제안을 강력히 추진할 계획입니다.

통일 한국의 수도는 서울이나 평양이 될 수 없습니다. 왜냐하면 남북의 국민 간에 통합성이 이룩되지 않을 것이기 때문입니다.

한 국가의 수도가 되기 위해서는 몇 가지 구비해야 할 여건과 조건이 맞아야 합니다. 말하자면 역사성(歷史性)·상징성(象徵性)·통합성(統合性)·안전성(安全性) 그리고 발전성(發展性)이 그것입니다. 이제 대전(大田)은 바로 이러한 조건들이 부합(符合)되는 곳이라는 점을 설명 드리겠습니다.

첫째 역사성을 본다면, 대전은 예로부터 도읍지(都邑地)라는 말이 이어져 왔고 특히 이씨 조선 개국 시에는 실제로 가장 강력한 수도 후보지였습니다. 둘째 상징성을 본다면, 대전은 교통의 요충지로서 전국 교류의 중심지이며 세계적인 대덕과학연구단지가 있으며 '93년 엑스포 개최지로서 이미 세계적으로 알려진 명소가 되어 있습니다. 셋째 통합성을 본다면, 대전은 서울·평양이 아닌 제3지역으로서 북한주민들에게도 기피사유가 없는 신흥 개발지역이므로 남북국민들에게 동의성과 통합성을 제고시킬 수 있습니다. 넷째 안전성을 본다면, 금강이 가로질러 있고 금강과 대청호의 양질의 수자원이 있으며 삼방(三方)이 산지로 둘러싸인 분지형(盆地型)으로 지형상 군사적 안전성이 특출한 곳입니다. 마지막 다섯째로 가장 중요한 발전성을 본다면, 첫째 광활한 면적에다 영남과 호남 방향으로 얼마든지 뻗어나갈 수 있으며 특히 호남의 곡창(穀倉)이 인접해 있고 둘째 앞으로 황해(黃海) 중심으로 형성될 '황해경제권'과 서해안(西海岸)시대의 필수적 배후 지원도시로 확실하게 발전할 것이며 셋째 통일 후 전(全) 국토를 개발할 경우 핵심이 될 두 개의 축(軸)에다 포함이 되어 있기 때문에 대전(大田)은 필연적으로 한반도의 중심지역으로 발전할 수 있는 곳입니다. 이를 다시 부연 설명한다면, 통일이 됐을 때 한국의 국토는 남(南)쪽으로는 일본을 비롯한 동남아시아, 북(北)쪽으로는 중국과 러시아로 뻗어나가면서 두 개의 큰 축(軸)으로 개발·발전하게 될 것입니다. 그 하나의 축은 부산, 대구, 대전, 서울, 원산(元山), 청진(淸津)을 거쳐 러시아로 뻗은 축(軸)이고 그 다른 하나는 목포, 광주, 대전, 서울, 평양, 신의주를 거쳐 중국대륙으로 뻗어나가는 축(軸)입니다. 지리적으로 이 두 개의 큰 개발 축(開發 軸)에 꼭 포함되어 있는 곳이 대전(大田)이므로, 여기가 바로 통일 한국의 수도(統一韓國 首都)로 적합한 지역이라고 나는 주장하는 것입니다.

장차 통일 한국의 수도로서의 대비와 여건조성을 위한 한 단계로서 나는 3군통합지휘본부의 계룡대로의 이전을 환영했고, 행정수도로 키우기 위해 정부3청사(중앙행정기관 대전이전) 건립 노력에 앞장서 이를 성사시켰습니다. 계속해서 나는 우리 대전을 첨단 과학, 교육, 문화도시로 가꾸고 쾌적한 청정 도시로 개발해 나가도록 중앙의 예산지원에 역점을 두고 적극 활동하고 있습니다.

갑자기 '초상집 X개'가 되다

　1992년 3월에 실시된 제14대 국회의원 선거 때 일이다. 당시 나는 여당이었던 민자당(민정당, 민주당, 신민주공화당 3당 합당명칭) 공천자로 알려졌다가 하루 저녁에 신민주공화당계 박충순(朴忠淳) 현역 의원에게 민자당 공천 자리를 빼앗기고 무소속으로 출마했던 때였다.

　도마동 충남고교 운동장에서 입후보자 7명이 합동유세(合同遊說)를 하게 되었다. 이날따라 합동유세장에는 입후보자 7명의 정견(政見)을 듣기 위해 모인 청중이 물경 7, 8천여 명이나 되었다. 1인당 30분씩 주어지는 연설 순서는 추첨에 의해 정해졌는데, 나는 네 번째 순서가 돼서 후보자 좌석에 앉아 있었다. 그런데 내 앞 순서에서 연설하던 김모(金某) 후보자가 느닷없이 연설 도중 목청을 높여 "저기 앉아 있는 이재환 후보자는 하도 초상집을 많이 다녀서 '초상집마다 찾아다니는 X개'라는 별명이 붙었답니다. 국회의원을 하겠다는 사람이 볼썽사납게 그런 소리를 들어서야 되겠습니까? 나는 국회의원을 안 하면 안 했지 X개 소리는 안 듣겠습니다."라고 소리 높여 외치는 것이 아닌가!

　분명히 나를 공격하는 발언이었다. 나는 그자의 말대로 4년 전 제13대 국회의원 선거에서 낙선한 후 수많은 애경사에 참석했고, 특히 초상집(喪家)은 한 곳도 빼놓지 않고 반드시 찾아 문상(問喪)을 했었다. 그 덕분에 내가 인기가 좋다는 여론을 의식한 그가, 나를 마치 표만 의식해서 초상집을 다니는 정치인이라고 비하(卑下)시키려는 목적으로 그렇게 저속한 단어를 써가면서 비아냥거리는 발언을 한 것이었다.

연설자 대기석에 앉아 있던 나는 갑자기 뒤통수를 한 대 얻어맞은 것같이 머릿속이 텅 비면서 내가 준비했던 연설내용은 다 사라지고, '저 사람의 X개 발언에 어떻게 대응할까? 아니, 어떻게 해서 나에게 유리한 방향으로 활용을 할까?' 하는 생각에만 사로잡혔다. 곧 그의 연설이 끝나고 내 차례가 되었다.

나는 마음을 가라앉히고 침착하게 준비한 정견을 또박또박 설명한 다음, 끝부분에 가서 "여러분! 조금 전에 연설한 분이 나보고 초상집 다니는 X개라고 했는데요, 내가 X개인지 훌륭한 개인지는 모르겠으나 내가 초상집을 빠짐없이 찾아다닌 것은 사실입니다. 내가 그렇게 한 것은 어려움을 당한 사람, 슬픔에 처해 있는 사람, 어렵게 사는 사람을 위로하고 도와줘야겠다는 내 소신과 철학 때문입니다. 존경하는 유권자 여러분! 어렵고 슬픔에 처해 있는 사람을 위로하고 도와주는 것이 뭐 잘못됐습니까? X개라고 해도 좋습니다. 지금 이 유세가 끝나면 나는 또다시 X개가 되기 위해 초상집으로 가겠습니다, 여러분!" 하고 연설을 마쳤다. 그 순간 수많은 청중들이 우레와 같은 박수(拍手)로 환호(歡呼)하면서 내 뒤를 따라 나오는 바람에 유세장 한구석이 텅 비게 되었다.

이와 같이 합동으로 연설할 때 상대로부터 예상치 않은 공격을 받게 되어도 절대로 흥분하거나 당황하지 말고(흥분하면 상대에게 지는 것이다), '이를 어떻게 대응할 것인가? 어떻게 유리하게 역이용할 것인가?'를 침착(沈着)하게 생각해야 한다.

나는 나를 원색적으로 비난하는 그의 연설내용을 즉흥적으로 역이용함으로써 큰 지지를 받게 되었고, 모든 선거활동 면에서 어렵고 열악한 무소속 후보자이면서도 당당히 국회의원으로 당선(當選)될 수 있었던 것이다.

이외에도 나는 국회의원 선거 때마다 가슴 아팠던 일이 많았다. 선거 때 어떤 입후보자를 지지하느냐 하는 것은 각자의 자유에 속한다. 그러나 인간적인 면, 예를 들어 자기 딸을 취직시켜 준 고마움을 나의 상대방 후보자 선거운동으로 배은망덕(背恩忘德)하는 자의 행위 등에는 참으로 가슴이 아팠다.

그래도 일어서서 뛰어야만 했다

돌이켜보면 국회의원 선거에서 낙선의 고배를 들었던 순간에는, 참으로 착잡한 심경을 가누기 어려웠다. 그리고 잠시나마 형언할 수 없는 허탈감과 좌절감으로 고통스러워했던 것도 사실이다. 더욱이 14대 국회의원으로서 대전 발전을 위해 정부 제3청사 대전 건립을 성사시키는 등 수많은 공약을 실천하면서 그렇게 열심히 헌신해 왔건만, 자민련 바람이라는 것 때문에 어쩔 수 없다면서 표를 주지 않았던 유권자들에게 너무나 실망감이 컸다. 그러나 언제까지 실의에 빠져 있을 수는 없었다. 나는 오뚝이처럼 다시 일어나 뛰어야만 했다. 나는 더 많은 노력을 기울이기로 결심했다. 더 뜨거운 가슴으로 열정과 성심을 담아 땀 흘려 일해야 한다고 생각했다.

이 나라가 보다 훌륭한 민주 복지국가로 발전해 가고, 내 고장 한밭 대전이 번영과 결실의 황금열매로 가득 차는 그날까지 나의 지식과 경험과 성력의 모든 것을 다 바쳐 봉사하는, 오직 이 한길로 나는 지금까지 달려왔고 또 달려 나가야 한다고 결심했다.

내가 이렇게 결심하고 스스로 다짐한 데에는 다음과 같은 이유가 작용했다.

첫째, 11대와 14대 총선에서 나를 국회의원으로 당선시켜 준 모든 분들과 낙선했던 총선거에서도 변함없이 끝까지 '이재환을 신임하고 밀어준 분'들에게 반드시 보답해야 한다고 생각했기 때문이다.

둘째, 나와 함께 토론하고 번민하면서 이 지역사회가 보다 고루 잘살게 되어야 한다고 다짐했던 수많은 청년학생들과 젊은 근로자들에게, 나는 국회의원이든 아니든 간에 그들의 양심적인 선배로서 혹은 스승으로서 계속 그들과 함께 연구하고 헌신하는 것이 나의 책임이라고 생각했기 때문이다.

셋째, 열악한 작업환경에서도 참고 견디며 그래도 잘 살아보겠다고 열심히 일하면서 나를 성원해 준 수많은 근로 여성들과, 어려운 가정을 꾸려 나가면서도 자녀 교육에 온갖 정성을 기울이면서 진정한 '이 고장의 일꾼은 이재환'이라면서 나를 선택해 준 주부 여러분에게 반드시 보답해야 한다는 사명감을 느꼈기 때문이다.

넷째, 나의 어린 시절과 학창시절을 지켜보았고, 또 내가 국회의원과 국회사무총장(장관)으로 활동하면서 지역주민과 지역발전을 위해 밤낮으로 뛰어다니던 모습을 지켜보며 칭찬과 격려를 보내주신 많은 선배님과 여러 어르신네들의 기대를 저버려서는 안 된다고 생각했기 때문이다.

다섯째, 많은 동창들과 친구들의 뜨거운 채찍질과 격려 때문이었다. "너는 다시 뛰어야 한다." "너는 다시 할 수 있다."는 친구들의 열화와 같은 독려는 나로 하여금 다시 한번 '25시를 달리는 인간 기관차'가 되겠다는 욕망을 갖게 했다.

그리고 내가 낙선 후 더 이상 머뭇거리지 않도록 용기를 준 것은 어느 이름 모를 한 시민의 전화였다. 그분은 자신을 굳이 밝히지 않은 채 시민의 한 사람이라면서 말했다.

"이 박사! 당신이야말로 말과 행동이 일치하는 사람이요. 선거 때만 되면 어디서 무슨 짓을 하다가 왔는지 철새처럼 나타나서 이 나라 정치를 자기 혼자서 다하는 양 정당이 어떻고 정치가 어떻다는 둥 거리의 약장수나 다름없이 떠들어 놓고는 또 어디론지 날아가 버리는 그런 사람, 이제는 대전 시민도 수준이 높아져서 가려 볼 줄 알아요. 이 박사! 당신은 몸도 마음도 사생활도 건강한 사람이란 걸 알고 있소. 그러니 실망하지 말고 뛰시오."

　나는 이 말을 듣고 가슴 가득히 용솟음치는 감동을 느꼈다. 그렇다. 나는 이제부터 또 시작해야 한다. 나의 목표, 나의 포부와 계획을 재확인하면서 앞으로 나아갈 채비를 해야 한다.

　이와 더불어 나는, 나의 오늘을 있게 해주신 부모님의 가르침과 사랑하는 아내와 가족 친지들의 격려가 무척 큰 힘이 돼주었다.

　이처럼 나를 밀어주시고 이끌어주시며 또 나로 하여금 지칠 줄 모르게 활력을 불어넣어 주는 모든 분들의 뜻을 받들어, 나는 이제 또다시 활동하지 않을 수 없게 되었다. 나는 모든 분들에게 깊은 감사를 드리면서 뜨거운 가슴과 냉철한 머리로 땀 흘려 일하고 실천하는 것이 나의 천직임을 다시 한번 굳게 믿게 되었다.

정도(正道)를 지킨 탓에 날아간
대전시장(市長) 후보

1990년 2월 민주정의당·통일민주당·신민주공화당 3당이 통합하여 민주자유당 (약칭 民自黨)이 탄생한 후, 1995년 1월 신민주공화당 김종필 대표가 탈당하여 자유민주연합(약칭 自民聯)을 창당하자 1996년 2월 민자당은 신한국당(新韓國黨)으로 당명이 바뀌었다.

1997년의 대통령 선거를 앞두고는 당의 대통령후보에 유리한 위치인 당 대표위원에 최형우(崔炯佑, 前 내무부장관) 고문이 지명될 것이라는 여론이 지배적이었다. 그런데 갑자기 총재인 김영삼 대통령이 이회창(李會昌) 前 국무총리를 대표위원(代表委員)으로 지명했다. 신한국당 내 민주계나 민정계 모두가 놀랐다.

1997년 3월 12일 이회창 대표위원 지명자가 여의도 신한국당 당사로 오게 됐을 때, 이상하게도 당사에는 국회의원이나 고위 당직자가 아무도 없어 을씨년스럽기만 했다.

이때 나는 중앙당 국책자문위원회 정책평가위원장(政策評價委員長)으로 대표위원실이 있는 8층에 사무실이 있었기 때문에, 내 방에 와 있던 박희부(朴熙富) 前 국회의원과 함께 8층에서 이회창 씨를 영접(迎接)하고 인사했다. 당시 모 신문 가십난에는 "텅 빈 당사에서 단 두 사람의 전직 국회의원만이 90도 각도로 허리 굽혀

313

인사를 했다."면서, 마치 안 해도 될 인사를 한 것처럼 비아냥조의 기사와 사진이 실렸다. 이것이 그 당시 이회창 씨에 대한 신한국당의 분위기를 대변한 것이라 보면 정확하다. 그러나 우리 두 사람은, 국민들에게 대쪽 이미지로 인기가 있던 이회창 씨가 최초의 충청 출신 대통령이 되기를 희망하는 마음이었기 때문에 진심으로 환영했던 것이다.

그는 당대표위원에 이어 신한국당 총재가 되었고, 제15대 대통령 선거에 대비한 신한국당 후보경선(候補競選)에 유리한 고지를 점령했다. 가장 유력한 상대는 민주계가 밀고 있는 이인제(李仁濟) 경기도지사였다. 물론 나는 신한국당 대전시 지부장과 중앙당 국책자문위 정책평가위원장으로서, 700여 명에 달하는 국책자문위원(자동 대의원)들에게 1인당 최소 3회 이상 전화를 걸어 이회창 경선자 지지(李會昌 支持)를 부탁했고 65.7%의 찬동지지를 획득한 상세한 활동보고서를 이회창 경선후보자에게 직접 제출하기도 했다.

이회창 총재는 경선에서 승리, 신한국당 대통령 후보자가 되자마자 조순(趙淳) 씨가 이끄는 민주당과 합당(合黨)을 성사시켜 '한나라당'으로 당명을 정하고 한나라당 대통령 후보자가 되었다. 그런데 두 아들이 부정으로 병역을 미필했다고 폭로한 김대업(金大業) 사건이 불거져 나와 인기가 급전직하로 하락되기 시작했고, 한나라당 내에서도 민주당계의 집요한 대통령후보 사퇴압력(候補 辭退壓力)이 진행되어 나는 민주당계 친구들을 설득하느라 고생도 많이 했다. 사태는 계속 악화되어 급기야 경선 2위였던 이인제(李仁濟) 경기도지사가 탈당하여 국민신당(國民新黨) 대통령후보로 출마하는 매우 불리한 상태에 빠지게 되었다.

나는 대통령선거 본선에서 한나라당 이회창 대통령 후보 건설교통 특별보좌역으로서, 국회의원 시절 건설교통위원회 재임 시 넓혔던 인맥을 활용하여 전국을 누비면서 선거운동을 했다.

그러나 대통령선거에서 새천년민주당 김대중(金大中) 후보에게 패배하여 역사가 뒤바뀌고 말았다. 대통령 선거에 실패하자 민주당계를 중심으로 한 이회창 총재 반대파들은, 이 총재에게 책임을 지고 총재직에서 물러나라는 압력을 강도 높게 전개했다. 심지어 당무회의장에까지 평당원이 몰려와 이(李) 총재의 회의진행을 방해(妨害)하여, 당무위원으로 회의에 참석했던 내가 대성일갈(大聲一喝) 호통을 쳐서 내보내게 하여 질서를 유지한 일도 있었다. 그 후 나는 새로 구성된 중앙당 당기(黨紀)위원장이 되어 이회창 비판 분위기를 잠재우는 데 앞장서서 노력했다.

1997년 제15대 대통령 선거 시 자민련 김종필 후보가 사퇴하면서 새천년민주당 김대중 후보와 연합(세칭 DJP연합)하여 김대중 후보가 대통령에 당선된 다음 해 1998년의 지방자치단체선거는 전국적으로 관심이 컸다. 이러한 6월 4일의 지방선거에 대비, 4월 13일 대전시 지부는 운영위원회를 개최, 나를 대전광역시장 후보로 추대 의결했다. 그러나 나는 국회의원이 되어 정치를 하겠다는 생각 외에 지방행정에는 별 관심이 없는 사람이기 때문에 후보 추대를 반납하고 사양했던 적도 있다.

대전시장 후보에 이재환 추대(중도일보 보도)

DJP연합정권이 집권한 지 3년 뒤인 2000년 4월 총선으로 구성된 제16대 국회에 대전 한나라당 소속 국회의원은 한 사람도 없게 되었다. 따라서 대전시의 한나라당 조직은 거의 와해되었다. 그래도 나는 당을 떠나지 않고 한나라당 대전시 지부장으로서 조직을 추스르는 데 힘을 쏟고 있었다.

과반수 의석 확보에 실패한 중앙당도 연일 각종 회의를 열고 다가올 대통령 선거 대비를 위한 조직재정비를 위해 1년 내내 대책을 논의하고 있었다. 2001년 3월 초 어느 날 중앙당 책임인사로부터 "제일 어렵게 된 대전의 경우 시지부장이 직접 대전시장에 입후보해서 선거운동 과정을 통해 대전의 한나라당 조직을 되살리고 강화시켜 다가올 대선(大選) 승리에 대비키로 하는 것이 좋겠다는 결론인데 그렇게 승낙하시지요."라는 연락이 왔다.

현재 대전은 민주당 바람이 강하게 불고 있는 데다가 DJP연합으로 여당이 된 자민련 출신 홍선기(洪善基) 현 시장이 출마준비를 하고 있는지라 한나라당 후보의 패배가 불을 보듯 뻔한 상황에서 누가 시장선거에 출마를 하겠는가?

대전시장직에 관심이 없는 나였지만, 시장선거에서의 당락(當落)과는 관계없이 다음 대통령 선거에서 기필코 승리하기 위해서는 누군가가 희생되더라도 대전시장에 입후보해서 선거운동 과정을 통해 한나라당의 조직을 강화시키는 역할을 해야 되겠다면서 "그렇게 준비를 하겠다."고 응낙했다.

그런데 이 무렵 여러 가지 상황이 발생했다. 2002년 대선의 유력한 후보였던 이회창 두 아들에 대한 병역문제가 다시 불거져 나와 분위기가 나빠졌고 자민련에서 중추적 역할을 하다가 이미 탈당한 바 있는 김용환(金龍煥) 의원과 자민련 강창희(姜昌熙) 의원이 탈당하여 한나라당에 입당했다. 향후 한나라당의 충청권 문제는 이 두 사람에게 맡겼다는 설과 함께 염홍철 한밭대학교 총장이 한나라당 대전시장 후보자가 된다는 등의 신문보도와 여러 가지 소문이 나돌았다.

그렇지만 나는 앞서 말한 대로 대전시장 입후보 건은 중앙당이 어렵게 말을 꺼내 나에게 권유했던 사안이었고 나도 대권의 어려운 여건을 알면서도 이회창 차기 대선후보를 당선시킬 목적으로 희생을 각오하고 결정한 것이었기 때문에 그런 여론에 별로 신경을 안 썼다.

그렇다 하더라도 이때 내가 좀 더 적극적으로 이곳저곳을 뛰어다니면서 후보자 굳히기 운동을 했어야 했나?

그러한 행동은 정치인으로서 부끄러운 일이고 정도(正道)가 아니라고 생각했기 때문에 자제(自制)하고 있었던 것이다. 얼마 후 한나라당 대전시장 후보에 염홍철 총장이 내정 발표되었고 중앙당의 아무도 나에게 일언반구의 해명도 없었다. 이것이 정도인가?

이회창 대통령 후보를 4·19희생자 위령봉안소로 안내한 저자 (수유리 4·19묘소)

후진을 위해 때를 맞춰 물러나겠다는 것은 나의 신념

나는 우리나라의 정치가 점점 지역감정 정치 즉 경상도 한나라당, 전라도 민주당, 충청도 자민련이라는 지역 패권주의 때문에 참 정치는 실종되었고, 지조를 지키는 자는 가치도 없이 희생양이 되는 정치 현실이 싫어졌다. 또한 외부에 알려지지 않은 정치무대의 부조리(不條理)는 한심하기 이를 데가 없음을 알게 되었다. 한때 정치에 몸담았던 한 사람으로서 말하긴 거북하지만, 당직이나 국회의 회직(會職) 임명에 있어서도 실력과 능력에 따른 적재적소의 원칙은 찾아볼 길이 없고, 최고 권력자(最高 權力者)와 연결 끈이 있거나 정치활동비라는 미명 아래 상당한 금전 제공이 비밀 아닌 비밀로 이루어졌다. 돈 없는 사람은 정치인이 될 수 없다는 말이 여기서도 적용된다.

나는 돈도 없는 사람이고, 창당 멤버도 아닌 데다 집권 초기 최고 권부와 관계가 있는 장영자(張玲子) 금융사기사건을 국정조사에 붙여 국민에게 소상히 밝힘으로써 정의를 실현(正義 實現)하자고 주장했으니, 나에게 나의 정치소신을 펼 수 있는 자리가 주어지지 않는 것은 어쩌면 당연한 일이 아닌가.

내가 고등학교에 입학할 때 '국민의 대표인 국회의원이 되어 부정부패를 척결하고 국정을 올바르게 펴나가는 정치를 해야겠다는 꿈'은 문자 그대로 한낱 꿈에 지나지 않았다. 최고 권부와 연이 닿거나 묵계가 있는 부정부패 사건은 파헤칠 수도 없고, 부정을 정의롭게 척결(剔抉)한다는 것은 불가능한 나만의 몸부림에 불과함을 깨달았다.

옛날이나 지금이나 변한 것은 없다. 6·25동란 중의 부정부패는 권력자가 굶주리는 국민에게 돌아갈 외국의 구호물자를 빼돌려 착복하는 형태이거나 국가예산을 착복하는 부정부패였지만, 이제는 국가조직과 경제규모가 방대해지고 경제사회가 다기화(多岐化)되었기 때문에 권력과 경제의 교묘한 밀착 등 다양한 부정부패의 양상을 나 한 사람의 의지나 노력으로 척결한다는 것은 불가능하다는 사실을 확인했다.

결국 나는 2004년 1월 11일 다가올 제17대 국회의원 선거에 불출마와 함께 정계 은퇴를 선언(政界隱退 宣言)했다. 모든 정치인들이 '나 아니면 안 된다.'는 생각을 버리고 참신한 후진에게 길을 열어주고 정치에 새 바람을 불어넣기 위해 자리를 물려줘야만, 우리의 정치가 발전할 수 있다는 평소의 신념을 솔선수범(率先垂範) 실천하기 위해 용단(勇斷)을 내린 것이다.

나는 이날 기자회견에서 "나는 1981년 제11대 국회의원이 된 이래 23년간 정치를 하면서 일체의 부정부패에 연루된 적이 단 한 번도 없다. 국가와 민족 그리고 대전 발전을 위해 열과 성을 다 바쳐 최선을 다했다. 나는 여당 내 야당으로 항상 국민의 소리를 올바르게 충실히 반영하는 정치를 했다. 자신의 이익을 쫓아 이 당(黨) 저 당(黨)을 옮겨 다니는 지조 없는 변절행각(變節行脚) 즉 철새정치를 배격(排擊)하고, 오로지 처음 입당하여 정치를 시작(始作)했던 정당인 민주정의당(民正黨)의 대전시 지부장을 거쳐 민정당이 주도하여 3당 통합이 된 민자당(민주자유당)의 대전시 지부장, 신민주공화당의 이탈에 따라 이름이 바뀐 신한국당의 대전시 지부장, 조순 민주당이 참여하여 새 이름이 된 한나라당의 대전시 지부장을 모두 역임(歷任)하면서 그 정통을 고수(正統 固守)해 왔다. 그리고 그 속에서 국민을 위해 올바른 국정을 펴나가도록 채찍질하면서 당의 혁신을 위해 노력해 왔다.”고 당당히 성명하면서, 대전 시민들에게 “후진들에게 길을 열어주기 위해 자리를 스스로 내주는 용단을 내리고 퇴장하는 최초(最初)의 정치인이 되려는 나에게 박수를 보내 달라.”고 부탁하였다.

정계은퇴 기자회견('04. 1. 11 지구당 사무실)

나의 마지막 정치발언(성명서)을 후진들에게 참고로 전하기 위해 그 전문(全文) 중에 핵심을 여기에 싣는다.

존경하는 대전 시민 여러분! 특히 대전 서구갑(甲) 지역구 주민과 당원 동지 여러분! 안녕하십니까?

먼저 오늘 이러한 성명을 발표하면서 여러분과 상의도 없이 진행하게 되어 죄송하게 생각합니다.

결론부터 말씀드리면,

저는 첫째, 개혁적이고 희망의 정치를 구현하겠다는 새로운 정치 구현에 앞장서기 위해. 둘째, 신진기예의 젊은 정치인을 요구하는 시대의 흐름에 부응하기 위해. 셋째, 정치인들이 영원히 '나 아니면 안 된다.'는 생각을 버리고 참신한 후진에게 자리를 물려주어야만 우리의 정치가 발전할 수 있다는 평소 저의 소신(所信)을 실천(實踐)하기 위하여, 다가오는 4월 15일 제17대 국회의원 선거에 출마하지 않을 뿐더러 정계를 은퇴(政界 隱退)하겠다는 말씀을 드립니다.

저는 이러한 심정으로 이 자리에 서면서 무엇보다도 저의 오늘이 있기까지 키워주신 존경하는 대전 시민과 지역유권자 여러분에게 무한의 감사를 드립니다.

저는 이곳 대전시 기성동에서 태어나 성장한 후 주민들의 적극적인 성원에 힘입어 청와대 등의 고위 공직을 거쳐 제11대와 제14대 국회의원에까지 당선되어 지역발전을 위한 대변자 역할에 최선을 다했습니다.

그것은 오로지 내 고향 대전을 효과적으로 개발·발전시켜 후손들에게 아름답게 물려주기 위한 저의 뜨거운 열정이요 소망이었기 때문입니다. 다만 그 후에 일기 시작한 지역감정 정치 즉, 경상도 한나라당 전라도 민주당 충청도 자민련이라는 지역패권주의(地域覇權主義)의 희생양(犧牲羊)이 되어 국회에 입성하지는 못했습니다만, 저는 오히려 정치지조(政治志操)를 지켰다는 자부심을 가지고 있습니다.

1981년 제11대 국회의원이 된 이래 그 같은 많은 사랑과 격려를 받으면서 올곧고 정직(正直)한 국회의원이 되기 위해 최선을 다했습니다.

저는 일체의 부정부패에 연루(連累)한 적이 단 한 번도 없습니다. 정말로 깨끗한 정치를 실현하였습니다.

저는 저의 모든 경험과 경륜을 다 쏟아 부지런히 국가와 민족 그리고 대전의 발전을 위해 최선을 다했습니다.

저는 최초 국회의원 당선(제11대 국회의원) 시 유권자들에게 약속(約束)한 바대로 '여당 내 야당으로, 야당 내 야당으로' 항상 국민의 소리를 올바르게 충실히 전달했습니다.

… (중략)

그런데 요즘에 와서 보면 정치인들이 국민들을 전혀 의식하지 않고 있고 오히려 무시하는 정치행태(政治行態)가 전개되고 있는 것을 목도(目睹)할 때, 정치인의 한 사람으로서 정치에 어떤 위기(危機)가 오지 않을까 하는 의구심이 생기는 것이 솔직한 심정입니다.

… (중략)

정치인에 대한 존경과 희망은 사라진 지 이미 오래고, 오히려 대부분의 국민들은 '정치'란 말만 나와도 혐오감을 느끼며, 심지어는 육두문자를 써가면서 적대감을 토로(敵對感 吐露)하는 현상이 두드러지게 나타나고 있는 것이 숨길 수 없는 현실 아닙니까?

저는 이러한 현상을 보고 느끼면서 정치인이 된 것이 오히려 부끄럽고, 어디 가서 명함을 내놓기가 꺼려지는 참담한 심정(慘憺 心情)이 들 때가 한두 번이 아니었습니다.

"국회 해산하라!"는 주장이 거세지고 있고, 말은 안 하지만 국민들의 마음속에 공감대가 확산되어 가고 있는 등 이러한 국민들의 실망과 원망 앞에, 이제 정치권 전체가 국민들로부터 '보이콧' 당하는 위기에 처해 있다는 사실을 모든 정치인들이 자각해야 합니다.

… (중략)

저는 제11대 국회의원 당선 후부터, 언젠가는 후진(後進)을 위해 물러날 때를 생각하고 꼭 솔선 실천하겠다는 것을 철학으로 삼아왔습니다.

물론 국회의원 재직 중에 그렇게 실천할 수만 있다면 얼마나 좋겠습니까! 그래서 이번에 많은 동지들로부터 "이번에는 당선이 확실하니 17대 국회의원이 된 후에 실천해도 되는 것이 아니냐?"라는 강력한 만류와 항의도 받았습니다.

그러나 존경하는 당원동지 여러분!

저는 이번에 꼭 실천하지 않으면 안 된다고 판단했습니다. 이번이야말로 우리 정치의 새로운 변화를 위한 하나의 계기가 되리라고 생각하여 솔선수범할 것을 결심했습니다. 스스로 물러날 줄 아는 용기를 실천하는 것이 우리 한나라당이 추구하는 정치개혁의 물꼬를 트는 결과를 가져 오리라 확신하면서 기대를 합니다.

존경하는 당원동지 여러분의 넓으신 이해와 용서 있으시기를 간절히 바랍니다.

후진에게 자리를 물려주고 아름답게 퇴장하는 최초의 정치인(最初 政治人)이 되려는 저에게 박수(拍手)를 보내주십시오!

저는 정치인으로서 저의 꿈이었던 '복지 충만한 대전 건설'의 실현을 위해 어느 때 어디서나 계속 노력하겠습니다.

그동안 저를 국회의원으로 키워주신 대전 중구, 유성구 및 서구의 존경하는 주민과 당원동지 여러분! 감사합니다.

지역정치 23년 동안 이 지역에서 국가와 민족 그리고 대전 발전을 위해 저와 함께 일해주시고, 아무런 보상도 없이 그저 비가 오나 눈이 오나 저를 끝까지 도와주셨던 많은 분들의 정성에 엎드려 큰절로 감사드리며, 그 고마움을 평생 잊지 않을 것이며 대를 이어 감사드리도록 하겠습니다.

새해 복 많이 받으시고 가정에 늘 건강과 행운이 함께하시기를 기원합니다. 감사합니다.

(2004년 1월 11일 한나라당 대전서구갑 지구당위원장 이재환)

고지식한 정치는
실패해야 하나?

2004년 1월 정계은퇴 성명발표 후의 어느 날이었다.

나를 잘 아는 고등학교 동창 한 사람이 나를 찾아왔다. 나의 정계은퇴를 아까워하는 환담 중에 "나는 잘 모르지만 정치인은 기회(機會)를 잘 포착하고 활용(活用)해야 한다고 보네. 대전에 자민련 바람이 불 때 어떤 사람은 자민련 입당기회를 만들어 그 바람을 타고, 두 번이나 더 국회의원을 해서 다선의원이란 명예를 얻지 않았나? 자네 행적을 잘 아는 내가 보기에는 자네는 그 누구보다도 기회가 많았는데, 왜 그 기회를 뒤로하고 고지식하게 외골수 정치를 했나? 그런 면에서 자네는 실패한 정치인이네."라고 매섭게 비판을 했다.

나는 어릴 때부터 정치인이 되겠다는 꿈을 실현하기 위해 계속 노력해 왔다. 각고(刻苦)의 노력 끝에 처음 입당해서 내게 국회의원 당선의 영광을 안겨준 정당이 민주정의당(처음 민주정의당이었고 그 후 몇 차례 당명이 바뀌었음)이다. 그 후 나는 한 번도 당을 바꾼 적이 없다. 그것은 소위 말하는 철새 정치인만은 되지 않겠다는 내 신념 때문이었다. 그런데 아까 그 친구가 바로 그 점을 꼬집고 나선 것이다. '처음 입당한 당을 떠나지 않고 끝까지 고수하고 철새 정치인의 행각을 거부하겠다는 지조와 신념이 뭐 그리 대단한 것인가? 국회의원을 하겠다고 마음먹었으면 어찌 됐든 다선(多選)의원을 했어야 하지 않느냐?'는 심한 책망이었다.

그렇다. 그의 비판을 듣고 생각해 보니 내가 생각하기에도 다른 이들에 비해 나에게는 많은 기회가 주어졌었다. 이제 정계를 은퇴하고 뒤늦게 몇 자 회고의 기록을 정리하다 보니, 각계 분야에서 활동해 오면서 그때그때 주어진 기회를 뒤로하고 활용치 않았거나 무시한 것 같다.

1963년 2월, 26세의 나이로 나는, 5·16 군사혁명 주체세력으로 창당된 민주공화당의 권력서열 3위인 중앙당 사무총장에 임명된 고려대 은사 윤천주(尹天柱) 선생의 비서역을 맡아 1년 3개월 동안 근무했다. 군사혁명 후 접근하기 어려운 막강한 실세들과 일을 같이하면서 그들에게 실력이 있다는 깊은 인상을 심어놓았다. 1년여 뒤 1964년 5월 윤천주 총장이 문교부장관으로 임명되었을 때도 내게 문교부 비서관 일을 맡아달라고 하셔서 응하고 따라갔다.

만약 그때 친구의 말대로 문교부로 가지 않고 그 기회를 이용하여 민주공화당 사무국 요원으로 남아서 계속 근무하다가, 1967년 6월에 실시된 제7대 국회의원 선거에 출마했더라면 더 일찍 국회의원이 될 수도 있었을 것이다.

1967년 7월 제7대 국회 전국구의원이 된 윤천주 선생께서 한 번 더 보좌해 달라고 말씀하셔서, 나는 또 국회의원 윤천주 의원 비서관이 되었다. 그해 11월 4일 자로 결혼식 일정을 잡고 윤천주 선생을 주례로 하는 청첩장을 쓰고 있을 때, 갑자기 김종필(金鍾泌) 공화당 의장이 주례(主禮)를 자청(自請)하는 바람에 청첩장을 새로 인쇄하고 결혼식장을 어렵게 새로 물색하는 등의 소동이 벌어졌다. 나에겐 남들이 부러워하는 결혼식이 되어 큰 영광이었다. 그때도 절호의 기회였던 것 같다. 결혼식을 계기로 하여 김종필 당의장에게 밀착하여 그분을 추종하는 측근 정치계파에 들어가 충성을 다했더라면, 제9대 국회의원으로 진출할 수 있는 기회가 주어졌을 수도 있었겠다.

또 김종필 의원께서 국무총리로 취임하신 후 1974년 9월 단국대학교 조교수로 있던 나를, 국무총리실 교육·사회·문화 담당 비서관으로 발탁(拔擢) 임명했다. 이런 경우는 특별한 사례였다. 1975년 12월 그분이 국무총리를 그만두고 떠날 때 나도 같이 따라 나가 그분을 보좌했더라면, 좀 더 일찍 국회의원이 될 수 있는 길이 열렸을 것이다.

나는 후임으로 오신 최규하(崔圭夏) 국무총리의 요청으로 다시 그분을 모시다가 1979년 10월 26일 대통령 시해사건으로 인해 최(崔) 총리가 대통령이 되신 후에는 청와대 경호실 행정처장으로 근무하였고, 1980년 8월 16일 최규하 대통령의 사임과 함께 청와대를 나왔다.

그 후 내 자력으로 1981년 3월 실시한 제11대 국회의원 선거에서 민주정의당(민정당) 소속으로 고향인 대전 중구에서 출마하여 국회의원으로 당선되었다.

그리고 그해 8월경 한국 최초 최대 규모의 장영자(張玲子) 어음부도 사기사건이 보도되었다. 권력유착사건이란 의혹을 낳고 있어 민정당이 치명적인 비난을 면치 못하게 되었다. 나는 그때 "우리 당은 국민들에게 노력한 만큼 대가를 받는 사회, 깨끗하고 정의로운 사회를 만들겠다고 약속했으므로 국정조사를 통해 상세히 조사하여 국민들에게 밝히고 사과해야 한다."면서 국회의 국정조사권 발동(國政調査權 發動)을 강조하고 다녔다.

그러던 어느 날 민정당의 실세인 중앙당 이상재(李相宰) 사무차장이 나를 부르더니 "야당이 국회에 장영자 사건 국정조사 실시 동의안을 내고 제안 설명을 할 것이다. 그때 우리 당에서는 이재환 의원이 국정조사 반대발언을 하기로 방침이 정해졌으니 준비하라."고 했다. 나는 즉석에서 "나는 국정조사를 주장하는 사람이다. 또나는 지난번 국회의원 선거 때 당선되면 여당 속의 야당이 되겠다고 약속했기 때문에 반대발언을 할 수 없다."고 거부했다. 그는 "거절하게 되면 당신에게 어떤 불이익이 주어질지 나도 모르니 시키는 대로 하라."면서 협박성 강요를 하였다. 나의 입을 막기 위해 거꾸로 나에게 국정조사 반대발언을 시키기로 한 것이었다. 나는 끝까지 거부했다. 그로 인해 나는 얼마 후 민정당 대전 중구 지구당 위원장직(委員長職)을 박탈(剝奪)당하고 말았다.

그때도 그럴 것이 아니라, 내가 이(李) 차장의 요청을 수락하여 국회에서 야당이 주장하는 국회 국정조사를 반대하는 발언을 해주고 당에 충성을 다했더라면, 나는 고위당직이나 국회 회직(會職)을 맡아 승승장구했을 것이다.

이후 1990년 2월 15일 3당 통합으로 민주자유당(약칭 民自黨)이 탄생되었을 때는, 오랜만에 주례선생인 김종필(金鍾泌) 총재를 민자당 최고위원(最高委員)으로 모시고 함께 정치를 하게 되어 매우 기뻤다. 당시에는 국회의원도 아닌 나를 김(金) 총재께서 자주 불러주셨고, 나를 믿고 비밀스런 심부름도 시키셨다. 이러한 신임 때문에 시기(猜忌)가 있어, 내가 김종필 최고위원을 비난하고 다닌다는 조모(趙某) 의원의 중상 같은 모략도 있었으나 나는 내 출세의 기회를 만들기 위해 어떤 술수도 쓰지 않고 원형이정(元亨利貞)의 정도를 지켰다.

제14대 국회 민자당 국회의원이 되었을 때도 많은 기회가 있었다.

김영삼(金泳三) 대통령 당선자께서 정부 제3청사 대전건립을, 취임 후 우선사업으로 찬성해 주시고 그해 9월 7일에 대전에서 기공식을 하면서 특별히 격려해 주셨던 때도 나에겐 큰 기회였다. 또한 취임하신 후 3회에 걸쳐 청와대로 불러 단독 '국수오찬' 자리를 마련해 주셨을 때도 나에겐 커다란 기회였다.

이뿐 아니라 김종필(金鍾泌) 최고위원이 민자당을 떠나 1995년 3월 30일 자유민주연합(약칭 自民聯)을 창당(創黨)하여 총재가 되셨을 때의 일도 빼놓을 수 없다. 내가 그분을 따라 자민련에 갔더라면 어떻게 됐을까? 아마도 민자당 소속이었다가 자민련으로 입당했던 사람들처럼 나 역시 자민련 바람을 타고 두 번은 더 국회의원을 했을 것이고, 장관급 국회사무총장을 역임했기 때문에 DJP 연합정권에서 누구보다도 먼저 장관자리에 오를 수도 있었을 것이다.

그런데 나는 자민련(自民聯)에 가지 않았다. 지금까지 민자당이었다가 지역바람이 불어 선거에 유리하다 하여 자기를 선출해 준 유권자들을 무시하고, 자기 이익만을 계산하면서 이 당 저 당으로 옮겨 다니는 소위 철새정치인이 돼서는 안 된다는 나의 신념 때문이었다. 결국 자민련에 입당하지 않았기 때문에 국회의원 선거에서 낙선한 것이고, 주어진 기회도 날아가 버리고 만 것이 아닌가!

김종필(金鍾泌) 총리로부터 직접 설명을 들은 바가 없어 확실치는 않으나, 그분이 막강한 공화당 의장 시절 이미 정해져 있던 나의 결혼식 주례를 교체하면서까지 주례를 자청할 정도로 나에게 많은 관심과 사랑을 주신 것만은 틀림없다. 아마도 나에 대해 무언가 생각하는 바가 따로 있으셨던 것 같다.

그런데 결과적으로 나는 그분의 뜻을 따르지 못해서 지금까지 죄만(罪萬)스럽게 생각하고 있다. 지금 와서 생각해 보면 '군사부일체(君師父一體)'라는 아버님의 교육을 받고 자랐던 나로서는, 나를 사랑으로 지도해 주신 윤천주(尹天柱) 교수님의 요청을 뿌리칠 수 없어 민주공화당 사무총장 비서역(秘書役)을 맡게 되면서부터 정치에 입문하긴 했으나 민주공화당의 모체는 군부세력이다. 그들은 결과적으로 내가 주역이었던 4·19혁명의 숭고한 정신을 희석시켰다고 보았고 게다가 나의 주도로 결성된 汎민족청년회의(약칭 汎民靑)를 불순한 단체로 규정하고 나를 반혁명사건에 연루시켜 억울하게 구속(拘束)하여 군사재판에 회부했던 것도 바로 그들이었다. 그런저런 이유들 때문에 나는 김 총재님의 큰 뜻을 헤아리지 못한 것이 아닌가 싶다.

또한 내가 최초로 가입한 정당이 최선의 정당이어서가 아니라, 그 당명으로 국회의원의 소망을 이룩한 민주정의당(약칭 民正黨)이 합당 등으로 당명이 여러 번 바뀌었다 해도 그 골간(骨幹)만은 끝까지 지키고 떠나지 않는 것이 정도(正道) 정치인의 자세(姿勢)라는 생각 때문이었던 것 같다. 그것이 결과적으로는 유권자들을 존중하는 자세이며 또 유권자들도 바라는 바일 것이고 그것이 바로 정당정치 발전의 기본이라는 믿음 때문이기도 했다.

　사람이 살아가면서 무슨 일을 하든 이해관계에 따라 왔다 갔다 하거나 좌고우면(左顧右眄) 하지 않고 스스로 판단한 원칙과 신념으로 일관된 철학과 목표 아래 초지를 지켜(또는 정치인의 경우 처음 몸담았던 정당을 지켜) 떠나지 않고 최선을 다하기란 매우 어려운 일이다. 그러나 그것은 참으로 값지고 훌륭한 교훈적(敎訓的) 삶이라고 나는 생각한다. 세상 사람들은 그것을 지조(志操)라고도 한다.
　그러나 한편에선 이런 사람을 '고지식하다'고 표현한다.
　계속되는 지역감정 정치와 지역 패권정치 때문에 한국의 '정도(正道)정치'는 실종되었다. 결국 고지식한 정치인은 손해 보고, 지조를 지키는 자는 그의 가치를 인정받기는커녕 오히려 희생양(犧牲羊)이 되는 것이 오늘의 정치현실(政治現實)이다. 어떻게 보면 결국 나는 포부는 컸지만, 나를 혹평했던 그 친구의 말처럼 실패한 정치인인지도 모른다.

라이온스
대전·충남지구 총재로 봉사하다

나는 1999년 7월 1일자로 183개 클럽 7,500여 명의 회원으로 구성된 국제라이온스협회 355-D지구(대전·충남지구) 제23대 총재로 취임하여 1년 임기의 봉사활동을 시작했다. 라이온스 회원들의 행동지침이 되는 총재의 주제(主題)를 '참여하는 라이온스 보람 있는 사회봉사'로 정하였다. 참여해야 클럽이 활성화되고 참여해야만 더욱 보람을 느낄 수 있게 된다는 의미를 부각시키고, 그 실천을 권고한다는 나의 의지를 전달하기 위해서였다. 1년 후 통계를 내어보니 한 해 동안 참여율이 지구 최초로 83% 선에 육박하는 훌륭한 성과를 이룩했다. 가히 기록할 만한 사건이었다. 나는 이 자체로 성공했다고 자부한다.

나의 1년 임기 동안 8개 클럽을 탄생시켰고 452명의 양질회원 영입, 국제라이온스 기금 3만 불($) 조성, 지구시력센터(이안과병원)에 국제협회로부터 7만 5천 불($) 지원, 국제협회의 긴급수해복구자금 1만 불($) 수수, 수재민 500여 명에게 위로금 전달, 라이온스 자선바자회 창설, 난치병 어린이 돕기 성금, 장애인에게 컴퓨터 보내기 및 불우학생 장학금 전달 등 총 17억여 원의 금액봉사와 수많은 노력봉사(勞力奉仕) 실적을 이룩한 일은 매우 자랑스럽다. 지구 전 회원들이 노력한 결과이기에 감사와 영광을 회원에게 돌린다.

특별히 나는 종전에 없던 '클럽회장과 총재와의 대화'라는 프로그램을 만들어 14개 지역 28개 지대 89개 클럽의 회장들을 직접 만나 대화를 나누고 건의사항을 수렴, 지구 운영에 반영시켰던 정력적인 활동은 지금 생각해도 놀랍기만 하다. 이런 경험을 바탕으로 아래와 같이 후배 라이온들에게 참고발언을 하고자 한다.

최초로 자선바자회를 시작한 저자
(지구총재 '99. 10. 29)

우리들이 행한 그동안의 봉사활동들이 훌륭하게 평가받고 존경받기 위해서는, 우리 모두가 대오각성하지 않으면 안 될 시점인 것 같습니다. 라이온은 우리의 윤리강령 그대로 '남을 비판하는 데 조심하고 먼저 자기를 반성'해야 합니다.

한 입으로 금과옥조와 같은 윤리강령을 낭독한 후 바로 그 입으로 남을 무조건 비난하는 행동을 일삼는다면 어떻게 되겠습니까. 자체적인 대오각성 운동을 전개하지 않는다면 지역에서 존경받고 선망의 대상이 되기는커녕 오히려 그 지역 지도자의 반열에서도 제외될 것입니다.

라이온스 클럽은 약간의 봉사금을 내고 누군가를 돕는 일만 하는 모임이 아닙니다. 그 지역에 있는 지도자들의 모임이고 교양과 인격의 도야를 위한 수련장임을 알아야 합니다.

또 한 가지 염려스러운 것은 지구 임원직책을 세속적 감투로 생각하고 무자비하게 경쟁하려 든다는 것입니다. 이래 가지고서야 어떻게 인류박애 정신에 입각한 숭고한 라이온이즘을 실천하는 지도자라 하겠습니까? 치졸한 경쟁양태와 자격시비, 모함, 음해 등이 바로 그 같은 현상입니다. 이래서는 절대로 안 됩니다. 그런 사람이 지도자가 되어서는 더더욱 안 됩니다. 그저 한낱 원로 라이온의 노파심이라 듣지 말고 지도자들은 진심으로 각성하기 바랍니다.

제29대 한평용(韓平鏞) 총재가 지구 부총재로 있을 때, 나는 라이온스회원들의 질적 향상을 위해 연수(研修)가 필요함을 강조했었다. 이후 그가 총재로 취임하면서 획기적으로 연수원 도입을 천명했고, 2005년 7월 15일 임원회의에서 연수원 규정이 제정되어 우리 지구 역사상 최초(最初)로 연수원이 발족됐다. 그때 한평용 총재의 권유로 내가 초대 연수원장(初代 研修院長)이 되었다.

나는 연수과정을 기본과정, 중급과정, 고급과정으로 구분 설정하고 기본과정은 일반회원이, 중급과정은 클럽임원이, 고급과정은 지구임원이 이수하게 했다. 모든 회원은 최소한 1회 이상 해당과정을 이수해야 하고, 기본과정 미 수료자는 클럽임원이 될 수 없으며, 특히 중급과정 미 수료자는 지구임원에 선임될 수 없도록 규정한 것은 매우 획기적인 일이었다.

비록 처음 시작하는 일이었지만 나는 연수원에 과정별로 합당한 커리큘럼을 작성하였고, 각종 자료를 다각도로 수집하고 연구하여 교육실시에 완벽을 기하도록 했다. 그리고 그 첫 번째 교재로 『라이온스에 대한 이해』를 발간했다. 그 후 강좌를 맡은 연수원 교수별 강의내용을 연수교재로 발간하여 연수원에 비치해 놓았다.

대전에 온 짐 어빈 라이온스 국제회장 내외와 환담하는 저자('99. 10. 31)

　2006년 7월 한국라이온스 역사상 최초로 우리 대전·충남지구를 '세계베스트지구'로 만들어 수상한 바 있는 한평용(韓平鏞) 총재의 말에 의하면, 수상업적 중 지구연수원 설립과 연수교육이 크게 인정받았다고 한다. 그런 점에서 나는 초대 연수원장으로서 연수교재를 만들고 우수한 교수진을 독려하여 완벽한 교육을 실시함으로써, 직책을 성공적으로 수행한 것 같아 큰 보람을 느꼈다.

　그 후 다음의 박찬국(朴贊國) 총재 간청으로 제2대 연수원장을 맡아 더 열심히 하면서, 10년 만에 지구헌장 및 제규정을 정비하여 규정집(規程集)을 편찬해 냈다. 또한 지구 30년사 편찬 발간 소위원회 위원장으로 『라이온스 30년사』(1977~2007)를 발간하는 등 사심 없이 봉사했던 일은 나에게 오래도록 큰 보람으로 남아 있다.

나는 여기서 라이온스 후배들에게 '참봉사'의 의미를 전하고자 한다.

우리는 지금까지 그저 남을 위해 일하는 것과 불쌍한 사람을 돌보아 주는 것이 봉사라고 생각해 왔다. 국어사전에 보면 '봉사(奉仕)는 나라와 사회 또는 남을 위하여 자신의 이해를 돌보지 않고 몸과 마음을 다하여 일함'이라고 정의(定義)되어 있다.

과연 우리는 지금까지 이해(利害)를 돌보지 않고 몸과 마음을 다 바쳤는가? 손해가 있어도 아랑곳하지 않는 참봉사를 해왔는가? '참봉사'란 무엇인가? 나는 다음과 같이 정의를 내린다.

첫째, 크고 많은 일이 아니라 아주 작은 것이라도 스스로 마음이 우러나서 행하는 것이다. 그리고 다른 사람에게 도움이 되는 일을 해야겠다는 순수한 마음이 있어야 한다. 유명한 작가 크리소스톰은 그의 시화(詩畵)에서 "일하는 꿀벌이 존경의 대상이 되는 것은 부지런하기 때문이 아니고 다른 자를 위해서 일하기 때문"이라고 했다.

둘째, 스스로 광고하거나 자랑하지 않는 것이다. 내가 하고 있는 봉사내용을 다른 사람에게 알리려 하거나 자랑삼아 떠들어대서는 안 된다. 오히려 수혜자에게도 알리지 말아야 할 뿐 아니라 오른손이 하는 일을 왼손이 몰라야 한다. 영국의 속담에 "한 사람이 토끼를 잡으면 다른 사람은 그것을 먹는다."라는 말이 있다. 아주 당연한 말인데 무슨 속담이라 할 수 있나? 그 뜻은 봉사하는 자는 산에 가서 토끼를 잡는 것으로 만족하는 것이고, 내가 그것을 잡았으니 네가 먹고 있는 것이라고 광고하거나 자랑해서는 안 된다는 것이다.

셋째, 봉사에 대한 반대급부(反對給付)를 절대로 생각하지 않는 것이다. 봉사를 하면서 나에게 어떤 이익이 돌아오겠지라고 생각해서는 안 되며, 특히 내가 무슨 보수를 받고 일하는 것도 아닌데 나를 알아주지 않는다는 식의 생각도 해서는 절대 안 된다. 영국의 격언에 "모든 사람에게 봉사하는 사람은 아무에게도 임금을 받지 못한다."는 말이 있는데 아주 적절한 표현이다.

그러면 봉사하는 자는 그렇게 희생(犧牲)만 해야 하는가? 그렇지 않다. 간디는 그의 『윤리적 종교』라는 저서에서 "이 세상 최고의 도덕이란 끊임없이 남을 위해 봉사하는 것이고 최고의 아름다움은 인류를 위한 사랑의 마음으로 일하는 바로 그 봉사이다."라고 역설했다. 그렇다. 봉사하는 우리는 이 세상에서 최고의 도덕과 최고의 즐거움 및 아름다움을 간직하고 있다고 자부해도 될 것이다.

　　따라서 봉사하는 자는 그 봉사내용이 작든 크든 간에 신경 쓰지 말고 부끄럽게 생각지도 말고 오직 진심으로서 최선을 다할 것이며, 그 의미를 좁은 데서 찾지 말고 세계관적 시야(世界觀的 視野)에서 보람을 갖고 스스로 기쁨을 느껴야 한다.

　　슈바이처는 그의 『나의 생활과 사상』에서 "생명이 있는 모든 것에 봉사함으로써 나는 세계에 대하여 뜻 있고 목적 있는 행동을 다하고 있다고 생각한다."고 했다. 그렇다. 아무리 작은 봉사라 하더라도 그것은 바로 세계적인 일을 하는 것이다.

　　우리가 하고 있는 봉사의 목적은 권력도 치부도 권위도 자랑도 영광도 아니다. 다만 세계 인류와 우리 국가 발전을 위해 최대한의 봉사를 행하고, 나보다 부족한 모든 이들을 위해 시간과 장소를 가리지 않고 무한대로 봉사하는 것이다. 이러한 철학과 신념을 생활화하고 있는 나는 지난날의 봉사에 대해 자성하면서, 앞으로 더 많은 참봉사를 해야겠다고 다짐한다.

참봉사인 한평용(韓平鏞) 라이온

나는 전술(前述)한 의미의 참봉사인으로 한평용 라이온을 꼽는다. 그는 충남 서산 출신으로 언론인으로 활동하다가 형님의 사업을 인수하게 되어 최선의 노력으로 성공한 사업가이다.

나는 이전에 그를 알지 못했다. 내가 355-D지구(대전 충남) 총재로 있을 때 해체위기에 처한 대청라이온스클럽을 되살려놓고 건실하게 발전시켜 나가고 있는 사람이라는 얘기를 듣고 알게 되었다.

나는 2000년에 총재직 임기를 마쳤고 그는 열심히 봉사활동을 한 성과로 2004년에 지구부총재가 되었다. 어느 날 나를 찾아와 "선배총재님, 라이온스클럽이 활성화되려면 라이온들이 그 지역에서 존경받아야 하고 존경받는 라이온이 되기 위해서는 타의 모범이 되고 교양과 지식을 갖추어야 한다고 봅니다. 그러기 위해서 355-D지구 내에 라이온스 연수원을 설립해서 일정한 교육을 실시하는 것이 필요할 것 같은데 어떻게 생각하십니까?" 하고 의견을 제시했다. 나는 깜짝 놀랐다. 그동안 내가 생각하고 있는 바대로 오늘날 라이온스계의 문제점을 꿰뚫고 있지 않은가! 그리고 대안을 구상하고 있는 것이 아닌가? 나는 전적으로 동감하고 추진하라고 격려했다.

다음 해 그가 지구총재가 되어 2005년 7월 15일자로 355-D지구 라이온스 연수원을 탄생시켰다. 나에게 초대 연수원장을 맡아달라고 요청하여 사양하다가, 이런 분이라면 그의 참봉사 정신을 존경하고 따라줘야겠다는 생각에서 연수원장직을 수락했고 최선을 다했다. 자기 사업은 뒷전에 두고 적극적으로 참여하는 한평용 총재와 함께 충남 전 지역을 순회하면서 지역별 클럽의 약 90%의 지도자들에게 교양과 리더십 교육을 실시하여 대환영을 받았고, 그 결과 역대 어느 회계연도보다 결속이 강화되어 대전·충남지구 라이온스 활동은 더욱 활발해졌다.

그는 총재 재임기간(FY2005~2006) 중 지구역사상 최초로 31억 원이 넘는 봉사실적을 달성했고 지구발전기금, 지구봉사재단에 각각 1억 원의 모금성과를 거양하는 등 획기적인 업적을 남겼다. 그리하여 그는 2006년 7월 2일 미국 보스턴에서 열린 제89차 국제대회에서 한국라이온스 50년 역사상 최초로 최우수지구대상(最優秀地區大賞)을 수상했다. "국제협회 아카데미상 세계최우수지구대상은 355-D지구입니다."라는 발표와 동시에 각국 대표 3,000여 명의 함성과 박수 속에 수상하면서 즉석 요청을 받아 수상소감 연설을 하게 되었다.

"세계의 지도자 여러분, 반갑습니다. 전 세계 765개 지구 가운데 우리 355-D지구(대전·충남지구)가 영예의 최우수지구상을 받게 되어 무한한 영광입니다. 우리 대한민국은 시조 단군이 나라를 열 때부터 홍익인간(弘益人間) 즉, 널리 인간과 세상을 이롭게 한다는 개국이념(開國理念)이 있었습니다. 이러한 홍익(弘益)의 밭에 'We Serve!(우리 봉사하자!)'라는 라이온스 정신이 뿌리를 내려 한국의 라이온스클럽은 활발히 확장되어 왔고 세계지도자 여러분이 우리 355-D지구의 활동실적을 높이 평가해주셔서 오늘 이와 같은 영광을 안게 되었다고 생각합니다. 앞으로 홍익인간 이화세계의 대한민국 개국정신과 라이온스의 We Serve가 조화를 이루어 봉사의 아름다운 꽃이 더욱 만발하게 되도록 최선을 다하겠습니다. 감사합니다."

이 얼마나 의미 있고 멋진 연설인가! 한국 라이온스는 국제이사가 수없이 배출

된 나라이지만 과연 그 누가 3,000여 명 세계 라이온스 지도자들에게 우리나라의 개국이념을 알리고 한국을 새롭게 인식시킨 적이 있었던가!

최우수지구 대상을 받고 있는 한평용 총재
('06. 7. 2 보스턴)

그는 총재 재임기간 중 생활의 우선순위를 (개인사업보다) 라이온스 활동에 두었다고 회고사(回顧辭)에서 고백하고 있다. 스스로 마음이 우러나서 행하는 참봉사인의 자세다. 개인사업도 성공했다는 소문에 수없는 곳으로부터 금전적 지원을 요청받고 있는데 그들에게 빠짐없이 지원하고 있으면서도 외부에 알려지지 않도록 단속하고 있으니 이 또한 참봉사인의 자세다.

또 다른 예를 소개하면, 언론계 선배인 대전의 안세영(安世永) 씨로부터 충청의 대표적 잡지인 〈청풍(淸風)〉의 명맥을 유지해 달라는 부탁을 받고 적자(赤字)인 잡지사를 인수해서 지금도 운영하고 있고 일체의 반대급부를 생각지 않는 의리의 참봉사인이다.

특히 국회의원 선거가 있을 때마다 여당·야당 측으로부터 입후보 요청을 받아온 것을 나는 알고 있다. 그러나 이러한 정치계의 유혹에 빠져들지 않고 그때마다 정중히 사양하고 지금까지 다방면으로 남모르게 조건 없이 묵묵히 봉사하고 있는 그의 모습이 참으로 아름답다. 그가 바로 '참봉사인'이다.

국가를 위한 마지막 봉사,
'원자력 전도사'가 되다

나는 2008년 12월 18일 준(準) 정부기관인 (재)한국원자력문화재단 이사장이 되어 마지막으로 국가를 위해 봉사할 수 있는 기회를 갖게 되었다. 이는 우연한 일이었다. 나는 정치계를 떠나 세계적 봉사단체인 국제라이온스협회 대전·충남지역 총재로 당선되어 봉사활동에 전념하는 한편, 고향인 대전에 있는 충남대학교, 대전대학교, 한남대학교에서 객원교수(客員敎授)로 후진교육에 열중하고 있던 중 제17대 대통령 선거에 고려대학교 재학 시부터 절친했던 후배인 이명박 후보 선거운동을 하게 되었다.

2007년 후반 대통령 선거운동이 막바지에 들어갈 무렵, 나와는 50년 지기(知己)이자 원자력계 전문가인 김철종(金哲鍾, 한국동위원소협회장) 씨가 대전으로 불쑥 찾아왔다. "장차 한국 경제의 신(新) 성장동력은 원전(原電)수출밖에 없습니다. 이명박(李明博) 후보가 기필코 당선돼서 이를 꼭 실현시키도록 하기 위해 지금 설명을 드려야 합니다."라는 애국심에 불타는 설파(說破)에 크게 감동하였다. 선거기간 중 촌음의 시간을 가늠하기 어려운 상황이었지만 나는 바쁜 이 후보의 일정을 쪼개어 김 회장과 전문가 일행으로 하여금 이 후보에게 설명할 수 있는 기회를 대전에서 마련해 주었다. 대단히 바쁜 시간이지만 요점 설명을 듣고 난 이(李) 후보는 벌써 무엇인가 감지했는지 고개를 끄덕였다. 한국원전 수준의 놀라운 발전과 수출에 이르 도록 경쟁력까지 갖춘 점을 새롭게 확인하는 것 같았다. 나 또한 상식선에서 원자력 의 중요성을 알고 있었으나 이때부터 원전(原電)에 대해 깊이 공부하기 시작했다.

당선 후 이명박(李明博) 대통령은 녹색성장정책안에 원자력을 포함시키고 비밀 리에 원전수출작업을 적극 추진하였다. 이 대통령의 원전수출에 대한 강한 의지를 확인한 나는, 이를 실현하기 위해 일조(一助)하겠다는 사명감으로 국내외에 원자력 을 홍보하는 한국원자력문화재단에 관심을 갖게 되었다. 이 재단은 1992년 설립된 국내 유일의 원자력홍보 전담기관이다. 2008년 12월 18일 동 재단 이사장으로 취 임하여, 정계를 은퇴한 나로서는 힘이 남아 있는 한 마지막으로 온 정성을 다해 국 가를 위해 봉사(奉仕)하겠다는 자세로, 3년 임기 동안 최선의 노력을 기울였다.

한국 원전(原電)의 우수성과 안전성을 홍보하기 위해 다양한 계획을 수립하고 밤 낮 없이 국내외를 뛰어다니면서 활동했다. 종전에 볼 수 없었던 적극적인 활동을 지 켜본 언론은 나에게 '원자력 전도사(原子力 傳道士)'라는 별명을 붙여 기사화했다.

'10년 07월 23일_머니투데이

■ 이재환 이사장은

올해 73세 나이잊은 '원자력 전도사'

이재환 한국원자력문화재단 이사 장은 재선 의원 출신으로, 11대 (1981~1985년)와 14대 (1992~1996년) 국회의원을 지냈다. 1984~1985년에는 체육부 차관을 맡아 서울아시안게임·올림픽 등 준비작업을 지휘했다. 국 ...

약력 △1937년생 △대전고·고려대 정치외교학과 졸 △단국대 행정학 박사 △11대·14대 국회의원 △체육부 차관 △국회사무처 사무총장(장관급) △14대 대통령직인수위원회 위 ...

...요한지에 대한 교육을 많이 받았다" 고 말했다. 1937년생으로 올해 73세 인 이 이사장은 나이가 무색할 정도 로 정력적이다. 태권도 유단자인데다 매일 달리기 등으로 건강을 유지하고 있다. 일처리가 꼼꼼하고 숫자에도 ...

언론이 명명한 원자력 전도사
('10. 7. 23 머니투데이)

특히 재임 중 2009년 12월 한국이 중동국가 아랍에미리트(UAE)에 한국형 원자 력발전소 4기(基)를 수출한 성과는, 우리의 경제발전을 위한 단군 이래 최대의 수

확이었다. 실로 감격적이었다. 왜냐하면 원전수출이야말로 대대로 이어갈 한국경제의 신성장동력(新成長動力)이기 때문이다.

뿐만 아니라 세계 최대 원전수출국인 프랑스와의 경쟁에서 승리함으로써 우리나라 원전기술이 세계적으로 인정을 받게 되었다. 수출 당시 가장 중요한 원자력의 안전성 측정기준인 원전안전이용률이 우리나라의 경우 세계평균 79.4%에 비해 14% 더 높은 93.3%였다. 세계 원전수출 5대 강국 외에 한국이 여섯 번째로 진입(進入)하게 된 것이다.

이 당시 세계원자력협회(WNA)는 2030년까지 세계가 430기의 원전을 건설할 것이라고 발표했다. 이에 따라 정부는 세계가 인정하는 한국 원전기술의 여세를 몰아 원전수출에 박차를 가하고, 2030년까지 세계원전수출시장에서 약 20%를 차지하는 80기 이상을 수출하여, 세계 3대 원전수출국(原電輸出國)이 되겠다는 수출정책을 수립하고 추진하기 시작했다. 정부의 이러한 수출목표(輸出目標)가 지속적으로 이루어지기 위해서는, 우리 원전의 우수성을 끊임없이 원전수입 예상국가(原電輸入 豫想國家) 등에 홍보(弘報)하는 것이 중요하다고 생각했다. 그래서 나는 무엇보다 해외홍보를 효과적으로 성공시켜야 한다는 판단하에, 재임 중 세계 원자력 관계기관 간 협의와 함께 원자력 관련행사에 빠짐없이 참석했고 또 우리 재단도 행사를 개최하는 한편, 세계원자력계에 영향력이 큰 5대 원자력기관과 업무협력협약(MOU)을 체결해 놓았다.

원전국민수용성 12개국 초청
국제워크숍 개회인사
('11. 10. 10 서울)

그런 차원에서 여기에 몇 가지 주요 실적을 기록해 본다.

- 프랑스 원자력청과 '제8차 한·불 원자력 홍보세미나' 개최(2010.2.19 프랑스 파리)

- OECD/NEA 제임스 던 리 사무차장과 '세계원자력에너지 현황과 역할'에 대한 논의(2010.7.28 프랑스 파리)

- OECD/IEA 파티흐 비롤 수석 이코노미스트와 '기후변화시대 원자력의 역할' 논의(2010.7.29 프랑스 파리)

- 프랑스 원자력 인재양성학교 뛰르빵 교장 초청 강연회 개최(2010.9.9 서울)

- 인도 네루대학 콘다팔리 박사 초청 '인도와 한국의 원자력 협력' 논의 (2010.9.10 서울)

- 한국·말레이시아 '원자력에너지 포럼' 개최(2010.9.29 서울)

- OECD/IEA 파티흐 비롤 수석 이코노미스트 방한, 원자력 에너지 분야 보고서 작성 협의(2010.7.29 서울)

- 터키 유력 일간지 「휴리엣」 신문과 인터뷰, 한국원전 안정성 홍보(2010.10.10 터키 시놉)

IAEA(국제원자력기구)와 MOU체결 세계원자력홍보활동 동반자로 부각 ('10. 7. 27 오스트리아 빈)

- 터키 에너지부 메틴 킬치 차관에게 한국원전 우수성 설명(2010.10.12 터키 앙카라)
- IAEA 유리 소콜로프 사무차장과 '원자력의 현황과 미래에 대하여' 언론대담 (2010.11.3 서울)
- WNA(세계원자력협회) 존 리치 사무총장과 '한국원전산업 전망과 인력양성'에 대한 언론대담(2010.11.18 서울)
- 말레시아에 '대한민국 원전홍보관(原電弘報館)' 설치·운영(2010.12.8 말레시아 쿠알라룸푸르)
- 스위스 원자력 안전원(ENS) 사무차장과 '원전안전성'에 대한 언론대담 (2011.5.25 스위스)
- 러시아 ROSATOM 주최 제3회 ATOMEXPO 국제포럼에서 이재환 한국대표 '신생 원전도입국 국민수용성 제고방안' 주제발표(2011.6.7 모스크바)
- OECD/NEA 사무총장 루이스 에차바리 초청 '일본원전사고 후 원전산업전망'에 대한 언론대담(2011.6.15 서울)
- WNA(세계원자력협회)와 공동으로 세계 각국 대학생 20명 참가리에 세계 최초 '국제원자력 올림피아드' 개최(2011.9.26~9.30 서울)
- IAEA와 공동주최로 12개국 대표가 참가한 '원자력국민수용성 증진 국제 워크숍' 개최(2011.10.10~10.14 서울)

또한 세계 원자력계에서 영향력 있는 5대 원자력기관(世界 影響力 機關)과 MOU(업무협력협약)를 체결한 내용은 다음과 같다.
　① IAEA(국제원자력기구)와 업무 전반 협력을 위한 MOU 체결
　　(2010.7.27 오스트리아 비엔나 IAEA본부)
　② WNA(세계원자력협회)와 국제원자력 올림피아드 개최 MOU 체결(2011.3.4

서울)

③ FAF(프랑스 원자력 산업회의)와 원전안전성 홍보업무협력 MOU 체결
(2011.3.21 프랑스 파리)

④ FORATOM(유럽원자력산업회의)과 원전안전성 홍보업무협력 MOU 체결
(2011.5.27 벨기에 FORATOM 본부)

⑤ 러시아 ROSATOM(러시아국영원자력공사)과 원전안전성에 대한
홍보업무협력 MOU 체결(2011.9.16 모스크바)

ROSATOM(러시아국영원자력공사)와 업무협력 MOU체결('11. 9. 16 모스크바)

더 중요한 것은 업무협력협약(MOU)을 체결한 후 이들 기관과 여러 차례 서울에서 행사를 개최했다는 사실이다. 그중에서도 원전수입을 계획하고 있거나 희망하고 있는 나라 12개국의 원자력 전문가와 업무담당자(26명)를 초청하여 4박 5일간

서울에서 개최했던 IAEA 공동주최 '원자력국제워크샵'은, 기간 동안 우리나라 원전의 우수성을 알리는 큰 효과를 거둔 행사였다.

이와 더불어 나는 세계 최초로 『원자력 홍보 가이드북』(The guide book for the promotion of public acceptance on nuclear energy), 『원자력 홍보 성공사례집』(Successful cases of nuclear energy promotional activities in Korea), 『효과적인 원자력 커뮤니케이션』(Communication on effective public acceptance improvement of nuclear energy) 등 한국원자력 홍보의 노하우가 담긴 3권의 영문책자를 만들어, IAEA를 비롯한 세계 원자력기관과 원전수입을 계획하고 있는 30여 개 국가에 참고하라고 보냈다. 이것이 바로 세계 최초의 참고자료이자 원전 홍보와 발전을 위해 크게 공헌한 업적이라 하여, 국제원자력기구(IAEA)로부터 감사패를 받게 되었을 때는 무척 기쁘고 뿌듯했다.

한·불원전세미나. 프랑스원전산업회 갸르드레 회장과 담소하는 이재환 이사장('11. 10. 21 국회회관)

모스크바 원전홍보 국제대회에서 주제발표

  나는 2011년 5월 초 방대한 규모의 러시아 국영 원자력공사(ROSATOM)로부터 6월 8일에 모스크바에서 개최되는 제3회 ATOMEXPO 원전홍보 세미나에 한국대표로 참가해 줄 것과 함께 「신흥 원전도입국에 있어서의 국민수용성(public acceptance) 전략」이란 주제발표를 해달라는 요청을 받았다. 사실 이 대회는 러시아가 자국 원전의 홍보를 위해 개최하는 대회로서 원전도입을 생각하고 있는 세계 여러 신흥국가 원자력계 인사들이 많이 참여하는 대회이기 때문에 초청이 없어도 참석하여 우리 원전(原電)을 홍보할 계획이었는데 참으로 반가웠다. 나는 이 기회에 주제발표를 통해 우리 재단의 원전홍보 성공사례 및 우리 원전의 우수성을 홍보하고 러시아 국영 원자력공사(ROSATOM)와 원전안전성 홍보업무협력 협약(MOU)을 체결할 계획을 짰다. 후에 안 것이지만 내가 초청받게 되고 주제발표자로 정해진 배경에는 ROSATOM의 고문으로 있는 전(前) IAEA 사무차장 소코로프 박사의 영향이 컸다고 했다. 그는 IAEA의 사무차장 재직 중 나에게서 한국의 원전 국민수용성 홍보사례를 청취한 후 호감을 가졌으며 나의 적극적인 요청에 따라 IAEA 역사상 최초로 특정 국가와 원자력 홍보업무협력 협약(MOU)을 체결했던 사람이다.

내가 직접 발표했던 주제발표 내용을 여기에 싣는다.

제3회 ATOMEXPO 국제포럼에서 '원전도입국 홍보전략' 주제발표 하는 저자('11. 6. 7 모스크바)

Issue of public relations in promoting nuclear power projects in 'new' countries

Good afternoon ladies and gentlemen, honored delegates,

My name is Rhee Jae-hwan, the Chairman for the Korea Nuclear Energy Promotion Agency, a professional nuclear communications organization in the Republic of Korea.

It is my pleasure to present before you the issue of public relations in promoting nuclear power projects in the new countries. Public acceptance is one of the major factors to be considered in an NPP project, and I hope this presentation may be of a help to all the honored delegates present.

I. The Importance of Public Acceptance

The positive aspects of nuclear energy becomes tainted due to its negative images such as fears of wide-scale accidents in Three Mile Island in 1979, Chernobyl accidents in 1986, and the recent accident in Fukushima, as well as misperception regarding nuclear energy as fearful nuclear weapons and the concerns with radioactive waste disposals.

··· (중략)

II. Lesson from Past Experience

Based on the experience of Korea, the cause of conflict was due to the following reasons. Firstly, the government disregarded the intentions of the citizens. Information on nuclear energy was insufficient as well as incorrect. Also, the government's unilateral announcements on the project had a negative effect as well as lack of organizations, budget and legal framework. One more thing to notice is that there was NIMBYism, or Not In My Back Yard syndrome.

··· (중략)

III. Successful Strategies

Let's examine those points in detail.

It is very important to know that the government must be consistent with policies on nuclear energy.

Regardless of conservative and progressive political powers, both must actively support the nuclear energy project to ensure steady development on nuclear projects.

Next is enhancing public awareness. To do that, Building Public Trust is the first thing that is required. An independent regulatory authority must be implemented. Embracing the antinuclear NGOs into the actual policy making procedure is also an important part to consider.

… (중략)

Ⅳ. Professional Nuclear Communications Body

The KONEPA, which stands for Korea Nuclear Energy Promotion Agency, is in charge of the nuclear communication in Korea. KONEPA was established in 1992 to specialize in the promotion of public acceptance activities which promotes proper understanding of nuclear energy.

As the understanding of the public in nuclear energy varies, they can be divided into four categories based on their knowledge and levels of participation. As you can see on the table, it is necessary to develop a communication strategy for each group.

For the 1st group participation strategy is required, while for the second group its negotiation strategy while the fourth group requires popularization strategy.

… (중략)

Ⅴ. Suggestions for a Successful Nuclear Project

Lastly, I would like to present the Suggestions for Successful Nuclear Project.

Firstly, strong enthusiasm and consistency of the government and political power towards nuclear energy is necessary.

Secondly, enactment of the law to support the local community such as projects for public facilities, welfare of local residents, education, and electricity bill assistance, etc. must not be omitted and should be highly regarded.

And thirdly, establishment of an independent nuclear communication agency, because this allows more systematic and comprehensive approach to the citizens by the government. In order to build the nuclear communication between public and government, discussion and exchanges related information and opinion with the public is important.

Building a nuclear communication doesn't come easily to hand but one must realize that it takes time to build the trust between public and government. Even if it takes time, government and independent organization must work together to make citizens be aware of the advantages and disadvantages of nuclear energy. With such measures, even new nations will be able to implement nuclear power projects without great difficulty.

For more information on KONEPA's know-how, please refer to the two booklets we've distributed.

This is the end of my presentation. Thank you for your attention!

프랑스와 스위스의
고준위 방사성폐기물 연구소 시찰

나는 국민들이 에너지의 82% 이상을 원자력에너지로 이용하고 있고 세계 제일의 원전 수출국가인 프랑스를 자주 오가면서 프랑스가 원전기술에 큰 자부심을 갖고 있는 이유를 알았다.

인류의 머리에는 원자력 이용의 결과물인 방사성폐기물의 안전성에 대한 두려움이 자리 잡고 있는 게 사실이다. 다행히도 중저(中低)준위 폐기물에 대한 걱정은 해소단계에 접어들었다. 프랑스는 1969년 라망슈 지역에 제1처분장을 지어 운영을 완료했고, 1992년부터는 로브지역에 제2, 제3처분장을 건설하여 운영하고 있다. 중저준위 처분장에서 나오는 방사선의 양은 태양이나 음식물로부터 받는 양보다 적으므로, 애초부터 안전성 논란은 기우에 불과했다.

문제는 10만 년 이상의 환경감시와 관리를 필요로 하는 고준위 폐기물이다. 원전에서 사용하고 난 연료와 이를 재처리한 후에 나오는 고준위 폐기물을 처리하는 일이, 아직까지 인류의 숙제로 남아 있다. 고준위 폐기물 안전관리는 유럽이 먼저 나서서 발 빠르게 대응하고 있다. 이 가운데 단연 앞선 프랑스는 2005년부터 지하실험실을 만들어 고준위 폐기물 영구처분을 위한 빈틈없는 연구에 몰두하고 있다.

나는 우리 재단 주관으로 프랑스 원자력청에서 개최되는 제8차 한·불 원자력 홍보세미나에 참석키 위해 한국원자력연구원 등 5개 기관의 대표를 인솔하고 프랑스로 갔다. 세미나 절차를 협의하는 중에 담당자에게 고준위 폐기물 처리에 관한 세계적 연구시설인 프랑스의 '뷰르 실험실' 시찰을 요청했다. 처음에는 1급 보안지역이고 너무 갑작스러워 어렵겠다고 하더니, 몇 시간 후 허가가 났다는 통보를 해왔다. 후문(後聞)에 의하면 이사장인 나의 국회의원 및 장관급 경력을 고려, 보안유지를 전제로 결정했다는 것이다.

 2010년 2월 17일 한국인 최초로 프랑스 동부지역에 위치한 뷰르에 있는 지하실험실을 방문해, 제랄드 오주앙 박사의 안내를 받게 되었다. 사전 브리핑에서 490m 지하연구실 벽면에 여러 개의 구멍을 뚫어놓고 강·약·중 3단계 성분의 실물 고준위 폐기물을 넣어놓은 후, 수년 동안 실험을 한다고 했다. 이 얘기를 듣고 수행원 중 일부는 약간 꺼림칙한 표정을 지었다. 그러나 나는 혼자라도 지하실험실로 갈 것을 결심했다. 비록 방사선 감염의 우려가 있긴 했지만, 원자력의 안전성을 국민에게 홍보하는 기관의 대표(機關代表)로서 내가 직접 보고 설명해야 한다는 사명감(使命感)에서였다.

프랑스 지하 490m '뷰르' 고준위폐기물 실험실 시찰 ('10. 2. 17)

실험실은 지하 490m를 지상에서 직선으로 파고들어가 지름 5m, 총 535m 길이로 이어지는 미로(迷路) 같은 동굴이었다. 브리핑 때 설명한 대로 벽면마다 크고 작은 구멍을 뚫고 원전폐기물을 생활환경과 철저히 단절시키는 다양한 기술적 방법을 비교, 검토하고 있었다. 250여 명의 인력이 근무하면서 암질성분 및 지하수 흐름조사, 암반 굴착방법 및 장비실험, 방사성 물질 차폐에 대한 연구를 아울러 시행하고 있었다.

놀랍게도 이곳 연구진은 일반인의 선입견과는 달리 점토 암반층이 화강암반층보다 고준위 폐기물 처분에 훨씬 유리하다는 결론을 내렸다. 뷰르 지역은 화강암, 석회암, 점토암이 퇴적층을 형성한 곳인데 맨 아래 지층에는 1억 5,500만 년 전 바다였던 점토 암반층이 자리 잡고 있음을 확인한 것이다. 점토 암반층은 지진 가능성이 적고 균열이 생겨도 스스로 메워지는 치유력이 있어, 방사능물질을 1만 년 이상 완전하게 가둬놓을 수 있다.

또한 폐쇄 후 재굴착이 용이하므로, 필요하면 헐고 회수해 후손들이 더 나은 처리방법을 적용하거나 재활용할 수 있게 '리트리벌(retrival)' 개념을 적용하여 시설을 만들 계획이라고 한다. 고준위 폐기물의 안전성에 불필요한 논란만 계속하기보다는, 1만 년을 안전하게 관리하면서 지속적인 연구개발로 더 나은 방법을 탐색하겠다는 프랑스의 현명함이 돋보였다.

프랑스의 사르코지 대통령은 OECD(경제협력개발기구) 본부에서 열린 '원전활성화 국제회의'에서 각국의 원전안전성을 평가해 순위를 매기자는 제안을 한 바 있다. 아랍에미리트(UAE) 원전수주 경쟁에서 한국에 패한 직후 나온 발언이어서, 프랑스 원전의 브랜드 이미지를 안전성으로 삼겠다는 속내를 내비친 것이라 풀이할 수 있다.

이번에 내가 다녀온 뷰르 지역도 원전의 안전에 대한 인류의 두려움을 극복하려는 프랑스의 이미지를 돋보이게 하는 시험무대라 할 수 있다. 원전안전의 열쇠를 풀려는 '뷰르 실험실'의 시도가 성공할 경우, 프랑스는 세계원전산업계에서 독보적인 위치를 차지할 것이다.

나는 또 한 곳의 고준위 방사성폐기물 처리연구소를 시찰했다.

2011년 1월 17일 스위스의 고준위 방사성폐기물 연구시설인 '그림젤 테스트 사이트'(GTS)를 방문하여, 원자력계가 해결할 핵심과제 중 하나인 고준위 방사성폐기물 처분연구에 대한 스위스의 현황을 살펴보았다.

스위스는 1969년 베즈나우 1호기 가동을 시작으로 현재 총 5기의 원전을 운영하면서 전체 전력의 약 40%를 조달하고 있다. 2007년 중장기 전력수요 충족을 위해 신규 원전건설 방침을 정한 후, 그간 원자력 발전소에서 나온 '사용 후 핵연료' 및 '고준위 방사성폐기물'은 중간 저장시설에 보관하여 집중 관리하고 있다.

GTS는 스위스 베른 주 그림젤에 위치하고 있는데 방사성폐기물 공동조합(NAGRA)에서 운영하고 있다. "모든 방사성폐기물은 국내의 지층에서 처분한다."는 정부의 방침에 따라, 이곳에서는 1984년부터 결정질암(일종의 화강암)을 대상으로 고준위 폐기물의 안전한 영구처분(동굴처분)에 관한 연구를 하고 있다.

이 연구소의 총괄 연구실장인 잉고 블랙슈미트 박사의 안내를 받아 케이블카를 타고 아직도 눈으로 덮여 있는 해발 1,730m의 산 정상에 도착한 후, 다시 지하로 400m쯤 내려가니 연구소가 나왔다. 직경 3.5m, 1,100m길이의 갱도에 습도 60~70%, 온도 13℃를 유지하는 동굴시험소이다. 이런 동굴을 만들어 고준위 폐기물 영구처분을 위한 지질학적, 공학적 측면을 다양하게 연구하는 한편, 구조물 시멘트의 적정비율 문제에서부터 기체유출 경로에 이르기까지 다양한 내용을 시험하고 있다.

나는 스위스가 고준위 방사설폐기물의 지하동굴 처리문제에 27년간 연구를 지속해오고 있는 데 큰 감명을 받아, 향후 고준위 폐기물 처분연구 진행상황 및 결과 홍보에 관해 공동 협력할 것을 제안했다. 스위스 쪽에서도 긍정적인 반응을 보여 차후 연구소 운영 주체인 NAGRA와 홍보업무협력 MOU를 체결하기로 약속했다.

우리나라는 이제 겨우 경북 경주시에 중저준위 폐기물 처리장을 건설, 운영하기 시작했다. 현존의 원자력발전소에 보관하고 있는 고준위 폐기물이 2016년이면 포화상태에 이르게 되는데, 현재로서는 어떤 방법으로 해결해야 할지 합의조차 도출하지 못하고 있는 상태다. 중간처리 방안을 논의하는 공론화위원회를 몇 번 개최했을 뿐이다.

고준위 폐기물이 위험하다는 막연한 걱정보다는, 과학적인 검토와 전문가에 의한 지질연구 및 조사를 거쳐 국민의 공감대 속에 합리적인 해결책을 찾아야 한다. 그래야만 우리도 치열한 경쟁을 뚫고 원전 르네상스를 주도할 수 있을 것이다.

원전(原電)수출은 新성장동력, 계속해야 한다

원자력과 나의 인연은 숙명적인 것 같다. 한국원자력연구원을 비롯한 우리나라 원자력 연구기관이 대전 대덕연구단지 내에 집중되어 있다.

국회의원 시절 대덕연구단지가 내 선거구였다. 그래서 이곳에 있는 원자력연구 기관장들과 만나면서 원자력과 인연을 맺게 되었다. 어떤 분은 정치인들이 원자력을 너무 몰라서 큰 걱정이라 했고, 이 때문에 한국의 에너지정책이 엉망이라고 원망 섞인 흥분을 하기도 했다. 이를 계기로 관심을 갖게 되었는데, 이로 인해 나는 원자력에 대해 더 많이 배우고 그 중요성을 알게 되었다.

특별히 나는 제14대 국회 후반기 2년 동안 원자력정책 영역을 관장하는 통상산업위원회에 소속되어, 원자력이 한국경제 발전에 중요한 역할을 하고 있다는 사실을 깨닫게 되었다. 또 이때 한국원자력연구소 산하 원자력폐기물환경관리센터 장인순(張仁順) 대표를 통해 폐기물 처리의 중요성까지 인식하게 되어, 장관에게 이 기관의 예산부족을 설명하고 예산을 증액시켜 준 일도 있었다.

이런 여러 가지 일들이 인연이 되어서 그런지 급기야는 원자력을 홍보하는 한국원자력문화재단 이사장 직책까지 맡게 되었으니, 참으로 숙명적인 인연이 아닐 수 없다. 원자력이 국가에너지 정책에서 가장 중요한 위치를 점하고 있을 뿐만 아니라, 특히 원전수출은 한국 경제발전의 신성장동력이기 때문에 국민들에게 원자력을 이해시키는 재단의 업무수행을 내 마지막 국가에 대한 봉사로 생각하고 최선을 다했다.

주부교실중앙회
1,200명 지역별 간부에
원자력에너지 특강
('10. 4. 20 교육문화회관)

그런데 2011년 3월 일본에서 사상 유례가 없는 쓰나미로 인해 후쿠시마 원전이 물에 잠겨 가동이 정지되는 사고가 발생했다. 그러자 사람들 사이에 원자력에 대한 막연한 두려움이 확산되기 시작했다. 더욱이 환경운동가들과 반원전운동가들은 원자력의 유용성은 외면한 채, 사고발생 시 방사능 오염으로 수많은 인명피해가 발생한다고만 주장했다. 이로써 원전을 폐기해야 한다는 등 원자력의 위험이나 부정적 측면만 과장선전(誇張宣傳)함으로써, 원전에 대한 불안감과 불신을 부추기고 있다.

하지만 원자력이 기후변화 예방(氣候變化 豫防)을 위해 현재의 화석연료를 대체할 수 있는 가장 현실성 있는 대안(代案)이라는 사실엔 변함이 없다.

나는 2011년 11월 18일 세계 36개국 180여 개 원전관련기업을 회원사로 거느리고 있는 세계원자력협회(WNA) John Ritch 사무총장과, 서울에서 원전 언론대담을 가진 바 있다.

그는 이 자리에서 일본 후쿠시마 원전사고 후에도 일부 극소수 국가를 제외하고는, 지진에 대비한 안전조치를 추가하는 것 외에는 별다른 변화 없이 전 세계적으로 원전건설 붐이 여전하다고 전했다. 그러면서 WNA는 작년 10월엔 2030년까지 전 세계에 430기 정도의 신규원전이 건설될 것이라고 발표했는데, 최근에 다시 수요를 분석해 본 결과 오히려 그보다 더 많은 추세에 있기 때문에, 원전(原電)이 계속해서 세계핵심(世界核心) 에너지원이 될 것이란 사실에는 변함이 없다고 했다. 따라서 일본 후쿠시마 원전사고와는 관계없이 원자력 르네상스(Renaissance)는 지속될 것이라고 자신 있게 말했다.

이렇듯 일본 원전사고에도 불구하고 전 세계가 원전건설에 관심을 쏟고 있는 것은 원자력만이 갖고 있는 장점 때문이다.

원자력은 지구온난화, 기후변화를 예방할 수 있는 에너지다. 전 세계가 사용하고 있는 에너지 중 85% 이상이 석유 등 화석연료이고 여기서 발생하는 88% 이상의 이산화탄소(CO_2)가 온난화의 주범(主犯)이다. 2009년 3월 코펜하겐에서 과학자 등 2,300여 명의 전문가들이 모여 개최한 '기후변화 과학자회의'의 발표내용을 보면, 지구온난화가 계속되면 북극·남극 빙하(氷河)가 녹아 해수면이 상승하여 지구의 일부가 물속에 잠기고, 지구생태계가 무섭게 변화하여 생물이 멸종하게 되고, 수자원 분포의 변화로 농업에 위협을 주어 식량생산이 대폭 감소되고, 무서운 기상변화로 인해 지구환경이 파괴되어 황폐화(荒廢化)를 가져오게 된다고 했다.

세계에너지기구(IEA)가 발표한 '2009 세계에너지 전망' 보고서에서는, 지구온난화 방지를 위해 신재생에너지 조속개발 확대, 에너지 효율개선 및 에너지 절약 그리고 원자력에너지 사용지속이란 방안을 제시했다. 원자력은 지구온난화의 주범인 이산화탄소(CO2)의 배출이 없는 청정에너지이기 때문이다. 2008년 기준 에너지원별 이산화탄소 발생을 보면 전력 1kwh 생산 시 석유는 782g의 이산화탄소가 발생하는 반면, 원전의 경우 원자로 가동에서는 전혀 발생이 없고 원전관리에서 약 10g 정도였다.

또 원자력은 경제적이고 연료수급에 안정적인 에너지다. 다른 에너지에 비해 전력판매 거래단가가 저렴하다. 2011년 기준 전원별 판매단가를 보면 1kwh당 석유는 225원, 태양광은 436원인 데 비해 원자력은 39원이다. 원전연료인 우라늄은 세계 각국에 산재해 있어 수급에도 애로가 없다.

이와 더불어 원자력은 석유 등 화석연료의 고갈에 대비할 수 있는 에너지다. 석유매장 중심지역인 중동의 석유매장량이 40여 년 뒤에는 고갈될 것이라는 과학자들의 증언과 함께, 2009 미국에너지 보고서가 분석한 대로 중국, 인도 등 신흥 개발국가의 강력한 경제개발정책에 따라 2040년까지 현재 소비량의 45%가 증가할 것이라는 지적 등을 참고할 때 석유생산량의 고갈이 예견되고 있는 것은 사실이다.

최근 들어 신 재생에너지가 거론되면서 태양광, 풍력 등이 각광을 받고 있으나 대량생산 실용단계까지는 아직 요원하다. 1978년부터 시작한 미국의 경우도 2008년 기준 7% 사용에 불과한 실정이다. 신재생에너지가 현존 세계에너지 사용의 85% 이상인 석유 등 화석연료를 대체하기까지는 아직도 요원하기 때문에, 그 이전까지는 현재 사용 중인 에너지 가운데 기후변화 예방에 도움이 되는 에너지를 써야 하는데 그것이 바로 원자력에너지이다.

앞서 말했던 John Ritch WNA 사무총장은 지난번 대담에서, 100년 전에는 서구 열강들이 식민지 확보 경쟁을 벌였는데 앞으로는 원전강국들이 전 세계를 누비는 '원전식민시대(原電植民時代)'가 펼쳐질 것이라며, 한국은 프랑스, 미국 등과 함께 이 시대를 주도해 나갈 것이라고 내다봤다.

명사초청 특강프로,
원자력에너지 강연(50분간)
('10. 10. 31 KBS1 TV)

　그렇다. 한국은 이미 2009년 12월 원전수주경쟁에서 원전선진국들을 제치고 승리, UAE에 APR-1400이란 한국형 원전 4기를 수출함으로써, 최첨단 원전기술을 국제무대로부터 인정받았다. 즉 우리는 최적의 원전 설계기술과 저렴한 건설가격, 신속하고 효율적인 시공, 안전한 운영능력을 두루 갖추었기 때문에, 향후 국제원전시장에서 프랑스 등 원전선진국들과도 당당히 맞설 수 있을 것이다.

　현재 원전수출은 부가가치가 대단히 크기 때문에 많은 선진국들이 적극적인 수주활동에 나서고 있다. 우리의 UAE 원전 4기 수주의 경제적 효과를 본다 해도 원전 4기 건설에 따른 직접 효과가 약 200억 불인데, 이는 EF소나타 100만 대 수출 또는 30만 톤급 유조선 180척을 수출하는 효과와 같다. 더욱이 건설 후 60년간의 운영까지 위탁받았기 때문에 이에 따른 연료공급과 정비 등 약 200억 불 상당의 후속 수출효과를 가져오게 되고, 연인원 약 11만 명의 고용창출이 예상된다는 분석이다.

　그동안 우리 경제발전의 동력이었던 IT산업, 자동차산업, 조선산업조차 이미 중국 등에 선두를 빼앗기고 있는 상황이니만큼, 원전수출이야말로 한국경제에 꼭 필요한 신성장동력인 셈이다. 그러므로 보다 적극적으로 원전수출을 계속해야 한다는 것이다.

2010년 10월 세계원자력협회(WNA)의 공식 발표를 기준으로 보면 2030년까지 세계적으로 430기의 원전건설, 약 2조 1천 5백억 불의 거대한 원전수출시장(巨大原電輸出市場)이 눈앞에 다가오고 있지 않은가!

게다가 한국은 원전수요가 크게 예상되는 아시아에 위치하고 있어, 그 지리적 장점과 더불어 문화적인 유대감의 측면에서도 원전수출 기반조성에 매우 유리하다. 2010년 현재 전 세계적으로 건설 중인 91기의 원전 가운데 37기가 아시아 지역에서 건설되고 있고, 요르단과 터키, 인도 등 향후 신규원전 건설도입을 추진할 것으로 예상되는 국가들도 주로 아시아에 밀집해 있기 때문이다.

그러나 우리는 수출대상을 경제력이 우세한 중동지역 국가(中東地域 國家)에 집중해야 한다. 중동국가들은 예상외로 빨리 에너지정책에 변화를 가져오고 있다. 그들은 지구온난화에 대비한 세계의 저탄소정책에 동행하면서, 석유매장량 고갈에 대비 석유소비 절약 및 생산감축으로 매장량을 비축해두고, 소량의 연료로 막대한 에너지를 생산할 수 있는 원전건설 정책을 채택하는 추세를 보이고 있다. 그 대표적인 예로 석유매장량 세계 3위인 아랍에미리트(UAE)가 이미 한국형 원전 4기를 수입한 것을 들 수 있다.

또한 일본 후쿠시마 원전사고 3개월 후인 2011년 6월 1일, 석유매장량 세계 1위 (28%)인 사우디아라비아의 '킹 압둘라 원전 및 재생에너지 센터' 조정관 압둘라니 빈 멜라이바리가 아랍뉴스를 통해 "인구증가 및 경제발전에 따른 에너지 사용폭증에 대비, 에너지 생산을 위해 2030년까지 원전 16기(基)를 건설할 것"이라고 공식 발표한 사실에 주목할 필요가 있다.

이미 아랍에미리트에서 진행되고 있는 한국형 원전건설이 중동국가들에게 큰 관심과 호평을 받고 있는 유리한 상황을 최대한 활용하여, 효과적인 수출계획을 수립하고 적극적으로 대응한다면 큰 성공을 이룰 수 있을 것이다.

영원한 원자력인(原子力人)
김철종(金哲鍾) 박사

"장차 한국경제의 신성장동력은 원전수출(原電輸出)밖에 없습니다. 내가 원자력을 공부하고 이제까지 평생 동안 원자력과 함께 살아오면서 한국의 차세대 성장동력(成長動力)이 원전수출에 있다는 사실을 알면서 침묵할 수는 없습니다."

2007년 내가 이명박 대통령 선거 중앙대책위원회 상임고문 및 대전지역 상임고문, 특별보좌역으로 선거운동에 몰두하고 있을 때인 9월 중순 어느 날, 나의 오랜 친구인 김철종(金哲鍾, 한국방사성동위원소협회장) 회장이 대전에 내려와 불쑥 나를 찾아와 하는 말이었다. 그의 말은 계속 이어졌다.

"현재 세계의 원전 수출입 시장은 프랑스, 미국, 일본 등 5대 강국이 석권하고 있기 때문에 대통령이 직접 앞장서서 적극적으로 추진하지 않으면 안 되는 대형 국가 간 비즈니스입니다. 우리나라 역대 대통령 중 사업에 경험이 있는 분이 없었는데, 이명박 후보께서는 사업경험이 풍부할 뿐만 아니라 추진력이 대단한 분이란 점에서 어쩌면 하늘이 우리나라의 장래를 도우시는 것 같습니다. 이명박 후보가 대통령이 돼서 원전수출을 하지 않으면 한국의 원전수출 사업은 영원히 어렵게 될 것입니다. 이 후보가 꼭 당선되셔서 백년대계를 위해 이를 꼭 실현시키도록 설명을 드려야 하니, 브리핑 기회를 만들어 주셔야겠습니다. 나는 정치인도 아니고 애국을 자처하는 사람도, 다른 욕심이 있는 사람도 아닙니다. 다만 한 사람의 원자력인으로서 사명을 다하고자 하는 것이니 짧은 시간이라도 좋으니 할애해 주세요." 하면서 당당하게 오히려 강요하다시피 요청을 해왔다.

친구로서 나는 원자력 전문가인 그의 애국심에 불타는 설파(說破)에 감동되어 김 회장으로 하여금 이명박 후보에게 설명할 수 있는 기회를 마련해 줘야겠다고 결심했다. 이 후보 일정담당 비서에게 대전에 오실 때 브리핑을 드릴 수 있도록 일정을 잡으라고 연락했다. 얼마 후 연락 오기를 도저히 시간을 내기가 어렵다면서 이(李) 후보님에게 이재환(李在奐) 고문님의 말씀을 드렸더니 원자력발전소에 대해 잘 알고 계시다고 하니 후보님이 대전 행사에 가실 때 이재환 고문께서 후보님에게 직접 요점만 말씀드리면 되지 않겠느냐는 것이었다. 전국을 누비는 선거운동 중의 시간이란 촌음(寸陰)과 같다는 것을 경험으로 잘 알고 있는 나로서는 그의 얘기를 수긍할 수밖에 없었으나, 이 후보가 원자력 건으로 브리핑 시간을 갖는다는 것은 대전 대덕연구단지 내의 과학자들과 전국의 원자력인들에게, 이명박 후보가 그 바쁜 중에도 시간을 내어 브리핑을 받았다는 그 자체로 과학기술에 관심을 갖고 있다는 것이 홍보가 될 것이며, 또 원전수출 사안(事案) 자체가 국가적인 과제이기 때문에 브리핑 시간을 꼭 마련해야겠다는 판단으로 나는 이 후보와 직접 통화, 20분 동안 브리핑 시간을 갖도록 결정했다.

내가 김철종 회장에게 사정을 설명했더니 선거운동 기간 중 촌음을 아껴 써야 하는데 그 시간을 할애한 것도 어려웠을 것이라면서 브리핑 하는 데 아무런 지장이 없다고 자신하는 것이 아닌가! 미안한 생각을 갖고 있는 나로서는 퍽 고마웠다.

전국 단위로 정해진 일정을 소화하기 위해 시간에 쫓기고 있는 중이었지만 요점 설명을 듣고 난 이명박 후보는 무엇인가를 감지(感知)했는지 눈빛이 달라졌고 의미 있게 고개를 끄덕였다. "내가 30여 년 전 현대건설에 있을 때 한국 최초의 원전인 고리1호기를 건설하는 데 직접 참여했는데, 우리 원전이 지금 설명한 대로 벌써 그런 단계에까지 발전했느냐?"라고 되묻고, "다음에 시간을 한 번 더 잡아서 설명을 더 듣도록 합시다."라면서 어떤 결심을 하는 듯했다.

필요한 자료도 많이 준비하고 요령 있게 요점(要点) 브리핑을 성공적으로 해준 前 한국원자력연구소 부소장 국일현 박사에게 감사드린다.

당선 후 이명박 대통령은 역시 비즈니스 대통령답게 한국전력주식회사 등 관계기관에게 원전(原電)발전 현황과 세계수출 동향보고를 지시한 후 상세현황을 청취, 선거기간 중의 브리핑 내용을 확인하고 원전수출을 적극적으로 앞장서 추진키로 결심했다는 사실을 알게 되었다. 이때부터 나는 이명박 대통령의 원전수출 의지를 성공적으로 실현시키는 데 일조를 해야겠다는 결심을 했다.

2009년 12월 27일 세계 석유매장량 3위국인 중동의 아랍에미리트(UAE)에 한국형 원전 APR1400 4기(基)를 건설하는 수주(受注)계약을 체결하였다. 수도 아부다비에서 이명박 대통령 참석리에 양국 계약 당사자가 서명을 하는 TV장면을 보면서 김철종 회장과 나는, 저 역사의 이면에는 우리의 그림자도 있겠다는 생각에 깊은 감회에 젖어 두 사람이 손뼉을 마주치는 '하이파이브'를 여러 번 하면서 기뻐했다. 이로써 약 400억 불(당시 약 47조 원)이란 단군 이래 최초인 어마어마한 경제효과를 가져오게 했다. 또 이로써 방대한 세계원전 수출시장(輸出市場)에 여섯 번째로 진입하게 된 건국 이래 일대 사건이었다. 이명박 대통령은 누가 뭐라 해도 이 실적한 가지만으로도 가장 큰 최고의 업적을 수립한 대통령으로 기록되어야 한다.

그 후 정부는 원전을 신성장동력의 수출산업으로 확정짓고 2030년까지 원전 80기(基)를 수출하여 약 20%의 세계 원전시장을 점유한 후 세계 3대 원전수출국으로 도약하겠다는 목표를 수립 발표했다.

김철종 박사는 1958년 한국에서 제일 먼저 설치된 한양대학교 원자력공학과에 입학하여 원자력을 전공한 원자력공학 1세대다. 졸업 후 1967년 11월 (주)새한산업을 창업, 한국에서 전혀 생소했던 핵의학(核醫學)의 여명기에 방사성동위원소와 기기(機器)들을 보급하며 척박했던 국내산업 발전을 개척하기 시작했다. 핵의학발전의 일란성 쌍둥이라 할 수 있는 방사선치료(放射線治療) 핵종(核鍾)을 보급하는 국내 유일의 기업으로 발전시켜 오고 있다. 그는 창업 후 오늘날까지 '좋은 진단과 치료를 위한 방사성동위원소를 보급하겠다'는 집념하에 양심과 정직을 모토로 회사를 경영하고 있으며 국산화에 심혈을 기울이고 있다.

내가 김철종 박사를 만나게 된 것은 1965년 문교부장관 비서관으로 재직하고 있을 때 공주 출신 박충식(朴忠植) 국회의원 비서관이었던 박동석(朴東石) 씨 소개로 알게 되었다. 원자력을 전공했고 방사성동위원소 업계에서 혈기왕성하고 정의롭고 추진력이 강한 김철종 씨와의 만남은 바로 나의 원자력과의 숙명적인 만남의 단초였던 것 같다.

절친하게 지내던 그가 어느 날 약혼식을 한다면서 사회를 봐달라는 부탁을 했다. 흔쾌히 수락했다. 새한산업을 창설한 지 2년 뒤인 1969년 6월 10일 당시 서울 장안에서 제일 유명한 중구 삼각동 소재 호수그릴에서 개최한 김 사장의 약혼식 사회를 봤다. 그날 나는 그 식장에서 훌륭한 선배 한 분을 만나게 되었다. 김 사장의 큰처남이 될 임용규(林瑢圭) 박사였다. 그분은 나의 모교인 대전고등학교 선배였다. 학업성적이 출중해서, 당시 전국의 수재들만 합격한다는 서울대학교 공과대학을 졸업한 분이다. 그러니까 친구인 김철종 사장이 내 선배 집안 충청도의 사위가 된 것이다. 그래서 더욱 절친하게 되었다.

김철종 박사는 앞서 말한 대로 1967년 (주)새한산업을 창립한 이래 단 한 번도 원자력산업 분야를 떠난 적이 없는 분이다. 오늘 현재까지 50년 동안을 '핵의학발전'이란 명제를 벗어나지 않았고 현재와 같은 훌륭한 발전의 초석을 만들어 놓았다. 그래서 핵의학 분야에 종사하는 이들과 원자력계 인사들은 그를 가리켜 '핵의학의 산증인'이라고 부른다.

그는 2014년 1월 『미래를 여는 핵의학과 함께 핵의학의 외길 반세기』라는 저서를 냈다. 이 책을 읽고 보니 불모지인 우리나라의 핵의학산업 발전을 위해 얼마나 고생을 했는지를 알 수 있어 그를 다시 한 번 존경하게 되었다. 이 저서는 첫째 한국 방사성동위원소 발전 역사책이고, 둘째 한국의 핵의학발전 역사책이고, 셋째 원자력홍보에 적합한 아주 소중한 책자임에 틀림없다.

이명박 대통령이 취임한 지 약 8개월여쯤 되었을 때 김 회장이 "또 해야 할 일이 있습니다. 만나서 얘기합시다." 하여 만났더니, "원자력계에 알려진 소식통에 의하면 이 대통령이 원전수출을 적극적으로 추진한다고 하니 이제 재환 형(그는 나를 그렇게 호칭했음)도 이명박 대통령의 원전수출 실현을 위해 도와야 할 것 아닙니까?(나도 그런 정보를 알고 있는 터이지만 그는 그런 정보에 대단히 고무되어 있는 듯했다) 원자력홍보 전담기관인 한국원자력문화재단이라고 있는데, 그 재단 책임을 맡아 대내외적인 홍보를 통해 적극 뒷받침해야 합니다. 우리 원자력인들도 원자력계의 역사창조를 위해 합심 협력 지원할 겁니다."

대통령 선거운동 기간 중 한국의 신성장동력은 원전수출밖에 없다고 브리핑 했던 터라 이 대통령의 결심이 확고해진 이상 어떤 방법으로든 그의 의지 실현을 위해 뒷받침해야겠다는 생각을 가지고 있던 나는, 그렇게 해서 한국원자력문화재단에 대해 관심을 갖게 되었고 2008년 12월 재단이사장으로 취임했다.

원자력은 발전(發電)분야와 비발전(非發電)분야로 대별할 수 있다. 원자력발전소를 통해 우리가 사용하고 있는 전력을 생산하는 분야와 의료계에서 방사성동위원소를 활용하여 진단하고 치료하는 핵의학분야가 그것이다. 일반사람들은 원자력 하면 1945년 일본 히로시마 원폭(原爆)을 연상하고 원전반대론자들의 반대슬로건에 따라 '원자력은 죽음이다' 심지어 원자력발전을 핵무기와 동일시하면서 반대하고 있다. 그러나 원자력은 핵무기나 원전으로 발전하기 이전인 1895년 독일 뢴트겐 박사의 X선 발견으로 방사선은 인간질병의 진단 및 치료를 핵의학분야를 비롯하여 공업, 농업 등 여러 분야에서 중요하게 쓰이고 있다는 사실을 망각하고 있다. 우리가 병원에 가서 몇 번씩 X-레이 촬영을 하면서 말이다.

나는 여기에 착안하여 원자력을 홍보하는 방법은, 우리가 의료분야에서 늘 혜택을 받고 있는 핵의학분야 즉 방사선 및 방사성동위원소 사용분야부터, 그리고 청소년들에게 쉽게 설명해 들어가는 것이 효과적이겠다고 판단했다.

한국방사성동위원소협회 김철종 회장을 찾아가 나의 생각을 설명했더니, 역대 없던 매우 효과적인 홍보방법이라면서 즉석에서 우리 협회와 원자력홍보 업무에 따른 상호협력을 이루어 '우리 생활 속의 원자력'이란 점을 부각시켜 적극적으로 홍보활동을 하자고 제안해서, 취임 후 제일 먼저 한국방사성동위원소협회와 내가 이끄는 재단과 방사선 이용의 유용성에 대한 국민 이해증진 제고를 위한 업무협약(MOU)을 체결했다.

그 후 김철종 회장을 우리 재단 이사(理事)로 영입했고 우리들은 '저탄소 녹색성장의 핵심 에너지, 원자력'의 이해를 높이기 위해 다양한 교육홍보 활동을 전개했다. 먼저 '차세대 원자력 이해교육사업을 재단의 대표 브랜드사업'으로 확정하고 초·중·고생들을 대상으로 한 새로운 사업으로 차세대들이 생활 속에서 원자력 이용에 대해 탐구할 수 있는 기회를 제공하기 위해, 원자력 탐구 올림피아드와 원자력 과학캠프를 신설 개최했고, 또 매년 4~5월 중에 전국 초·중·고에 '1일 교사'로 과학계 인사 500여 명을 선발, 재단이 만든 자료를 제공하고 각급 학교에 파견해서 35,000여 명의 학생들에게 원자력의 유용성 교육을 실시하였다. 원자력 교육용 만화 76,000권을 제작 전국 5,900여 초등학교에 기증했고 하계와 동계 방학기간 중 초·중·고 교사 720여 명씩을 선발 원자력교육 직무연수를 실시, 40여만 교사들에게 원자력의 유용성이 간접적으로 전파되도록 하는 사업도 병행했다. 이밖에 대학생들을 대상으로 1박 2일의 학습체험 프로그램 '에너지 캐러번'을 창설하고 기존의 교육문화를 접목시킨 에듀컬처(edu-culture)형 '행복한 원자력 페스티벌'을 일반

시민들도 참여시켜 확대 실시했다.

　나의 재단이사장 재임 3년 중 매년 실시(每年 實施)한 이 모든 행사에 김철종 박사는 방사성동위원소협회 회장으로서 전폭적인 지원과 협력을 아끼지 않으셨으며, 또한 재단이사로서 원자력 전문가답게 지도해 주었다.

　2013년 박근혜 정부가 들어섰다. "형, 형이 마지막으로 할 일이 또 하나 있습니다. 원전수출이 매우 중요한 신성장동력이란 점과 UAE 원전수출의 경제적 파급효과를 누구보다도 형이 잘 알고 있으니 박근혜 정부에 드로잉해서 넘겨주세요. UAE 한 나라에 대한 원전수출 실적 가지고는 국제경쟁에서 이길 수 없습니다. 한두 나라쯤 더 수주해야만 방대한 국제원전 수출시장에서 앞서갈 수 있습니다." 일본이 후쿠시마 원전사고로 인해 세계원전 수출시장에서 주춤해진 때를 이용, 세계가 인정하는 우리 기술력을 바탕으로 일본을 앞질러 우리나라가 국제시장을 선점해야 한다는 말이었다.

　이것이 바로 원전마니아의 애국적 발상이 아니고 무엇인가! 나는 당시 제18대 대통령직 인수위원 한 분에게 이를 설명했고 그는 박근혜 대통령 당선자에게 그런 내용을 전달했다. 그 후 2015년 3월 3일 박근혜 대통령이 사우디아라비아를 방문, 스마트(SMART:System-intergrated Modular Advanced Reac Tor) 원자로 2기(基)를 수출키로 약정했으니 이 또한 역사적인 쾌거라 하겠다. 이 원자로는 인구 10만 명 정도의 도시에서 전기 생산과 동시에 해수(海水)를 먹는 물로 담수화(淡水化)하는 기능까지 있어, 사우디아라비아를 비롯한 물과 전기가 동시에 부족한 중동 여러 국가에 꼭 필요한 중소형 발전원자로여서 수주(受注)가 확산될 것이기 때문이다.

　김철종 박사는 지난 50년 동안 정도를 걸으면서 꾸준히 노력하여 불모지였던 우리나라 핵의학발전에 초석을 이루어 놓았고, 전국 150여 개 병원에 동위원소 이용 분야의 첨단기기를 공급하여 원자력 발전과 국민건강 증진에 기여하고 있다. 한국

원자력산업회의 창설 멤버로 참여, 우리나라의 원자력산업의 위상을 세계적 수위로 끌어올렸고, 세계동위원소협회 총회를 역사상 최초로 한국에 유치, 대회장으로서 한국의 위상을 드높였고 한양대학교에 '핵의학교실' 설립을 추진하고 있으면서 원자력 공학과에 '김철종 장학금'을 설립, 후진 양성에까지 관심을 쏟는가 하면 계속해서 원자력계의 발전을 위해 여러 단체에 가입, 경제적 지원을 하면서 한국의 장래를 위한 원자력산업 육성에 헌신하고 있다. 석탑산업훈장에 이어 2010년에는 이명박 대통령으로부터 과학기술훈장 혁신장을 수훈했고, 2013년에는 한양대학교로부터 명예공학박사 학위를 수여받았으며 2014년 5월에는 원자력산업진흥 분야의 헌신적인 공로를 인정받아 5·16민족상을 수상했다.

2014년 9월, 누가 뭐라 해도 한국경제의 신성장동력 확보를 위해서는 '그래도 원자력이다'라는 홍보를 계속해야 한다면서 (사)한국원자력문화진흥원의 이사로 참여한 후, 이명박 대통령선거 때 '원전수출 브리핑' 인연을 상기시키면서 나를 고문으로 추천하고 그간 180여 회의 원자력특강 등 홍보경력을 십분 발휘해 줄 것을 부탁하여 나도 쾌히 승낙하였다.

김철종 박사, 그는 진정 대한민국의 영원한 원자력인(原子力人)이다.

5·16민족상 수상 원자력인 김철종 박사
(가운데는 부인 임경자 여사, '14. 5. 16)

여기서 나는 그의 큰처남이자 나의 고교 선배인 임용규(林瑢圭) 박사에 관한 얘기를 빼놓을 수 없다. 내가 김영삼 대통령직인수위원이 된 후 얼마 안 된 1993년 1월 어느 날 임 선배로부터 만나자는 연락이 왔다. 유성에 있는 한 호텔 방에서 반갑게 만났다. 나보다 5년 선배인 31회 졸업생으로 당대의 수재로 알려진 선배를 만난 것은 영광이었다. 김철종 사장의 약혼식에서 처음 만난 후 두 번째인 24년 만의 만남이었다. 임 선배는 나에게 축하의 말과 함께 자신의 경력과 그간의 공직생활 경험에 대해 설명을 하면서 향후 한국의 발전은 과학기술진흥 여부에 달려 있다고 역설하면서 특히 원자력산업 진흥정책에 대해서 얘기해 줬다.

나는 임(林) 선배의 설명을 들으면서 참으로 모범적으로 고지식하게 정도를 걸어온 훌륭한 공직자임을 느꼈다. 김영삼 정부가 출범하면 이렇게 실력을 갖춘 모범 공직자가 청와대에 포진해야 한다고 생각했다. 당시 대통령직 인수위원회에서는 대통령비서실의 직제도 조정해야 한다는 방침이었기 때문에 나는 내심 과학기술수석비서관을 맡으시면 좋겠다고 생각했다. 나는 그분의 해박한 지식과 경험을 활용하여 과학기술진흥을 바탕으로 하는 국가발전을 생각했던 것이다.

"선배님, 시간을 내서 최창윤(崔昌潤) 인수위원을 한번 만나주세요. 그분이 앞으로 대통령 비서실장이 될 테니 그에게 과학기술 진흥에 대한 내용을 설명 좀 해주세요. 소개는 제가 해놓겠습니다."고 하면서 만나는 절차까지 설명 드렸다. 내가 이튿날 최창윤 박사에게 임(林) 선배에 대해 자세히 설명해 줬더니 자기도 과학기술 분야는 생소하다며 만나기를 원한다면서 날짜까지 정해줘서 임(林) 선배에게 통보해 드렸다.

그 후 최창윤 위원이나 나에게 임 선배로부터 아무런 연락이 없었다. 내가 권유한 것이지만 임 선배는 충청도 양반이시라 그런 행동이 엽관운동이라 생각하고 나의 제안을 수용하지 않은 것 같다. 참으로 훌륭한 분이시면서 고지식한 분이시다. 그 후 그분은 한국원자력안전기술원(KINS) 부원장으로 있다가 원장(院長)이 되어 원자력계에 큰 공헌을 하셨지만 당시 대통령직 인수위원이었던 나에겐 매우 아쉽고 안타까운 일이었다.

터키에 간 1인 6역 배우

원자력발전소 건립을 계획하고 있는 터키에 오래전부터 프랑스와 일본이 수주노력을 경주하고 있는 중간에 우리나라는 2009년 12월 UAE의 원전 4기 건설 수주에 성공한 여세를 몰아 수주경쟁에 뛰어들었다. 당시 한국은 UAE 원전수주로 인해 국제적으로 원전기술이 인정됐던 터라 수월하게 진척이 되었다. 2010년 3월 10일 한국전력주식회사(한전)와 터키국영발전공사(EUAS) 간 '시놉(Sinop) 원전건설 협력 공동선언'을 체결, 발표했다. 양자 간 5개월 동안 T/F를 구성 운영하여 사업구조, 건설재원 조달, 전력판매 단가, 법적 준비사항 등의 연구결과를 2010년 8월 공동 연구결과로 발표한 후 9월 말경 정부 간 협약(IGA) 초안을 교환하고 여러 차례 실무자 회의를 거쳐 2010년 11월 12일 서울에서 개최되는 G20 정상회의 시 '한-터키 간 시놉 원전건설에 관한 정부 간 협정(IGA)'을 체결한다는 목표를 정하고 실무협상에 박차를 가하고 있었다.

터키 시놉 원전건설 계획이 한국형 원전 APR1400 2기(基) 2,800MW 건설(추후 2기 추가건설)이기 때문에 정부(지식경제부와 외무부)는 적극적으로 수주지원에 나섰다. 2010년 7월 9일 지식경제부로부터 외무부 주 터키 한국대사관에서 계획하고 있는 「터키흑해 한국문화 페스티벌」 행사에 한국원자력문화재단이 협조해 달라는 요청서를 보내왔다. 터키의 한국참전 60주년 기념행사를 계기로 터키 시놉 (Sinop) 지역 원전건설 진출을 위한 우호 분위기를 조성함과 동시에 한국문화에 대한 이해가 부족한 터키 시놉 시를 포함한 흑해지역에 한류(韓流) 및 한국문화를 선전하고 확산시키기 위해 2010년 10월 8일부터 10일까지 흑해 한국문화 페스티벌 (Scent of Korea in Black Sea)을 개최한다는 것이다. 현 정부 주요인사 출신지역인 트라브존, 오르두와 원전건설 예정지인 시놉 등 세 곳에서 한국전 참전용사 위로감사 행사, 김치 등 한국음식 소개 및 축제 개최, 태권도 시범, 한국영화제, 국악공연 등 다채로운 행사를 개최하겠다는 내용이었다.

나는 이 기회에 우리 재단이 원전수출 대상 유력국가인 터키와의 문화적 교류를 통해 UAE에 이어 두 번째로 한국형 원전수출을 성공시키기 위해 친한(親韓) 분위기 조성, 원자력 이해기반 조성 등에 적극적으로 참여하자는 방침 아래 ① 터키 군이 참전했던 6·25동란 이후 원자력 발전(發電)이 경제성장, 국가발전의 원동력이 되었다는 내용의 전력관련 형태의 사진을 제작(20종) 전시 ② 터키 한국전 참전용사협회와의 자매결연 우호세력 구축 ③ 참전용사 손자녀에게 장학금 전달(5명) ④ '가야랑' 공연단과 계약. 가야금 연주, 노래, 고전 춤 등을 통해 한국문화를 소개하는 문화공연 지원 ⑤ 원전수주 관련기관 방문, 홍보활동을 전개키로 결정했다.

나는 터키 원전건립 예정지인 시놉(Sinop) 지역의 문화행사(10월 10일)에 집중 참여키로 하고 터키로 날아가 2010년 10월 10일 아침 이스탄불에서 3시간을 비행, 11시 30분경 시놉 시에 도착하자마자 12시에 첫 번째로 터키 영자신문 휴리엣 (Hurriyet Daily News)과의 인터뷰를 시작으로 터키에서의 나의 1인 6역의 광폭 (廣幅)활동은 시작되었다. 휴리엣 신문은 터키 내 2대 영자 신문 중의 하나로 1948년 창간 발행부수 100만 부를 자랑하는 민족주의 성향이 강한 신문이다. '후리야 오제르칸' 기자는 한국의 원전에 대해 아주 예리하게 질문을 했다.

나는 터키의 매스컴을 통해 한국원전을 홍보하는 이점을 살리기 위해 여러 분야에 대해 자세히 설명해 줬다. "한국은 경제발전과 근대화를 도모하면서 전력(電力)은 국력(國力)이라는 기치 아래 다양한 발전소를 건설해 왔으며 현재에 이르러서는 그 기술성이나 안전성 면에서 세계 최고로 인정을 받아 지난해 UAE에 경쟁자인 프랑스와 일본을 제치고 한국형 원전 APR1400 4기(基)를 수출했다."는 설명과 함께 실제 원전이 우리 경제발전에 있어서 피부에 와 닿는 사례를 설명해 줬다. 지난날 세계적인 석유파동이 도래했어도 우리는 원자력 덕분에 전기료가 낮게 유지되어 우리 상품을 질 좋고 값싸게 만들어 해외에 수출할 수 있었고, 실제로 1982년부터 2009년까지 27년간 소비자물가가 230% 상승하는 동안 전기료는 원전 덕분에 14.5% 오르는 데 그쳤다. 이와 같이 원자력은 우리의 생활경제에 든든한 버팀목이 되었다. 이러한 내용은 한국의 성공사례이므로 터키의 원전건설 정책의 성공을 위한 국민수용성 확보대책에 참고하기 바란다는 골자로 회견(會見)을 마쳤다.

터키 한국참전용사회와
자매결연(탄도안, 이재환)
한국원전홍보 가속화
('10. 10. 12 터키 앙카라)

두 번째로 17:30부터 시작한 「한국문화 페스티벌」 장소에 전력(電力)사진전을 열어 해설을 해주었으며 한식 시연 및 뷔페 만찬에 참석, 참전용사들과 환담, 개회식 축사에 이어 참전용사 손자녀 5명에게 직접 장학금을 수여한 후 '가야랑' 공연단 자매의 가야금 연주, 음악, 춤 공연을 감독했다.

세 번째로 다음 날인 10월 11일 아침에 출발 17:00에 앙카라에 도착, 곧바로 한국전 참전용사협회와 자매결연 협약식을 갖고 '탄도안' 회장을 비롯하여 한국전 참전용사 5명 및 기타 회원 10명과 환담을 가졌다. 나는 이 자리에서 "60년 전 이름도 몰랐던 코리아에 와서 한국국민과 자유를 지켜준 데 대한 고마움을 한국국민들은 영원히 잊지 않고 있다. 1999년 8월 터키 이즈미트 지역 대지진 참사에 한국이 많은 성금과 구조단을 파견, 피해자를 구출했던 것도 그러한 감사의 표시였다. 터키의 원전수입 정책을 축하한다. 한국과 터키는 지난 60년간의 우호협력과 신뢰를 바탕으로 터키의 안정적인 에너지 수급을 위해 이제는 한국이 협력해야 할 시기인 것 같다. 우리는 모든 역량을 다하여 적극적으로 도울 것이다." 이에 대해 이들은 한결같이 "여러분이 60년 전 우리의 한국전 참전을 잊지 않고 오늘 이렇게 자매결연을 해주니 새삼 한국에 감사한다."면서 특히 '탄도안' 회장과 '유서프' 부회장은 "터키에 반 원전세력도 있긴 하나 터키에도 원전은 꼭 필요한 것이므로 우리 단체뿐만 아니라 다른 단체에게도 설명해서 다 함께 한국의 원전 프로젝트에 찬성 쪽으로 움직이겠다."고 자발적으로 협력의지를 나타냈다. 이때 내가 "한국과 터키는 영원한 칸 카라레시(피를 나눈 형제란 터키 말)!"라고 소리치자 힘찬 박수와 함께 서로 끌어안음으로써 진한 우정을 보여주었다. 우리는 한국문화 페스티벌에 전시했던 한국전 및 원전건설 관련 20종의 사진틀을 협회에 기증했다.

주 터키 주재 한국대사관의 분석에 의하면 "이번 자매결연식 행사로 인해, 터키에서 존경받는 참전용사들의 지지활동으로 한국원전의 이미지 제고에 좋은 영향을 미칠 것이 확실하게 기대된다."고 평가했다.

네 번째로 나는 다음 날 10월 12일 11시에 앙카라에 소재한 터키 에너지자원부 '메틴 킬치' 차관을 방문했다. 나는 그에게 한국형 원전의 세계적 우수성을 설명한 후 "문제는 원전건설에 대한 국민수용성을 확보하지 못하면 원전 도입정책 실현에 큰 어려움을 겪을 수 있다. 우리 재단은 1992년 설립 이래 다양한 홍보활동을 통해 이해와 수용성을 이끌어 내는 과정마다 필요한 사항을 터득했고 이에 대처하고 실행한 경험을 가지고 있다. 필요하다면 이러한 경험과 노하우를 터키에 제공하겠다."고 제의했다. 킬치 차관은 매우 진지하게 나의 설명을 청취한 후 "이사장님이 말씀하신 국민수용성 확보문제는 매우 중요하다. 귀 재단의 활동에 큰 감명을 받았다. 우리도 유사한 활동을 전개해야겠다. 귀 재단의 경험과 노하우를 터키에 제공하겠다는 말씀에 깊은 감사를 드린다. 어쩌면 이재환 이사장께서 터키에 자주 오게 될지도 모른다."고 매우 의미 있는 말을 하였다.

다섯 번째로 같은 날 10월 12일 12시 우리 한전과 협상 중인 앙카라 소재 터키 국영발전공사(EUAS) '라슈트 이슈' 부사장을 방문했다. 나는 그에게도 우리 재단의 설립배경과 사업내용을 설명했다. 그는 나에게 "터키 원전건설 계획은 현재 협상 중인 시놉(Sinop)뿐만 아니라 장차 전력(電力)의 20%를 원전(原電)에서 생산하겠다는 목표로 다양하게 추진하고 있다."고 설명해 주었다. 나는 그에게 "내가 알기로는 터키 흑해지역은 1986년 소련의 체르노빌 원전사고로 인해 피해를 입었다고 우려하고 있는 곳이기 때문에 지역주민들은 원전건설에 선뜻 동의하지 않을 것이라는 여론이 있다. 따라서 이 지역 주민들의 원전건설 수용과 동의를 이끌어 내는 작업이 우선돼야 할 것으로 판단된다. 이를 위해서 원자력에 대한 지식과 정보를 객관적으로 정확하게 전달하고 설득해야 한다. 귀 발전공사가 신경 써야 할 문제는 건설예정지 지역주민들에게 원전건설과 운영상의 안전성에 대해 확실한 신뢰감을 부여하고 그 지역의 경제발전에 대한 확신을 갖게 해서 수용성을 확보해야 할 것이다. 이와 관련하여 우리 재단은 우리가 보유하고 있는 경험과 자료, 노하우를

제공할 준비가 되어 있다. 필요하면 언제든지 우리 재단에 요청하기 바란다."고 제
안한바 그는 정부에 보고하겠다면서 감사를 표시했다.

터키 에너지부 메틴 킬치 차관 방문, 한국원전 홍보하는 이재환 이사장('10. 10. 12 앙카라)

　여섯 번째로 같은 날 10월 12일 오후 3시 역시 앙카라 소재 터키원자력청 '제퍼
알페르' 청장을 방문했다. 나는 그에게 우리 재단의 설립배경과 사업내용을 설명한
뒤 "원전건설을 계획하는 모든 나라는 원전도입 계획수립 초기부터 일반 국민들에
게 원자력에 대한 정확한 정보를 제공하고 원전의 필요성, 유용성, 안전성에 관해
이해를 시키고 국민수용성을 확보해야 한다. 우리나라의 경우 초기에 이런 활동을
하지 못해 상당 기간 동안 사회적 갈등과 그로 인한 많은 사회적 비용을 소모했다.
방사성폐기물 처리를 위한 부지선정에 19년간이란 세월이 소요되어 국력의 낭비가
엄청났다. 청장께서 이 점을 참작하여 시행착오가 없도록 대책을 세우고 필요하면
우리 재단의 경험과 노하우를 제공할 용의가 있다."고 말했다. 이에 대해 알페르 청

장은 "원전을 처음 도입하려는 국가에 한국의 경험이 크게 도움이 되겠다. 초기에 국민들에게 정확한 정보를 제공하는 것이 가장 중요하다는 이재환 이사장의 지론에 동감한다. 국민수용성 제고를 위한 귀 재단의 활동상은 참으로 놀랍다. 우리는 귀 재단과 협력하고 싶다. 구체적 협조방안은 추후 논의토록 연락하겠다."고 건의하여 나는 이를 흔쾌히 수락하였다.

터키 원전수주 문제가 잘 되어 곧 정부 간 협정(IGA) 체결에까지 이르게 될 것이라는 분위기에 민간차원의 성공적 뒷받침을 해야겠다는 일념으로 터키에 건너가 원전수주 관련 핵심기관을 10월 12일 하루에만도 세 곳이나 찾아다니면서 선전, 홍보활동을 하는 등 마치 일정에 쫓기면서 정신없이 1인 6역(役)을 하는 배우 같은 활동을 전개하였다. 우리나라가 두 번째로 원전수출을 하게 될 것이라는 희망 속에 피로도 잊은 채 열심히 뛰었다. 그리고 하루 쉴 새도 없이 12일 저녁 밤 10시에 앙카라에서 인천행 귀국 비행기에 지친 몸을 실으면서 1인 6역의 국가적 임무를 완수했다는 보람으로 피로를 잊었다.

내가 존경하는 영원한 원자력인 김철종 박사는 『핵의학 외길 반세기』란 그의 자서전에서 "…이재환 이사장은, 한국문화가 세계에서 큰 인기를 끌고 있는 이 시점에 '원자력 한류 붐'을 확산시켜야 한다고 강조했다. 그 말처럼 그는 터키의 시놉과 트라브존에서 열린 '흑해 한국문화 페스티벌'에 참가했고, 원전건설 예정지를 둘러보는 등 강행군을 이어갔다. 터키의 한국전쟁 참전용사회와 자매결연도 맺는 열정은 나이를 잊게 만들 정도로 광폭(廣幅)의 움직임을 보여줬다."라고 기록하고 있다.

그런데 이게 웬일인가? 귀국한 지 얼마 후 뜻밖의 비보가 들려왔다. 터키 측과의 실무협상에서 건설자금 조달, 전력판매 단가문제, 터키정부 지급보증 등 구체적 쟁점(爭點)사항에 상호의견이 팽팽한 채 합의를 못 보았고 이 틈새에 일본 측이 이러한 쟁점사항에 대해 터키 측의 요구사항을 전폭 수락하겠다고 천명하고 협상을 제의하는 등, 여러 가지 여건으로 우리와의 협상이 결렬되어 계획했던 일정이 와해되었다는 것이다. 이후 터키 측은 일본과 프랑스 컨소시엄 측과 협상을 하고 있으나 결론은 없는 상태이고, 한편으로는 한국과의 재협상 여지가 있음을 전달해 오고 있는 상황에 있다는 것이다.

국가경제력이 약한 터키 측의 요구는 시놉(Sinop) 원전건설에 있어 총 건설비 중 70% 예산을 한국 측이 장기저리 융자를 통해 건설해 주고 잔여 30%에 해당하는 예산은 원전건설 후 터키 국민에게 전력을 판매하는 수입으로 변제한다는 조건이, 난항의 쟁점이었다고 한다. 우리 측에서는 장차 이같이 경제력이 약한 다른 나라에 대한 원전수출 전략상 장기저리 융자 건설문제는 터키 정부의 지급보증을 전제로 받아들이기로 했으나, 터키 측이 요구하는 잔여 30% 예산의 상환기간과 불가분의 관계에 있는 전력 판매단가를 낮게 책정하려는 그들과의 이견이 좁혀지지 않아 협상이 답보상태에 있을 때, 프랑스와 컨소시엄으로 지원을 받고 있는 일본이 끼어들어 모든 쟁점사항을 터키 측의 요구대로 수용하겠다는 의견을 제시함에 따라 터키 측에서 갑자기 일본 측과 대화를 하기 시작, 우리는 뒤로 밀리게 되었다.

그러나 2011년 3월 일본의 후쿠시마 원전사고가 발생하자 일본 측과의 대화가 중단되었다. 터키 측은 다시 우리에게 대화를 요청해 와 그간 수차례 대화를 했으나 아직까지 이렇다 할 진전이 없이 막연히 시간만 흘러가면서 답보상태에 놓여 있다. 터키 원전수주에는 15가지의 해결해야 할 어려움이 있다고 한다.

지난날 터키 원전수주 성공을 위해 터키로 날아가 우리 원전의 우수성 홍보, 터키 참전용사회를 통한 한국원전 우호세력 구축, 시놉 지역주민들에게 원자력에 대한 긍정적인 여론형성에 기여했을 뿐만 아니라 터키 원전수주 관련 핵심 정부기관들을 방문, 원전건설 국민수용성 확보를 위한 우리의 경험과 노하우를 제공하겠다는 제안을 적극적으로 약속했던 나로서는, 한국정부와 관계기관이 꾸준히 적극적으로 노력하여 터키와의 원전수주를 성공시켜 주길 간절히 바라고 있다.

대한민국 헌정회 사무총장

나는 2015년 4월 1일 자로 전직 국회의원 1,163명의 회원으로 구성된 국회 산하 사단법인 대한민국 헌정회(憲政會) 제19대 사무총장으로 취임하여 2년 임기의 봉사활동을 시작하게 되었다.

초대 제헌 국회의원부터 이 나라의 건국 기초를 다지고 산업화와 민주화를 위해 공헌한 국회의원들의 모임체로서, 대한민국 헌정회 육성법에 근거하는 법인(法人)으로서 민주헌정을 유지 발전시키기 위한 대의제도 연구와 정책개발 및 사회복지 향상에 공헌함을 목적으로 하고 있다.

이러한 정치원로 단체가 2012년 제19대국회 구성 후 일기 시작한 국회의원 기득권 내려놓기 등 국회개혁 여론에 따라 65세 이상 전직 의원들에게 연로지원금을 지급하는 것도 개혁 대상이 되어 헌정회가 비판의 중심에 서게 됐고, 드디어 2013년 8월 헌정회육성법이 개정 시행되어 65세 이상자라 해도 일정 기준에 미달되는 자에게는 연로회원 지원금을 지급치 않게 되었다.

그럼에도 불구하고 이러한 개혁 내용이 널리 알려지지 않았기 때문에 계속해서 "국회의원은 하루만 해도 65세 이상만 되면 죽을 때까지 연금을 받는다"라고 하는 비판여론이 계속되고 있는 때에 헌정회 사무총장이란 중임을 맡게 되어 큰 부담 속에 임무를 시작하게 되었다.

　나는 신경식 회장과 협의 하에 목표를 세웠다.

　첫째, 헌정회에 대한 오해를 불식시키고 이해해주는 헌정회를 만들자. 그래서 원로 정치단체로서의 위상을 높이자. 둘째, 헌정회 각종 조직에 많은 회원을 참여시켜 헌정회를 활성화시키자. 셋째, 회원에게 도움을 주는 헌정회가 되도록 하자는 것이었다.

　첫 번째 목표 실현에 있어서는 신경식 회장이 4선 의원을 하면서 각계에 인지도가 높고 다방면에서 활동했던 기반이 넓기 때문에 여러 곳으로부터 행사참석 요청, 축사 요청 등이 많아 빠짐없이 참석, 헌정회의 성격과 역할을 설명하고 헌정회에 대한 오해 부분을 해명하는 활동을 해왔고 전직 국회의장과 국무총리등과 함께 회합을 갖고 시국 안정을 위한 해법을 주도함으로써 위상을 높였다. 내적으로는 사회가 요구하는 정치현안에 대한 정책개발 세미나를 개최하고 '20대 국회를 조속히 정상화시키라' 등 시의적절한 시국성명서를 15회에 걸쳐 발표함으로써 헌정회가 정치원로 단체임을 국민들에게 각인시켰다. 이외에도 헌정회의 위상 제고를 위한 다양한 내용이 있으나 생략한다.

　각종 인터넷 등 소셜 네트워크에서 헌정회 연로지원금에 대해 "전직 국회의원 120만 원 연금 아세요? 65세가 넘으면 죽을 때까지 한 달에 120만 원씩 받는 제도라네요. 독도지킴 관련 예산 168억 원을 취소하고 주는 거랍니다." 이처럼 세간에 악의적인 허위사실이 유포돼 우리의 위상을 저하시키고 있어 소관부서인 국회사무처로 하여금 허위사실의 자진삭제를 계도하고 불응 시 고발 조치키로 경고하는 보도자료를 발표케 하여 헌정회를 비난하는 악성 루머를 잠재우기도 했다.

　그러나 이것만으로는 부족했다. 2016년 7월 6일 자 카카오톡은 김동길 교수 등이 제안한 '국회개혁안'이라면서 〈널리 알립시다〉에서 제7항, '하루만 국회의원을 해도 죽을 때까지 받는 연금제도 개선합시다'로 되어 있어 나는 바로 7일에 「귀 개혁안 중 제7항은 전혀 사실이 아닙니다. 삭제해 주세요. 주무부서인 국회사무처에서는 작년 6월에, '사실이 아닌 이 내용을 악의적으로 전파하는 자는 유언비어 유포자로 고발하겠다'라고 발표한 바 있습니다. 이같이 당국에서도 확고한 입장이니 삭제해 주세요. 헌정회 사무총장 이재환」이라 요청했고 그 후 또 2016년 9월 3일 자 카카오톡에 '이게 나라입니까? 국회의원 연금법을 쥐새끼처럼 몰래 만들고 기여금 1원도 안 내고 하루만 금배지 달면 무슨 죄를 지어도 사망하는 날까지 월 120만 원 연금 받는 나라, 이게 나라입니까?… 운운'했기 때문에 나는 즉시 3일 자로 「이 카톡을 작성한 분에게, 이 대목은 사실과 다르기 때문에 정정을 요청합니다. 헌정회 육성법에 따라 65세 이상 어려운 분들에게 주는 연로지원금이 120만 원인데 그중에서도 1년 미만 재직했던 자, 사법처분을 받은 자, 일정한 월수입이 있는 자, 일정 기준의 재산이 있는 자에게는 지급하지 않습니다. 정정 요청자 헌정회 사무총장 이재환」이라고 보냈다.

이렇게 적극적으로 해명, 요청한 결과 2016년 9월 8일 자 동아일보 1면 광고 국회개혁범국민연합(공동대표 김동길)의 '국회개혁 1,000만 명 서명 달성' 광고에는 헌정회 연로지원금 비난 항목이 제외되었음을 확인하고 이해시킨 보람을 느껴 매우 기뻤다.

2015년 6월 4일 마크 리퍼트 주한미대사 초청, '한미관계와 남북통일' 강연회를 비롯 41회의 정책포럼을 실시했고, 헌정회 운영에 필요한 각종 회의와 행사를 무려 227회 개최한 초유의 업적으로 기록을 남겼다.

두 번째 목표 실천을 위해 우선 헌정회 고문을 86명에서 배로 증원했고 정책연구위원회에 19명의 자문위원을 위촉했고 7개 분과위원회를 10개로 늘렸을 뿐만 아니라 종전에 없던 분과위원회별 분회위원을 위촉하여 총 108명의 회원이 위원으로

리퍼트 주한미국대사 초청강연, 환담하는 이재환 총장('15. 6. 4)

참여하여 분과위원회별 세미나와 정책강연회를 개최토록 했다. 특별위원회로 민족
문화연구특별위원회, 북핵대책특별위원회 등 2개의 특별위원회를 추가로 구성, 많
은 회원이 참여했다.

세 번째 목표 실현을 위해서는 정책연구위원회가 주최하는 강연회나 세미나는
가급적 건강과 연관 있는 내용으로 하고, 생활용품화된 스마트폰에 대한 교육을 실
시하여 160명을 이수시켰다. 회관 1층에 샤워실을 갖춘 건강관리실을 개관, 좌석
싸이클 3대, 런닝머신 1대, 싸이클런일립티컬 1대, 승마운동기 1대 및 안마기 3대
등을 설치하여 매일 20여 명이 체력을 단련하고 있다. 1층 회의실에 서예실을 개
설, 매일 15명의 동호인들이 서도(書道)를 즐기게 하였다.

회원들이 편리하고 저렴하게 의료 지원을 받을 수 있는 방안을 연구한 끝에 신경
식 회장이 순천향대학교병원 이사장을 직접 만나 헌정회원 내외에게 선택진료비

25% 등 제반 진료비 감면과 동시 서울순천향병원을 비롯한 전국 4개 지방병원에 헌정회 담당자를 두어 즉시 안내토록 하는 업무협약(MOU)을 체결하여 진료의 편이성과 경제적 도움의 길을 터놓았다.

해마다 국회 예산심의 때가 되면 야당 측이 '연로회원 지원금을 감액시키자, 사업비를 삭감하자, 지급대상자 수를 줄이자'고 주장하여 여·야 원내대표 및 예결위 여·야 간사들을 직접 방문, 설득시켜 삭감치 않고 통과시킨 일은 참으로 어려운 일 중 하나였다.

헌정회의 역대 소망인 두 가지 현안문제를 해결하기 위해 많은 노력을 경주했다.

첫째, 헌정회공원묘지 조성에 관한 건이다. 제17대 양정규 회장 재임 시 '헌정회 공원묘지 조성 및 요양원추진특별위원회'가 구성되어 활동이 시작되었으나 그동안 성사가 되지 못했고 2015년 우리 19대 회장단이 들어선 후 적극적으로 활동, 관계부처인 산림청, 보건복지부를 상대로 수차에 걸려 접촉 교섭했으나 끝내 관련법규에 부딪혀 현행법을 개정하기 전에는 성사될 수 없게 되어 2016년 3월 29일 임시총회 석상에서 회원들에게 묘지조성은 불가능함을 솔직하게 보고했다. 즉 장사(葬事) 등에 관한 법률 제14조(사설묘지 설치 등) 규정에 따라 설립된 재단법인(財團法人)에 한정(限定)하여 법인묘지의 설치 관리를 허가할 수 있다고 되어 있어 헌정회는 사단법인이기 때문에 현행법의 개정 없이는 불가능하다. 또 다른 방안으로 국회가 국유림을 임대하여 헌정회에 관리를 위탁하고 위탁받은 헌정회가 그곳에 수목장지 조성을 허가받아 운영하는 방안을 고려해 보았으나 이 경우도 헌정회가 허가를 받으려면 동법(同法) 제16조의 규정에 따라 설립된 재단법인이라야 하기 때문에 이것도 불가능했다.

현실이 이러함에 따라 그 대안으로 국립묘지의 설치 및 운영에 관한 법률 및 기타 유관법규 개정방안으로 추진을 구상하고 있었으나 박근혜 대통령 탄핵정국으로 추진할 수가 없었다.

　두 번째는 연로지원금 지급대상 원상회복에 관한 건이다. 이 문제는 대한민국헌정회육성법을 개정해야 하는 문제이기 때문에 신 회장이 2016년 6월 29일 정세균 국회의장에게, 8월 2일 정진석 새누리당 원내대표, 8월 18일 이정현 새누리당 대표, 10월 20일 추미애 더불어민주당 대표에게 헌정회육성법 개정의 필요성을 설명하여 협조의 뜻을 얻어냈고, 나는 본격적인 추진을 위해 2016년 8월 26일 제2차 이사회에 '헌정회육성법 개정추진위원회 구성안'을 제안했으나 대부분의 이사들이 '여론상 아직 시기상조이니 당장의 추진을 보류하고 육성법개선 연구위원회로 명칭을 바꾸어 외국의 사례 등도 연구하면서 적정한 시기를 보아 개정을 추지하자'고 하여 「연구위원회」를 구성, 육성법개정안을 작성하여 2016년 11월 정기국회에 제안하려 했으나 박근혜 대통령 탄핵정국의 혼란으로 보류할 수밖에 없게 되어 매우 안타깝다.

　나는 사무총장직을 퇴임하면서 전 회원들에게 "저는 사무총장으로 재직하면서 본연의 업무집행 외에 회원 간 화합이 이루어지는 헌정회와 웃음소리가 나는 헌정회 사무실을 만들어 회원들이 자주 찾아오시도록 하기 위해 낮은 자세로 최선의 노력을 경주했습니다. 부족했던 점이 많았다고 사료됩니다만, 그것이 회원님의 이해와 지도 편달이 있어서 가능했던 것이기에 무한의 감사를 드립니다."라는 내용의 퇴임인사장을 발송했는데 예상외로 수많은 회원들께서 격려 문자메시지를 보내주셔서 깜짝 놀랐다. 그 많은 분들에게 일일이 답신을 할 수 없어 여기에 몇 편만 소개하면서 다시 한번 감사를 드린다.

　• 총장님! 그동안 수고 많으셨습니다. 많은 분들이 총장님의 깊은 뜻과 성과를 잘 이해하고 존경할 것입니다. 계속해서 하시는 일이 하늘의 뜻과 함께하시기를 기

원합니다. 2017년 4월 5일 정대철(5선 의원·前 새천년민주당 대표).

• 재임 중 겸손으로 일관하신 이재환 총장님의 태도에 경의를 표하면서 신경식 회장과의 콤비 플레이를 통해 헌정회의 화합분위기가 조성되었음을 높이 평가합니다. 총장 내외분 항상 건강하시기를 기도합니다. 2017년 4월 7일 이영일(3선 의원).

• 그동안 수고 많이 하셨습니다. 헌정회에 대한 대외인식과 호감도, 좋은 분위기를 만드는 데 최선을 다하신 이재환 사무총장님께 무한한 애정과 존경을 드립니다. 총장님 감사합니다. 건강과 행복을 빕니다. 2017년 4월 7일 김종학(15대 의원).

사업 보고하는 이재환 사무총장('17. 3. 28 헌정회 총회)

이정희(李正姬)와의 만남은
최고의 행운

나의 반려자 이정희는 모태신앙을 가진 철저한 감리교 집안의 4남 4녀 8남매 중 막내다. 이화여자대학교 기독교육학과를 졸업한 재원으로 미모가 수려하고 예의범절과 굳은 심지, 훌륭한 교양과 지성미를 갖췄으며, 특히 서예에 일가견이 있는 기독신보사(基督新報社) 기자였다.

나는 그녀를 1965년 12월 초 서울시 중구 명동 시공관 맞은편에 자리한 당시로는 서울 장안에서 제일 크다는 중앙다방에서 처음 만나 인사를 나눴는데, 첫눈에 노총각인 나의 마음에 쏙 들었다.

그런데 몇 가지 문제가 있었다. 우리 집안은 전통적인 유교 집안인 데다 종가(宗家)집이어서 5대 봉사(五代奉祀)를 하기 때문에, 매월 1~2회의 제사를 지내야 한다는 점이다. 게다가 나이도 일곱 살이나 차이가 나서 그녀와 함께하려면 헤쳐 나가야 할 일이 많다는 것을 순간적으로 느꼈다. 물론 이것은 순전히 나 혼자만의 생각이었고, 그녀는 그저 아무 생각 없이 점잖은 아저씨가 어디어디에서 만나자고 하니까 예의상 만나러 나온 것뿐이었다.

내가 그녀와 자주 만나 대화를 나눌 수 있겠다고 생각한 요인 한 가지는 그녀의 아버님인 이유선(李裕善) 씨가 제헌 국회위원(독립촉성국민회 소속)을 역임하신 원로 정치인으로서 당시 내가 관계하고 있는 민주공화당의 중앙위원회 고문으로 계시다는 점이었다.

어쨌든 처음으로 중앙다방에서 만난 이후로 그녀와의 즐거운 만남이 이어졌고, 어느새 훌쩍 반년의 시간이 지나 있었다. 1966년 초여름 어느 날이었다. 그녀의 직장이 있는 광화문 네거리 감리회관(監理會館) 지하다방에서 만나기로 약속해 놓고, 내가 무려 한 시간이나 늦게 도착했다. 사실 당시는 내가 무척 바쁠 때라 약속시간을 어기는 경우가 비일비재했다. 그날도 나는 만나면 늘 하던 대로 옆 골목 식당으로 가서 된장찌개 백반을 주문했다. 그런데 그녀가 갑자기 심각한 표정으로 내게 물어볼 것이 있다는 것이 아닌가. 지금까지 한 번도 본 적이 없는 태도였다.

"앞으로 정치계로 나가실 건가요? 국회의원을 목표로 하시고 있나요?"

아차, 드디어 올 것이 왔구나! 내가 고려대학교 정치외교학과를 졸업하고 그동안 정치무대에서 비서관으로 활동한 것은 그녀도 알고 있는 사실이다. 지금도 문교부 장관직을 막 떠난 윤천주 박사의 비서 일을 보고 있는데, 내가 늘 바쁘다는 이유로 약속시간 넘기는 것을 식은 죽 먹기로 하고 있으니 그것이 화가 나서 물어오는구나!

그녀는 나를 만나는 동안 딱 한 번 "아버님이 제가 어릴 때 제헌 국회의원을 하셨어요. 그런데 자유당이 생긴 뒤로 그들이 이승만 대통령을 그릇되게 모신다고 하여 아버님께서 그들을 질타(叱咤)하셨지요. 이후 국회의원 선거에서 무소속으로 몇 차례 입후보하셨으나 자유당의 탄압으로 매번 낙선하시고 말았어요."라는 얘기를 해준 적이 있다. 그 뒤로는 정치에 대해 별 관심이 없는 태도였기 때문에, 나는 만약 여기서 그녀의 물음에 그녀가 기대하는 답변을 하지 못한다면 어떻게 될 것인가에 대해 생각했다.

순간 내가 정치학과를 졸업한 것을 알면서도 그녀가 이런 질문을 한다는 것은, 정치지향 인물을 선호하지 않는다는 뜻인 듯했다. 그러니 앞으로 정치계로 나가겠다는 사나이의 웅지를 용기 있게 설파한들 환영받지도 못할 것이고, 어쩌면 나를 떠날지도 모르겠다는 생각이 들었다.

"아니오, 앞으로 대학교수가 되려고 합니다."

내가 확실하게 대답한 후 그녀의 모습을 조심스럽게 탐색했다. 얼굴은 평온해 보였고, 평소보다 된장찌개를 맛있게 먹는 모습을 보고 나는 안도의 숨을 쉬었다. 나는 우선 1차 관문은 통과했다고 판단하면서, 다음 만날 때부터는 본격적으로 혼인을 전제로 한 대화를 해야겠다고 생각했다.

그러나 그해 12월 크리스마스이브에도 나는 또다시 약속시간을 어긴 채 그녀를 거리에서 기다리게 하고야 말았다. 다른 날도 아니고 크리스마스이브였는데 말이다. 나는 이 일이 하도 미안해서 이틀 후에 내 마음을 담은 시(詩)를 써서 그녀에게 전해 주었다.

그 마음이 전해진 것일까. 지금까지 이 시는 아내가 표구(表具)를 해서 안방에 비치해 두고 있다.

동심(童心)에 젖어
'산타크로스'를 그리는 정(情)

거리마다
'하이힐'의 차가운 굽소리

소연(騷然)한 거리에
고요는 추방되고

눈 나리는 거리엔

연인을 그리는

하나
전신주의 외로움이
깊어가는 밤의 거리를
지켜보는 마음

나
여기
또한 서 있다

우리는 이틀에 한 번꼴로 만났다. 자주 만나야 정도 붙고 의사소통도 잘 될 것 같아, 주로 내가 밖으로 끌어내는 편이었다. 만나는 횟수가 많아질수록 내 안에서 그녀와 결혼해야겠다는 생각이 단단해졌다.

어느 날 나는 그녀에게 우리 집안에 대해 솔직히 털어놓았다.

"나는 돈이 없는 집안에서 태어났다. 중고등학교 6년 내내 아버지를 도와 중앙시장에서 건어물 장사를 했고, 아버지는 한학자이시지만 지금까지도 장사를 계속하고 계신다. 게다가 우리 집은 하빈 이씨(河濱 李氏) 문중이고 대대로 내려오는 유교(儒敎) 집안이기 때문에, 5대 봉사(奉祀)를 해야 한다. 5대 봉사가 뭔지 아느냐? 내 고조할아버지 대까지 제사(祭祀)를 지내는 게 5대 봉사다. 그래서 우리 집에서는 매월 한두 차례씩 제사를 지낸다. 또 나는 3남 3녀 중 장남(長男)인 데다 종손(宗孫)이다. 아버지의 장사는 식생활 정도일 뿐 경제력이 약해 동생들도 내가 다 책임져야 하는데, 시집 안 간 여동생도 세 명이나 있다. 그중 한 명은 곧 결혼할 거고 두 명은 아직 모른다. 가슴앓이 속병을 앓고 계신 어머님도 큰 걱정이다. 피를 토하시거나 편찮으실 때가 많은데, 이 때문에 집 안에서도 심한 일은 못하신다. 아버지를 비롯한 우리 자식들은 그저 어머니의 건강이 회복되는 것이 가장 큰 소망이다."

나는 더하거나 빼지도 않고 있는 그대로 얘기했다. 처음 만나는 순간부터 이정희라는 여성이 맘에 쏙 들었던 나로서는, 그녀의 호감을 얻으려면 솔직히 얘기하는 것이 최선이라고 판단했다. 어찌 보면 미리 이런 집이라는 걸 알려주고 적응할 수 있도록 교육을 시킨 것이다. 내 나이 31살 때의 일이다.

그런데 내 얘기를 다 들은 후 며칠 지나 나에게 얘기하기를 자기 아버지에게 나를 만나고 있다는 사실과 함께 내 집안사정을 그대로 전했다고 한다. 나중에 들은 얘기지만 이때 그녀 아버지는 별다른 말씀이 없으셨는데, 언니들 셋은 "일단 나이가 너무 많다. 노총각이 아니라 재혼하는 사람 아니냐? 게다가 하빈 이씨라고는 들어본 적도 없다. 하빈 이씨가 아니라 화분 이씨 아니냐? 절대 안 된다."라면서 무척 반대했다고.

얼마 후 묵묵부답이었던 그녀의 아버지께서 손수, 제사(祭祀) 지내는 절차를 기재한 책을 가지고 딸 방으로 들어오셔서, 제사 지낼 때 대추는 어디에 놓고 밤은 어디에 놓는지 등등을 설명해 주셨단다. 기독교 전도사(傳道師) 출신인 아버지가 제사 지내는 방법을 설명해 주실 줄은 그녀로서는 상상도 못할 일이어서 깜짝 놀랐다고 한다. 그때 그녀의 아버지가 말씀하시기를,

"제사 지내는 것은 사색당파에 따라 다르다. 그러니 네가 만약 결혼한다면 그 집의 격식에 따라야 한다. 이군(李君) 얘기를 듣고 내가 대전으로 내려가 탐색해 봤다. 대전에 있는 우리 전주 이씨 종약원 사람을 시켜, 중앙시장으로 가서 아버지 되는 분을 살펴보라고 했다. 돌아와서 하는 말이 '멀찌감치 서서 이재환 군 아버님을 보았는데, 정말 점잖은 선비 인상이었고 주변사람에게 물어본즉 다들 그분은 학자이고 친절하시며 훌륭한 분이라고 하더란다. 곁에 어머님도 계셨는데, 단정히 머리를 빗어 비녀를 꽂은 채로 남편에게 식사를 갖다드리고 일을 거들면서 수발을 들고

계셨다. 그 모습이 정말 선비네 집안같이 좋아 보였다.'라고 하더라. 그런데 이 군 어머님은 겉은 연약해 보여도 성격은 강단이 있으신 것 같다 하니, 네가 참고로 해라."

얼마 전에 그녀에게 우리 아버지 모습을 설명한 적이 있었다. 지금은 집안사정이 어려워 시장에서 장사를 하고 계시지만, 한학자이시면서 선비시기 때문에 늘 한복을 입으시고 흰 고무신에 흰 양말을 신고 계신다고. 내가 중고등학생일 때까지만 해도 아버지를 아침저녁으로 도와드렸지만 지금은 그러질 못하고 있어 죄송스럽고, 아직까지 장사하시는 모습을 볼 때마다 너무 가슴 아프다는 얘기였다. 아마 그녀가 이 얘기까지 자기 아버지에게 말한 듯싶었다.

어쨌든 그녀는 막내딸을 사랑하는 아버지의 깊은 속내가 느껴져 무척 감격했다고 한다. 나 역시 그녀 부친의 따뜻한 배려에 고개가 절로 숙여졌다.

그녀와의 결혼을 두고 우리 집안에서 제일 걱정이 됐던 건 어머니의 찬성 여부였다. 어머니는 아주 활달하시고 똑똑하신 분이었으며 집안 전통을 지키는 데는 매우 엄격하고 깐깐하셨다. 깐깐하셨던 할아버지도 어머니께 모든 집안일을 일임하셨을 정도였다. 그런 어머니였기에 그녀와의 결혼을 찬성하지 않으실 것 같아, 그게 제일 큰 걱정이었다. 그녀는 기독교 집안이고 우린 제사 지내는 집, 우선 이것부터 어머니에게 합격 점수를 따지 못할 요인이 될 것이 분명했다. 결국 우리 어머니 마음에 들어야 성사될 수 있을 것이 아닌가.

나는 1966년 가을에 어머니를 서울대학교 병원에 입원시켰다. 도대체 평생 동안 어머니를 괴롭히는 가슴앓이 속병이란 게 무엇인지, 그 정확한 병명이라도 알고 싶어서였다. 그냥 한약이나 지어 먹고 마니까 잘 낫지 않는 것 같았다. 그렇지 않아도 언제쯤 그녀를 선보이나 궁리하고 있던 나로서는 이때가 기회다 싶었다. 그녀를 어머니가 입원해 있는 병실로 데려갔다. 의아한 표정으로 어머니가 누구냐고 물으셨다.

"어머님, 제가 결혼 상대자로 생각하는 사람입니다."

찬찬히 그녀를 살펴보던 어머니의 입에서 일성이 흘러나왔다.

"아이고, 이렇게 연약해서야 종가(宗家)집 일을 제대로 하겠나?"

어머니 말씀을 듣는 순간 가슴이 덜컥했다. 그래도 처음 만난 자리니만큼 "그래, 얼굴이 참 예쁘구나." 하는 등의 덕담 한마디 정도는 해주실 줄 알았는데, 역시 어머니셨다. 시어머니 입장에서 먼저 보신 것이다. 어머니로서는 몸이 가늘고 연약해 보이는 그녀가 종부(宗婦)로 맞지 않는다고 생각하신 듯했다. 나는 이후부터 "그녀가 약해 보여도 건강하고 아무 병도 없다. 오히려 아주 강단이 센 여성이다." 하며 어머니께 열심히 설명 드리곤 했다.

다행히 검진 결과 어머니의 병명이 밝혀졌다. 위유문궤양(胃幽門潰瘍)이었다. 자주 피를 토하셨던 이유도 이로써 밝혀진 셈이다. 보통 염증이 생겨 피가 나면 소장으로 나가야 하는데, 어머니의 경우 피가 위(胃)로 들어가 모여 있었던 것. 그러니 속이 불편해 오바이트를 하시게 되면 피가 위쪽으로 나올 수밖에. 우리는 그것도 모르고 어머니가 피를 토하실 때마다 이러다 혹 돌아가시는 건 아닐까 크게 걱정하곤 했다. 다행히 약물로도 치료가 가능하여 이때 치료를 받으시고 완치되셨다. 또 다행한 일은 어머니를 만난 이후부터 그녀 역시 조금씩 결혼 결심을 굳히는 것 같았다.

아내에게 두고두고 고맙고 미안한 일

나는 연애할 때부터 지금까지 아내에게 두고두고 감사해야 할 일들이 참으로 많다.

우선 그녀가 결혼하기 전부터 내 동생들에게 무척 잘해 줬다는 것이다. 1967년 1월 첫째 남동생(在燦)이 연세대 상과대학에 시험을 보러 서울로 올라왔고, 막내 동생은 중학교 시험을 치르러 올라왔다. 막내 동생(在炯)의 경우 내가 그 나이 때 잠시나마 서울의 중학교에 입학했다가 6·25동란으로 인해 서울에서의 면학(勉學) 꿈이 사라졌던 아쉬움 때문에, 어떻게 해서든 동생을 서울에서 공부시키자고 마음먹고 있었다. 그래서 대전에 계신 부모님에게 "비용이 많이 들긴 하겠지만 내가 직장을 가지고 어떻게 해서든지 모두 부담하겠으니, 걱정 마시라."고 말씀드렸다. 이는 동생에 대한 애정이자, 동생을 통해 내 꿈을 이루고 싶은 대리만족이기도 했다.

처음에는 공립인 용산중학교(龍山中學校) 시험을 보게 했다. 후암동(厚岩洞)에 여관을 정해놓고, 동생은 시험 전날 올라오게 했다. 그래야 시험 보기 전에 학교를 한 번 돌아볼 수 있지 않겠는가. 그런데 나는 바빠서 재형이가 서울역에 도착할 때, 내 대신 그녀에게 마중을 나가도록 부탁했는데 흔쾌히 수락했다. 두 사람이 처음 만나는 어색한 자리였는데, 나중에 동생에게 들은 얘기로는 진짜 미인 한 사람이

자기를 기다리고 있어서 깜짝 놀랐다고 한다. 그렇게 해서 그녀는 재형이가 용산중학교를 돌아볼 때도 동행하게 된 것이다.

그 당시는 여관에서 연탄을 때는 시절이었다. 자연 연탄가스 중독사고가 많이 나서 안심이 되지 않았다. 나는 재형이가 상경하기 전에 미리 용산여관으로 가서 아궁이에 신문지로 불을 때보았다. 그렇게 하면 연탄가스가 나오는 구멍으로 연기가 나오므로, 한눈에 연탄가스가 새어나오는지 여부를 알 수 있었다. 이때에도 머리를 구부리고 아궁이에 불을 때는 일까지 그녀는 해냈다.

아쉽게도 동생이 용산중학교에는 합격을 못하여, 2차이면서 5대 사립 중 가장 센 중앙중학교(中央中學校)에 다시 시험을 보게 했다. 또다시 그녀와 함께 계동(桂洞)에 여관을 정해 놓고 위와 같은 연탄가스 누출검사를 반복했다. 다행히 이번에는 중학교에 합격하였고, 연세대 시험을 친 둘째 동생도 합격하였다. 그때부터 중앙중학 정문 옆에 위치한 하숙 전문집을 얻어 막내 동생과 둘째 동생을 하숙(下宿)시켰다.

하숙을 하게 되자 그녀가 이틀에 한 번꼴로 먹을 것을 사가지고 찾아가 동생들의 안부를 확인하곤 했다. 나는 그녀의 행동에 무척 감동했다. 사실 그녀는 뭐 하나 부족할 것 없는 사람이 아닌가. 부잣집 생활에다가 기독신보사 기자로서 직장인이었고 부친은 제헌국회의원을 지내신 데다 8남매의 막내인지라 귀여움을 독차지한, 그런 사람이 내가 시킨 적도 없는 일을 마음에서 우러나 하는 것을 보고 어찌 감동하지 않을 수 있겠는가! 나뿐만 아니라 동생들도 매우 감동하여 결혼 전부터 형수를 무척 좋아하고 잘 따랐다.

나는 이것을 계기로 그녀가 훌륭한 규수감이라는 생각을 굳히고, 일방적이다시피 곧바로 결혼날짜를 잡았다. 동생들에게 하숙집까지 잡아주었으니 형으로서 1차적인 일은 한 셈이고, 이제는 그녀와 나의 일을 마무리 지을 차례였다.

그해를 넘기지 않고 우리 두 사람은 1967년 11월 4일 결혼식을 올려 백년가약을 맺었다. 주례자는 앞에서도 잠시 언급했듯이 김종필(金鍾泌) 당의장이었다.

결혼기념사진('67. 11. 4)

　나의 반려자가 된 아내는 결혼 후에도 나를 여러 번 감동시켰다.

　없는 돈 있는 돈 끌어 모으고 이자 돈까지 얻어 가까스로 공장 그을음이 멈출 날 없는 지대라 집값이 싼 하월곡동(下月谷洞)에 신혼집을 마련했을 때다. 아내가 먼저 "이젠 집도 생겼으니 동생들을 더 이상 하숙시키지 말고 우리 집으로 데려와야 하지 않겠어요?" 하는 것이 아닌가. 그 순간 아내의 마음 씀씀이에 울컥 눈물이 나올 정도였다. 그러나 처음에는 내가 거절했다. 나름 신혼생활도 즐기고 싶었고, 아내를 고생시키는 것이 미안해서였다. 그런데도 계속하여 아내가 나를 설득했다. 뭐하러 빈 방을 놔두고 하숙을 시키느냐는 것이었다. 정말 얼마나 고마운지! 이렇게 심지가 굳고 남을 배려하는 마음까지 깊으니, 내가 그녀를 만난 것을 행운이라 할 수밖에.

　결국 그해가 가기 전에 동생들을 데려왔다. 아내와 첫째 시동생과는 다섯 살밖에 차이가 안 났는데, 동생이 1983년 결혼할 때까지 16년 동안을 데리고 있었다. 중학생인 막내 동생과는 열두 살 차이였는데 역시 16년 동안, 중고등학교를 거쳐 대학교를 졸업한 후 취업준비를 하고 결혼할 때까지 데리고 있으면서 그 뒷바라지를 아내가 다했다. 나는 아침 일찍 나가고 저녁 늦게 들어오니 동생들 생활을 잘 몰랐다. 때문에 그 두 사람의 생활을 전부 안식구 혼자 소화해 낸 것이다.

　예를 들어 운동을 좋아하던 막내 동생(在炯)이 축구를 하다 발목이 부러지거나 농구를 하다가 팔이 빠지는 경우가 여러 번 있었다고 한다. 그때마다 아내가 동생을 데리고 접골원(接骨院)을 다니면서 지극정성으로 보살펴 준 것이다.

신혼여행('67. 11. 5 부산 해운대)

　나는 한 가지만은 기억하고 있다. TV시청 관련 건이다. 당시에는 네 발 달린 금성 TV가 역사상 처음으로 생산되었을 때인데 고위직 공무원에게 우선 구입권을 주었기 때문에 나도 구입하게 되었다. 얼마나 신기하고 재미가 있는가! 두 동생들은 귀가하면 즉시 우리 내외가 기거하는 안방에 있는 TV 앞에 앉아서 밤 12시 애국가 나올 때까지 낄낄거리고 박장대소하면서 시청하고 있어 신혼인 우리 부부에게 밤 12시까지 잠을 못 자게 하는 큰 불편을 주었던 일은 지금도 웃음이 나오는 기억으로 남아 있다. 특히 어머님이 상경해서 2~3개월씩 기거하시며 함께 시청하실 때는 아내가 얼마나 고통스러웠을까? 가는 정이 있으면 오는 정이 있다고, 그때나 지금이나 한결같이 잘하는 형수를 동생들 모두가 좋아했다.

아내에게 감사한 일이 또 있다. 당시 나는 윤천주(尹天柱) 前 문교부장관의 지역구 국회의원 출마 준비를 도우면서 단국대(檀國大) 강사로 나가고 있었다. 박봉(薄俸)인 만큼 생활이 풍족할 수가 없었다. 지금 생각해도 신혼생활을 풍족하게 해주지 못한 게 늘 맘에 걸려 미안하고 한(恨)이 된다. 그런데도 아내는 그 박봉에서도 돈을 아껴 저축을 했다.

집 근처에 있는 종암시장으로 장을 보러 다녔는데, 시장에 가서도 적은 돈이나마 꼭 일정 금액을 남겨 와서 은행에 적금을 들었던 것이다. 그렇게 아내가 알뜰살뜰 아끼고 모은 돈으로 조금씩 집을 넓혀 갈 수 있었다.

아이들이 출생하고 커가는 5년 후쯤 고려대 부근의 제기동(祭基洞)으로 이사했다. 전에 살던 동네는 악취가 나는 공장지대라 환경적으로 좋지 않을 뿐더러 아이들을 키우기에도 집이 좁았다. 18평에서 24평으로 집을 넓힌 셈인데, 이때는 내가 국무총리실 비서관으로 자리를 옮겼을 때였다. 그러나 여전히 공무원 월급이 많지 않았기 때문에 아내의 고충이 컸다. 빡빡하게 주어진 생활비 중에서 적금 들 돈을 만들려면 아내로서는 다른 방법이 없었다. 조금이라도 싼 물건을 사기 위해 반나절이고 한나절이고 시장통을 헤매고 다니는 수밖에. 이번에는 제기시장이었다.

그런데 하루는 시장 간다고 나간 사람이 함흥차사여서 나중에 뭐라고 좀 했더니, 아내가 씩 웃으며 "그래도 싸고 좋은 걸 사면 좋지 않습니까?"라고 응수하는 것이 아닌가.

이뿐만이 아니다. 아내는 없는 살림에도 여름철만 되면 아이들에게 삼계탕을 끓여 먹이곤 했다. 당시만 해도 삼계탕은 가장 중요한 보신수단의 음식이었다. 지금이야 삼계탕에 삼을 넣고 끓이는 게 당연하지만 그때는 대추만 넣고 끓여도 감지덕지였다.

더 놀라운 것은 아내는 시장에서 병아리를 10마리쯤 사다가 그 좁디좁은 앞집 담

벼락 밑 공간에다 이층으로 된 닭장을 손수 만들어, 닭을 직접 키웠다는 점이다. 어느 정도 크면 손수 닭을 잡는 것도 아내였다. 고생이라곤 모르고 자란 아내가 그런 일도 마다하지 않았으니, 지금 생각하면 어찌 그럴 수 있나 싶고 새삼 더 대단하게 느껴진다. 아내는 그렇게 매년 닭을 키우고 잡아 아이들과 나, 동생들까지 먹게 했다. 그것도 모자라서 하루는 "닭이 4마리 남았으니, 국무총리실 직원들도 데리고 오세요."라고 했다. 남편의 사회생활까지 빈틈없이 보좌해준 참으로 훌륭한 아내였다. 많은 세월이 지난 지금, 그때 우리 집에 왔던 직원 최순규(崔淳圭) 씨와 박선만(朴善萬) 씨 등은 지금도 아내에게 감사하고 있다. 나중에는 내가 너무 미안하고 고마워서 아이들 삼계탕을 위해 종로 5가 인삼 노점상에 가서 생삼 몇 꾸리를 사다주면서 생색을 냈던 기억도 난다.

그중에서도 아내에게 가장 고마운 건 그렇게 고생하는 와중에도 단 한마디 불평 없이, 시부모님은 물론이요 시할아버님까지 지극정성으로 봉양한 사실이다.

아내는 결혼한 이후부터 계속해서 어머니에게 친구분들과 여행 다녀오시라고 앞장서서 권하면서, 나도 모르게 여행 경비까지 다 대드렸다. 건강이 좋지 않았던 어머니가 병환이 나아서 건강하게 여행을 다닐 수 있게 되자, 어머니 친구들이, 집안에 며느리가 잘 들어와서 병이 나은 것이라고 칭송할 정도였다. 처음에는 아내를 보고 그런 몸으로 밥이나 해먹을 수 있겠냐 하시던 어머니도, 딸들이 질투를 느낄 정도로 며느리를 가장 좋아하시게 됐다.

어머니는 말년에 호흡기 질환으로 고생하시다가 병원에 장기입원을 하셨는데, 그때도 국회의원 일로 바쁜 내 대신 아내가 24시간 곁에 붙어 정성껏 병수발을 들었다. 결국 쾌차하지 못하시고 1974년 10월에 돌아가시고 말았지만 어머니의 임종(臨終)을 지킨 것도 내가 아닌 아내였다.

93세 되신 할아버지는 대덕군 기성면 나의 생가에 살고 계셨다. 연세에 비해 비교적 건강하신 편이었는데, '85년 음력설에 그만 낙상을 하셔서 고관절에 금이 가는 사고를 당하셨다. 할아버지는 그때까지도 상투를 틀고 도포를 입고 갓을 쓰고 계셨는데, 그 모습 그대로 충남대학병원에 입원하셨다. 낙상을 했을 때 마침 나는 행사 때문에 밖에 나가 집에 없어 아내가 연락을 받고 앰뷸런스를 수소문했으나 연휴라서 구하기가 무척 힘들었다고. 다행히 나와 잘 아는 서부병원의 오수정(吳壽正) 원장에게 아내가 직접 전화로 부탁하여 응급치료를 받게 하고 할아버지를 다시 충남대병원으로 이송했다고 한다.

이처럼 실제로 어려운 일은 내가 아니라 아내가 도맡아 했다. 그래서 할아버지도 손부(孫婦)를 제일 귀여워하셨다. 아내는 할아버지가 돌아가실 때까지 병원을 왕래하면서 간병을 도맡아 했다.

할아버지가 돌아가시고 나니 아버지를 더욱 잘 모셔야겠다는 생각이 들었다. 더 이상은 중앙시장 건어물 장사도 못하시게 말렸고, 아버지를 새로 지은 갈마동 집에서 친구들과 시를 짓고 글 쓰시면서 편하게 생활하실 수 있게 해드리기 위해 아내는 이 집을 지을 때 그런 공간을 넣어 손수 설계(設計)를 했는데, 선배 설계사 한 분이 크게 감탄할 정도였다. 아버지는 한학을 하셨던 분이라 그것과 관련된 '구로회(九老會)'라는 모임을 비롯해 13개의 모임에 빠짐없이 참석하시게 했다. 집에만 계시는 것보다는 밖으로 활동하시는 것이 아버지의 건강을 위해서도 더 좋다는 생각에서였다. 어떤 모임은 1박 2일의 총회를 1년에 4회 개최하는데 이를 아내가 도맡아 해드렸고, 성심성의껏 손님 대접을 하여 아버지 친구분들 사이에서도 칭찬이 자자했다.

그런데 2000년 9월경부터 아버지가 치매(癡呆)에 걸리셨다. 그렇게 아끼던 며느리도 못 알아보시고 "어디서 오셨어요?" 하고 물을 정도였다. 아버지의 대표적인 치매 증상은 자꾸 집 밖으로 나가시는 것이었다. 문을 잠그면 담을 넘어서라도 나가셨고, 나는 정치활동 한다고 밖에 나가고 없으니 아내가 그때마다 아버지를 찾아

동네 야산이며 미장원, 파출소 등 안 돌아다닌 곳이 없었다. 그나마 아내가 매일같이 깨끗이 빨아 다려드린 하얀 한복과 흰 고무신을 신고 계신 인상착의 때문에 찾는 데 오래 걸리지는 않았다고 한다.

치매에 걸리신 후로 어떤 때는 폭식을 했다가 어떨 때는 아예 잡숫지를 않아서 변비(便秘)가 심해지셨다. 그 때문에 대변을 보실 수가 없어 심한 고통을 겪을 때가 한두 번이 아니었다. 약을 복용해도 증세는 호전되지 않았다. 어느 날 아버지가 극심한 변비로 공포에 질려 죽겠다고 소리치며 신음하고 계신 모습을 보다 못해, 아내는 차마 이것만은 다른 사람을 시킬 수 없다면서 직접 응급처치를 했다. 시아버지 항문에 손가락을 넣어 직접 변을 빼낸 것이다. 나는 이런 일이 있는 줄은 까맣게 모르고 있었다. 귀가한 나에게 아내를 도와주던 간병인 안경임(安京任) 여사가 "사모님, 격려 좀 해주세요. 오늘 정말 고생하셨어요."라면서 전후사실 얘기를 해줘서 비로소 알게 되었다. 나는 문득 전에 아버님으로부터 들었던 얘기, 제21대 이면정(李綿禎) 할아버지의 부인이신 연안 이씨(延安 李氏)께서 효성이 지극하여 시아버님의 병세가 초위급상태에 돌입하자 그 시대에 최후 극약처방이라고 알려진 대로 단지(斷指)를 하여 피를 입에 넣어 소생케 하여 10년을 더 사시게 했다는 선대 할머님의 효행이 떠올랐다. 여기에 비유될 것은 아니나 나는 깜짝 놀랐다. 이건 정말….

이건 정말 아무나 못하는 일이라는 생각에 아내에게 무척 감동했고, 고맙고 미안했다. 이뿐만이 아니었다. 아버지 몸도 아내가 직접 씻겨드렸고, 시아버지가 "당신 누구요?" 하고 물으면 짜증을 내는 대신 안쓰러워하면서 눈물을 흘렸다. 이렇게 아내는 5년 2개월여 동안 치매 시아버지의 수발을 다 들었다. 그런데도 내게는 자기가 고생한 얘기를 일절 말하지 않았다. 지금까지도 얘기를 안 한다.

아버지는 2004년 11월 29일 새벽 호흡부전 증세가 나타나 내가 병원으로 옮기는 앰뷸런스 안에서 별세하셨다. 다행히 이때는 내가 아버지 임종을 지킬 수 있었다.

결혼 전 내가 우려했던 바와 같이 아내는 장손(長孫)인 나를 만나지 않았더라면 겪지 않아도 될 고생을 겪었다. 그럼에도 불구하고 종부(宗婦)로서의 역할을 정말이지 훌륭하게 해냈다. 이러니 어찌 내가 이정희를 만난 것이 내 일생의 행운이라 하지 않겠나! 이 자리를 빌려 다시 한번 아내에게 고마움을 전한다.

내가 국회의원이 되고 나서는 아내에게 고마운 만큼 미안한 일이 더 많아졌다.

우선 아내는 선거구 관리를 위해 하루에도 몇 번씩 봉고차로 사람들을 행사장에 실어 날라야 했다. 특히 농촌지역인 유성이 대전시로 편입되어 선거구가 서구(西區)와 유성구(儒城區)로 확대된 이후에는, 바구니 강습을 위해 이 마을 저 마을의 마을회관을 찾아다니느라 차에 타고 내리는 것을 수없이 반복했다. 봉고차 3대가 헌 차가 다 되도록 활동하면서 반복해서 차에 오르락내리락하는 바람에 무릎 관절(關節) 류머티즘까지 얻고 말았다. 게다가 지역 유권자들의 호감을 사기 위해 바구니 제작(마른 등나무가지를 장시간 물에 불려 부드럽게 만든 재료를 사용해 만드는 것) 강습을 하다 보니, 무릎도 모자라 손가락 관절 신경통까지 앓게 되었다.

이 당시 대전의 중산층 이상 여자들이 대부분 대전여고 출신이고 상대 국회의원 후보자 부인들이라서 서울의 숙명여고를 졸업한 아내로서는, 초창기 어느 모임에 가든 배척받는 일이 비일비재했다. 아내를 놀리느라고 노래를 시켜서 이때 노래도 참 많이 불렀다고 한다.

또한 아내는 남편 선거구 내 주부들에게 평생교육 차원에서 살아 있는 지식을 부여하겠다는 목적으로 여성교양대학을 개설, 3개월을 주기로 꽃꽂이, 서예, 홈패션, 생활도자기, 등공예(바구니 제작), 지점토 공예 등 7개 과목을 가르쳤는데, 강사 채용이 여의치 않아 아내가 직접 강의를 운영하면서 종일토록 치러야 할 고역도 마다하지 않았다.

국회의원 선거 때 나의 대역(代役)을 하느라 밤늦게까지 고생시킨 것도 빼놓을수 없다. 사실 내가 아내에게 나의 대역을 시킨 데는 이유가 있었다. 어느 행사 어떤 장소에 보내도 안심이 되었고, 실수 한 번 하지 않았으며, 그 결과가 성공적이었기 때문이다. 즉 아내는 어떤 상황에서도 임기응변으로 대응하는 실력이 뛰어났고, 모임의 결과를 내 편으로 이끌어내는 수완이 있었다. 또한 상대를 배려하는 부드러움으로 대인관계가 아주 좋았고, 지적인 미모로 상대방에게 호감을 갖게 해서 호응도 역시 좋았다. 행사 뒤에는 언제나 "위원장님보다 사모님 표가 더 많다."는 후문이 들려올 정도여서, 속된 말로 아내를 자주 부려먹은 것이다.

한때 아내는 요로결석(尿路結石)으로 고생을 하고 있었다. 그런데 집에서 편히쉬기는커녕, 병원치료의 방법으로 약 1미터 정도의 인공 파이프를 요로에 넣고 돌아다녀야 했던 것. 지역 여성유권자들을 태우고 새벽 6시에 출발하여 밤 10시경에돌아오는 관광버스를 타고, 배 속을 치받치는 아픔을 참으면서 16시간 동안 고통을 겪어야 했던 일도 수차례나 있었다. 얼마나 고통이 심했을까!

2007년 대통령 선거 때의 일이었다. 내가 2004년 정계은퇴를 선언했을 때 가장좋아했던 사람이 나의 처 이정희였다. 이제는 선거운동 같은 건 안 해도 된다고 그렇게 좋아했던 아내가, 몇 년 후 또다시 선거운동을 하게 된 것이다. 물론 나 역시당시의 많은 사람들처럼 '잃어버린 10년'을 되풀이할 수 없다는 대의에 입각한 선택이었다. 결국 이명박(李明博) 후보 당선을 위해 열심히 뛰어다니는 남편 모습을보고, 그렇게도 싫어하던 선거운동을 다시 해주니 얼마나 고마운 일인가!

그러던 어느 날 대전시 서구 도마교에서 여성부장이 운전하는 승용차를 택시가들이받는 바람에, 탑승차량이 뒤집힌 채 개천으로 굴러 떨어지는 대형 교통사고가났다. 이때 아내가 갈비뼈 13개에 금이 가는 큰 부상을 입게 되었는데, 지금도 생각하면 소름이 끼친다. 이 모든 것이 나 때문에 비롯된 일이나 다름없으니 아내에게 미안하다고 백 번을 얘기해도 부족할 것이다.

나의 집은 전통적인 유교가문(儒敎家門)이다. 할아버지께서는 94세로 돌아가실 때까지 상투를 하고 계셨다. 아버지께서는 한말 3대 한학자 중에 한 분인 이현산(李玄山) 선생님의 수제자였으며, 한때 서당의 훈장을 지내셨던 분이다. 나는 5대조 할아버지 내외분까지 제사를 올리는 5대봉사(5代奉祀) 집안의 종손(宗孫)이요 장남이다.

결혼 후 아이를 낳고 생활할 때의 일이다. 내가 너무 바쁜 공직생활 탓에 한 달에 1~2회씩 있는 제사나 집 행사에 거의 참석하지 못했다. 그 때문에 종손부(宗孫婦)인 아내는 더더욱 빠짐없이 대전에 내려가야 했다. 제사는 아버지 주관하에 새벽에 지냈으므로, 아내는 신혼 초부터 대전에서 홀로 1박을 해야 했다.

당시는 고속버스가 생긴 지 얼마 안 돼 완속(緩速)이라 대전까지는 2시간 반 내지 3시간 정도 소요됐다. 첫아이를 낳았을 때는 울어대는 아이를 안고 젖을 먹이면서 좁은 좌석에 앉아 다녔고, 둘째아이를 낳고부터는 큰아이의 경우 손목을 잡은 채 좌석 앞에 세우고 둘째아이는 안아 재우거나 젖을 먹이면서, 한 달에 1~2회씩 대전(大田)으로 내려가 제사(祭祀)를 지낸 후 상경하는 일이 계속 반복되었다. 내가 하도 애처로워서 좀 편하게 다녀오라고 좌석 1개를 더 사 두 자리를 잡을라치면, 아내가 펄쩍 뛰면서 말렸다. 고생이 되더라도 참고 절약해서 저축해야지, 왜 쓸데없는 데 돈을 쓰냐는 것이었다. 고속버스 종합터미널은 중구 저동(현 자동차보험 건물 자리)에 있었다. 내가 고작해야 아내를 위해 할 수 있는 일이라곤, 버스표를 예매한 후 터미널에 나가 자리를 확인해 주면서 조심히 다녀오라고 한마디 하는 것뿐이었다. 두 아이까지 데리고 그 좁은 좌석에 앉아 대전으로 떠나는 아내를 보고 돌아서노라면, 내가 정말 제헌국회의원 집 8남매 중 막내로 고생 모르고 자란 사람을 저렇게 고생시켜도 되나 하는 생각이 들었다. 그때마다 미안하고 불쌍한 생각에 눈시울을 적실 때가 한두 번이 아니었다.

아내는 그렇게 고생(苦生)을 했으면서도 오늘날까지 내게 불평이나 푸념 한마디

한 적이 없다. 아직도 우기(雨期)에 접어들어 흐린 날씨가 되면 그때 버스 내에서 울던 애를 달래고 젖먹이며 오른쪽 팔에 힘을 주었던 일로 해서, 오른쪽 어깨에 심한 통증을 느끼면서도 말이다.

옛이야기이긴 하지만 아내가 이렇게까지 고생했던 일을 그 누가 알겠는가? 아무도 모른다 해도 당신의 남편 이재환만은 이 모든 것을 다 기억하고 있음을, 아내에게 꼭 알려주고 싶었다. 그저 고맙고 미안할 뿐이라고….

여성회장들과 아내

내가 정계를 은퇴한 지 10년이 지난 2014년 4월 어느 날 여성회장을 지내셨던 한 분으로부터 내 아내에게 편지 한 통이 우송되어 왔다.

사모님, 안녕하시죠? 항상 소녀의 감성을 지니고 사시는 사모님!

여자의 일생으로 볼 때 사모님은 모든 복을 골고루 갖추고 살아오십니다. 대전에서 사모님을 알고 있는 여자들의 꿈, '롤 모델'이었습니다. 제 생애 가장 잊을 수 없는 분, 지나고 보니 추억도 많고요, 사모님이 예쁘게 살아오신 이야기가 지금도 잊히지 않네요. 사모님과 알고 지낸 인연에 감사드리며 무척이나 긍정적으로 예쁘고 바르게 모범을 보이며 살고 계신 사모님을 늘 생각하며 지금도 어느 곳에 가든 위원장님과 사모님 애기가 나오면 제가 당당해지고 신이 난답니다.

마음속에 멋진 사모님의 모습이 떠오를 때면 너무 안타까운 생각이 듭니다. 위원장님을 내조하시느라 능력을 잠재우고 소탈하게 숨죽이고 사모님으로만 사신 게 너무 아까워요.

이제 세월이 많이 흘러 우리들도 나이가 많아졌으니 사모님 말씀대로 지혜롭고 현명하게 몸도 마음도 건강하게 살아야겠죠. 자주 만날 수 없지만 영원히 잊을 수 없는 분. 친정엄마 다음이 아닌가 싶네요. 아무쪼록 건강·건강하세요. -2014년 4월.

나의 국회의원 선거구가 변경될 때마다 여성조직과 관리는 내 아내가 도맡아했다. 각 동별 여성회장은 물론 새마을 부녀회장들에게도 아내의 인기가 좋았다. 아내는 나를 위한 조직관리에 최선의 노력을 경주한 것이다. 1981년 제11대 국회의원 선거에 우리를 도와줬던 여성회장들도 36년이 지난 지금까지 가까이 연을 맺고 있으며 나의 국회의원 당락을 불문하고 도움을 주었고 현재까지도 친목모임을 하고 있는 여성회장들도 있다.

지구당 여성부장이었던 김교분(金敎粉) 씨를 비롯하여 기성동의 김옥자·김재순, 관저동의 송정희, 가수원동의 안정애·이영순, 정림동의 정구채·김선태·주공자, 복수동의 김정영·임남숙, 도마1동의 장명순·권정순, 도마2동의 최정애·김정중·박숙자·차옥자, 이인순, 변동의 조점숙, 내동의 성봉원·곽정근, 가장동의 김판순, 괴정동의 박정희·김명희, 구즉동의 전양임 등이 그분들이다. 지금도 기쁘게 만나고 있다.

또한 서구 새마을부녀회 김이순 및 장금식 회장을 비롯하여 각 동(洞)별 회장인 이시일, 백현분, 박애자, 김화순, 최점례, 육동순, 송영실, 송정옥, 박정자, 신화순, 권진순, 유영자, 황양애, 최영미 씨 등. 각 동별 회장들은 관변단체 간부들이지만 우리를 적극 지원해줬고 이외에도 권영희, 김두녀, 박민자, 오금이, 이길순, 임옥순, 이인숙, 오금순, 김태선, 한병옥, 이춘설, 홍청자, 한인자, 양영옥, 안상예, 박계순, 배동란, 김인숙 씨 등이 수고를 많이 해줬다. 지금도 내 아내는 대전에 내려가 그분들과 만나 옛이야기로 웃음꽃을 피우고 있다. 다들 고마운 분들이다.

특히 이 자리를 빌려 현재까지 일을 돌보아주고 있는 前 지구당 사무국장 김종진(金鍾珍, 現 제일학원장) 씨와 前 부위원장 권영근(權寧根) 씨에게 감사드린다.

집에 얽힌 몇 가지 일화

막상 아내와의 결혼이 결정되고 나니 함께 살 집을 구해야 했다. 결혼할 무렵에는 내가 윤천주 박사 비서 일을 할 때여서 돈이 없었다. 일부 적금 들어놓은 것을 따져 봐도 60만 원이 전부였고, 그 돈으로는 집을 살 수 없었다. 집을 사놓고 아내를 맞이하고 싶었는데, 이런 상황에서는 다른 방법이 없었다. 조심스럽게 윤 박사 부인에게 돈 얘기를 꺼냈더니, 감사하게도 친구분에게 부탁해 40만 원을 융통해 주셨다. 60만 원에 빌린 돈 40만 원을 더해 100만 원으로 성북구 하월곡동(下月谷洞)에 있는 집을 샀다. 18평에 방 세 칸짜리 집이었다. 주변에 염직공장이 세 개나 있고 냄새가 심하게 나는 피혁공장까지 있어서 집값이 싼 편이었다. 이때 빌린 40만 원은 결혼축하금 들어온 돈으로 바로 갚았다. 결혼 후 바로 이 집에서 우리 부부와, 고맙게도 아내가 먼저 하숙생활을 하고 있는 동생들도 데려오자 해서 두 동생과 같이 살게 된 것이다. 방 세 칸짜리 집에서 제일 큰 방은 두 동생이, 중간 방은 우리 부부가, 작은 방은 잔심부름을 하는 어린아이가 쓰게 되었다.

그런데 문제가 하나 생겼다. 어머니는 며느리를 3년 동안은 데리고 살아야 한다는 옛날 사고방식을 가지고 계신 분이었다. 그래야만 우리 집안 풍습을 알 수 있다는 것이다. 그런데 아들 직장 때문에 그럴 수가 없으므로, 당신이 서울로 올라오셔서 생활하면서 며느리에게 교육을 시켜야겠다고 작정하신 듯했다. 이런 연유로 2, 3개월에 한 번씩 오셔서 한 달 정도 계시다 가셨는데, 그때마다 내가 어머니와 같이 자고 아내는 어린아이 방에서 잤다. 사실 신혼 중이던 나로서는 불만이 많았다.

그럼에도 아내가 먼저 "당신이 어머니 모시고 주무세요. 저는 어린아이 방에서 잘게요."라고 얘기해 주었을 때는 미안하면서도 고맙고 안도가 됐다.

아이들이 커가면서 5년 정도 지나 주변 환경도 고려하여 조금 큰 집으로 옮기기로 했다. 1973년 5월 22일 고려대 부근의 제기동(祭基洞)으로 이사했다. 18평에서 24평으로 넓혀간 것이다. 내가 국무총리실에 있을 때였는데 공무원이라 이때까지도 봉급이 많지 않았다. 아내는 박봉(薄俸)을 쪼개 아끼고 저축하면서 은경, 진국, 정국의 교육까지 살뜰히 챙겼다. 나는 지금까지도 생활이나 애들 교육에 대해서는 아는 것이 없다. 결혼 초부터 전적으로 아내가 도맡아 했기 때문이다. 내가 생각하기에는 천성이 착한 사람이어서 가능했던 것 같다. 열악한 상황 속에서도 즐겁게 일하자는 것이 아내의 삶의 철학이다.

아이들이 중학교에 들어가기 시작하면서 공부방이 필요해졌다. 대광국민학교에 다니던 큰딸 은경(恩慶)은 당시 골목마다 있던 피아노 교습소를 다녔다. 내 봉급으로는 피아노 교습소 말고는, 다른 아이들처럼 학원을 보낼 수 없었다. 다행히 은경이가 피아노 공부를 무척 좋아해서, 국민학교를 졸업한 후에는 꼭 예원중학교로 보내주고 싶었다. 결국 6년 7개월 정도 산 제기동을 떠나 1979년 12월 18일 내가 청와대로 갈 무렵 윤천주 선생님이 살고 계신 부근 성북구 삼선동(三仙洞)의 2층 주택으로 이사를 했다.

이때까지도 동생 두 명을 데리고 있었고, 2층은 사회인이 된 첫째 동생과 대학생인 막내 동생들이 쓰게 했고, 아이들은 우리랑 아래층에서 지냈다. 그런데 1980년 11월부터 공직 생활을 청산하고 '81년 제11대 국회의원 선거에 대비, 아내와 내가 대전으로 내려가 살다시피 했다.

부모 없이 지내야 할 아이들이 눈에 밟혀 장모(丈母)님을 모셔다 아이들을 맡겼다. 이 무렵 우리 부부를 대신하여 장모님께서 고생을 많이 하셨다. 잠도 못 주무신 채 애들이 공부하는지 아닌지 살펴주셨고, 학교에 갈 때에도 준비물까지 손수 다 챙겨주셨다. 연세도 적지 않으신데 3년 동안이나 아이들 뒷바라지를 이토록 정성껏 해주셨으니, 한편으로는 너무 죄송하고 또 한편으로는 잘해주셔서 고맙기 그지없다.

아이들 또한 부모 얼굴조차 못 보고 지내는 환경 속에서도 바르게 자라주어, 미안하고 고마운 마음뿐이다. 이 모든 것이 우리 부부의 복이고 하나님 덕분이라고 생각한다.

내가 '84년 체육부 차관으로 갔을 때다. 아이들이 중학교를 졸업할 무렵이었으므로, 좀 더 좋은 교육환경을 만들어주기 위해 아내와 상의한 후 학군이 좋다는 강남(江南)으로 이사를 가기로 했다.

그런데 복덕방을 통해 적당한 집 하나를 알아보니 집값이 상상외로 고가여서 살 수가 없었다. 삼선동 집을 팔아도 한참이나 모자랐다. 은행융자를 받는 수밖에 없었는데, 당시만 해도 은행융자가 쉽지 않았다. 융자를 받으려면 사려는 집을 담보로 해야 하는데, 집주인이 모르는 사람한테 그렇게 해줄 리가 없었다. 대신 은행에서는 내가 체육부 차관이란 점을 참작 신용대부가 가능하다 했다. 신용대부를 받기로 하고, 일단 집주인을 만나 사정을 해보기로 작정하고 수소문을 해보니 LG그룹에 근무하는 윤모(尹某) 임원이었다. 언뜻 친구 중에 LG그룹에 근무한 바 있는 친구 나종호(羅鍾浩) 생각이 떠올랐다. 그를 만났다. 그를 만나서 '내가 이러이러해서 집값을 좀 깎고 잔금 지불 전에 대출서류를 해주도록 부탁을 해야겠는데, 모르는 사람이 무턱대고 찾아가봤자 역효과만 날 것이니 나랑 같이 가서 소개를 해 달라'

고 부탁했다. 다행히도 친구가 그분을 잘 안다고 했다. 그때 나는 체육부 차관이란 체면은 뒤로한 채 그 친구를 앞세워 무턱대고 그를 찾아가 무릎을 꿇은 채 내 사정을 설명하기 시작했다.

"초면에 죄송합니다. 이건 정말 말이 안 되는 일인데 제가 시골에서부터 어렵게 자랐고, 결혼하면서 아주 작은 100만 원짜리 서민주택을 사서 몇 번씩 이사를 했고, 지금은 아이들 교육 때문에 이 동네로 이사를 하려 하는데 돈이 상당히 부족합니다. 그래서 부탁드리는 것은 집값을 조금 깎아주시고, 나머지는 신용대부를 받아 잔금을 드리려고 하니 잔금 전 대부서류도 해주셨으면 하는 어려운 부탁을 드리고자 찾아왔습니다. 간곡히 부탁드립니다."

나는 내가 이러이러하게 살아왔다는 데서부터 시작하여 결혼 시 이러이러하게 집을 장만했으며 왜 여기까지 왔는지에 대해, 30분에 걸쳐 죽 설명했다. 집주인은 물론이요 옆에서 듣고 있던 친구까지 황당한 표정을 짓고 있었다.

다 듣고 난 집주인이 잠시 무언가 생각하는 듯하다가 "그러시군요. 그럼 얼마를 깎으려 생각하고 있습니까?" 하고 물었다. 내가 얼마라고 대답했더니 "지금 얘기하신 대로 다 해드릴 순 없고 잘 참작하여 연락드리겠습니다." 하는 것이 아닌가.

이야! 내 무모한 방식이 통한 것 같아서 무척 기분이 좋았다. 나는 곧바로 일어서서 그분에게 구십도 각도로 인사를 드렸다.

이렇게 하여 6년 정도 살던 삼선동에서 1985년 10월 31일 압구정동(狎鷗亭洞) 현대아파트로 이사를 하게 된 것이다. 가끔씩 그때 일이 떠오를 때면 나의 황당한 얘기를 끝까지 들어준 집주인 윤모(尹某) 선생에게도 감사하고, 그분을 소개해주기 위해 흔쾌히 동행해준 의리 충만한 친구 나종호에 대한 고마움을 생각하면서 나도 모르게 미소를 짓곤 한다.

아빠의 약속

국회의원의 꿈을 실현키 위해 오직 그 목표만을 향해 앞만 보고 달려왔다. 더욱이 1980년 말 제11대 국회의원 총선을 앞두고는, 그 꿈을 이룩할 수 있는 기회가 되었기 때문에 선거와 관련된 것 이외의 다른 생각은 전혀 하지 않고 열심히 뛰었다.

1980년 11월 말부터 아내와 함께 대전(大田)에 내려가 조직활동을 하면서 살다시피 했다. 마침 대전고등학교 대선배인 충남방적(주) 이종성(李鍾聲, 後 국민당 총재) 회장께서 대전시 중구 문화동 소재 회사소유 삼익아파트 한 채를 무료로 입주케 해주셔서, 그곳에서 밤낮 정신없이 지내다 보니 서울 일은 까마득히 잊고 있었다.

어느 날 아내가 당시 대광국민학교 2학년에 재학 중인 둘째아들이자 막내인 정국(定國)이의 담임선생(擔任先生)으로부터 한 통의 전화를 받았다. "정국이의 일기장을 보니 '국회의원이 뭔지 나는 모른다. 그러나 나는 국회의원이 싫다.'라고 써놓았는데 이유가 뭔지 모르겠습니다."라는 내용이었다. 깜짝 놀란 아내가 "선생님, 죄송합니다. 정국이 아빠가 국회의원에 출마한다고 해서 우리 내외가 다 대전에 내려와 생활하고 있고, 서울 집에서는 외할머니께서 애들 3남매를 돌보고 있습니다. 부모와 떨어져 있으니까 불만스러워서 그러는 것 같습니다."라고 답변했다.

나는 그 얘기를 아내에게 전해 듣고 나서도 "담임선생님을 이해시켜 정국이를 잘 돌보아 달라고 부탁하라."고만 말하고 그냥 넘어갔다. 지금 생각해 보면 참으로 한심한 아빠였다. '내가 그동안 너무 내 생각만 하고 내 일만 중요시 여기고 살았었구나!' 하는 생각이 들어 아이들에게 미안하기 그지없었다.

　국회의원에 당선되고 나서는 더더욱 아이들에게 신경을 써 주지 못했다. 이 무렵나는 선거기간을 통해 사람이 약속을 지킨다는 것이 얼마나 중요하며, 또 그것을실지로 이행한다는 것이 얼마나 어려운 것인가를 새삼 느끼고 있었다.

　사회적으로도 어떠한 약속이든 지켜져야 하지만, 한 가정에서도 특히 아빠의 약속은 아이들에게 여러 가지로 중요한 의미를 갖게 된다. 크고 작은 아빠의 약속은바로 그 가족의 희망이요 기대이며 삶의 구심점이 되기 때문이다. 그렇기 때문에지키지도 못할 약속일 바에는 아예 안 하는 것이 상책인데, 그것마저 마음대로 안되니 문제가 되는 것이다. 그때그때 아이들이 졸라대거나 또 이런저런 일로 아이들에게 너무 쉽게 약속을 해놓고 보면, 막상 그때 가서는 본의 아니게 실행을 못하고마는 수가 한두 번이 아니다. 나로서는 이 점이 늘 마음 한구석을 거리끼게 했고,아이들에게 미안한 생각을 갖게 했다.

　어느 일요일을 앞두고였다. 내 딴에는 큰 마음먹고 시간을 내서 아이들과 함께외출할 것을 제의했다. 오래간만에 정신적인 피로도 회복하고 아이들과 시간을 가지면서 부자간의 정담도 나눌 겸 바깥바람을 쐬자는 것이었다.

　그런데 이게 웬일일까? 아이들이 좋아하기는커녕 일제히 공격을 퍼붓는 것이 아닌가! 아빠가 우리하고 약속해 놓고도 제대로 안 지켰다는 것이다.

　사실은 구차한 변명 같지만 바쁜 공직생활로 인해, 아이들과 함께 한가한 시간을보낼 틈이 없었다. 11대 국회의원 때는 아이들과 가족 나들이를 나간다는 것은 생각조차 할 수가 없었다. 아이들은 서울에 있고 나는 거의 선거구인 대전에서 살다시피 했고, 국회가 열릴 때만 서울에 올라와 회의를 마치고 곧바로 대전으로 내려가니 아이들의 얼굴도 보기가 힘들었다.

체육부 차관 때도 바쁜 것은 마찬가지였다. 올림픽을 준비하는 일이 한두 가지가 아니었고 소련·헝가리·루마니아 등 우리나라와 국교가 없는 동구권 나라들을 위험을 무릅쓰고 찾아가 스포츠 외교까지 펼치다 보니, 정말 시간을 낼 틈이 없었다.

또 국회사무총장직을 맡은 후에는, 예나 지금이나 국회운영에 잠시도 방심할 수 없는 상황의 연속이기 때문에 식사도 제때에 할 수 없는 경우가 비일비재하였으니, 아이들과의 약속을 잘 지켰을 리가 없다. 어쩌다 약속을 했다가도 도중에 일이 생겨 아이들만 보내는 일이 잦았다. 이러한 연유로 어쩔 수 없이 식언(食言)하기 일쑤였고, 아이들이 불만을 갖는 것은 당연했다.

아이들의 집중공격에 한마디 대꾸도 못하고 멍청히 듣고 있으려니, 내가 아이들의 거울에 불만스럽게 비치고 있구나 하는 생각에 미안함을 넘어 두려움이 앞섰다. 특히 사람의 기본 성격이 어린 시절의 가정생활에서 형성된다고 볼 때, 내가 너무 잘못하고 있다는 생각이 들었다.

교육심리학자 설리번은 '그중에서도 부모의 영향은 가장 심각한 것'이라고 지적한 바 있다. 자녀들이란 부모의 애정에 의존함으로써 스스로 안정감을 갖고 사랑을 배우는 것이며 부모의 권위와 지도력도 이러한 애정이 뒷받침되어야만 이룩되는 것이다.

어린이들은 본질적으로 착하고 거짓이 없다. 어린이들은 여러 가지 호기심과 흥미를 가지고 있는 가운데 무엇인가를 가지고 싶고 또 하고 싶은 순진무구한 욕구를 가지고 있다. 그런데 이러한 욕구가 무조건 저지되면 그 어린이는 열등감을 느끼게 되고, 점점 더 깊어지면 불만으로 변하고, 그 불만이 누적되면 부모에 대한 애정은 고사하고 그들의 정신건강을 해쳐 결국은 성격이 비뚤어져 뜻하지 않은 사고를 일으킬 수도 있는 것이다. 그래서 나는 평소 가정 운영의 방침을 어린아이들의 흥미나 욕구를 되도록이면 잘 이해하고, 부모들이 모든 언동을 긍정적이고 원칙에 벗어나지 않게 함으로써 아이들의 뜻을 최대한 수용하면서도 합리적으로 하려는 데 두고 있다.

그러나 현실은 어떻게 전개되고 있는가? 걱정이 태산 같다. 나는 지난날의 잘못을 솔직하게 시인하고 모처럼의 결정을 그대로 실천하여 오늘 하루만이라도 애정 어린 아빠가 되어보려고, 외출계획을 짜보라고 다시 한번 재촉했다.

그랬더니 초등학교 6학년인 아들이 "아빠는 나랏일을 하는 국회의원이니 시간이 없으실 테고, 엄마는 아빠 일 돕기에 피곤하실 테니 우리하고 같이 갈 시간이 있으시면 하루라도 푹 쉬세요." 하는 것이 아닌가. 듣고 있던 두 아이도 박수를 치면서 우리 뜻이 바로 그것이라고 했다.

어안이 벙벙할 노릇이다. 철없는 아이들이 오히려 아빠와 엄마를 위로해 주고 있지 않은가! 아빠의 생활을 이해하는 아이들이 그렇게 고맙고 대견스러울 수가 없었다.

나는 용기를 내어 더욱 충실한 공직생활을 하는 한편, 좀 더 자상하고 애정 있는 아빠가 될 것을 몇 번이고 마음속으로 다짐했다.

다행히 어린 시절 일기장에 "나는 국회의원이 싫다."고까지 써놓았던 정국(定國)이는 쓸쓸한 생활환경 속에서도 공부를 열심히 하여 경기고등학교를 졸업하고 고려대학교 경영학과를 졸업했다. 정국이뿐 아니라 부모와 생이별하다시피 한 생활환경 속에서도 모범적으로 공부해 준 다른 두 아이들에게도 고맙기 이를 데 없다.

장녀인 은경(恩慶)이는 서울예원중학교, 서울예술고등학교를 거쳐 이화여대에 입학하여 피아노를 전공했다. 대학을 졸업할 때까지 저녁 9시 전에 꼭 귀가(歸家)해야 한다는 수칙(守則)하에 일체의 미팅이나 수학여행조차 못 가게 했던 아빠의 말을 잘 들어줬던 기특한 딸이다. 졸업 후 미국이나 이태리로 유학가고 싶다는 얘기를 들었을 때도 나는 단호히 거절했다. 돈도 없을 뿐더러 여자는 외국에 나가면

안 된다는 고루한 나의 유교관 때문이었다. 두뇌가 명석했던 딸아이의 앞길에 아빠가 도움이 돼주지 못한 것에 대해 지금도 후회하고 있고, 미안한 마음 가득하다.

장남인 진국(鎭國)이는 서울 영동고등학교를 졸업한 후 미국 오하이오 스테이트 유니버시티(The Ohio State University)에서 컴퓨터공학을 전공(學士), 유니버시티 오브 미시건(University of Michigan, Ann Arbor) 대학원에서 컴퓨터공학 석사(碩士)학위를 취득하여 삼성SDS에 현지 채용되었다.

한 번도 옆길로 빠지지 않고 올바르게 자라준 세 아이들이 놀라울 뿐이다. 나는 늘 미안하기만 했던 국회의원 아빠였지만, 딸과 아들들은 고맙고 자랑스러운 아이들이다.

오랜만에 '아빠의 약속'을 지키고 있는 저자
(왼쪽부터 둘째 정국, 장남 진국, 아내 '83. 7. 23 속리산 법주사)

네 번의 교통사고에도 무사한 가족들

나를 비롯하여 우리 가족은 네 번의 교통사고를 겪었다. 내가 두 번, 아내가 한 번, 딸 은경이가 한 번이다.

나는 체육부 차관시절 아찔한 교통사고를 당했다. 당시 체육부는 광화문 쪽에 청사가 없었던 관계로 잠실동에 있는 교통회관 건물에 있었다. 그래서 국무회의나 차관회의가 있는 날에는 1시간 30분 전에 광화문 종합청사 쪽으로 출발해야 한다.

어느 날 탑승한 승용차가 잠실 4거리에서 직진신호를 받아 막 움직이려는 찰나, 갑자기 좌회전 신호 끝을 활용하기 위해 급히 달려가던 좌회전 버스가 내가 타고 있는 승용차를 들이받았다. 차량 앞부분이 파괴되면서 유리창이 깨지고 파손유리가 손과 얼굴로 쏟아지는 바람에, 피를 흘리는 상처가 발생하긴 했지만 다행히 큰 인명피해는 없었다. 만약 버스가 내 승용차 중간을 덮쳤다면 나는 즉사했을 것이다. 천만다행이었다. 더욱이 그날은 앞좌석에 비서가 안 탔기 때문에 더 다행이었다.

또 한 번의 교통사고는 경부고속도로상에서였다.

제14대 국회의원 때도 나는 제11대 국회의원 때와 마찬가지로 지역행사에 빠짐없이 참석·격려하고 결혼식 주례를 많이 섰다(참고 2014년 4월 현재 누계 총 5,743건). 모처럼 토요일에 여유시간이 생겨 서울로 올라왔다. 군대에서 막 제대한 김군(金君)을 운전기사로 채용한 지 1개월이 되는 날이라 월급(이 당시에는 국회의원 각자가 세비에서 기사 봉급을 주었음)을 주고, 부모님과 하루를 지내게 해줘야겠다는 생각으로 상경 즉시 집으로 보냈다. 나는 택시를 이용할 테니 일요일 하루 쉬고, 월요일 11시 첫 주례시간에 맞춰 아침 9시에 대전으로 출발하자고 약속했다.

월요일 아침 9시가 됐는데도 김군이 안 왔다. 전화를 거니 그의 어머니가 받아 지금 막 떠났다고 했다. 10분이 지나도 오지 않아 다시 전화를 했더니 이번에는 그의 아버지가 받으면서 하는 말이, 옆집에 방을 얻어 잤기 때문에 어머니가 그 집으로 깨우러 갔다는 것이 아닌가. 알고 보니 처음에 전화를 받은 어머니가 아들을 위해 거짓말을 했던 것이다. 김 군은 9시 35분경에서야 우리 집에 도착했다. 첫 주례는 불가능하게 됐다. 어찌나 화가 나던지 평소 사용치도 않던 안전벨트를 확 빼서 매고는, 아무 소리 안 한 채 눈을 감고 출발 지시를 했다.

경기도 오산(烏山) 부근을 지날 무렵 갑자기 소나기가 내렸다. 그때였다. 좌회전을 해서 커브를 돌아야 하는데, 그대로 직진을 하면서 내 차가 벼랑 아래로 굴러 떨어지는 것이 아닌가! 나는 오른손으로는 차내의 손잡이를 왼손으로는 시트 한쪽을 꽉 잡은 채, 마치 풍랑을 만난 배처럼 좌우로 기우뚱거리며 굴러 떨어지는 승용차 안에서 '아, 고속도로에서 교통사고로 이렇게 죽는구나.'라고 생각하면서 한 200여 미터 정도 굴러 내려왔을까? 쾅 하고 논바닥에 박혀버린 것 외에는 아무것도 생각나지 않았다.

얼마나 지났을까. 멀리서 귀에 들릴락 말락 하게 "괜찮아요? 괜찮아요?" 하는 실낱같은 사람 목소리가 들려왔다. 가까스로 눈을 떠보니 저 멀리 아까 굴러 떨어졌던 언덕 쪽에서, 경찰관 2명과 모범운전자 복장을 한 사람이 우리 쪽을 보고 소리를 지르고 있었다. 승용차는 오른쪽이 옆으로 박혀 있는 상태였고, 나는 논바닥 물 속에 반쯤 잠겨 있었다. 김군은 공중에 떠 있는 상태에서 운전대를 붙들고 죽어 있는 듯했다. 죽은 사람이 곁에 있다는 무서움에 나도 모르게 벼락같은 소리를 질러

"이놈아, 괜찮아?" 하고 소리쳤다. 다행히도 김군이 "저는 괜찮은데 의원님은 괜찮으세요?" 라면서 엉엉 울어버리는 것이 아닌가. 김군이 살아 있음을 확인한 순간 얼마나 기쁘던지.

승용차가 오른쪽으로 기울어진 채로 논바닥에 박혀 있는 상태라서, 왼쪽 운전석 문으로 김군과 내가 고개를 내밀어 언덕에서 소리를 지르고 있는 사람들에게 손을 흔들어줬다. 무사한 우리들의 모습을 본 사람들이 박수를 치면서 환호했다. 무엇보다 승용차가 벼랑에서 굴러 논바닥에 쑤셔 박히고도 죽지 않았다는 것은 하나님의 보호 덕분이었다고 생각한다. 또한 운 좋게도 당시 논바닥에 물이 차 있었고 벼가 약 30cm 정도 자라 있어서, 그것이 쿠션 역할을 해줬기 때문이리라.

그런데 나를 부축하고 논바닥을 걸어 나오는 김군에게서 술 냄새가 진동했다. 수상해서 내가 물었다. "너, 어제 저녁 밤새도록 술 마셨구나?" 쭈뼛거리던 김군이 "예, 친구들하고 오랜만에 만나 지난 토요일 저녁부터 먹었습니다."라고 답변했다. 참, 기가 막힐 노릇이다. 화를 꾹 누르고 김군의 입장에서 생각해 봤다. 제대하자마자 취직이 됐고 그것도 국회의원의 운전기사직이니, 부모들도 즐거워하셨을 테고 주변 친구들도 부러워했을 것이다. 게다가 첫 월급도 탔겠다, 기분이 좋아 토요일 저녁부터 몇 팀씩 초청해서 술을 마셨을 것이다. 그렇게 생각하니 충분히 이해가 갔다. 한 가지 문제는 이렇게 되면 김군이 음주운전으로 사고를 낸 것이 확실하다는 점이었다. 지금까지도 술 냄새가 진동하니 경찰 조사 결과는 운전면허 취소가 분명할 것이다. 순간 그를 보호해야겠다는 생각으로 "알았다. 저기서 기다리고 있는 경찰과 마주치는 순간부터 너는 일체 함구하고 울먹이고만 있어라. 입이 열려 술 냄새를 풍기면 절대 안 된다."고 김군에게 다짐시켜 놓았다.

우선 나는 대전사무실 사무국장에게 카폰으로 상황을 설명하고, 11시 결혼식 주례를 할 수 없게 됐음을 혼주에게 사과드리면서 타인으로 대체시켜 주라고 지시했다. 그런 다음 교통경찰관들에게 국회의원 신분을 밝히고 "오늘 11시에 대전에서 결혼식 주례가 있어 가는 길이었다. 조금 늦을 것 같아 기사에게 속도를 내서 달리라고 지시했다. 기사는 속도위반을 할 수 없다고 했지만, 내가 빨리 가라고 여러 번 지시하는 바람에 사고가 난 것 같다. 제대 후 첫 직장이고 첫 출근이라 나의 지시를 무시할 수 없어서 과속을 한 것이므로 기사에게는 잘못이 없다. 내가 처벌을 받겠다."라고 요청했다. 듣고 있던 경찰관이 웃으면서 그럴 수는 없다고 했다. 그러고는 김군이 앉아 있는 쪽으로 가 심문을 하려고 해서 내가 곧바로 쫓아갔다.

"저 사람은 나이도 어린 데다 국회의원을 죽게 할 뻔한 사고를 저질러서 혼비백산 상태이다. 그러니 필요하면 나중에 소환심문을 하도록 배려해 달라. 나도 지금 곧바로 서울대병원으로 가서 진찰을 받아야 하니 그렇게 선처해 달라."고 통사정을 했다. 또 "승용차가 논바닥으로 굴러 떨어져 벼를 덮쳤으니 논 주인이 경찰에 신고할 것입니다. 그때 1차 손해배상금으로 이것을 전해주시고 연락 주세요." 하면서 금일봉을 건네고는 계속 선처해줄 것을 부탁했다. 나의 성의가 통했는지 요청이 받아들여져 차후에 연락, 자세한 심문을 하기로 하고 일단 조사를 유예했다.

나는 교통 패트롤카를 타고 오산 고속순찰지구대로 갔다가 거기서 다른 승용차로 상경, 서울대학교 응급실로 직행했다. 연락을 받고 응급실 앞에 나와 있던 아내가 사색이 되어 있었다. 운전기사 김군은 다행히 아무런 이상이 없었고, 나는 목 디스크에 약간의 이상 징후가 발견되어 당분간 보호대를 목에 부착하고 다녀야 한다는 진단을 받았다. 이튿날 대전 중앙관광호텔에서 열린 중도일보 창립기념식에 내가 목보호대를 부착한 채 참석했기 때문에 교통사고 소문이 퍼졌고, 이것이 언론에 보도되어 본의 아니게 한동안 인사받기에 바빴던 일도 있었다.

딸 은경(恩慶)이의 교통사고로 아찔했던 기억은 지금도 소름이 끼친다.

국회 사무총장직을 사임하고 제13대 국회의원 선거에 입후보 했을 때의 일이다. 선거 막바지에 자금이 바닥이 나 서울에 있는 친구에게 연락, 자금을 차용해서 은

경으로 하여금 대전으로 가져오도록 심부름을 시켰다. 아침 8시경 막 집을 나서려는데 전화가 걸려왔다.

수화기를 드니 "이은경 씨 아버님이신가요? 여기는 대전역 앞 정동(貞洞)에 있는 중앙병원인데요, 어젯밤 이은경 씨가 교통사고로 입원하셨는데 오셔야겠습니다." 하는 것이 아닌가. 가슴이 덜컥 내려앉으며 눈앞이 캄캄해졌다. 어제 저녁 대전으로 내려오면서 교통사고가 났구나….

다급한 마음으로 환자를 바꾸어달라고 했다. "아빠, 저예요."라는 은경이의 목소리를 확인한 순간 왈칵 눈물이 쏟아졌다. 애비가 국회의원 하려다가 하나밖에 없는 딸내미 죽이겠구나…. 은경이는 오히려 "너무 걱정하지 마세요. 크게 다친 데는 없어요." 하며 나를 안심시켰다. 그러나 딸아이의 말을 있는 그대로 믿을 수 없었다. 고속도로에서의 교통사고는 대형사고가 아닌 게 없다. 설마 나를 위로하려고 하는 말은 아니겠지…. 전화를 끊고 정신없이 병원으로 달려가 은경이를 만나보니 천만다행으로 외상은 없었다. 그러나 뇌에는 이상이 없을까 하는 생각에 맥이 탁 풀렸다.

딸아이는 대전에 내려오면 며칠만이라도 아빠를 위해 선거운동을 하고 가야겠다는 생각으로, 옷가지 등 여러 가지 준비물을 챙기다 보니 저녁 늦게야 출발하게 되었다고 한다. 충북 청원(淸原) 부근쯤 왔을 때 상행 차량의 강렬한 야간 불빛에 앞이 가려지는 순간, 가드레일을 들이받고 논바닥으로 굴러 떨어진 것까지만 생각나고 그 다음은 전혀 기억이 없었다는 것이다. 얼마 후 깨어보니 자신이 경찰 패트롤카에 태워져 있어 경찰에 문의한즉, 사고현장을 지나가던 사람들의 신고로 지금 사고를 수습 중이라는 설명을 듣게 되었다고.

그 와중에도 은경이는 아빠에게 "가져오던 돈은 어디로 날아갔는지 반 정도만 남아 있고 반은 없어진 것 같다."고 걱정을 한다. 나는, 그까짓 없어진 돈이 대수인가. 딸아이가 크게 다친 데 없이 생명을 건졌으니 그나마 얼마나 다행인가. '하나님이 우리를 버리지 않았구나!' 생각하면서 뒤돌아서서 눈물을 훔쳤다. 지금도 내 고명딸 은경이를 보면 새 생명을 얻은 딸 같아 보이고, 아빠 때문에 당한 일이라 자꾸자꾸 미안한 생각만 든다.

아내의 교통사고는 2007년 대통령 선거 때 발생했다.

이명박 후보 선거지원을 위해 모임에 갔다 오는 길이었다. 김교분 여성부장이 운전하고 김이순 회장과 김명희 회장 그리고 내 아내 네 명이 탄 승용차가, 대전시 서구 도마다리를 건너 우회전하는 순간 사거리 좌측에서 달려오던 영업용 택시가 들이받아 도마천 낭떠러지로 두 바퀴 공중회전을 하면서 전복된 사고였다. 내가 대전시당부에서 회의를 마치고 막 오찬장으로 가려는 순간 아내로부터 핸드폰 전화가 걸려왔다. 받아보니 실낱같은 목소리로 "여보, 나 교통사고 났어. 지금 구급차에 실려 건양대 병원으로 간대." "엉, 뭐라고? 많이 다쳤어?" "몰라." 아내의 힘없는 답변을 끝으로 전화가 끊어졌다. 순간 눈물이 핑 돌았다.

단숨에 관저동에 있는 건양대학교 병원(建陽大 病院)으로 달려갔다. 장시간 진단 결과 김 부장은 갈비뼈 8곳에 금이 갔고, 아내는 갈비뼈 13곳에 금이 갔으며, 두 분 김 회장은 눈에 보이는 경미한 외상이 전부였다. 다행히 네 사람 모두 골절은 없다고 했다. 그러나 뇌손상의 유무를 계속 체크해야 하기 때문에 입원치료를 받았는데, 최종적으로 다른 후유증이 없어서 정말 다행이었다. 다만 뼈에 금이 갔던 김 부장과 아내는 그 후에도 오랫동안 통원치료를 해야 했다. 지금도 그분들을 만나면 나 때문에 끔찍한 사고를 당한 것 같아 미안한 생각이 앞선다.

나도 딸아이도 아내도 이렇듯 생명을 잃을 뻔한 네 번의 교통사고를 당하고서도 끝까지 살아남을 수 있었던 것은, 무엇보다 하느님의 가호 덕분이었다고 지금도 믿고 있다.

양심선언

내가 자서전적 회고록을 집필한다는 소문을 전해들은 한 친구가 찾아와서 일반적으로 회고록에 대해 비난했다. 그의 말에 따르면, 회고록을 쓰는 사람들은 모두가 다 한결같이 자기자랑만 늘어놓고 있지 자기가 양심상 잘못했던 일은 한 줄도 쓰지 않는데 그게 무슨 자서전이고 회고록이냐는 비난이었다.

설마하니 그럴까 싶어서 도서관에 가서 여러 사람의 자서전이나 회고록을 들춰봤더니 그 친구의 말이 사실이란 점을 발견할 수 있었다. 나는 이에 자극을 받았고 내가 영향력을 미칠 수 있는 여러 곳의 관직에 있을 때 불법적이고 부당한 일을 저지른 데 대해 양심선언으로 고백하고 여기에 기록하기로 한다. 이 글을 읽는 사람이 이재환은 깨끗한 사람인 줄 알았더니 그도 별 수 없는 자였다고 비난하더라도 나는 이를 감수한다. 그것이 비록 가족에 관련한 일이었다 하더라도 변명의 이유가 될 수 없다.

출가한 여동생이 어머니를 찾아와 자기 남편(나의 큰 매제)이 간이 나빠져서 자칫 큰일이 날 것 같은데 중국제 편자환(片仔丸)이 좋다 하니 오빠에게 부탁해서 진짜를 구해 달라고 하여, 어머님께서 나에게 특명을 내리셨다. 중국과 국교가 없는 시대라 진짜 편자환을 구하려면 중국령인 마카오를 통한 밀수품을 구입하는 방법밖에 없음을 확인하고, 나는 모(某) 인사에게 부탁했고 그가 상당량의 편자환을 사가지고 입국할 때 세관 통과를 위해 내가 영향력을 발휘했다. 큰 잘못을 저지른 것이다. 여동생과 매제 말이 그 약을 먹고 나았다고 하니 나는 그저 기쁘기만 했다. 매제는 지방공무원이었는데 보직이 바뀔 때마다 나는 그의 상급자에게 승진 등 제반사를 잘 봐달라고 부탁을 했고, 말년에 일선 행정 책임자로 나갈 것을 희망하여 관계 기관장에게 부탁을 해서 희망대로 공무원 생활을 마감케 했고, 재임 시 민원이 발생, 시끄럽게 되어 문제가 확대되지 않도록 하기 위해 기관장에게 부탁하여 무마해 줬다. 특수 피부병 환자를 잘 치료한다는 유명 병원이 경기도에 있다는 막연한 얘기만 듣고 그 병원을 찾기 위해 경기도 담당국장에게 부탁 아닌 압력적 지시를 했던 일은 지금도 미안하게 생각한다. 그 후 진찰받을 자를 데리고 그 병원에 갈 때는 그 국장을 앞세우지 않고 아내와 함께 내가 직접 위치를 물어물어 찾아갔으니 조금은 덜 미안하다고 할 수 있을까?

또 한 사람의 매제는 부산에서 한국전력 지점에 근무했는데 아들이 서울 소재 대학에 진학해서 그가 서울로 전근을 해야 할 급박한 형편이 되었다. 그 시절 어느 분야든 지방에서 서울로 전근해 온다는 것은 하늘의 별 따기란 유행어가 있을 때였다. 나는 그를 부산 동래 지점에서 서울 성북 지점으로 전근시켰다. 그 과정에서 인사권자에게 불쾌한 언사까지 했던 것을 솔직하게 고백한다. 참으로 부끄러운 일이었다. 또 대전 시청에 근무하던 매제의 형님을 정규 직원으로 전환시켜 주기 위해 압력을 가했던 일도 반성한다.

또 한 명의 여동생은 결혼 후 상호 의견차이로 결혼생활이 순탄치 않아 사실상 별거하게 되는 지경에 이르렀다. 이를 용서할 수 없다면서 화를 내는 나를 설득한 내 아내의 배려로 서울 내 집에 와 생활하게 됐고, 아내는 시누가 무슨 장사라도 해야만 빨리 아픈 상처를 치유하고 정황을 잊을 수가 있다면서 나에게 그 당시 인기절정에 있던 잠실 롯데백화점 내 점포 하나를 분양받아 달라고 간청했다. 아무리

화가 나도 내 동생의 일에 아내가 오히려 적극적이니 나는 직답은 안 했으나 생각이 고마워 일을 추진했다. 이 당시 점포 분양에는 상당한 권력자의 입김이 작용해야만 했다. 나도 압력을 넣어 점포 하나를 분양받아 내 안식구가 밑천을 대주고 옷가게를 운영케 해줬다. 수년 동안 내 집에 기거하다가 그들은 재결합했는데, 지금 생각해 보면 내가 그렇게 적극적으로 압력을 가할 수 있었나 하는 생각이 들 정도로 과격했었다. 지금도 미안한 생각이 남아 있다.

막냇동생이 연세대 재학 중 공군에 입대했다. 위험한 곳으로 배치될까 봐 걱정이 돼서 공군본부 고위층에 부탁(그들은 압력이라 생각했을 것임)하여 대전 시내에 있는 공군기술교육단 내 불교법당 근무사병으로 배치되게 했다. 참으로 큰 특혜였다. 그는 여기서 제대할 때까지 개인공부 하면서 편하게 군생활을 마쳤다. 또 한국무역협회 입사시험 시 내가 무도(無道)하게 부탁했던 일은 정말 터무니없는 일이었기에 죄송해서 이만 접는다.

이 글을 쓰면서 나는 부탁했다는 표현을 쓰고 있지만 상대방들은 나에게 직위를 이용한 압력(壓力)이라 생각했을 것이 분명하다. 양심선언을 하면서 잘못을 인정하고 그들에게 사과하면서 미안한 마음을 함께 전한다.

제7부

내가 만난
한국의 지도자

유진오(俞鎭午) 고려대학교 총장
– 어려운 시기엔 공부해야

　우리나라 헌법을 기초한 헌법학자요 교육자요 문학가인 당대의 석학 유진오 총장님을 만난다는 것은 쉬운 일이 아니었다. 내가 고려대학교 학생이 되었기 때문에 주어진 영광이었다.

　1957년 11월 30일 아침 9시부터 성균관대학교 대강당에서는 성균관대학교 주최 제12회 전국대학대항(全國大學對抗) 웅변대회가 열리고 있었다. 나는 고려대학교 1학년생으로 이 대회에 참가했다. 그때 〈가뭄〉이란 제목으로 지도층의 애국심 고취를 역설하는 내용으로 열변을 토해 최고상인 대상(大賞)을 받았다. 대학생이 돼서는 처음 받는 상이라 하늘을 날듯이 기뻤다.

　마침 그날 서울운동장에서는 '고대·연대 축구 올스타전'이 개최되어 유진오 총장님을 비롯한 교무위원 다수가 참관하고 있었다. 나는 수상하자마자 그곳으로 달려가 선배의 안내로 총장님에게 인사를 드리고, 트로피를 보여드리며 전국대학대항 웅변대회에 대해 설명을 드렸다. 그러고는 그 자리에서 총장님으로부터 고대의 명예를 드높였다는 격려와 축하의 말씀을 들었다.

　이튿날 안암동 총장실에서 몇 분의 교무위원이 참배한 가운데 정식으로 트로피를 총장님에게 전달하는 시간을 가졌다. 나에겐 이것이 최초의 영광스런 만남이었다.

1960년 고려대학교 4·18의거 당시 태평로 국회의사당(현 서울시 의회건물) 광장에서 연좌시위를 벌이던 고대생들 앞으로 나오셔서 유 총장님이 "제군들의 궐기는 당연하다. 참으로 장한 일이요 잘한 일이다. 나는 제군들이 자랑스럽다. 국민들을 대신해 이 정권에 뜻을 전달했으니 이제는 학교로 돌아가자."라고 말씀하셨다. 어느 누구도 감당할 수 없는 자유당 독재 철권정치하에서, 데모하는 학생들을 이렇게 칭찬할 자 그 누가 있겠는가? 그분이 바로 유진오(俞鎭午) 총장님이었다.

이로써 4·18 고대생 시위는 국민을 대변하는 하나의 의거가 되었다. 4·18 데모를 처음부터 계획하고 주도했던 나로서는 참으로 감개무량했다.

4·19 직후 아무도 말 못하고 있던 때에도 유진오 총장님은 1960년 5월 3일자 고대신문에 게재한 〈4·26정변과 고대생의 진로〉란 글에서 "나는 이 정변을 우리 민족이 역사상(歷史上) 처음으로 이룩한 민주혁명(民主革命)이라고 본다."라고 규정하여 4·19가 비로소 민주혁명으로 명명되었다.

국회의사당 앞에서 연설하는 유진오 총장('60. 4. 18)

나는 4·19혁명 후 들어선 민주당 정권의 동참 회유를 뿌리치고, 5~6년 후 4·19 주도자들로 구성된 한국청년당 창당을 염두에 두고 전국 각 대학 4·19 주동자 108명으로 汎민족청년회의(약칭 汎民靑)란 결사체를 만들었다. 그러나 1개월 반 만에 5·16 군사쿠데타가 발발하였다. 그들은 오히려 역사적인 민주혁명을 성공시킨 우리를 반국가단체로 분류하고, 범민청 조직의 주역이었던 나를 얼토당토않게 민주당 반혁명사건에 연루시켜 각 언론매체를 통해 '고대대학원 재학생 이재환 전국학생동원책'이란 레테르를 붙여 구속, 군사재판을 받게 했다.

동료간부 47명이 체포 구금됨에 따라 나는 6월 말경 군 검찰에 자진 출두하여 8개월 동안 억울한 옥살이를 하게 되었으나, 군사재판을 받은 후 결국 무죄방면(無罪放免)되었다. 풀려난 직후인 1962년 2월경 유진오 총장님을 찾아뵙고 사죄의 말씀을 드렸다.

"총장님, 죄송합니다. 그동안 신문마다 이주당 반혁명사건 또는 민주당 반혁명사건에 제가 전국대학생동원책이라고 보도된 것은 허위 날조된 것입니다. 저의 불찰로 고대 대학원생이란 보도가 자주 있어서 고려대학교의 명예를 손상시켜 죄송합니다."

큰 꾸지람을 들을 것을 각오했는데 오히려 따뜻하게 맞아주시며 진로에 대해 물으셨다.

"먼저 건강을 추스르게. 그래, 앞으로는 어떻게 할 생각인가?"

"저는 고교 입학 때부터 정치를 지망했습니다만 싹도 키워 보기 전에 군홧발에 짓밟히고 나니, 이제 정치인이 되겠다는 생각은 접었습니다. 앞으로는 공부를 더해서 교수가 되는 쪽으로 방향을 전환하려 합니다."

"그래, 앞을 가늠하기 어려운 시기에는 공부를 하는 것이 제일이네. 공부를 더 하고 싶다 하니 자네를 아세아문제연구소에 조교로 추천해 보지."

그러고는 그 자리에서 연구소장에게 전화를 하셔서 나를 추천해 주셨다. 그 후부터 나는 농촌사회학 연구가인 양회수(梁會水) 교수의 연구조교로 일하게 되었다. 나로서는 유진오 총장님으로부터 큰 은혜(恩惠)를 입은 것이다.

그러나 그 후 1년도 채 안 돼 나를 특별히 아껴주셨던 윤천주(尹天柱) 정경대학장 께서 새로 창당하는 민주공화당 사무총장으로 가시게 되어 내게 도움을 청하셨고, 내가 수락하여 그분의 비서역을 맡게 되는 바람에 결국 대학 밖으로 나가게 되었 다. 아세아문제연구소에 자리를 마련해 주신 유 총장님께 너무도 죄송하여 직접 찾 아뵙고 사죄(謝罪)를 드렸다.

"총장님, 죄송합니다."

"아, 그렇지 않아도 윤천주 학장으로부터 자네를 비서로 데리고 간다는 얘기를 들었네. 윤 학장의 요청이니 나가서 잘 도와드리게."

나는 또 한 번 유 총장님의 은혜를 입은 셈이었다.

그 후 얼마 안 돼 유진오 총장님은 정년퇴임을 하시고 야당인 민중당(民衆黨)에 입당하셔서 대통령 후보(大統領候補)까지 되셨다. 나는 당시 여당인 민주공화당 사 무총장을 지내신 윤천주 선생님을 모시고 있는 입장이어서, 유 총장님을 자주 뵐 기회가 적어 못내 아쉬웠다.

내가 5·16 군사재판에서 무죄 석방된 뒤 찾아뵈었을 때 나를 연구조교로 추천해 주시며, 따뜻한 충고의 말씀을 해주시던 다정하고 온화하신 총장님의 그 모습이 지 금도 눈에 선하다.

김종필(金鍾泌) 국무총리
– 영원한 나의 주례선생님

본론에 앞서 4·19혁명 후 나의 활동을 잠시 회고해 보고자 한다.

1960년 4월 26일 4·19혁명으로 이승만 대통령이 하야하던 날 저녁, 나는 비로소 '부정부패 척결, 독재정권 타도'란 학생 주축의 민주시민혁명이 성취됐다고 쾌재를 부르면서 고대 4·18의거 계획 때부터 부모님에게 써놓았던 유서를 찢어버렸다. 그러고는 사회질서 유지를 위한 학생들의 역할까지 끝나면 학원으로 돌아가 마지막 남은 학업을 마치기로 결심했다. 지난 4월 23일 내가 주도하여 구성한 4·19의거 전국학생대책위원회(이재환 부위원장 겸 총무위원장) 사무실로 나가 각 학교 대표들과도 그렇게 합의했다.

비상계엄사령부(사령관 송요찬 장군)와 협의하여 각 대학별로 시내 경찰서를 담당, 교통정리·방화예방 등등 사회질서 유지활동을 하고 있을 때, 정치권은 허정(許政) 외무부장관을 내각수반(首班)으로 하는 과도정부가 들어서서 국정을 운영하게 되었고 다가오는 7월 29일에 국회의원 총선거를 실시하여 새로운 국회를 구성키로 했다. 이러한 정치적 변화와 정치 일정이 발표되자 자유당은 숨도 못 쉬고 있는 상태였던 터라, 이제는 민주당의 독무대가 되는 바람에 자기들끼리 신파(新派)와 구파(舊派)로 나뉘어 정파싸움을 하고 있었다.

이때 허정 내각수반 쪽에서 우리 4·19의거 전국학생대책위원회에 제의를 해왔다. 즉 4·19의거 주체세력 학생들이 허정 수반을 전폭적으로 지지해 달라는 요청과 함께 그럴 경우 대표 주역 학생 각자의 희망사항을 실현시켜 주고, 학생활동에 필요한 상당한 자금을 지원해 주겠다는 참으로 어처구니없고 황당한 내용이었다. 대책위원회 위원장인 김혁동(단국대 金赫東, 後 배재대 학장)과 부위원장 겸 총무위원장인 나(고려대 李在奐, 後 국회의원)는 우리를 모독하지 말라고 질타하면서 단칼에 거절했다. 사실 여부는 모르나 나중에 들려온 바로는 허정 수반과는 관계없이 주변인들이 허정 씨를 대통령으로 만들기 위해서 그런 공작을 했다는 것이었다.

한편 민주당은 학생들이 자기네를 위해 피를 흘린 것처럼 국정 수습에는 아랑곳하지 않고 권력쟁취 파쟁만 일삼고 있었다. 심지어 신파 쪽에서는 4·18 고대의거는 고대 선배인 이철승(李哲承) 의원이 배후조종을 했기 때문에 4·19혁명은 자신들이 조종한 것이라느니, 구파 측에서는 자기네 쪽에서 지원했다느니 하면서, 목숨을 내걸고 결행한 애국 학생들의 순수성과 명예를 손상시키는 행동을 경쟁적으로 하고 있었다.

어느 날 4·19 동지인 유인재(兪仁在, 後 대한생명 임원)가 나에게 "민주당 구파에서 당신을 영입하려고 교섭이 올 것 같으니 수락하면 어떻겠느냐?"고 의사타진을 해왔다. 또 이튿날에는 다른 동지와 민주당 신파 중진의원이란 사람이 함께 와서 나의 민주당 입당을 권유하는 것이 아닌가? 나는 양쪽 다 일언지하에 거절했다. 4·19혁명은 학생들이 민주당을 위해 감행한 것이 아닌데 마치 그들은 자기네를 위해 아니 자기들이 조종·지원해서 이루어진 것처럼 즐기면서 자만하고 있고, 4·19 정신을 받들어 국민을 위해 어떻게 국정을 쇄신할 것인가는 생각지도 않고 굴러들어온 권력을 나눠 먹기 위해 파쟁만 일삼고 있었다. 나는 그들의 행동은 정치의 정도(正道)가 아니라고 판단했기에 그들을 배척(排斥)했다.

다음 해 1961년 2월 대학을 졸업할 때까지 나는 전국 각 대학의 4·19혁명 주도자 108명을 규합하여 장차 4·19정신을 구현하는 한국청년당을 결성하고, 남북통일을 지향하는 정치, 기성세대와 전혀 다른 새 정치를 펴보자는 동의를 받아 1961년 4월 30일 범민족청년회의(汎民族靑年會議, 약칭 汎民靑)라는 결사체를 출범시켰다.

그런데 1개월도 지나지 않은 5월 16일, 소위 5·16 군사쿠데타가 발생했다. 이때 우리 단체는 4·19 주동자들의 모임이면서도 야당이었던 민주당에도 협조하지 않는 이상한 단체라는 혐의를 받아 불순단체로 분류되었고, 중요 간부 47명이 체포되어 조사를 받게 되었다. 동료의 부모들이 큰 걱정을 하고 있었기 때문에 이 단체 조직의 주역이었던 내가 군(軍) 수사기관에 자진 출두하여 자세한 설명을 한 후에는 동료 모두가 석방되었다. 그런데 나만 계속 구속시켜 놓더니 이주당(二主黨) 반혁명사건의 연루자로 재판을 받게 하고, 그것도 모자라 갑자기, 만나본 적도 없는 장면(張勉) 총리를 주축으로 했다는 소위 민주당 반혁명사건(民主黨 反革命事件)의 전국학생동원책으로 군사재판에 회부되기까지 했다. 억울한 8개월의 옥살이가 끝에 나는 결국 무죄(無罪)로 석방되었다.

그 후 나는 고려대학교 유진오(俞鎭午) 총장의 배려로 고려대학교 부설 아세아문제연구소 연구조교(研究助敎)로 학문연구생활을 하고 있었다. 그러던 중 내가 가장 존경하는 고려대 윤천주(尹天柱) 정경대학 학장께서, 5·16 군사혁명 세력이 민간에 정부이양과 함께 그동안 비밀리에 조직한 민주공화당(약칭 共和黨) 사무총장으로 가게 됐다면서 도와달라고 요청하셨다. 나는 계속 사양하다가 1년만 심부름 해 드리겠다는 전제조건으로, 1963년 2월 초 26세의 나이로 당시 민주공화당의 권력 서열 3위인 막강한 사무총장의 비서역(秘書役)으로 발령받았다.

여기서 나는 김종필 공화당 의장을 처음 만나게 된다. 당시 38세의 예비역 육군 소령으로서 혁명을 기획·주도하여 성공했고 중앙정보부장을 지낸 김종필 당의장.

그는 세간에 매우 무서운 혁명가로 알려져 있었으나, 내가 본 김종필 당의장은 낮은 음성에 온화하고 부드러운 분이었다. 나의 인사를 반기면서 "같이 일해 봅시다." 하면서 악수를 청하는 그의 모습은 다정한 보통사람이었다.

그리고 내가 민주공화당 사무총장 비서역을 거쳐 문교부장관 비서관을 지낸 후, 제7대 윤천주 국회의원 비서관으로 재직하고 있을 때 그분과의 두 번째 인연을 맺는다.

1967년 11월 4일 결혼식을 앞두고 주례에 윤천주 의원, 청첩인에 김용태 무임소장관 겸 국회의원으로 인쇄한 결혼 청첩장을 보내려고, 우편봉투에 수신자 주소를 적고 있던 날이었다. 김종필 당의장께서 부르신다는 윤천주 의원의 전언을 듣고 찾아뵈었다.

"자네 결혼한다면서? 주례는 누가 하나?"

"네, 윤천주 의원입니다."

"내가 주례를 서줄 테니, 그렇게 알고 준비해요."

"아, 안됩니다. 말씀은 감사합니다만 이미 청첩장을 만들어서 봉투에 이름을 쓰고 있습니다."

"그게 무슨 문젠가? 청첩장이야 다시 만들면 되지."

너무 뜻밖의 일이라 어쩔 줄 몰라 하는 나를 뒤로하고, 비서를 불러 내 일을 도와주라고 지시하고 방을 나가는 것이 아닌가. 얼떨결에 돌아와서 윤천주 선생님께 보고하고 그 사유를 문의한즉, 선생님도 의아해하시면서 고개를 갸우뚱하셨다.

"나도 자세히는 모르겠으나 자네가 공화당 사무총장 비서역으로 일할 때 몇 번인가 자네를 똑똑한 젊은이라고 말씀하신 적이 있었네. 그 외의 다른 것은 나도 잘 모르겠네. 어쨌든 세상에서 제일 바쁜 분이 주례를 자청하셨으니, 축하할 일이 아닌가. 더욱 준비를 철저히 하게!"

나도 가만히 생각해 보니 언젠가 당의장께서 고려대학교 4·18의거에 대한 내용을 물으셔서 상세히 설명 드린 바 있었고, 당시 빈번하게 발생했던 대학가의 한일회담 반대 학생데모에 대해 내 나름대로의 분석과 대책을 건의한 바 있었다.

　김종필 당의장 주례 자청소식을 전해들은 친구들은 하나같이 최고의 영광이라면서 축하를 해주었다. 그도 그럴 것이 그 당시 만나기도 힘든 김종필 당의장이 주례를 서고 사무총장을 지낸 윤천주 국회의원과 김용태 무임소장관 두 분이 청첩인이 되었으니, 나로서도 큰 영광이 아닐 수 없었다.

'67. 11. 4 결혼
(김종필 당의장 주례, 세종호텔)

　이후 나는 결혼식 준비에 더욱 열중했다. 그러나 한 가지 걱정이 있었다. 종로 1가의 서울예식장을 예약해 놓은 상태였는데, 그곳은 30분 간격으로 예식이 있어 무척 복잡한 관계로 경호상 김종필 당의장이 주례할 곳이 못 되었다. 당시에는 호텔도 큰 곳이 없어서 억지로 부탁해 새로 정한 곳이 퇴계로 3가에 있는 세종호텔 9층 한가람 홀이었다. 그런데 엘리베이터가 달랑 한 대뿐이어서, 결혼식 당일에 내객들에게 대혼잡과 불편을 드릴 수밖에 없었다. 지금도 그때를 생각하면 죄송스런 마음을 금할 수 없다.

김종필 당의장께서는 주례사에서, 남편을 극진히 사랑하고 내조했던 영국수상 '디스랠리' 부인의 남편 사랑얘기를 꺼내셨다. 어느 날 출근하는 남편을 배웅하면서 자동차 문을 닫아주다가 자동차 문에 손가락을 찧었다. 그러나 부인은 나랏일을 하러 가는 낭군에게 걱정을 주지 않기 위해 알리지 않았다는 등 극진한 내조에 관한 얘기로 우리를 격려하고 축하해 주셨다. 지금도 나는 그 주례사 내용을 기억하고 있다.

내 결혼식에 참석한 어른들
(앞줄 왼쪽부터 부친, 장인, 윤천주 의원.
뒷줄 왼쪽부터 셋째삼촌, 둘째삼촌,
넷째삼촌, 바로 그 뒤 이모부)

　1968년 그분이 공화당 의장직과 국회의원직을 사퇴한 후 또다시 자의 반 타의 반(自意半他意半)의 외유를 하게 되어, 자주 만나 뵐 기회가 없었다. 그 후 앞에서도 언급했듯 1971년 6월 국무총리가 되셨을 때, 당시 단국대학교 조교수로 있던 나를 국무총리 교육·사회·문화 담당 비서관으로 발탁하여 임명해 주셨다. 이것이 계기가 되어 나는 김종필 총리 후임으로 1976년에 오신 최규하 국무총리까지 6년 5개월 동안 국무총리 비서실에서 근무하게 되었다.

　1979년 10월 26일에 발생한 박정희 대통령 시해사건 후 최규하 국무총리가 대통령이 되자 나는 최 대통령의 일방적인 명령으로 대통령 경호실 행정처장으로 근무하게 되었고, 1980년 8월 16일 최 대통령이 사임함에 따라 청와대를 떠나 1981년 3월 대전에서 제11대 국회의원으로 당선되었다. 그러나 1981년 7월경 발생한 장영자(전두환 대통령 처삼촌의 처제) 금융사기 사건에 대해 국회 국정조사를 주창하는 바람에 민정당 대전중구지구당 위원장직을 박탈당하고, 나의 거절에도 불구 반 강제로 1984년 10월 17일 체육부차관이 되는 신세가 되었다.

1985년 12월 18일 국회사무처 사무총장에 임명되어 근무할 때 김종필 총재가 1987년 10월 30일 신민주공화당을 창당했으나 나는 당시 공직자였기 때문에 참여할 수 없었다. 그 후 나는 1988년 4월 26일에 실시된 제13대 국회의원 선거에서 다시 민정당 공천자로 대전에서 출마했으나, 당시 민정당(民正黨)이 전국적으로 비난의 대상이 되었기 때문에 신민주공화당의 박충순(朴忠淳) 후보가 당선되었다. 전국적인 총선 결과 집권 여당이던 민주정의당(盧泰愚)이 과반수에 못 미치는 125석에 불과했고, 야당인 평화민주당(金大中)이 70석, 통일민주당(金泳三)이 59석, 신민주공화당(金鍾泌)이 35석으로 여소야대(與小野大)의 현상이 나타났다. 이에 노태우 대통령이 이런 여건에서는 대통령직 수행이 어렵다고 판단하고 불리한 정치상황을 타개하기 위해, 민주정의당 전국구 박철언(朴哲彦) 의원을 시켜 비밀리에 여·야 합당을 추진하였다. 당시 민주정의당, 통일민주당, 신민주공화당 등 3당이 통합에 의견의 일치를 보고 1990년 2월 15일 민주자유당(약칭 民自黨)을 탄생시켰다.

이 무렵 나는 현역 국회의원은 아니었지만 민주정의당 소속이었기 때문에 민자당원이 되어 존경하는 김종필 의원을 민자당 최고위원으로 모시고 같은 당에서 정치를 하게 되어 매우 기뻤다. 김종필 최고위원실에 자주 들렀고 그때마다 김종필 최고위원도 나를 반갑게 맞이해 주시고 가끔씩 용돈도 주시곤 했다.

그러던 어느 날 나를 부르셔서 사무실로 갔더니

"C도 경찰국장으로 있는 이 모(李 某)란 사람을 잘 아는가?"

"네, 중학교 제 후배입니다."

"그 사람이 나를 좋지 않게 얘기하는 모양인데 왜 그러는지 한번 알아봐요."

나는 그 길로 대전으로 내려가 이튿날 대흥동 소재 중식당 세운성반점(世運城飯店)에서 오찬을 하면서 이 국장과 약 2시간여 동안 대화를 나눴다. 확인 결과 이 국장은 그런 언동을 한 사실이 전혀 없다고 했다. 내가 생각해도 이 국장이 그럴 이유가 없다고 판단했다. 상경 즉시 김 최고위원을 뵙고 "그와 장시간 대화를 통해 파악한바 그런 언동을 한 사실이 없다는 결론을 내렸습니다. 향후 김 최고위원님에게 도움이 될 수 있는 일을 해 달라고 부탁해 놓았습니다."라고 보고 드렸더니 기분 좋게 웃으셨다. 그 후에도 공식모임 석상에서 나를 불러 먼저 대화해 주시고 이런저런 심부름을 시키시기도 하여 퍽 감사했다.

이후 나는 1992년 3월 24일 제14대 국회의원 총선거에서 무소속(無所屬)으로 당선되어 10월 24일 친정집인 민자당에 재입당하여 김영삼 대통령후보 당선을 위해 최선을 다하였고, 이제는 국회의원이 되어 존경하는 큰 정치인 김종필 의원을 민자당 최고위원으로 모시고 같은 정당에서 정치를 하게 되어 매우 기뻤다. 김종필 최고위원도 나를 반기면서 여러 가지 정치현안 문제에 대해 내 의견을 묻기도 하셨다.

나는 1993년 5월 3일 국회본회의에서 정치 분야 대정부질문을 하면서, 강력한 국회의원 윤리법을 제정하고 또 국회의원이 직무와 관련하여 부당한 이득과 축재를 했을 경우 소속 지구당 유권자들이 소환(김還)해서 재신임 여부를 묻도록 하는 '국회의원 소환 재신임제도(再信任制度)'를 헌법조항으로 도입할 것을 제안했다. 30분 규정의 발언을 끝내고 단상을 내려오자 김종필 최고위원이 자기 자리로 나를 부르시더니 "이 의원, 잘했어요. 아니, 원고도 안 보고 어떻게 그렇게 조리 있고 설득력 있게 연설을 잘해?"라고 극구 칭찬해 주셨다.

민자당 당무위원 송년오찬장에서
내년 1월 15일 대전시의원이 집단으로
세배 겸 신당창당 촉구 상경한다면서
나에게 고뇌에 찬 말씀을 하시던
김종필 대표위원('94. 12 백리향)

　한편 이 당시 김영삼 대통령이 금융실명제(金融實名制)와 부동산실명제(不動産實名制) 정책을 추진하자 김종필 최고위원은 시기상조라면서 반대했고, 많은 국민들은 이를 반대하면서 이런 정책을 누가 창안해 낸 것이냐에 대해 의구심을 갖게 되었다. 심지어 청와대 참모진 중 사회주의 사상을 갖고 있는 자가 창안한 것이 아니냐는 등 특정인이 거명되면서까지 반대여론이 확산되기 시작했고, 김영삼 대통령을 밀어줬던 보수 세력의 여론도 극도로 나빠졌다. 그러자 김종필 최고위원은 이 같은 국민의 뜻을 대변하기 위해 김영삼 대통령과 결별수순을 밟다가, 1995년 3월 10일 자유민주연합(약칭 自民聯)을 창당하고 총재에 취임하셨다. 3개월 후 6월 27일에 실시한 지방선거에서는 15개 시도지사 가운데 자민련 후보 9명이 당선되는 등, 여당(민자당)의 참패를 몰고 온 정치폭풍이 일었다. 그 무렵 자민련의 기세는 참으로 대단했다.

이 무렵 나는 존경하는 김종필 총재의 자민련과의 관계를 두고 고민을 했다. 나는 문제의 금융실명제와 부동산실명제는 금융질서 선진화를 위해 꼭 필요하다는 정책적 입장이었고 또 한편으로는 지난번 14대 총선에서 무소속으로 당선되어 민자당에 재입당한 지 얼마 되지 않은 상황이었기 때문에 고민하게 됐고, 결국 자민련에 갈 수 없다는 결론이었다. 나는 한낱 정치 초년생에 불과하고 무소속 당선 후 민자당에 재입당한 지 얼마 되지 않은 상황에서 자민련으로 또 당을 옮기면 아무리 명분을 세워도 저 사람은 오로지 당선만을 위해 당을 옮겨 다니는 기회주의자라는 비난을 면치 못하게 될 것이다. 세칭 말하는 '철새정치인'으로 낙인찍히게 되고 유권자들로부터 신뢰를 잃게 될 것이다. 게다가 나는 현재 평의원이 아니라 민자당 대전시 지부장인 동시에 당무위원(黨務委員)이기 때문에 행동거지가 더욱 어려웠다.

1996년 4월 제15대 국회의원 선거 결과는 내가 순진하게 생각했던 그 이상으로 자민련 바람이 강하게 불어, 대전·충남의 민자당(民自黨) 후보자들은 전멸(全滅)하고 말았다. 전국적으로 자민련 소속 국회의원 수는 55석이나 되었고 국회 내 제3당으로 부각하게 되었다.

그러나 2000년 4월에 실시된 제16대 국회의원 총선에서는 자민련의 인기가 급격히 하락, 17명의 당선자만 내는 바람에 원내교섭단체 구성에 실패했다. 자민련은 이미 1998년 새천년민주당 소속 김대중 대통령과 김종필 총재 간에 연합(세칭 DJP연합)하여 국민의 정부로 출범한 상태였기 때문에, 자민련의 교섭단체 구성을 위해 새천년민주당 소속의원 4명을 자민련에 이적(移籍)시키는 방법으로 원내교섭단체를 구성했다. 헌정 사상 처음 있는 원내교섭단체 구성사례였다.

세월의 흐름은 누구도 거역할 수 없는 것인가?

김종필 총리의 조국근대화에 기여한 업적을 기리기 위해 옛날에 가까이 모셨던 측근들이 모여, 그분의 호를 딴 '운정회'(雲庭會, 회장 前 국무총리 이한동)를 만들었다. 나 역시 이 모임의 이사(理事)로 참여하고 있다. 2013년 12월 10일 창립총회일에 건강이 안 좋으셔서 휠체어를 타고 나오신 그분의 모습을 보며 세월의 무상함을 다시 한번 느꼈다. 여러 사람들이 모여 인사하려고 북새를 떠는 가운데 내가 큰 소리로

"결혼식 주례를 해주셨던 이재환입니다."

"아이고, 이게 누구여? 알고말고! 자네도 건강해야 돼!"

환하게 웃으시며 나의 건강을 기원해 주시는 순간, 만감이 교차하였다. 큰 정치인 김종필 당의장은 영원한 나의 주례선생인 것을….

김상협(金相浹) 국무총리
- 3 대 7 정치인 처신

　고려대학교 정치외교학과 1학년 정치학개론 강의시간에 유명한 김상협 교수를 처음 보았다. 인물이 잘생기고 부드럽고 귀티가 나면서도 권위가 있는 인품을 갖춘 분이었다. 나는 그때 바로 이분의 수제자가 돼야겠다고 마음먹었다. 자주 찾아뵈면서 질문도 하고 대화도 나누었으나 더 많은 접촉을 할 수 없었던 것이 매우 아쉬웠다. 그분은 보성전문학교를 오늘의 고려대학교로 만든 큰 인물 인촌 김성수(金性洙, 前 부통령) 선생의 조카가 되는 분이고, 일본 동경대학교 정치학과를 졸업하신 당대의 석학이기 때문에 학생들로부터 많은 존경을 받고 있었다.

　앞서도 말했지만 나는 5·16군사혁명 후 그들이 조작한 반혁명사건 재판에서 무죄로 풀려난 후 당시 유진오(俞鎭午, 後 민중당 대통령 후보) 고대 총장님의 배려로 고려대학교 부설 아세아문제연구소에서 1962년 3월부터 농촌사회학의 권위자인 양회수(梁會水) 교수 연구조교로 일하게 되자마자, 그해 9월에 고려대학교 대학원 정치외교학과에 진학했다. 내 딴에는 이제 본격적으로 교수 지향의 공부를 시작하려 했던 것이다.

　그러나 다음 해인 1963년 2월 초 정경대학 윤천주(尹天柱, 後 문교부장관) 학장의 요청에 따라 민주공화당 사무총장 비서역으로 나가게 되어 대학원을 휴학하게 됐다. 이후 1964년 윤천주 선생이 문교부장관으로 임명되자 나는 다시 대학원(大學院)에 복학했다. 윤천주 선생이 민주공화당 창당의 주역으로서 영국의 보수당과 노동당의 사무국 조직 운용방법을 도입 원용했다는 민주공화당 사무국에서 1년 3개월 정도 경험한 것을 계기로, 나는 영국 정당에 관해 많은 관심을 갖게 돼 석사학위 논문 제목을 '영국 정당에 관한 연구'로 잡았다. 특히 그 중앙집권성에 관해 연구해 보기로 한 후 김상협 교수님을 찾아뵙고 지도해 줄 것을 요청 드렸다. 다행히 흔쾌히 수락해주셔서 김상협 교수를 지도교수(指導敎授)로 모시는 영광을 갖게 되었다. 아마 이때가 논문 작성을 위해 공부를 제일 열심히 한 때였던 것 같다.

1965년 6월 어느 날 석사학위 논문(碩士學位 論文) 제출을 앞두고 김상협 교수님을 찾아뵙고 나의 생각을 설명 드리는 시간을 가졌다.

"우리나라 헌정 사상 처음으로 도입, 제도화된 민주공화당(民主共和黨)의 이원조직(二元組織), 즉 대의기구와 사무국제도에 큰 관심과 호감을 갖게 됐습니다. 특히 사무국 조직이 당 조직의 핵심이고 전국 선거구당(지구당)의 사무국을 중앙당 사무총장이 총괄 조정하는 것은 매우 효과적인 것 같습니다. 제가 사무총장의 비서역이란 직책을 맡아 경험한 바에 의하면, 이런 조직체계야말로 한국 정치의 근대화(政治 近代化)를 앞당길 수 있는 최적의 정당조직 운영이라 생각합니다. 그래서 저는 영국 정당의 중앙집권성을 최고의 운영방식이라고 판단하고, 제 논문의 결론에서 우리나라에서도 이런 방식을 적극 활용해 앞으로 그 방향으로 정당을 조직하고 운용해 나가야 한다고 주장하겠습니다."

내 의견을 다 듣고 난 김상협 교수가 이에 대해 예리한 분석(分析)과 비판(批判)을 가했다.

"정당의 중앙집권성은 민주주의적 중앙집권제와 독재적 중앙집권제로 나눌 수 있네. 영국에 있어서 보수당과 노동당이 다 같이 강력한 조직과 당수(黨首)에게 권력이 집중된 권력체제를 이루고 있지만, 이는 독일의 나치스당이나 이태리의 파시스트당과는 근본적으로 다른 것이야. 다시 말해 독재적 중앙집권체제는 아니란 점이지. 영국 정당들은 두 개 정당 공히 일반 국민 대중의 의사를 반영하는 것을 기초로 하고, 서서히 정치적 지도력을 통하여 오늘과 같은 중앙집권성을 확립시켰던 것이네. 그러나 나치스당이나 파시스트당은 인민의 의사를 부정하고 혁명의 과정을 통해 획득한 권력의 집행과 보호를 위하여 권력의 집중화를 확립시켰지. 정치제도 면에서도 영국은 양당정당제, 즉 양당정치를 하고 있는 데 반해 독재적 중앙집권제의 경우에는 일당 독재체제를 전제하고 있는 것이고. 이와 같은 제도하에서는 지방 당부는 무조건 상부의 지시나 명령에 복종해야 하네. 현재 민주공화당(民主共和黨)도 그런 것을 지향하는 것이 아닌가? 앞으로 얼마 안 가 당내에서도 이 제도의 문제점에 대해 논란이 일어나게 될 거야."

나는 지지 않으려고 다음과 같이 주장했다.

"선생님, 우리나라가 정당정치를 표방하고 있으나 종전의 자유당이나 민주당의 경우 국회의원 선거가 있을 때만 선거구당(지구당)이 생겼다가, 선거가 끝나면 서로 약속이나 한 듯 당락에 관계없이 지구당은 없어지고 중앙당 지도부 중심의 정당 운영이 이루어졌습니다. 이렇듯 다음 선거 때 공천을 얻기 위해 당내 파벌이 형성되고 입후보 희망 당원들은 파벌의 보스를 찾아 헤매는 파당정치(派黨政治)가 계속된다면, 이 나라의 민주적 정당정치는 요원한 것이 아닙니까? 영국 정당의 운용방식을 도입·원용했다는 현재의 민주공화당 사무국 제도는 좋은 제도라고 봅니다. 중앙당 사무총장의 지휘하에 선거가 있을 때나 없을 때나 지구당(地區黨) 사무국이 상존(常存)함으로써, 민의 수렴 정치가 효과적으로 이루어질 수 있다고 생각합니다."

이에 대해 김 교수가 구체적 설명을 덧붙였다.

"그런 효과를 기대할 수는 있겠으나 영국 보수당에서도 사무국제도가 채택된 초기에는 많은 비판이 있었어. 그 많은 사무국 요원에 대한 봉급(俸給)을 어떻게 계속 감당할 수 있겠나? 민주공화당의 경우도 초기에는 중앙당에서 지원하겠지만 종국에 가서는 지구당 위원장이 책임져야 하고, 이에 따라 불투명한 정치자금 조달로 이어져 새로운 정치부패(政治腐敗)를 유발하게 될 것이네. 영국은 오랜 민주주의의 발전 역사를 통해 대중들이 정치교육을 함께 해왔고, 여론과 다수의사에 복종하는 정부를 운영하고 있으며, 국민에 의한 진정한 민주정치를 해나가고 있지 않나. 그들 정당 지도자들에게 권력이 집중되어 있다 해도 그것은 제도상일 뿐 결코 독재적이 될 수 없으며, 그의 권력과 권위는 자기와 자기가 속해 있는 당을 추종하는 국민의 동의(國民同意) 위에서만 행사되는 것이네. 때문에 그와 같은 토양이 되어 있지 않은 상태에서 우리나라에 곧바로 영국의 제도를 도입(英國制度 導入)한다는 것은 매우 어려운 일일세."

나는 김상협 지도교수의 논리적인 설명을 듣고 논문의 결론 부분을 다음과 같이 수정(修正)했다.

"다른 나라의 정치제도를 도입·원용하려 할 때에는 정태적인 제도나 기구만을 모방(模倣)할 것이 아니라, 그 국가에서 그 제도가 정착되기까지 생래(生來)한 고유의 요소와 제반요인을 더욱 면밀히 분석하고 주목하지 않으면 안 된다."

그리고 1965년 9월 고려대 졸업식에서 〈영국정당에 관한 연구―특히 그 중앙집권성에 관하여〉란 논문으로 정치학 석사학위(碩士學位)를 취득했다.

그런데 그해 말부터 김상협 지도교수가 나에게 예언한 대로 민주공화당의 이원 조직 운용을 두고 반대와 찬성이 부각되어 논란이 일어나더니, 급기야 주류(찬성)와 비주류(폐지)로 갈려 파쟁이 일어났다. 결국 비주류의 폐지 주장이 받아들여져 중앙당과 지구당 사무국 조직의 기능이 대폭 축소되고 말았다. 오늘에 와서는 정당

정치의 발전을 위한다는 명분으로 중앙선거관리위원회를 통해 정당에 일정기준의 국고보조금을 지급함으로써, 중앙당과 시·도지부 사무국만 운영되고 있고 지구당(선거구당) 사무국제도는 폐지되었다.

나는 초기에 도입됐던 영국 정당의 사무국 운용방식을 우리 것으로 토양화(土壤化)시켜 지구당 사무국을 효과적으로 운영해 나갔더라면. 좀 더 나은 민주적 정당 정치에 발전을 가져왔을 것이라는 생각에 변함이 없다.

호림회 골프 후 김상협 총리로부터
축하주를 받는 저자
(중앙은 이종남 前 법무부장관, '83. 3. 27)

내가 1981년부터 제11대 국회의원으로 활동하고 있을 때 김상협 총장은 1982년부터 1년간 국무총리를 하셨다. 1983년 5월 중순경 한국신용협동조합 중앙연합회장 오덕균(吳德均, 後 충남대총장) 교수가 나를 찾아왔다. 오는 6월 7일 한국 역사상 최초로 서울에서 세계 82개국 신협인(信協人) 4,500여 명이 참석하는 제6회 '세계신협인대회'와 '세계신협총회'가 열리는데 김상협 국무총리께서 꼭 축사(國務總

447

理 祝辭)를 해주실 것을 부탁한다는 것이다. 6월 7일이면 시일이 얼마 남지 않았는데 지금 와서 무슨 얘기냐고 되물으니, 그 사연인즉 이러했다.

세계대회인 만큼 오래 전부터 국무총리실로 김 총리의 축사 요청서를 보냈는데, 이것이 관련부서인 재무부로 넘어가 버렸고 재무부에서 검토한 후에는 다시 담당 국장 선까지 내려가는 바람에, 국무총리 축사는커녕 장관 축사도 못하게 되어 주최국가로서의 체면이 서지 않는다는 하소연이었다. 나는 곧바로 김상협 국무총리를 찾아뵙고 이에 대한 전후사실을 설명 드렸다.

"선생님, 이 대회는 세계 82개국 신용협동조합인들의 세계적 축제이고 신협은 천주교가 뒷받침해주고 있어 회원 90%가 천주교인들로 구성된 금융단체입니다. 국무총리의 축사를 바라고 있다가 재무부 장관 축사로 내려갔고 이제 와서는 장관 축사도 안 되게 되었다는 사실이 알려진다면, 예상보다 큰 실망과 비난이 일어날 것입니다. 죄송합니다만 일정을 조정하셔서 꼭 축사를 해주셔야겠습니다. 이번 세계대회 대회장인 오덕균 중앙연합회장은 대전에서 영향력 있는 분이기 때문에 꼭 해주셔야겠습니다."

감사하게도 김상협 총리께서 축사를 해주심으로써 외국대표들의 큰 환호를 받았고, 한국신협 회원들은 자신들의 위상이 격상됐다면서 지금도 당시의 상황을 자랑하면서 김상협 총리를 칭송하고 있다.

행사의 중요성도 있었지만, 그렇게 바쁜 와중에도 선생님께서 일정을 조정하여 축사를 해주신 것은 제자(弟子)이면서 대전 출신 국회의원인 나의 지역활동에 조금이라도 도움을 주고 싶으신 마음에서였으리라. 감사함을 잊을 수 없다.

김상협 총리는 교수로 계실 때『기독교민주주의 사회민주주의 교도민주주의』『모택동사상』『지성과 야성』 등 많은 저서를 내셨다. 학생들의 교육에 큰 도움을 주셨으며 특히『지성과 야성』은 고대생들에게 '참다운 고대인'이 어떤 것인가를 교육시킨 바이블이 됐다.

말년에 건강을 위해 골프에 입문하셔서 정능산자락 연습장에서 즐겁게 운동하시던 모습이 지금도 아련하다.

또 한 가지 김상협 총장의 말씀 가운데 잊지 못할 정치인처신론(政治人處身論)에 관한 이야기를 여기에 덧붙이고자 한다. 바로 〈3:7과 10:0의 정치〉이다.

선생님은 고대 총장으로 계실 때나 공직에서 물러나신 후에도 매년 새해가 되면 혜화동 자택으로 사랑하는 몇몇 제자들을 초청, 사모님이 직접 끓인 떡국으로 오찬 시간을 마련하여 상호 담소케 해주셨다. 어느 핸가 이 자리에서 선생님이 농담 비슷하게 '3 대 7 정치처신론'에 대해 말씀하셨다.

내가 그게 무슨 뜻이냐고 질문한즉 "정치인이 권부(權府)에 오래도록 인정받으려면 어떤 사안이 있을 때 본인의 생각과 다르다 하여 반대만 하지 말고, 100 중에 30% 정도만 반대하고 70%는 찬성하는 것이 정치인으로서는 제일 좋은 처신"이라는 설명이었다.

다들 왁자지껄 웃어 넘겼고, 경륜과 경험이 풍부하신 선생님이 정치를 지향하는 제자들에게 주는 참고 말씀인 것 같았다. 나는 그 즉시 선생님의 말씀을 머릿속에 입력시켜 놓았다.

그 후 내가 1981년 제11대 국회의원에 당선되어 현실정치에 직접 뛰어들어 보니, 그때 선생님의 말씀대로 70% 찬성자는 권부에 잘 보여 승승장구하고 더 나아가 100% 찬성자들은 더 잘나가는 것을 목격했다. 그런데도 나는 당 방침이나 정책이 사리에 맞지 않는다고 판단되면 정의감(正義感)이 발로되어 앞장서 문제점을 제기하거나 100% 반대하고 비판하고 나섰으니, 권부에 밉보여 손해를 보거나 불이익을 받은 것은 어쩜 당연한 귀결이었다. 30% 반대, 70% 찬성이 아니라 100% 반대, 0% 찬성 즉 3:7이 아닌 10:0의 정치 처신을 한 것이다.

제11대 국회의원이 된 그해 건국 이래 최대 규모의 금융사기 사건이 발생했다.

일명 장영자(張玲子) 어음사기사건이라고도 불린 사건의 주모자 장영자는 누구인가? 전두환 대통령 처삼촌의 처제였다. 또 신문보도에 의하면 이 사건은 권력과의 유착이 의심되고 나아가 일정 자금이 민정당 창당자금으로 흘러 들어갔을 것이라는 의혹(疑惑)을 낳고 있었다.

나는 분개했다. 내가 속한 민정당은 지난 총선에서 국민들에게 노력한 만큼 대가를 받는 사회, 깨끗하고 정의로운 사회를 만들겠다고 약속하지 않았는가? 나는 젊은 동료의원들을 만나 국회가 국정조사를 실시해서 국민들에게 소상히 밝히고 사과와 함께 재발 방지를 약속해야 한다고 주장하고 나섰다. 5월 20일 검찰이 '사건 전모'라면서 조사내용을 발표하자, 야당 측은 조사미흡 주장과 많은 의혹을 제기하고 반발하면서 국회에 '장영자 사건 국정조사 실시의 건'을 제출키로 했으며, 국민들은 정부와 민정당을 사정없이 비난하기 시작했다.

이때 막강한 실세인 민정당 중앙당 이상재(李相宰) 사무차장이 나를 호출했다. 국회에서 야당이 '장영자 사건 국정조사 건'을 제안하게 되면 내가 반대발언을 해야 한다는 것이었다. 나는 즉석에서 거절하면서 반드시 국정조사를 해야 한다는 당위성을 설파했다. 그런데도 거절하면 어떤 불이익이 생길지도 모른다면서 협박조로 내게 반대 발언할 것을 강요했다. 나는 끝까지 거절했고 계속 국정조사를 주장하여 결국 민정당 대전중구 지구당 위원장직을 박탈당하고 말았다.

국정조사를 주장한 행동이 30%라고 치고, 만약 그가 강권한 대로 야당의 국정조사 제안에 반대 발언을 해줬더라면 70%의 효과는 얻을 수 있었을까? 결국 나의 행동은 선생님께서 말씀하신 3:7의 정치처신은 아니었던 것이다.

또 제14대 국회의원 시절, 나는 1993년 5월 국회에서 대정부질문을 통해 "국민의 동의와 동참이 없는 김영삼(金泳三) 정부의 개혁(改革)은 성공할 수 없다. 우선 서민생활 안정을 위한 개혁부터 하라."고 촉구했다. 민자당 소속의원이면서 당 총재인 김영삼 대통령의 정책을 신랄히 비판한 이것도, 3:7이 아니라 10:0의 처신이었다.

곰곰 생각해 보니 나는 김상협 선생님이 말씀하신 3:7의 처신이 아닌 그 반대의 10:0의 처신을 한 것이 한두 가지가 아니었다.

국회예산결산위원회에서 다음 해 예산을 심의하면서도 부산·경남(세칭 P·K) 지역에 인사와 예산이 편중(偏重)되어 있는 것을 보고 참지 못하고 "이 정권이 P·K 정권이냐?"라고 질타하여, 같은 여당 내 부산·경남 출신 의원들을 당혹케 했기 때문에 그들의 미움을 사게 됐다. 이것도 10:0의 처신이었다. 이뿐 아니라 중앙당 당무회의에 참석해서는 전직 노태우 대통령의 비자금사건 처리를 소홀히 하고 있다면서 당 지도부를 심하게 비판하여 여론의 초점이 되었고, 그로 인해 고위층의 심한 노여움을 사기도 했다. 이것 역시 10:0의 처신이었다.

1996년 6·27 지방선거 완패 후 열린 첫 당무회의에서 나는 "우리 당의 지방선거 완패를 두고 자민련 창당의 여파에 따른 지역감정의 결과라고만 주장하고 있는데, 그것보다는 우리 당이 자만했고 국민과의 소통부족과 공감대를 이루지 못한 데더 큰 원인이 있음을 알아야 한다. 따라서 이에 대한 對국민사과성명을 내고, 특히 대전·충남인들에게는 선거기간 중 '김종필을 쫓아냈다' '충청도 핫바지'라는 얘기가 우리 당으로 연유해서 나왔기 때문에 충청인의 마음을 상하게 해서 죄송하다는 내용의 사과성명을 내야 한다."고 주장했다. 이때도 여당의원으로서 어떻게 그런 말을 할 수 있느냐는 비판과 함께 당 지도부와 청와대로부터 미움을 샀다. 여당이지만 올바르게 말을 해야 한다는 것이 나의 소신이었다. 결국 이것도 10:0의 처신이었다.

김상협 선생님의 말씀을 머릿속에 입력시켜놓고 정치무대로 들어갔건만, 아무래도 나는 생태적(生態的)으로 3:7의 정치인 처신은 할 수 없는 사람이었나 보다.

윤천주(尹天柱) 문교부장관
– 재주가 지나치면 정도(正道)를 벗어나

나는 1957년 고려대학교 정외과에 들어가 사법고등고시 시험공부를 시작했다. 판검사가 되어 경험을 쌓은 후 정계에 진출하려는 계획이었다. 2학년 새 학기 시작 무렵 윤천주 학장께서 부르셔서 찾아뵈었더니 여러 가지 내 신변에 관한 것을 물으셨다. 미리 내 신상카드를 다 보신 듯했다. 그리고는 당신 집에 가끔씩 들러 국민학교 다니는 애들도 돌봐주고 나의 연구활동 심부름도 해줄 수 있느냐고 물으셨다. 나는 큰 영광으로 생각하고 그렇게 하겠다고 말씀드렸다. 이로써 선생님과 첫 인연을 맺게 된 것이다.

당시 윤천주 선생님께서는 미국 하버드 대학에 초빙교수로 다녀오신 후 미국에서 막 시작된 정치학 연구방법인 '정치의 행태론적 접근방법(political behaviorism)'을 도입하여 학계의 주목(學界注目)을 받고 있을 때였다. 미국은 정치학 연구방법론에서 종전과는 달리 정치과정에 대한 과학적 연구에 치중하게 된 정치행태접근법(The Behavioral Approach in Political Science)을 추구하기 시작했고, 1950년대에 정착되어 미국 고유의 정치학 연구방법을 발전시키게 되었다. 심리학의 영향을 받은 정치행태접근법(政治行態接近法)은 정치에 대한 개인 또는 집단의 반응현상을 과정적으로 관찰하는 연구방법이라 하겠다. 다시 말해 정치현안에 대한 설문문항을 만들어 대도시, 중소도시, 읍지역 및 농촌지역 등으로 분류하고 그곳의 유권자를 직접 만나 문답한 자료를 계량화(計量化)하여, 정치학 연구에 심리학(心理學)과 통계학(統計學)을 접목시켜 연구결과를 도출해 내는 연구방법이었다.

3학년 때 나는 이러한 연구방법에 따른 연구과제 '한국인의 준봉적(遵奉的) 투표행태와 정치행태의 이중성(二重性)'을 확인하기 위한 면접조사를 위해, 정외과 후배 3명과 함께 중소도시인 전남 광주시와 농촌지역인 경북 의성군 현지로 내려가 유권자들을 직접 면담하고 설문지 내용별로 답변을 기록하여 그 결과를 정리하는 등 조교 역할을 해드렸던 일도 있다. 이를 계기로 나 역시 Behaviorism에 매료되어 단국대학교 교수로 재직할 때 이러한 접근법에 따른 논문을 발표하기도 했다.

유진오 총장의 특별배려로 고려대 아시아문제연구소의 연구조교로 근무하던 1963년 1월 초 정경대학 학장으로 계신 윤천주 박사께서 부르셨다. 학장실로 찾아 갔더니 갑자기 뜻밖의 부탁을 해오셨다.

"5·16군부세력이 민정이양과 동시에 새로운 정당을 만들기 위하여 비밀리에 전국 각계각층의 최우수 정예 인재들을 반강제식으로 차출해 사전 훈련을 시켜왔는데, 내가 그동안 5·16혁명의 주역인 김종필 씨와 인연을 맺고 그 책임을 진 교육원장을 맡았었네. 이제 정식으로 오픈하여 오는 2월 26일 가칭 민주공화당(民主共和黨)을 창당(創黨)하게 되었네. 일반 국민들에게 오픈하면서 최초 사무총장을 민간인이자 교수인 나더러 맡아 달라고 해서 내가 수락했네. 이번 기회에 자네도 함께 정계로 나가 나를 도와줬으면 좋겠네."

나는 순간 깜짝 놀랐다. 비밀에 속하는 얘기도 처음 듣는 데다 그들 군부세력은 나를 민주당 반혁명사건의 전국 대학생동원책이란 올가미를 씌워 구속 재판까지 했던 자들이 아닌가? 참으로 기이한 일이 벌어진 순간이었다. 나는 그 자리에서 거절말씀을 드렸다.

"선생님, 저는 그렇게 할 수 없습니다. 첫째로 저는 5·16군사재판을 받은 이후 유진오 총장님께 정치인이 되려던 소망을 접고 교수가 되겠다고 말씀드렸고, 덕분에 아시아문제연구소 연구조교로 추천까지 해주셔서 막 자리 잡고 있는 중이기 때문에, 우선 유진오 총장님에 대한 도리가 아닙니다. 둘째 저는 5·16군부세력에 대해 아무것도 아는 것이 없기 때문에 선생님께 도움을 드릴 것이 없습니다. 그러니 죄송합니다만 다른 사람을 선발해 주시기 바랍니다."

"이 사람아, 내가 즉흥적으로 생각한 것이 아닐세. 며칠을 생각하면서 인선을 해 봤는데 그중 자네가 제일 착실하고 능력이 있다고 판단해서 결정한 일이네. 내가 맡은 당 사무총장의 역할은 정치활동을 정지시켰던 기존의 정당세력과 구 정치인들을 상대해야 하는 자리일세. 자네는 그동안 학생활동과 청년활동을 많이 해왔기 때문에 기존의 정계 내막과 정치 인사들의 내막을 나보다 더 많이 알고 있지 않은가? 그러니 나에게 큰 도움을 줄 수 있을 것일세. 그리고 나 역시 학교를 떠나면서 미리 나를 고려대학교 교수로 끌어주시고 여러 가지 도움을 주셨던 유진오(兪鎭午) 총장님께 허락을 받았네. 그때 자네를 데리고 가겠다는 말씀을 드렸으니 그것도 걱정하지 않아도 되네."

이처럼 사전에 계획을 다 세우시고 최종적으로 말씀하시는 것임을 알게 되니 더욱 막막해졌다. 윤 선생님이 내게 어떤 분이신가? 고려대에 입학하자마자 맨 처음 나를 부르셔서 따뜻한 격려를 해주신 분이고, 그 후 학문 연구에 필요한 이런저런 일을 시키시며 마치 한집안 식구처럼 사랑해 주신 분이 아닌가. 나는 일단 조금 더 생각해 보겠다고 말씀드리고 그 자리를 벗어났다. 하루가 지난 후 윤 선생님께서 다시 부르셨다. 그러고는 "우선 걸려오는 전화부터 좀 받아주게." 하고 명령조로 말씀하셨다. 나로서는 더 이상 거절할 수 없는 상황이 되었다.

이렇게 해서 나는 26세의 젊은 나이로 5·16 혁명세력의 정치 집결체인 민주공화당에서 박정희(朴正熙) 총재, 김종필(金鍾泌) 당의장 다음으로 세 번째 실권자인 윤천주(尹天柱) 사무총장의 비서역(秘書役) 직위를 맡게 되었다. 윤천주 선생님께 실력과 능력을 인정받아 막강한 자리에 발탁된 것은 내 일생의 영광으로 생각할 수 있었다. 그러나 민주공화당을 창당한 5·16 군부세력은 아무 근거도 없이 나를 이주당 반혁명사건으로, 나중에는 민주당 반혁명사건으로 엮어 넣어 군사재판까지 받게 한 자들이 아닌가! 물론 무죄 방면되긴 했지만, 그런 고초(苦楚)를 겪은 내가 존경하는 선생님 때문에 그들의 정당 활동을 돕게 되었으니 이 얼마나 웃지 못할 아이러니인가?

나는 1963년 2월 26일 민주공화당 창당대회와 더불어 윤천주 사무총장을 보좌하면서 '베일에 싸인 혁명아'로 불렸던 김종필(金鍾泌) 당의장을 만나게 되었다. 다들 5·16 군사혁명을 계획·주도한 예비역 육군소령 김종필 씨를 무서운 사람으로 여기고 있었지만, 내가 본 첫 인상은 부드럽고 지적이면서도 행동성이 타오르는 위풍당당한 모습이었다.

처음 출발했던 민주공화당의 조직형태는 종전의 자유당이나 민주당의 그것과는 전혀 다른 형태였다. 전국 각 시·도에 지구당을 두되, 공직선거에 입후보하려는 자들과 지역구 국회의원 등 정치당원으로 구성된 위원회라는 대의조직과 사무당원으로 구성된 사무국조직으로 이원화(二元化)된 조직체계였다. 지구당사무국(地區黨事務局)은 조직관리 등 당무의 집행과 중앙으로부터 영달되는 정치자금을 관리케 했고, 가장 중요한 일 즉 지역구 출신 국회의원이 비리 등으로 징계사유가 발생할 경우 지구당이 지구당위원회를 소집, 징계내용을 심의케 하는 막강한 권한을 갖게 했다. 징계내용이 지구당위원회의 의결을 거쳐 중앙당위원회에서 징계가 확정 의결되면 국회의원의 자격이 자동상실(自動喪失)되게 하였는데, 이는 종전의 어떠한 정당에서도 찾아볼 수 없는 특색이요 핵심이었다. 결국 민주공화당은 사무국 조직이 중심체였으며, 이러한 지구당 사무국장의 임면권까지 가지고 있는 사무총장의 권한은 실로 막강한 것이었다.

이러한 이원조직(二元組織) 문제는 1963년 11월 26일 제6대 국회의원 총선 후 2년여가 지날 무렵부터 자신들의 활동이 사무국에 의해 제동이 걸리게 되고 자신들의 위치에 불안을 느낀 현역 국회의원들이, 당의 조직체계 개편을 주장하기 시작하여 개편주장파와 존속주장파로 갈리게 되었다. 언론에서는 존속주장파를 주류(主流)로, 개편주장파를 비주류(非主流)로 칭하게 되었고 김종필, 김용태, 오치성 등 혁명주체 세력을 중심으로 한 주류와 김성곤, 백남억 등 구 정치인을 중심으로 한 비주류 간의 정치투쟁이 벌어지기 시작했다. 이렇게 당의 조직체계 문제로 계파정치가 전개되자 언론이나 사회 일각에서는 공산당 조직이니 뭐니 하면서 이상한 방향으로 분위기가 조성되었다.

그러나 그것은 사실이 아니다. 당시의 정계상황은 지난 자유당 정권시대의 정당정치의 폐해, 즉 국회의원 선거 때만 지방자유당이나 지방민주당 조직이 급조되고, 선거가 끝나면 당선 국회의원들은 짐 보따리를 싸서 서울로 올라가서 권한 있는 자리찾기 운동이나 이권운동에 관여했다. 당선자뿐만 아니라 낙선자들 또한 지방정당이 언제 있었느냐는 식으로, 지역을 떠나 정당 보스(boss)의 집에 드나들거나 계파(系派)를 형성하여 4년 후에 있을 국회의원 총선거를 내다보고 무위도식하는 일개 정치꾼으로 전락하고 마는 것이었다. 지역구에서 당선된 국회의원이면서도 4년 동안 지역의 국민여론을 수렴하여 국가정책에 반영시키는 활동은 전혀 하지 않았을 뿐만 아니라 지역발전을 위한 활동도 하지 않는 그야말로 말뿐인 의회정치였다. 게다가 천문학적인 선거자금을 뿌렸기 때문에 국회의원들은 이를 만회하고 보충하려고 이권에 관여하게 되었고, 이로 인해 정치계에 부정부패가 만연하는 결과가 반복되었다. 따라서 이를 예방하기 위해서는 정치자금이나 선거자금을 국회의원이 아닌 어떤 통제기능을 갖춘 조정 기구가 필요하다는 결론을 내리게 되었다.

그 시대 정당론의 최고 권위자인 서울대 정치학과 김성희(金成熺) 교수와 고려대

정치학과 윤천주 교수를 비롯한 다수의 권위 있는 학자들은, 지구당에 사무국을 두고 평상시 지역여론을 면밀히 수렴해 당해 지역의 국회의원 활동을 뒷받침해 주고, 정치자금을 국회의원의 전횡 없이 객관적으로 관리하게 하는 것이 옳다고 판단했다. 이러한 결론하에서 영국의 보수당과 노동당이 운영하고 있는 이원(二元) 조직 형태를 도입하게 됐던 것이다. 주지하다시피 영국의 보수당이나 노동당이 공산주의 정당은 아니지 않는가?

민주공화당은 1963년 11월 26일 제6대 국회의원 총선거에서 승리, 집권에 성공함으로써 박정희 정권(朴正熙 政權)을 수립했다. 총선거 후 민주공화당에서는 정당 사상 전무후무한 일이 진행되었다. 다름 아니라 국회의원 총선거에서 중앙당 사무국이 선거자금을 관리했기 때문에 지구당별로 선거자금에 대한 정산작업(精算作業)을 실시한 것이다. 중앙당에서 보조한 자금이 태부족이었기에 입후보자별로 자체 조달자금을 써야만 했다. 그로 인해 소위 말하는 선거 빚을 안게 되었는데, 그것을 중앙당에서 일정 부분 갚아주는 일이었다. 극비사항이었지만 이제는 말해도 될 것 같아 여기에 기록한다.

총선이 끝난 이듬해인 1964년 1월 초부터 윤천주 사무총장과 목사이자 종교학 교수 출신인 김득황(金得愰) 기획조정부장, 그리고 비서역인 나까지 포함하여 세 사람이 전국 지구당을 직접 방문하여, 비밀리에 지구당 사무국장과 당선 국회의원, 또는 낙선 후보자 등과 회합을 갖고 선거 빚과 관련된 청문회를 개최했다. 중앙당 사무국의 지원자금이 남았다는 곳은 단 한 곳도 없었으므로, 먼저 그들로부터 선거 활동 상황설명을 들었다. 선거자금이 왜 추가됐는지에 대한 사유설명, 추가된 빚의 액수, 최소한도 범위 내에서의 변제요청 액수 등을 청취한 뒤 질문과 토론을 했다. 그런 다음 우리 방문단이 최종 확정액을 결정해서 제시하고, 이를 수긍하면 현장에서 변제액을 지급해 주는 방식이었다. 당초 나는 단순한 자금호송책 역할인 줄 알았는데, 지방으로 내려가기 전 윤천주 사무총장께서 나를 부르시더니 미리 당부를 하셨다.

"지역에 가면 선거자금이 부족해 낙선했다느니, 중앙지원자금이 턱없이 부족해 선거 빚을 많이 졌다느니 하면서, 터무니없이 천문학적 액수의 변제를 요청할 것일세. 그러니 자네가 옆에서 잘 듣고 냉철하게 분석하고 판단하여, 적정선의 액수를 적어 쪽지를 나에게 건네주게."

참으로 어려운 일을 맡게 되었다. 윤 총장께서 예측하신 대로 지구당별로 방문해 보니, 낙선자들은 하나같이 선거자금을 적게 줘 낙선했다고 언성을 높이면서 중앙당에 대한 불평을 쏟아냈고, 당선자들 또한 선거 빚이 많다면서 천문학적 액수의 변제를 요구하고 있었다. 그때 내가 옆에서 듣고 분석·판단하여 적은 변제 타당금액 쪽지는 참고사항으로만 그칠 줄 알았는데, 그 내용대로 확정된 경우가 무려 80%나 되었다. 우리 일행은 강행군을 계속해 5일 동안 전국 지구당을 모두 순회(全國 巡廻)하면서 역사적 과업을 수행했다. 가는 곳마다 언쟁을 하면서까지 변제액을 최소화해서 준비했던 자금의 상당부분을 남기긴 했으나, 심신은 몹시 피곤한 상태였다.

윤천주 사무총장은 박정희 총재에게 업무 수행결과를 보고하면서 남겨온 상당한 금액을 그 자리에서 박 총재에게 반납(返納)했다. 이 때문에 윤 총장은 고위 당직자들로부터 융통성 없는 처사를 했다는 빈축을 사게 되었다. "기왕에 박 총재께서 전체를 승인한 액수이지 않느냐? 현지에 가 얼굴을 붉히면서까지 절약한 돈이므로, 중앙당 정치자금으로 사용하면 될 것을 도대체 왜 반납했느냐?"는 것이었다. 이러한 빈축을 살 만큼 윤천주 사무총장은 비리나 부정한 방법을 철저히 배격하는 정직하고 고지식한 원칙주의자였다.

당시 민주공화당 사무총장의 권한은 실로 막강했다. 국가 주요직의 새로운 장

(長)을 임명할 경우 사무총장이 김종필 당의장에게 추천하여 박정희 총재의 재가가 나면 임명이 되었는데, 윤천주 사무총장은 절대로 추천권(推薦權)을 남용치 않았으며 추천권 행사에 신중에 신중(愼重)을 기했다. 평소 나를 깊이 신뢰하신 연유도 있겠지만 나에게까지 객관성 있는 추천을 말씀하셨을 뿐만 아니라, 인사에 대한 후속 여론의 수합 보고까지 지시하셨다.

이젠 공개해도 될 것 같아 몇 가지 사례를 적는다.

대한무역진흥공사(KOTRA) 사장직에 자천타천의 인재가 몰려들었고, 그로 인한 여러 곳의 추천압력으로 어려움을 겪고 있을 때였다. 윤 총장께서 갑자기 나에게까지 의견을 물으셨다.

"선생님, 그곳 사장 자리는 외교관 경험이 있는 분이 좋지 않겠습니까?"

"그래, 누가 있나?"

그때 내가 2~3일에 한 번씩 총장비서실에 들러 청탁이나 총장 면담신청도 없이, 그저 총장님 안부만 묻고 돌아가기만 하던 김동조(金東祚, 정몽준 前 의원 장인) 씨에 대해 말씀드렸다. 동경대학 출신에 외교관 경력이 있는 분이었다. 수많은 압력을 뿌리치고, KOTRA 사장자리는 무엇보다 외교경험이 있는 사람이 돼야 한다면서 윤 총장께서 그를 당의장에게 추천하였고, 그가 대한무역진흥공사 사장을 맡게 되었다. 그 후 김동조 씨는 주일대사, 주미대사, 외무부장관을 역임했다.

국영 기업체 중 부정과 부실이 극심한 것으로 알려진 대한석탄공사 사장자리에는 더 많은 자천타천의 인사압력이 있었다. 윤 총장께서 가장 많은 고민을 한 곳도 이곳이다. 여러 곳으로부터 시달림을 당하시는 모습을 곁에서 지켜보다가 조심스럽게 건의 드렸다.

"선생님, 교수 중에서 회계학(會計學) 권위자를 보내면 부정과 비리를 저지르지 못할 것 아닙니까?"

결국 당대 회계학 전공의 대가인 고려대학교 김순식(金洵植) 교수가 석탄공사 사장으로 임명되었다. 그러나 김순식 교수는 3개월여 만에 석탄공사 사장직을 도저히 수행할 수 없다면서 스스로 사임(辭任)하고 말았다. 지금 생각해 보면 너무나 단순하고 천진난만한 천거였다.

1964년 5월 11일자로 문교부장관에 임명된 윤천주 사무총장께서 이번에도 내게 일을 도와달라고 하셔서 문교부장관 비서관 직을 맡게 되었다.

문교부(현 교육부)에 가보니 내가 대전중학교 다닐 때 교장선생님이셨던 한상봉 (韓相鳳) 선생님이 장학실장으로 계셨고, 대전고등학교 2학년 때 담임선생님이셨던 최영복(崔榮福) 화학 선생님이 편수국장으로 계셨다. 5·16군사혁명 직후라 누가 장관으로 오는지 문교부 직원들의 관심이 집중되고 있었는데, 뜻밖에도 생소한 인물인 윤천주 민주공화당 사무총장이 장관으로 임명되어 다들 긴장하고 있었다. 두 분 선생님도 마찬가지였는데, 그나마 제자였던 내가 윤 장관 비서관으로 왔다는 사실에 내심 안심하면서 기쁘게 생각하는 눈치였다. 나 또한 당시 그분들이 계셔서 많은 도움을 받았다. 사실 윤 장관님과 나 역시 문교부가 생소한 곳이었기 때문에 선생님들의 도움을 받아 문교부의 속사정을 빨리 파악할 수 있었고, 그 덕분에 정확하고 신속하게 윤 장관님을 보필할 수 있었다.

윤천주 장관께서는 문교부에 와서도 나를 깊이 신임해 주셔서 비밀에 속하는 일까지 말씀해 주시고 인사문제를 상의해 오시기도 했다. 문교부차관이 사임하여 차관 자리가 비게 되자 내 의견을 물으셨다. 내가 소신껏 말씀드렸다.

"선생님, 차관 자리이기 때문에 군 출신 중에서 임명될 확률이 많습니다. 그러나 저는 교육기관이기 때문에 군 출신은 바람직하지 않다고 생각합니다. 내부승진으로 하는 것이 좋을 것 같습니다. 그렇게 되면 문교부 역사상 처음 있는 일이 되기 때문에 전국의 문교부 산하 직원들의 사기진작에도 큰 도움이 될 것입니다."

이후 장학실장으로 계셨던 한상봉(韓相鳳) 선생님이 차관(次官)으로 임명되었다.

또 윤천주 선생님의 문교부장관 재임시절, 정부가 국유재산 중 잡종 토지를 민간에게 불하하여 국가재정을 확충하겠다는 정책을 시행한 바 있었다. 이로 인해 문교부 산하 문화재관리국 소관의 수많은 잡종 토지도 민간인에게 불하되었다. 당시 문화재 관리국장은 육군소장 출신의 하모(河某) 씨였다. 어느 날 하 국장이 삼선동의 윤천주 장관 댁을 방문했다. 두 분만이 대화하는 자리여서 나는 옆에 있지 않았다. 며칠 후 윤 장관으로부터 다음과 같은 얘기를 들었다.

"하 국장이 문화재관리국 소관 잡종 토지를 대부분 수의계약으로 불하하려 하는데, 미리 매입해 두면 앞으로 좋을 것 같으니 나더러도 전망 좋은 몇 곳을 장만해 두라고 권유하더군. 내가 어이가 없어서 완강히 거절하고 그 자리에서 그를 힐책했네. 그러고는 잡종 토지 불하업무 집행에 있어 절대로 불미한 일이 발생치 않도록 철저히 감독하라고 지시해 두었네."

결국 하 국장은 잡종 토지 매각업무와 관련하여 구속, 입건되어 불명예 퇴진하였고, 그 일에 관련된 문교부 주요 과장급 이상 몇 명도 입건되는 사건이 발생했다.

윤천주 선생님께서는 그렇게 청렴결백한 분이었다. 사모님께서는 나에게 가끔씩 "우리 장관님은 매우 고지식하고 융통성이 없는 분인데, 이제 보니 비서관 아저씨도 우리 집 양반을 꼭 빼닮았으니 이다음에 고생깨나 할 것이 뻔하네요."라고 뼈 있는 우스개 말씀을 하시곤 했다. 내가 옆에서 오랫동안 지켜본 윤천주 선생님의 처신은 흠집 없는 깨끗한 처신이었고 훌륭하고 모범적인 생활모습이었다.

선생님께서는 1965년 8월 26일 문교부장관직에서 퇴임하신 후 곧바로 한국경제문제연구회 회장, 대한학교체육회 고문, CISV(국제어린이 여름마을) 한국회장 직을 맡으셨다. CISV는 초등학교 5~6학년의 세계 각국 어린이들을 대상으로 국제캠프를 열어 미래의 주인공인 어린이들 상호 간의 이해와 교류를 증진시켜 장차 각국의 세계적 지도자를 육성하자는 목표 아래, 영국에 본부를 둔 국제기구이다. 나는 고대 정외과 후배인 천신일(千信一, 後 고대교우회장)을 이 업무담당 비서로 천거·임명했고 수년 후에는 그에게 한국회장을 맡겼다. 이 당시 초등학생이 외국에 나간다는 것은 불가능한 상황이었을 뿐만 아니라 2주 정도를 외국에서 지낼 경비를 부담할 수 있는 자라야만 참가할 수 있기 때문에 대부분 재벌들의 자제들이 참가하게 되었다(예: 이재용 삼성부회장이 CISV 출신임). 오늘의 천신일 회장의 사업성공은 이 업무담당과 더불어 회장이 된 데 이르기까지가 기반이 된 것이다.

나는 한국경제문제연구회 연구위원으로 임명되어 경제공부를 다시 시작하면서 단국대학교 법정대학 정치학과 강사로 대학생 교육에 열중하고 있었다. 바로 이 무렵 1965년 12월 초 나는 한국기독신보사(韓國基督新報社) 기자인 이정희(李正姬)를 알게 되어 아내와의 운명적 만남이 이루어졌다.

1966년 10월 어느 날 윤 박사께서 부르시더니, 제7대 국회의원 선거에 고향인 경북 선산군(善山郡)에서 입후보할 계획임을 설명하시면서 내게 지역의 조직관리 등 필요한 준비를 도와 달라고 부탁하셨다. 당시 선산군의 중심지였던 구미 읍에는 윤천주 선생님의 장형인 윤원조(尹元祚) 씨가 대한통운 구미출장소를 오랫동안 운영해 오면서 득인심(得人心)하여 지역에서 존경받고 있었다. 나는 그분을 중심으로 조직을 해나가기 시작했다. 그러나 민주공화당의 공천 상대자는 김봉환(金鳳煥) 현역 국회의원이어서 결코 만만한 상태가 아니었다. 나는 당장은 고생스럽더라도 이러한 지역조직 활동이야말로 훗날 내가 국회의원에 입후보하게 됐을 때 치러야 할 일들을 미리 경험하고 실습(實習)하는 좋은 기회라고 생각하고, 부지런히 선산군을 다니면서 지역조직을 확대해 나갔다. 그러던 중 선생님께서는 지역구가 아닌 전국구 7대 국회의원으로 당선되셨고, 나는 또 한 번 선생님의 청을 받아들여 윤천주 국회의원 비서관이 되었다.

선생님께서는 정계은퇴 후 한국경제문제연구회 회장으로 계시다가 1973년 초 부산대학교 총장으로 부임하실 때는 내가 경북 선산 출신인 노광식(盧光植) 씨를 비서로 추천해 드렸다. 그 후 1975년 5월 서울대학교 총장으로 임명되시어 다시 서울로 올라오셨다. 서울대 총장으로 재임하실 때는 모든 일을 온후한 성품과 덕으로 다스리셔서, 학원가가 극도로 혼란스러웠던 그 시절에도 임기 4년을 다 마치시고 1979년 정식 임기만료 퇴임한 첫 번째 서울대 총장이라는 기록을 세우셨다.

돌이켜 생각하면 내가 고려대학교에서 인격적으로 훌륭하신 윤천주 선생님을 만나게 된 것 자체가 일생의 큰 영광이었으며, 그분으로부터 정말로 많은 것을 배우고 큰 지혜를 얻었다.

"사람들은 나를 보고 원칙주의자, 고지식한 사람이라고 하네만 재주가 지나치면 정도(正道)를 벗어나 큰 낭패(狼狽)를 보네."

지금도 귓전에 들리고 있는 그분 말씀이 나의 생활철학이 되었다.

나의 박사학위 수여식 때 식장까지 오셔서
축하해 주신 윤천주 前 문교부장관
('82. 9. 17 단국대강당)

최규하(崔圭夏) 대통령
- 나랏돈 아껴 써야 하네

　최규하(외무부장관, 국무총리, 제10대 대통령 역임) 대통령을 처음 만나게 된 것은 내가 국무총리 비서관으로 있을 때였다. 즉 1975년 12월 19일 사임한 김종필 총리의 후임 국무총리 서리로 오시면서부터다. 그 무렵 나는 모시고 있던 김종필 총리가 사임함에 따라 나 역시 비서관을 그만두고 본래 근무지인 단국대학교 조교수로 복귀하여, 시간 나는 대로 국회의원 출마를 목표로 해놨던 대전조직을 강화·관리해야겠다는 생각을 굳히고 있었다.

　그래서 다음 해 1월 초 최규하 총리서리의 최측근 정동열(鄭東烈) 의전수석비서관을 면담하는 자리에서, 내 향후 계획을 설명하고 사표를 제출했다. 무난히 수리될 줄 알았는데 돌아온 대답이 의외였다.

　"이 비서관, 최규하 총리께서도 갑자기 오시는 바람에 여러 가지로 생소한 데다, 측근이라고는 달랑 나 한 사람 데려오셨는데 나 역시 총리실 사정이나 업무 추진방향도 잡기 어려운 상태입니다. 그러니 여기서 당분간만 좀 더 도와주세요. 이(李) 비서관에 대해서는 이미 내 동생 수열(秀烈, 고대법대 졸업, 後 한일건설 사장)이한테서 익히 들었습니다. 고대 4·18의거의 주역으로서 리더십도 대단하고 아주 성실하고 능력 있는 분이라면서요. 그러니 좀 도와주십시오."

그의 간곡한 부탁을 차마 거절할 수가 없어, 나는 결국 김종필 총리에 이어 최규하 국무총리를 모시게 되었다.

갑자기 총리실의 핵심업무인 예산, 인사, 관리업무를 담당하는 총무비서실로 이동시켜 업무를 보게 하더니 1978년 3월 총무수석 비서관으로 승진 발령하였다. 나는 총무비서실 업무 총괄자가 되면서부터 최규하 국무총리의 수족과 다름없는 생활을 시작했다.

세상에 그렇게 서민적이고 절약정신이 몸에 밴 분은 처음 보았다. 삼청동 총리공관으로 퇴근하시면 꼭 고무신을 신고 공관 내를 둘러보시면서 잡초를 뽑으셨고, 식사는 아주 간소하게 하셨다. 그 무렵 나는 생활을 동대문구 제기동(祭基洞)에서 하고 있었기 때문에 삼청동 공관과는 꽤 거리가 멀었다. 총무비서실 전용 관용차량도 없던 시절이라, 버스나 시발택시를 이용해 아침 8시까지 삼청동 공관으로 출근하고 저녁 9시경에 집으로 퇴근하는 것이 일일 시간표였다.

하루는 총리께서 큰 소나무를 가리키며 말씀하셨다.

"저 큰 소나무 밑이 모래바닥으로 되어 있어 외견상 좋지 않으니 그 밑에 풀을 심도록 하게."

"총리님, 본래 큰 나무 밑은 풀이 죽게 마련이니 그냥 두고 모양만 좋게 만들어보겠습니다."

"이 사람아, 그건 나도 아네. 그런데 내가 알기로는 큰 나무 밑에서도 1년 내내 푸르게 자라는 풀이 있네. 그 풀을 찾아서 심어보게."

나는 곧바로 농업에 종사하는 대전의 지인들에게 문의해 봤으나 아는 사람이 없었다. 하는 수 없이 종로 주변을 뒤져서 신설동 부근의 종묘상에 문의하여 '맥문동(麥門冬)'이란 것을 알아냈다. 그 맥문동을 가져다 심어 총리님께서 말씀하신 대로 1년 내내 푸른 풀을 볼 수 있었다. 평생 외교관만 지내신 분인데 맥문동을 어떻게 아셨는지 지금도 궁금하다.

삼청동 총리공관(總理公館)은 일제강점기 때 일본인인 남선전기주식회사 사장의 사택으로 건축됐던 60여 년이나 된 집이라 아주 낡은 상태였다. 특히 현관 옆 벽면 반 정도의 타일이 금이 가고 훼손되어 있어서 보수계획을 세우려 했다. 타일을 사서 일부만 보수하려 했으나, 하도 오래돼 다른 부분도 연이어 떨어져 나갈 것 같았다. 이참에 외벽 전체의 타일을 새것으로 교체하는 계획을 세워 보고를 드렸더니, 정색을 하시며 꾸중하셨다.

　"뭐라고, 타일 전체를 새로 붙인다고? 이 사람아, 나랏돈을 그렇게 낭비해도 되나? 떨어진 데만 같은 타일로 붙이게나. 나랏돈 아껴 써야 하네."

　하는 수 없이 떨어진 타일 조각을 들고 대한민국 타일상의 집결지인 을지로로 가서 상점마다 찾아보았다. 그러나 똑같은 색깔과 크기의 타일은 단 한 군데서도 찾을 수 없었다. 우리나라에서는 해마다 새로운 타일을 원하기 때문에 1년마다 색깔과 디자인이 바뀐다는 것이다. 더구나 총리공관 타일은 60여 년 전에 생산된 것이니 말해 뭣하겠는가. 하루 종일 헛수고를 한 후 저녁 늦게 총리공관으로 들어가 보고를 드렸더니, 총리께서는 납득이 안 된다면서 다시 찾아보라고 하셨다. 그 이튿날부터 2~3일 동안 서울 근교의 아파트나 신축건물 공사현장을 찾아다니면서 노란빛이 나는 타일조각 15개를 수집했다. 내가 그것을 죽 나열해 놓고 총리께 아무리 돌아다녀 봐도 똑같은 것이 없다고 설명 드렸다. 마지못한 표정으로 총리께서 가장 유사한 타일 하나를 가리키시더니, 그걸로 가장 많이 훼손된 부분만 보수하라고 지시하셨다. 수소문하여 그 타일 생산공장을 찾아가 일부 남아 있는 타일을 사다가 부착작업을 시작했다. 그런데 웬걸? 낱장으로 봤을 때는 비슷해 보였으나, 여러 장 부착해 보니 기존 부분과 너무 차이가 나서 보기가 무척 흉했다. 게다가 총리께서 보시고 또다시 비슷한 타일을 찾아보라고 지시하지 않을까, 그것이 더 큰 걱정이었다. 그런데 정작 총리께서는 비슷하면 됐다고 생각하시는 듯했다. 교체 비용을 절감해 만족하셨기 때문인지 일체 말씀이 없으셔서 다행이긴 했으나, 매일 누더

기 같은 현관 입구 벽체를 보노라면 민망하기 이를 데 없었다.

그러던 중 1978년 여름 심한 장마로 인해 국무총리 공관 내 우측에 위치한 별채의 오래된 회의실 건물이 붕괴되었다. 총리께서 둘러보시고는 나에게 보수할 것을 지시했다. 나는 당시 한국 최고 건설회사인 현대건설(現代建設)의 이명박(李明博) 사장에게 연락했다. 붕괴된 건물에 대해 설명한 후 최 총리께서 보수지시를 내렸는데 어떻게 하면 좋겠느냐고 물었더니, 일단 내일 중으로 점검반을 보내겠다고 약속했다. 점검반이 와서 상황을 면밀히 조사해 간 후 3일 만에 이명박 사장으로부터 연락이 왔다.

"선배님, 점검반원들의 조사 결과 건물이 거의 완파 상태이므로, 보수하는 것보다는 새로 신축하는 것이 비용이 적게 들겠다고 합니다. 총리께 말씀드려 신축토록 하시지요."

곧바로 총리께 통화내용대로 보고 드렸더니 듣자마자 단호하게 말씀하셨다.

"이 사람아, 신축이 보수보다 예산이 적게 든다는 게 말이 되나? 쓸데없는 소리 말고 보수나 하도록 하게."

그 순간 내 생각으로는 국무총리께서 박정희 대통령을 의식함과 동시에, 총리공관을 신축함으로써 일어날 세간의 비난여론을 우려하는 것 같았다. 어쨌든 이 결과를 이명박 사장에게 전하면서 어떻게 했으면 좋겠느냐고 다시 자문했다.

"선배님, 제가 말씀드린 내용은 대한민국 최고의 기술자들이 조사 분석한 것이므로 신축 결론이 옳은 것입니다. 한 번 더 말씀드려서 신축토록 하세요. 그 방법밖에 없습니다."

다시 말씀드리기 거북하여 며칠 후 생각 끝에 아이디어를 하나 내서 이명박 사장에게 부탁했다.

"총리께 말씀드려봤자 똑같은 지시만 하실 거요. 그래서 생각했는데 정주영(鄭周永) 회장과 최규하 총리와의 만남의 자리를 마련해 보는 것이 어떻겠소? 두 분이 마침 강원도로 고향이 같지 않소? 고향 얘기도 나누시면서 정 회장이 직접 총리께 설명드리는 것이 상책일 것 같소. 그러니 이 사장이 협조 좀 해주세요."

다행히 이명박 사장의 협력으로 정주영 회장과 최규하 총리의 만남이 총리공관에서 이루어졌다. 이 자리에서 대화 중 정주영 회장이 "현대건설이 국가를 위해 붕괴된 국무총리공관 회의실을 신축하여 국가에 헌납(獻納)하겠습니다."라는 뜻밖의 발언을 했다. 전혀 예상치 못한 일이었다. 역시 통 큰 기업가 정주영 회장의 모습을 다시 한번 확인할 수 있었다. 당시 천하에 제일 바쁜 이명박 현대건설 사장도 신축하는 동안 수시로 현장을 방문해 각종 지시를 내리고 기술자들을 격려해 주었다. 그 덕분에 회의실 건물이 빠른 시일 내에 완벽하게 건설될 수 있었던 것이 아닌가 싶다. 그래서 오늘날 저렇게 훌륭한 공관회의실이 있게 되었다. 지금도 무척 감사하게 생각하고 있다.

회의실 건물 신축이 거의 마무리 단계에 갔을 때 어느 날 최 총리께서 "회의실 건물이 완공되면 주련을 붙여야 하는데, 주련판은 암각으로 하는 것이 좋겠나? 음각으로 하는 것이 좋겠나?" 하고 내 의견을 물으셨다. 나는 순간 당황했다. 대체 주련이 무엇이고 양각, 음각은 또 무엇인가? 알 수 없는 내용을 하문하시니 당황할 수밖에, 할 수 없이 솔직하게 여쭤보고 새로운 것을 배우게 되었다. 주련(柱聯)은 특히 한옥 건물 벽에 세로로 써 붙이는 글씨를 일컫는 것이고, 양각(陽刻)은 글자를 돋아나게 새기는 조각이고, 음각(陰刻)은 글자를 옴폭하게 파서 새기는 조각을 말하는 것이었다. 설명을 듣고 난 내가 조심스럽게 의견을 말씀드렸다.

"제 생각으로는 주련을 붙일 곳의 수와 붙일 글귀 등을 고려해서, 주련 글씨를 쓰실 서예가의 예술적 판단에 맡기는 것이 좋을 듯합니다."

"흠, 그게 좋겠군. 그러면 유명한 한학자이자 서예가인 신호열(辛鎬烈) 씨를 찾아서 그분에게 부탁하게. 효자동에 사신다는 얘기를 들었는데 지금도 거기 사시는지는 모르겠네."

그길로 효자동사무소를 비롯하여 이웃 소격동과 팔판동의 주민등록부를 열람, 연세가 66세이며 현재 팔판동에 거주하신다는 사실을 알아냈다. 내가 직접 자택을 방문하여 최규하 총리께서 신축된 공관회의실 건물의 주련을 부탁하신다는 말을 전했다. 그러나 자신은 그럴 만한 자격이 안 된다면서 정중히 사양하였다. 총리께 방문 결과를 말씀드렸더니 어떻게 해서든 그분에게 꼭 부탁해 보라는 것이었다. 다음 날 다시 자택을 방문하여 최 총리께서 재차 부탁했다는 전언과 함께 "선생님, 저희 아버님도 호서지방의 한학자이신 고 현산(玄山) 선생의 수제자로서 한학을 하고 계십니다."라고 덧붙였다. 그 말에 반색을 하시면서 나에게 현산 선생은 한학의 대가(大家)시라고 길게 설명해 주셨다. 이후 총리공관 내 회의실 건물 신축과 그 용도에 대한 설명을 들으시고는, 한참을 숙고 끝에 결국 승낙하셨다. 신 선생은 정성을 다해 작업해 주셨고, 작업 후 약간의 사례비를 전달하던 날에는 과분하게도 내게 청남(淸南)이란 호를 지어주셨다.

주련작업이 한창 진행 중이던 어느 날이었다. 총리께서 또 의견을 물으셨다.

"회의실 건물 이름을 뭐라 지으면 좋겠나? 여기가 삼청동이니 삼청당(三淸堂)이라면 어떨까?"

"예, 무난하니 좋겠습니다."

"이번 글씨도 신호열 선생한테 부탁할까?"

"총리님, 그것은 박정희(朴正熙) 대통령의 휘호(揮毫)를 받도록 하시지요. 총리님께서 부탁하시면 아마 퍽 좋아하실 겁니다. 그리고 현판식을 갖고 간소한 축하연회도 베풀면 좋을 것 같습니다."

나의 얘기가 엉뚱하게 들리셨는지 처음에는 의아해하시는 모습이었다. 며칠 후 청와대를 다녀오시면서 굉장히 좋아하셨다.

"대통령께서 흔쾌히 휘호를 주시기로 했어요. 현판식과 간단한 축하연 개최도 재가하셨으니 완벽하게 준비하세요."

청와대와 일정을 조율한 후 1979년 10월 25일 17시 30분 대통령 참석리에 삼청당 현판 제막식(懸板 除幕式)을 갖고, 6시부터는 김재규(金載圭) 안기부장과 몇몇 장관(長官)들이 참석하는 소연(小宴)을 베풀기로 했다. 나는 이 소연에 이명박 현대건설 사장도 참석케 했다. 이날은 김희갑(金喜甲) 배우와 이미자(李美子) 가수도 참석했다. 나는 준비총책이었기 때문에 하명이 있을 것에 대비, 최규하 총리와 눈이 마주치는 위치에 서서 대기하고 있었다. 소연은 식사와 함께 여흥으로 연결돼 만족스럽게 진행되었다.

그런데 밤 10시경 박정희 대통령께서 갑자기 가야 하신다면서 자리에서 벌떡 일어나 밖으로 나오셨다. 문지방 부근에서 약간 비틀거리시며 넘어지실 것 같아서 내가 순간적으로 달려가 얼떨결에 대통령을 업었다. 경호원들은 연회장과 떨어져 있는 아래쪽 비서실에서 식사하고 있는 중이었다. 경호원도 없이 너무 갑작스럽게 일어난 일이라 정말 놀랐다. 경호원이 쫓아 올라오기 전까지 10여 미터 정도 대통령을 업은 채로 내려갔는데, 국정에 고심하신 탓인지 몸이 퍽 가벼웠다. 나중에 생각한 것이지만 다음날 10월 26일 10시로 예정돼 있던 충남 당진군 삽교천 방조제 준공식 행사가 생각나셔서, 갑자기 벌떡 일어나신 것 같았다. 박 대통령은 그렇게 정해진 나랏일에 대해서만큼은 철두철미하신 분이었고, 그때 그 모습이 지금도 뇌리에 생생하다. 나로서는 그날 저녁이 박정희 대통령을 마지막으로 보는 날이 되고 말았다.

박정희 대통령은 다음 날 저녁 7시 50분경 청와대 부근 궁정동 안가(安家)에서 식사 도중, 중앙정보부장 김재규의 총탄에 피살(被殺)되셨다. 나는 이날 광화문 부근에서 친구들과 저녁식사를 마치고 여느 날과 마찬가지로 8시 조금 지나 다시 삼청동 총리공관으로 들어갔다. 그런데 공관비서 한 명이 다급하게 달려와서는 내게 보고했다.

"조금 후 8시 30분에 청와대 비서실장실에서 국무총리가 참석하는 긴급 비상회의가 열린다고 연락이 왔습니다. 무슨 큰 사건이 발생했다는 얘기들이 돌고 있습니다."

이때부터 나는 정동열(鄭東烈) 의전수석비서관 그리고 신두순(申斗淳) 의전비서관과 함께 역사의 현장을 보고 듣게 되었다. 저녁 8시 30분경 최규하 총리를 비롯하여 몇몇 장관들이 김계원(金桂元) 청와대 비서실장실에 집결했다. 이 자리에서 김계원 실장이 최 총리에게 "큰일 났습니다. 조금 전 중앙정보부가 관리하는 궁정동 안가에서 식사 도중 김재규 부장과 차지철(車智徹) 경호실장 간에 언쟁이 있었는데, 김재규 부장이 차지철 실장에게 권총을 발사했고 또한 김재규가 실수로 쏜 총탄에 대통령 각하가 맞아 병원으로 모셨으나 돌아가셨다고 합니다."고 보고하는 것이 아닌가! 모두가 다 어안이 벙벙한 상태의 침묵이 흘렀다.

이윽고 김성진(金聖鎭) 공보부장관이 최규하 총리에게 말했다.

"헌법 규정에 따라 국무총리께서 대통령 권한대행이 되십니다."

"그래요? 그러나 내가 직접 확인하기 전까지는 믿을 수 없습니다. 내 눈으로 박 대통령께서 사망하셨다는 사실을 확인해야겠습니다. 지금 바로 국군통합병원 서울지구병원(당시 삼청동 입구 보안사령부 건물 내 소재)으로 가봅시다."

병원장의 안내로 시신을 덮은 흰 천을 벗기고 최 총리가 박 대통령의 사망을 직접 확인했다. 그 후 곧바로 김재규 부장과 정승화(鄭昇和) 참모총장이 있는 육군본부 지하벙커로 향했다. 이 대목에서 어떤 사람들은 "대통령 유고에 따른 최고 통치자가 정치적으로 군사적으로 국가의 기반이 흔들리는 사태가 발생했는데도 육본 지하벙커로 간 것은, 김재규와 정승화를 두려워한 것이 아니냐?"고 비판(批判)하고 있으나, 그것은 그렇지 않다. 김계원 청와대 비서실장의 보고에 따르면 김재규가 차지철을 쏘다가 실수로 쏜 총탄에 대통령이 피살된 것이라 했다. 최 총리는 이 설명이 의심스러워 직접 확인하려 했고, 또 단독 범행인지 아니면 배후세력이 있는지 등을 확인하기 위해 벙커로 향한 것이다. 10시경 지하벙커에 도착하자 김재규(金載圭)는 "내가 대통령을 쏴서 사망했습니다. 비밀에 붙이고 국가비상계엄을 선포하십시오."라면서 횡설수설했다. 좌불안석하는 김재규를 본 최규하 총리는 김재규가 대통령을 직접 살해한 자이고 아직은 배후세력이 없는 것 같다고 판단한 후, 대통령 권한대행으로서 밤 11시 정각에 임시 국무회의를 소집했다.

"대통령 유고에 따른 국가의 안전과 사회질서 유지를 위해 1979년 10월 27일 04시를 기해 전국(제주도 제외)에 비상계엄을 선포한다."

내가 그때 옆에서 본 최규하 대통령 권한대행은 종전의 부드러운 국무총리 모습이 아닌, 아주 적극적이고 단호한 자세였다. 대통령 유고 시에 우려되는 북한의 위협, 국가안보와 안위, 나라 안정에 최선을 다하는 모습이었다. 임시국무회의가 끝나자마자 전방(前方)경계 강화를 지시하고 정승화(鄭昇和) 육군참모총장을 비상계엄사령관에 임명한 후 김재규 체포(逮捕)를 지시했다. 이와 동시에 국군보안사령부에 대통령 시해사건 합동수사본부를 설치케 하고, 전두환(全斗煥) 육군보안 사령관을 본부장(本部長)으로 임명했다. 다음 날 27일 아침 9시에는 김성진 공보부장관으로 하여금 박정희 대통령 서거를 소상히 발표케 하고, 관계 장관들에게 국민들의 동요 방지에 최선을 다하라고 지시했다.

11월 6일 최규하 대통령 권한대행은 '시국에 관한 대국민 담화'를 발표했다. 발표 전 그는 정치계 일각에서 3개월 내 헌법을 개정하여 대통령 선거를 하자고 주장하고 있는데, 지금과 같은 혼란스러운 상황에서는 불가능하다고 판단했다. 그래서 "일단 현행 헌법 규정에 따라 새 대통령을 선출하고, 새 대통령이 빠른 시일 내에 헌법을 개정토록 한다."는 내용으로 전혀 사심 없이 담화문을 발표했다. 그러나 11월 20일을 전후해서 야당을 비롯한 학원가 등에서 조기 개헌, 조기 총선 등을 주장하며 시위를 감행하는 등 정가가 매우 혼란스럽게 변해갔다.

최규하 대통령 권한대행은 12월 6일 개최된 통일주체국민회의 대의원대회에서 96.7%의 득표로 제10대 대통령에 당선되었다. 대통령에 당선되자마자 다음 날 국무회의를 열어 정치활동을 금지했던 문제의 긴급조치 9호를 해제했고, 12월 10일 겸직했던 국무총리직을 사임하고 신현확(申鉉碻) 씨를 국무총리에 임명하는 등 내각을 추슬렀다. 재야 측으로부터 유신잔당이라는 비난을 받으면서도 그는 당분간 새로운 문제를 유발시킬 사건을 예방하면서 정국안정(政局安定)에 최우선의 노력을 경주했다.

대통령 권한대행을 맡으셨을 때도 최 대통령은 청와대(신축한 현재의 건물이 아니고 前 경무대 건물) 집무실로 가시지 않고, 삼청동 국무총리공관에서 집무를 보셨다. "청와대로 바로 가는 것은 서거하신 박 대통령에 대한 예의가 아니다. 생활에 필요한 가재도구는 내 집 것을 가지고 갈 것이니 모든 것을 간소하게 개조·수리하라. 그 후에 들어가겠다."고 총무비서관인 나에게 지시하셨다. 나는 이에 따라 대통령으로 정식 당선되어 취임식을 거행하는 날을 입주일로 가정하고, 최 대통령의 검소한 성품에 맞게 수리를 해 나갔다.

1979년 12월 12일 오후 6시경 합동수사본부장이자 국군보안사령관인 전두환 장군이 몇몇 장성과 함께 총리공관으로 최규하 대통령을 만나러 왔다.

"정승화 육군참모총장 겸 계엄사령관은 10·26 궁정동 대통령시해사건 당일 옆 건물에 대기하고 있었을 뿐만 아니라, 박 대통령 시해 전후 김재규와 상황에 대해 협의를 했다는 새로운 혐의점(嫌疑點)이 발견됐습니다. 그러므로 정승화 총장을 연행(連行)하여 조사해야겠습니다."

설명을 마친 전 장군이 '정승화 총장 연행조사의 건'이란 대통령 재가 결재서류(裁可書類)를 내놓았다.

"현직 계엄사령관 겸 육군참모총장과 관련된 중요한 사안이므로 국방부장관의 보좌를 받아 재가 여부를 결정해야 하오. 그러니 노재현(盧載鉉) 국방부장관의 결재를 받아오든지 아니면 그를 데리고 오시오."

"현재는 국방부장관의 행방을 알 수 없는 상황입니다. 정승화 사령관 연행은 빨리 이뤄져야 하므로, 대통령께서 먼저 재가해 주시면 사후 국방부장관의 결재를 받겠습니다."

"안 됩니다. 먼저 국방장관을 찾아서 데려오시오."

"각하, 재가부터 해주십시오."

대통령과 합동수사본부장 사이에 이런 대화가 오가면서 시간만 흘러갔다. 약 30분여 후 어디선가 온 무전연락을 받은 후 전 본부장 일행은 돌아갔다. 나중에 알려진 바에 의하면 전(全) 합수본부장이 삼청동 총리공관으로 최규하 대통령을 만나러 올 때, 이미 정승화 체포 지시를 해놓았기 때문에 체포 작전이 진행되고 있었다. 오후 7시 반경 체포된 정승화(鄭昇和) 사령관은 보안사령부 서빙고 분실에 연금(軟禁)되었다. 노재현(盧載鉉) 국방부장관은 12월 12일 오후 7시경 국방부장관 공관 옆 정승화 육군참모총장 공관에서 알 수 없는 총격전이 벌어진 것을 보고받고는 가족들을 피신시킨 후 자신은 육군본부를 거쳐 한미연합사령부 상황실에 은신(隱身)하고 있다가 발각되었다고 한다.

당시 삼청동 국무총리 공관의 경비는 구정길 헌병중령이 단장으로 있는 군(軍)경비대가 맡고 있었다. 12일 밤 9시경 그가 경찰경무관 한 사람을 데리고 공관 비서실로 나를 찾아왔다. 구 중령 자신은 원대복귀하고, 본래 청와대 경비를 담당하는 101경비단이 최 대통령께서 집무하고 있는 총리공관 경비를 담당하게 됐다는 보고였다. 그 순간 나는 최 대통령이 계신 공관도 보이지 않는 감시망 속에 들어갔구나 하는 생각이 들었다.

정승화 체포에 대한 대통령의 재가를 받지 못하고 돌아갔던 전두환 합수부 본부장이, 밤 9시 반경 장군 6명과 함께 다시 총리공관으로 왔다. 그러고는 재차 정승화 사령관 연행·조사에 대한 대통령의 재가를 집단적으로 요청했다. 그러나 최규하 대통령은 앞서 말한 것과 똑같이 노재현 국방장관을 데려오라고 지시하면서 재가를 거부(裁可 拒否)했다. 이때에도 최규하 대통령은 정승화 총장이 이미 체포되었다는 사실을 알지 못하고 있었다.

이번에도 전두환 일행은 재가를 받지 못한 채 돌아갔다. 밤 11시경 최규하 대통령이 신군부 세력에 의해 연금된 노재현 국방장관과 전화연결이 되었다. 국방장관에게 곧바로 총리공관으로 올 것을 지시했으나, 그는 대답만 하고 오지 않았다. 12월 13일 새벽 신현확(申鉉碻) 국무총리와 이희성(李熺性) 중앙정보부장 서리가 그를 찾아가 설득함에 따라, 새벽 3시 반경 국방장관이 총리공관으로 와서 최 대통령을 만났다. 최규하 대통령, 신현확 국무총리, 노재현 국방부장관이 모인 자리에서 최 대통령은 국무총리로부터 정승화 총장이 이미 체포되어 조사받고 있다는 보고를 받았다. 이로써 최규하 대통령은 13일 새벽 4시 10분경 노재현 국방장관과 신현확 국무총리가 차례로 결재한 후에, 어제 12일 오후 6시경부터 이날 13일 새벽까지 무려 10시간 동안 버텨왔던 정승화 연행 건에 대한 사후 재가를 하게 되었다.

최규하 대통령은 노재현 장관의 추천을 받아 이희성 중앙정보부장 서리를 육군참모총장 겸 계엄사령관으로 임명하고 13일 오후 노재현 국방장관으로 하여금 담화문을 발표토록 했다. 10·26 박 대통령 시해사건의 연루 혐의로 정승화 사령관을 연행·조사 중이고, 새 육군참모총장 겸 계엄사령관에 이희성 대장이 임명되었으며, 전 국민은 비상계엄 업무수행에 협조를 바란다는 내용 등으로 국민을 안심시키는 조치를 취했다. 전두환 보안사령관을 중심으로 한 신군부 측은 이로써 군부인사 조정 등 군부 내 주도권을 장악하면서 최고 실력자로 부각됐다.

군 내부사정을 전혀 모르는 최규하 대통령으로서는 이렇듯 재가과정에서나마 원칙과 절차를 지키는 것을 보여줌으로써, 정식 절차 없이 불법으로 행동해서는 안 된다는 대통령 자신의 뜻을 알리는 동시에 군의 경거망동(輕擧妄動)을 억지(抑止)

해 보려고 했던 것이다. 사실상 전두환 장군을 중심으로 한 신군부 측이 10·26사태를 계기로 정승화 총장을 제거하려는 움직임에 대해서는 전혀 알지 못했던 만큼, 대통령이 된 후 군의 안정을 바랐던 순수한 마음에서 행한 조치였다고 생각한다.

최규하 대통령은 1979년 12월 21일 취임식을 마친 후 수리해 놓은 경무대로 들어가셨다. 아무도 없이 부인 홍기(洪基) 여사와 단둘만의 청와대 생활이 시작된 것이다. 정동열 의전수석비서관의 연락으로 12월 26일 저녁 청와대로 최규하 대통령을 뵈러 갔다. 두 분 내외께서는 응접실에서 차를 들고 계셨다. 나는 이참에 사의를 표명(辭意 表明)해야겠다고 결심하고 있었다.

"경무대 내부수리를 하느라 고생 많았소. 12월 12일부터 2~3일간 심려가 많았죠."

격려 말씀을 듣고 난 후 내가 입을 열려는 순간 대통령께서 먼저 "이봐, 미스터 리!(총리시절부터 친근하게 나를 부르는 표현) 내일부터 대통령 경호실(警護室) 행정처장(行政處長) 일을 봐줘야겠어." 하시는 것이었다. 아차, 내가 한 발 늦었구나 싶었다. 그러나 나의 포부와 입장을 확실히 말씀드리고 이 무대를 떠나야겠다고 단단히 마음먹었다.

"각하, 저는 다른 계획이 있어서 각하의 분부를 따를 수 없습니다."

"계획이 뭡니까?"

"저는 대전고등학교에 입학할 때부터 국회의원이 되어 나라에 봉사하겠다는 소망을 가지고 있습니다. 각하께서 국무총리로 오실 때 사직하려 했으나, 정동열 의전수석이 당분간만 도와주면 사직할 기회를 주겠다고 약속하여 여기까지 왔습니다. 그러나 이제는 제 고향인 대전으로 내려가서 국회의원 입후보를 위한 조직강화 활동을 해야 할 시기입니다."

최 대통령께서 씩 웃으시며 물으셨다.

"이 사람아, 내가 누군가?"

"대통령 각하가 아니십니까."

"그래, 국회의원이 되는 것은 나라를 위하는 것이고, 대한민국 대통령 경호실로 가서 풍비박산된 경호실을 정리하고 정상화시키라는 대통령의 명령은 나라를 위한 것이 아닌가?"

명령이라고 말씀하신다. 나는 어떻게 해서든지 대통령의 허락을 받아내기 위해 순간적으로 반쯤 일어서서 대통령을 향해,

"저는 이것(무의식중 대통령을 향해 권총 쏘는 모습을 해보이면서)을 할 줄 모르기 때문에 경호실은 안 됩니다."

순간 대통령에게 무례를 저질렀구나 하는 생각에 가슴이 덜컥했다.

"이 사람아, 행정처장 자리는 이거(손가락으로 권총 쏘는 모습을 그리면서) 하는 자리가 아니야! 내가 자네의 능력을 믿고 있으니 내일부터 바로 일하도록 하게."

이젠 지시가 아니라 확실한 명령이었다.

"저 혼자 말씀입니까?"

"그래, 혼자요. 몇 사람씩 가면 내 사람을 심는다고 비난들 할 테니 그건 안 되지."

대통령의 말씀을 몇 번씩 거절하는 것도 예의가 아니어서 마음먹고 밀어붙이려던 계획을 포기하고 말았다. 집으로 돌아와 아내에게, 이번에도 그 무대에서 빠져나오기는 틀렸다고 얘기하면서 대통령과의 대담내용을 전해줬다. 아내가 깜짝 놀라 "여보, 대통령 앞에다 대고 총 쏘는 시늉을 했다니, 그게 어른을 앞에 두고 할 행동이에요?" 하면서 심하게 꾸짖는 것이 아닌가. 다시 생각해 보아도 큰 실수였다. 그나마 대통령께서 웃으시며 받아주셨으니 다행이었지만.

이렇게 해서 나는 1979년 12월 27일, 가고 싶지 않았던 대통령 경호실 행정처장(行政處長)으로 부임하게 되었다. 출근하자마자 최규하 대통령으로부터 하명을

받았다.

"경호실장을 실 내에서 추천해 보게나. 거창하게 말고 내부에서 맡을 만한 군인이 있나 한번 알아보고, 면담을 해본 후 적당하다고 생각되면 추천하게."

아무래도 준장은 돼야 실장을 할 수 있을 것 같아, 알아본즉 상황실장인 정동호(鄭東鎬) 대령이 내년 1월 1일부로 준장 진급내정자라고 했다. 그를 면담한 후 대통령께 추천해 12월 28일 경호실장 서리로 발령이 됐고, 이후부터 경호실을 바로잡는 업무를 그와 함께 집행해 나갔다.

최규하 대통령은 베테랑 외교가였지만 훌륭한 정치가로 평가받지는 못했다. 소위 체육관 대통령 선출기구인 통일주체국민회의를 폐지하지 않았다는 비판, 스스로 대통령직을 내놓음으로써 오히려 전두환 정권의 탄생을 도왔다는 비판, 국회청문회나 전두환 등에 대한 재판에 출석하여 당시의 대통령으로서 상세한 증언(證言)을 하지 않았다는 비판, 재임 시 아무것도 한 것 없이 자리만 지키고 있었다는 등의 여러 가지 비판(批判)을 들었다. 그러나 1979년 10·26사건 이후 줄곧 역사의 현장에서 내가 직접 보고 듣고, 또 최규하 대통령께서 내게 하셨던 말씀 등을 종합해 볼 때, 그러한 비판들은 전적으로 잘못된 것이고 나로서는 받아들일 수 없다.

당시의 상황을 정리해 보자. 최규하 국무총리는 갑작스런 대통령 서거에 큰 충격을 받았으며, 전혀 뜻밖의 상황에서 대통령 권한대행직을 수행하게 되었다. 국제유가 인상 등 대내외 사정으로 인해 국내 경제사정이 극도로 악화된 상태였고, 평생 외교관 생활만 했기 때문에 군부에 자신의 세력이 전무한 상태였다. 더욱이 막강했던 박정희 대통령 집권하에서는 국무총리로서의 역할에만 충실할 뿐 군의 내부사정 따위엔 관심도 없었다. 이렇듯 정치적 기반이 전무한 상황에서는 사실상 신군부의 권력 장악을 분쇄하기란 역부족일 수밖에 없었다.

1996년 전두환·노태우 전직 대통령이 내란죄 및 반란죄로 재판받을 때, 전두환

전 대통령에 대한 구속영장(1995년 12월 3일 구속) 내용을 살펴보자.

"1979년 10월 26일 박정희 대통령 시해사건이 발생하여… (중략). 군의 정치적 중립에 공감대가 형성되고 있을 즈음, 10·26사건 합동수사본부장인 전두환의 권한 남용 등으로 정승화 계엄사령관 겸 육군참모총장과 잦은 갈등을 빚었다. 한편 군 장성 진급심사에서 전두환을 중심으로 한 소위 하나회 소속 군인들의 진급이 여의치 않게 될 뿐 아니라 정승화 육군참모총장이 전두환의 여러 가지 월권행위 등을 문제 삼아 인사조치할 기미를 보이자, 정승화 총장을 김재규 내란사건 관련 혐의로 수사한다는 명목으로 불법 연행하여 제거함으로써 군의 실권을 장악할 목적으로 노태우 등 군 장성들과 보안사령부 실세들과 공모하여, 1979년 11월 중순경부터 수차례 회합하여 정승화 총장 연행날짜를 12월 12일로 정하고 이를 실행하였다."

이러한 치밀한 계획하에 발생한 12·12사건이지만, 당시 최규하 대통령은 이 같은 움직임을 전혀 알지 못하고 있었다. 군 내부사정을 보고해 주는 사람이 단 한 명도 없었다. 최 대통령으로서는 평소 전두환 본부장이 박정희 대통령을 존경하고 추종하고 있는 인물이기 때문에 애국충정에서 수사에 최선을 다하고 있을 것으로만 믿고 있었다. 더욱이 신군부가 12·12사건 성공으로 군권을 장악하고 1980년 2월경 소위 'K공작'을 작성하는 등, 집권계획을 착착 진행하고 있었다는 사실도 당시로서는 전혀 눈치채지 못하고 있었다.

최규하 대통령은 권력에 대한 욕심이 없는 분이었고 원칙과 법을 지키려는 철학을 가진 분이었다. 10·26사건 후 그 어려운 상황에서도 경제를 살려야 한다는 신념으로 석유왕국 사우디아라비아 등의 중동 석유생산 국가들을 방문하여 대책을 강구하는 한편, 누구 못지않게 국민이 바라는 민주화 그리고 국가의 안정을 위해 노심초사 최선을 다하신 분이다. 다음과 같은 조치를 취한 데서 그것을 알 수 있다.

1) 1979년 10월 26일 저녁 8시 반경 박정희 대통령 시해보고를 받음과 동시에 헌법규정에 따라 대통령 권한대행자가 돼야 한다는 건의를 받고서도, 당신이 직접 확인해야 한다면서 박 대통령의 시신이 안치된 병원으로 가서 확인한 후에야 밤 11시경 비상국무회의에서 대통령 권한대행의 절차를 밟았다.

2) 비상국무회의를 소집, 김성진 공보부장관에게 박정희 대통령의 유고를 발표케 했고 27일 새벽 4시를 기해 제주도를 제외한 전국에 비상계엄을 선포하였다.

3) 대통령 권한대행자로서 11월 6일 '시국에 관한 담화'를 직접 발표, "기존 헌법에 따라 대통령을 선출하고 빠른 시일 내 헌법을 개정하겠다."는 방향을 제시해 정국 안정을 도모했다.

4) 12월 6일 현행 헌법에 따라 통일주체국민회의에서 대통령으로 정식 선출되자마자 다음 날 국무회의를 열어, 긴급조치 9호 해제를 의결하여 비상조치를 해제하면서 민주적 선거절차에 의한 새 정부를 출범시키겠다고 국민들에게 약속했다.

5) 12·12사태 시 신군부에 의한 정승화 체포 건에 대한 재가에 있어서도, 국방부장관의 결재 없는 절차상 하자를 지적하며 10시간 동안 재가를 늦췄다. 그렇게 어려운 상황 속에서도 원칙을 지키고 법령을 준수함으로써 질서유지를 위해 최대한 노력했다.

6) 1979년 12월 21일 대통령 취임사에서 그는 '국론분열 방지와 정치안정'을 강조했다.

7) 1979년 12월 23일 취임 이틀 만에 긴급조치 위반 관련자 561명을 특별사면하고 1,330명을 석방했으며, 제적학생 759명과 해직교수 19명을 복학·복직시키는 조치를 했다.

8) 그는 1980년 2월 18일 윤보선 前 대통령을 위원장으로 하는 각계 원로 중진 23명의 '국정자문회의'를 구성하여 국정자문을 구했다.

9) 1980년 2월 29일 윤보선, 김대중 등 687명에 대해 복권(復權) 조치했다.

10) 국제원유가 인상(原油價 引上)으로 소비자물가의 상승률이 30%에 달하자 악화된 경제사정을 해결(經濟事情 解決)하기 위해, 정치불안 와중에도 1980년 5월 사우디아라비아 등 중동 산유국가를 방문하여 경제외교를 펼쳤다.

11) 박정희 대통령 서거 후 국민들은 유신헌법을 폐지하고 민주화에 따른 새 정부 구성을 원했다. 최규하 대통령은 이러한 국민의 뜻을 받아들여 긴급비상조치로 금지했던 개헌논의를 풀고 헌법 개정논의를 허용했다.

12) 그런 가운데 1980년 5월에 들어서면서 신군부는 최규하 대통령에게 비상계엄 확대, 국회해산, 국가보위 비상기구 설치를 내용으로 하는 '시국수습방안' 채택을 강요했다. 이때 그는 그들의 행동에 의문점을 갖고 "10·26사태 직후보다 안정되고 있으니 새로운 국민 불안요인을 만들어선 안 된다."며 반대했다. 최 대통령은 당시 이희성(李熺性) 계엄사령관을 비롯한 군 장성(軍 將星)들에게 "헌정질서가 뒤바뀌는 것은 5·16혁명 한 번이어야 한다."고 경고(警告)했으나, 5월 17일 오후 계속되는 신군부의 강요에 의해 그중 일단 비상계엄 확대(제외했던 제주도까지 포함) 조치만 승낙했다. 그러나 신군부 측은 5월 18일 여의도 국회의사당을 군 병력으로 점거하고 김대중, 김종필 등을 체포(逮捕)하여 보안사령부로 연행했고 김영삼, 이철승 등 많은 정치지도자들을 가택 연금시키는 사건이 발생했다.

13) 5월 26일 신군부 측은 국가비상기구로 국가보위비상대책위원회(약칭 國保委)를 설치한다는 안건의 재가를 최 대통령에게 요구했으나, 이를 재가하지 않고 미루었다. 그러나 5월 27일 국무총리 주재 국무회의가 이를 가결시켰고, 5월 31일 전두환(全斗煥) 장군을 상임위원회 위원장(委員長)으로 하는 국보위가 발족되었다. 이후부터 모든 권력은 국보위 상임위원회로 넘어갔고 최 대통령은 대통령으로서의 역할을 할 수 없는 위치에 서고 말았다. 청와대는

그저 대통령이 있는 곳이라는 의미밖에 없었다. 1980년 7월 30일 신군부의 부탁을 받았다고 세간에 알려진 김정열(金貞烈) 前 국무총리가 청와대를 방문, 무려 5시간 동안 대담하면서 최 대통령의 하야를 종용하였다.

14) 그 후 최규하 대통령은 주변사람들에게 "모든 것이 갈 곳으로 갔기 때문에 더 이상 이 자리에 머문다는 것은 의미가 없다."고 여러 번 말씀하시다가 드디어 8월 16일 대통령직을 사임(辭任)하셨다.

그가 대통령직을 사임하고 난 후 국회 청문회나 전두환, 노태우 재판에 출석하여 12·12사태와 5·18사건에 대해 증언(證言)하라는 야당의 요구와 국민여론의 압력을 받았음에도 불구하고 이를 거부한 데 대해 비판을 받고 있다. 그러나 최규하 대통령은 "전직 대통령이 재임 중에 있었던 일을 낱낱이 세상에 밝히는 것은 전직 대통령을 지낸 사람으로서 해서는 안 될 일이며, 내가 증언과 진술을 거부하는 것은 전직 대통령이 재판 등에서 증언에 응하는 악례(惡例)를 남기지 않기 위한 것"이라고 답변하고 끝내 거부(拒否)했다. 나는 이분의 소신이 옳다고 평가한다.

1980년 9월 1일 전두환 국보위 상임위원장이 제11대 대통령으로 취임했다. 최규하 대통령은 사임 후 사저인 서울시 마포구 서교동 자택으로 들어가 이전의 검소했던 생활로 돌아갔다. 퇴임 후 서교동 사저(私邸)를 방문한 나에게 12·12사태 때 얘기를 해주셨다.

"주무장관인 국방부장관의 결재가 없어 하자가 있는 재가문건인 데다 국방부장관의 보고와 의견을 듣고 처리할 생각으로, 노재현 국방부장관을 데려오라면서 미룬 것일세. 또 정승화 총장이 계엄사령관인데 과연 그를 연행·구속해도 되는 것인지 의심스러웠고, 그랬을 경우 군부 쌍방 세력 간의 충돌이 우려되었지. 그래서 이를 예방하고 상호 냉정기간을 주어보자는 의도에서 지연시킨 것이고, 사후에 재가

해준 것은 더 큰 군부의 유혈사태를 방지하기 위한 조치였네. 게다가 이미 정승화 사령관을 체포해 놓은 사실이 확인되어 재가 여부의 의미가 없어졌기 때문이지.”

그는 나라가 안정돼야 한다는 일념뿐이었다. 덧붙여 나에게 하신 말씀은 진심 어린 나라사랑의 일면이다. 한마디로 ‘애국자(愛國者) 최규하’ 그 자체였다.

“이봐 이 처장, 하야하길 잘했지. 내가 그 자리에 욕심이 생겨 버티고 있었다면 얼마나 큰 권력투쟁이 벌어졌겠어? 그렇게 되면 엄청난 국가적 혼란이 발생했을 것이고 국가발전에 큰 장애가 됐을 거야.”

최규하 대통령은 2006년 10월 22일 향년 87세로 서거하셨다. 서거 이후에 〈월간 조선〉 등을 통해 그의 청렴하고 검소한 생활모습이 소개되기도 했다. 내가 1975년부터 국무총리실 비서관으로 그분을 모시면서 특히 총무수석 비서관으로서 공관이나 사저 등 최측근에서 그분의 생활모습을 지켜본 바로도, 정직(正直)과 청렴(淸廉) 오직 그것뿐이었다.

그는 해외공관장, 외무부장관, 국무총리, 대통령 재임기간을 제외하고는 줄곧 1948년부터 살아왔던 서울시 마포구 서교동 467-5번지의 조그마한 한옥 개인주택에서 여생을 보내셨다. 서거하실 때까지 기름 대신 연탄을 사용하셨으며, 늘 고무신(태화표 고무신)을 애용하셨는데 뒤창이 닳으면 고무창을 붙여서 신으셨다. 대통령이 되시어 청와대 생활을 하게 될 때도 서교동 자택에서 쓰던 생활용품과 가구를 옮겨다 사용하셨고, 퇴임하실 때는 그것들을 다시 서교동 사저로 가져와서 사용했다. 1950년 처음으로 장만했던 선풍기를 돌아가실 때까지 사용하셨고, 지나간 달력의 뒷면을 이용해서 메모지로 사용하시는 그런 분이었다.

고희를 맞은 최규하 前 대통령(맨 왼쪽 저자, '88. 7. 18)

정주영(鄭周永) 현대건설 회장
– 골프는 많이 쳐야 본전입니다

1978년 삼청동 국무총리공관 별관 회의실 건물 보수문제와 관련하여 삼청동 총리공관에서, 당시 현대건설 이명박 사장의 소개로 정주영 회장을 처음 만나게 되었다. 첫 인상은 다른 기업인과 별반 다름이 없었다. 다만 성격이 좀 급한 것 같았고, 처음 인사한 상대방을 완전히 파악하기 위해서인지 뚫어지게 바라보는 것이 인상에 남았다.

그 후 일체 만남이 없다가 1984년 내가 체육부차관으로 부임한 지 얼마 안 되었을 때 대한체육회회장으로 있던 정주영 회장이, 체육부와 대한체육회 가맹 경기단체장 간의 친선 골프대회를 개최하던 날 다시 만나게 됐다.

정주영 회장은 대한체육회 회장이기 때문에 응당 이영호(李永鎬) 장관과 함께 제1조에서 맨 먼저 라운딩을 해야 했다. 그런데도 그는 잘 못 친다는 이유로 제2조인 나와 함께 라운딩할 것을 요청했다. 나도 골프를 배운 지가 얼마 되지 않아 본의 아니게 친 공이 좌우측 주변으로 날아가 도우미인 캐디들을 많이 고생시켰다. 그 당시 골프장은 적은 데 반해 골프인들은 많아서, 골프장마다 사람이 밀려 진행이 힘들었다. 그나마 비교적 진행이 잘되는 곳이 바로 태릉 컨트리클럽이었다. 그런데도 앞쪽 팀이 많아서 그런지 많이 밀리고 있었다. 그럴 때마다 나무그늘 밑에 앉아서 기다리는 수밖에 없었다.

옹기종기 앉아 쉬고 있는데 갑자기 정주영 회장이 나를 쳐다보며 말했다.

"이봐요, 이 차관님. 골프는 공을 여러 번 쳐야 본전입니다."

"예? 그게 무슨 말씀입니까?"

"골프는 즐기는 가운데 많이 걸을 수 있고, 그것이 건강에 좋다 해서 치는 것 아닙니까?"

"그렇지요."

"잘 치는 사람은 공이 똑바로 나가니까 덜 걷게 되고, 나처럼 친 공이 자꾸 좌우 측으로 가거나 밖으로 나가게 되면 여러 번 쳐야 하지요. 그러면 잘 치는 사람보다 그만큼 더 걷게 되니, 건강을 위해 더 좋은 것이지요. 그러니 이왕이면 같은 돈을 내고 공을 여러 번 쳐야 본전이라는 겁니다."

나는 놀랐다. 그렇지 않아도 우리 조(組) 멤버가 공을 쳤다 하면 밖이나 숲속으로 날아가 진행이 늦어지는 바람에 뒤 팀에게 미안한 생각이 들었는데, 정주영 회장이 그런 분위기를 유머러스하게 넘기는 것을 보고 모두들 그의 재치에 감탄했다.

정 회장은 나와 함께 라운딩을 하면서 88서울올림픽 유치에 관련된 이야기도 들려주었다. 그의 얘기를 정리해 보면 다음과 같다.

정부가 88올림픽 개최 신청을 해놓은 상태인데 광주사태 발생 등으로 정국이 불안해지고 경제사정도 나빠지고 있었어요. 게다가 유치 경쟁상대가 일본의 나고야라서 유치 승산도 어렵다는 여론이 일어, 정부로서는 오히려 안 했으면 하는 분위기였지요. 전두환 대통령으로부터 올림픽 유치 책임자로 임명된 노태우 정무장관도 은근히 반대하는 눈치였어요.

1981년 2월 초 어느 날 노태우 장관이 불러서 만났더니 내게 올림픽 유치에 대해 의견을 물읍디다. 내가 소신껏 대답했죠. 정치적인 것은 잘 모르지만 우리나라에서 올림픽이 개최되면 경제적으로는 큰 도움이 될 것이므로 유치해야 한다고요. 그가 별로 내켜 하는 눈치는 아니었어요.

그런 후 3월에 가서 나를 88서울올림픽 유치위원회 위원장을 시키더군요. 결국 나에게 짐을 짊어지게 한 것이지요.

나는 체육계 각 분야 전문가와 실무자를 포함한 유치사절단(誘致使節團)을 구성하여, 88올림픽 개최지 선정을 위한 IOC총회가 열리는 독일의 바덴바덴이란 곳으로 갔습니다. 현지에 가서 상황을 점검해 보니 여론상으로 대부분의 IOC위원들이 일본의 나고야를 지지한다는 거예요. 다행히 미국과 유럽의 일부 나라가 일본을 견제하고 있다는 보고를 듣고는 한번 해보자고 결심했습니다. 그래서 내가 사절단 회의에서 "용기를 내서 한번 해봅시다. 어렵지만 길을 찾아보세요. 길이 없으면 길을 만들어 보세요. 여러 가지를 고려해 보세요. 어느 사업이든 돈이 들어가게 돼 있습니다."라고 지침을 줬지요. 그때부터 우리는 저 남미와 아프리카 쪽 IOC위원들을 대상으로 우리나라 지지를 끌어낼 계획을 짰습니다.

우리 기업인들이 나라를 위해 많이 애썼어요. 그동안 외국과 사업하면서 인연을 맺은 기업인들을 통해 그 나라 IOC위원을 접촉케 하고 서울 개최 지지를 부탁토록 했지요. 예를 들면 친 불란서 인사인 조중훈 KAL 사장은 불란서 담당, 김우중 대우그룹 회장은 아프리카 수단 담당, 뭐 이런 식이었어요.

그 가운데 결정적인 역할을 한 사람이 한국사격연맹 회장이던 박종규(朴鍾圭) 회장입니다. 그때 박종규 씨는 작고한 김택수 한국 IOC위원 후임으로 곧 IOC위원이 될 후보였는데, 그가 당시 세계올림픽연합 회장으로 있던 멕시코의 언론재벌 마리오 바스케스란 사람과 아주 절친한 사이였습니다. 박종규 씨가 이 사람에게 부탁해서 남미와 아프리카 쪽 IOC위원들을 접촉케 할 사람을 추천받았는데, 그 사람이 바로 세계적 스포츠용품 회사 아디다스의 회장인 다슬러 씨였지요. 내가 보고를 받고 보니 이 사람은 오래 전부터 세계 각국의 IOC위원들과 교분이 두터울 뿐 아니라, 사마란치 IOC위원장과도 절친한 사이라서 많은 IOC위원들에게 무척 영향력이 큰 인물이더군요.

나는 그를 만나본 후 무슨 방법을 써서라도 이 사람과 함께 대한민국의 영광과 승리를 이룩해 보자고 결심했지요. 어떤 사업이든 사업을 성공시키려면 돈이 필요합니다. 나는 정말 최선을 다

했어요. 드디어 9월 30일 투표에서 52대 27이란 압도적인 지지로 서울 개최가 결정되었고, 마침내 88서울올림픽 유치를 성공시켰습니다. 우리가 세운 작전대로 남미 쪽과 아프리카 쪽 IOC 위원들이 서울 개최 지지에 몰표를 준 겁니다. 우리가 성공한 것이지요. 우리 사절단 중에서 특히 애를 많이 쓴 사람이 당시 국무총리실에서 일하는 이연택(李衍澤) 조정관이었습니다. 대단한 분석력과 기획력, 추진력을 갖춘 훌륭한 일꾼이더군요.

이연택 씨는 나의 연상 친구인 동시에 노태우 정권 시 총무처 장관을 지냈으며 그 당시 나를 남해화학 상임고문으로 천거해 주기도 했고, 대한체육회장을 지내면서 이 나라 체육발전(體育發展)에 큰 공헌(貢獻)을 한 인물이다.

1985년 3월 어느 날 체육부차관인 내가 주재하는 88서울올림픽 조직위원회가 열렸다. 조직위원회는 민간기구이기 때문에, 88올림픽 유치업무를 담당했던 노태우(盧泰愚) 제2정무장관이 장관직을 사임하고 조직위원장(組織委員長)이 되었다. 조직위원회는 체육부 산하 민간기관이므로 체육부의 지휘 감독을 받고 있었다. 이 회의에 정주영(鄭周永) 회장이 조직위원회의 부위원장 자격으로 참석했다. 회의가 끝난 후 정 회장이 내게 물었다.

"현 정권의 제2인자인 노태우 위원장을 앉혀놓고, 어떻게 그렇게 당당하게 문제점을 지적하고 회의를 진행하십니까?"

"88서울올림픽 조직위원회는 어디까지나 공식적으로 체육부 산하기관입니다. 차관을 한 번 하지 두 번 합니까?"

거침없는 나의 답변에 정 회장이 퍽 의아해하는 표정을 지었다.

그 후 내가 1985년 9월 소련을 비롯한 동구 공산권국가(共産圈國家)들에게 88서울올림픽 참가를 권유하기 위해, 직접 공산권의 종주국인 소련을 방문키로 결정했을 때였다. 대한민국 정부수립 후 정부부처 차관이 소련을 공식 방문하는 것은 이번이 처음 있는 일이어서 화제가 되었다. 이 소식을 전해들은 정주영 회장이 전화를 걸어왔다.

"어렵게 유치한 서울올림픽이 4년 전 LA올림픽 때와는 달리 자유진영과 공산진영이 함께 참가하는 대회가 되도록 많은 노력을 해주세요. 처음 가는 공산권이라 몸조심해서 다녀오기 바랍니다."

그러고는 얼마 있다가 인편으로 격려금 차원에서 금일봉을 보내왔다. 그러나 1985년 말 내가 국회사무총장으로 간 이후부터는 정 회장과 별로 만날 기회가 없었다.

체육부차관으로 체육계 신년교례회 때 정주영 체육회장과 반갑게 인사 나누는 저자

그러던 중 정주영(鄭周永) 회장이 1992년 1월 대통령 입후보를 전제로 한 통일국민당(統一國民黨) 창당준비위원장을 맡더니, 2월에 정식 대표최고위원이 되었다.

나는 그때 여당인 민주자유당 대전 서구·유성 지역구의 유력한 공천자로 내정되었다가, 민자당 내 김종필 최고위원이 자파계(自派系) 공천확보를 위해 소위 몽니를 부리는 바람에 하루아침에 신민주공화당계 인사로 공천이 뒤집혀서 이에 분노

한 나는, 즉각 민자당을 탈당하고 무소속 입후보를 선언한 때였다.

창당 후 당세를 확장해야 할 입장에 있던 통일국민당은 전국 지역별 유력 국회의원 입후보 예상자를 대상으로 영입활동에 들어갔다. 이러한 영입활동의 주역 중 한 분이 이내흔(李來欣, 前 현대건설 회장) 씨였다. 그는 정주영 회장의 최측근이자 서울 종로지역구 통일국민당 공천자이며, 대전고등학교 2년 선배인 동시에 내 후원회 회원이었다. 그가 어느 날 나를 찾아와 부탁했다.

"내가 정 회장에게, 그동안 대전에서 올곧고 성실하게 정치를 해서 대전·충남지역 정가에서 신망 높은 이재환(李在奐) 의원을 입당시키면, 충남과 대전의 조직 확대는 문제가 없다고 말씀드렸습니다. 그랬더니 정 회장도 당신을 잘 안다면서 A급 조건으로 입당시키라는 겁니다. 그러니 이 의원이 통일국민당에 입당해 주면 큰 힘이 되겠습니다."

나는 수차에 걸쳐 권유를 받았으나 거절했다. 내가 계속 무소속 출마(無所屬 出馬)를 고집하고 불응하자, 나중에는 자기 체면을 생각해서 정 회장을 한 번만 만나달라는 부탁을 해왔다. 어쩔 수 없이 나는 선배의 입장을 생각하여 정 회장을 만나기로 했다. 그렇지만 입당은 절대로 안 한다는 조건부 약속이었다.

2월 어느 날 오전 10시 현대건설 사옥 10층에 있는 정주영 회장실로 갔다. 내가 자리에 앉자마자 대뜸 정 회장이 말을 꺼냈다.

"국회의원에 당선되려면 돈이 얼마나 있으면 됩니까? 한 10억이면 됩니까?"

"예? …돈만 있다고 해서 다 국회의원에 당선되는 것은 아닙니다."

매우 불쾌했지만 내가 꾹 참고 대답했다. 그런데도 그는 막무가내였다.

"우선 선거자금으로 10억을 주고 A급이니까 나중에 5억 정도 더 갈 것이고, 그 외에도 대전·충남의 공천권을 상당 부분 줄 테니 우리 당으로 와서 같이 정치합시다."

순간 말문이 막혔다. 나는 지금까지 몇 번의 선거를 치렀지만 10억이란 돈을 써

본 적도 없고 만져본 적도 없다. 10억은 지금도 큰돈인데 그 당시 나의 느낌은 어떠했겠는가.

"회장님, 국회의원이 돈만 있다고 해서 다 당선되는 것이 아니고 그 지역에 공헌한 바가 있어야 합니다. 또한 지역민들에게 인기가 있어야 하고 훌륭한 참모진을 갖추고 있어야 합니다."

그러나 정 회장은 내 얘기가 시간낭비라는 듯 끝까지 듣지도 않고 일어서서는 악수를 청했다.

"그러면 그렇게 승낙하는 것으로 알고 있겠소. 오늘은 이만 끝냅시다."

몇 분이나 지났을까, 대화는 이것이 전부였다. 나는 정 회장이 듣던 바대로 직선적이고 빠른 결론으로 밀어붙이는 분이구나 감탄하면서 바로 대전으로 내려왔다. 내려오는 차 안에서 이내흔 선배의 전화를 받았다. 어떻게 됐느냐고 묻기에 만나기는 만났는데 처음 얘기한 대로 입당은 절대 안 하겠다고 대답했다.

그 당시 세간에는 정주영 회장이 돈을 많이 풀어 유력한 입후보 예상자들을 영입한다는 소문이 퍼져 있었다. 내가 만일 통일국민당에 입당하면, 이재환은 돈에 팔려 간 사람이 될 것이다. 그렇게 되면 20억이나 30억 원을 받았다고 소문이 날 것이고, 선거가 끝나면 당락과는 상관없이 "그 많은 돈을 다 무얼 했나?" 혹은 "우리에겐 선거비용으로 조금만 주고 이재환이 다 착복했다."는 도둑 누명을 쓰고 영원히 비난받는 자가 될 것이 뻔한데, 어떻게 거기에 빠져 들어갈 수 있겠는가. 나의 판단은 그러했지만 이내흔 선배의 청을 못 들어줘서 지금도 미안하다.

입당을 거절하자 내 대타로 김 모(某) 前 의원이 입당을 했는데, 예상했던 대로 그는 낙선 후에 위와 같은 낙인이 찍혔고 오랫동안 심한 후유증을 겪는 것을 목격하고 그 당시 나의 판단이 옳았음을 확인했다.

나는 그동안 내가 지역발전을 위해 노력한 결과에 대해 오히려 무소속으로 입후보해서 평가받아야만, 그것이 객관적으로 정당하고 가치 있는 결과물이 될 수 있다고 생각하여 무소속 출마를 끝까지 고수했다. 그리고 총선 결과 무소속임에도 불구하고 월등한 다수득표(多數得票)로 당당히 제14대 국회의원이 되었다.

다만 지금도 한 가지 미안한 것은 나에 대한 정주영(鄭周永) 회장의 파격적인 호의를 받아주지 못했던 일이다. 정주영 회장이 어떤 분인가? 목적 달성을 위해선 수단 방법을 가리지 않고 성공시키고야 마는 분이 아닌가! 외국 대학교에 정주영 경영학을 연구하는 학과가 신설되어 있을 정도다. 그의 추진력과 행동력은 타의 추종을 불허할 만큼 대단한 분이었다. 그런 분과의 만남은 큰 영광이었다.

이건희(李健熙) 삼성그룹 회장
– 이재환 씨처럼 선거구를 관리하라

　제11대 국회의원에 당선되어 선거구 유권자들에게 감사인사 활동을 하면서 두 달쯤 지날 무렵, 대학후배로부터 뜻밖의 전화가 왔다. 삼성그룹 이건희(李健熙) 부회장과 대화 중에 대전에서 국회의원에 당선된 선배님의 일화를 말했더니, 언제 저녁이라도 함께하자고 이 부회장이 제안했는데 어떻겠느냐는 내용이었다.

　나는 이건희 씨와는 인사를 나눈 적도 없는 사이였다. 다만 그의 아들 이재용(李在鎔, 현 삼성그룹 부회장) 군이 초등학교 시절 내 딸 이은경(李恩慶)과 함께 네덜란드에서 개최된 국제어린이여름마을(CISV) 캠프에 한국 어린이 대표단으로 참가했던 일이 있었다. 그러나 그때도 이 부회장을 만난 적은 없었다.

　어쨌든 정해진 날짜에 종로 2가에 있는 아담한 2층집 식당에서 만나 처음으로 인사를 나눴다. 그의 첫인상은 귀공자 타입에 과묵한 편이었다. 대담하면서 느낀 것은 정치, 경제, 사회, 문화 등 제 분야에 대해 대단히 박식(博識)하다는 점이었다.

　나에게는 주로 정치 분야에 대한 질문이 많았다. 정치 분야에 대해서 무언가 많이 알려고 노력하는 자세였다. 내가 국회의원 선거 때의 뒷얘기들을 들려줬더니 큰 흥미를 느끼면서 경청하는 자세였다.

"나는 국회의원에 당선된 후에도 지역구 관리를 철저히 하고 있습니다. 아침 9시부터 12시까지 집집마다 호별(戶別) 방문을 하면서 당선 감사인사를 드리고, 12시에 우유 한 병과 카스텔라 2개를 사 승용차 안에서 점심으로 먹으면서 서울로 올라와 오후 2시부터 시작하는 상임위원회(당시 교통체신 위원회 소속) 회의에 참석합니다. 회의를 마친 후에는 저녁식사를 하고 저녁 9시경 다시 대전으로 내려가 밤 11시경에 도착하면, 그때부터 초상집을 돌면서 조문을 한 후 새벽 1시경에야 집으로 돌아갑니다. 당선된 직후부터 지금까지 2개월간 하루도 빼지 않고 똑같은 일정으로 활동하고 있습니다."

내 얘기를 다 듣고 난 이건희 부회장이 놀라는 표정을 지으면서 대단하다는 찬사(讚辭)를 거듭했다. 나 역시 그가 들려준 말 중에 무척 인상 깊었던 이야기가 있다.

"이제부터 IT산업이 세계경제를 주도하는 주역이 될 것입니다. 그리고 모든 사람들이 복지 증진과 삶의 질 향상에 최대의 관심을 두게 될 것이기 때문에 30년쯤 후에는 의료산업(醫療産業)이 각광(脚光)을 받게 될 것입니다."

나는 확신에 차서 단언하는 그의 모습에서 향후 삼성그룹의 확실한 지도자가 될 역량을 확인할 수 있었다. 1981년에 말한 그의 선견지명(先見之明)은 오늘날 현실로 나타나고 있는 데 대해 다시 한 번 놀라고 있다.

1992년 가을 충남 서산군 대산면에서 있었던 삼성석유화학 콤비나트 준공식에 내가 초대되어 오랜만에 이건희 회장을 반갑게 만나 옛날이야기를 나누었다. 얼마가 지난 후 제14대 국회 때 동료의원인 홍사덕(洪思德, 前 국회부의장) 의원이 어느 날 내게 물어왔다.

"이건희 회장이 어떻게 이재환 의원을 아십니까? 이 의원에 대한 칭찬이 대단하던데요. 나는 그와 서울사대부고 동기인데 어제 저녁식사 자리에서, 나보고 대전의 이재환 의원처럼 지역구 관리(地域區 管理)를 철저히 하라고 권고하면서 이(李) 의원의 지역구 관리방법을 상세히 얘기해 주더군요. 깜짝 놀랐습니다."

대한민국 경제발전의 주춧돌 역할을 하고 있는 이건희 회장의 병세가 호전되기를 기도한다.

삼성석유화학 콤비나트 준공식에 참석한 저자
(왼쪽부터 저자, 이건희 회장, 김종필 대표위원, 신현확 前 총리, '92 가을 충남 대산)

이재형(李載瀅) 국회의장
- 왜 나도 모르게 여야 원내총무를 만나나?

나는 야당투사라는 정치인 이재형 의원을 잘 알지 못했다. 무소속으로 제헌국회 의원과 제2대 국회의원으로 있다가 이승만 대통령의 도움으로 약관 38세에 상공부 장관을 역임한 후 야당으로 돌았다는 정도밖에 몰랐다.

1981년 제11대 국회 민주정의당 소속의원으로 당선되어 전체 의원총회에 참석 했을 때, 민주정의당 대표위원이던 이재형 의원을 처음 만났다. 과연 야당투사다운 풍채와 권위를 보였다. 내가 국회의원 당선 후 지역 유권자들에게 호별 방문인사를 하는 등 지역구 활동을 열심히 하고 있을 무렵, 한국 최초 최대의 장영자(張玲子) 어음사기사건이 발생했다.

당시 신문들은 전두환 대통령 처삼촌의 처제이자 사기주범인 장영자가 그동안 6,404억 원에 달하는 거액의 어음을 시중에 유통시켜 1,400억 원을 사기로 취득한 사건(신문보도내용)으로, 건국 후 최대 규모의 금융사기 사건이라고 보도했다. 또 거래했던 (주)공영토건(共榮土建)의 변(邊) 사장은 민주정의당 창당의 실무주역인 권정달(權正達) 사무총장과 같은 경북 안동(安東) 사람이란다. 이러한 관계로 보아 권력과의 유착이 의심되며, 일정 자금이 민정당 창당자금(創黨資金)으로 흘러 들어 갔을 것이라는 의혹(疑惑)을 낳고 있었다.

이재형 의장, 장성만 부의장과 의사진행을 협의하는 이재환 사무총장(본회의장)

나는 신문보도를 보자마자 급히 상경하여 당시 이재형 민정당 대표위원을 찾아가서, 사태의 심각성과 악화되고 있는 지방여론을 전했다. 이재형(李載瀅) 대표도 대로(大怒)하면서 격한 어조로 말했다.

"이 사건은 국회에서 국정조사를 통해 샅샅이 파헤쳐 국민들에게 소상히 밝혀야 한다. 이런 일은 이재환 의원 같은 젊은 국회의원들이 앞장서야 하네."

은연중에 나에게 행동(行動)할 것을 암시(暗示)하는 듯했다. 야당투사인 이재형 대표를 존경하고 있던 나로서는 그분의 생각이 나와 같다는 사실에 한껏 고무(鼓舞)되었다. 이후부터 동료의원들에게 다음과 같이 강조하고 다녔다.

"우리 민정당은 국민들에게 노력한 만큼 대가를 받는 사회, 깨끗하고 정의로운 사회를 만들겠다고 약속하지 않았는가? 이번 사건은 국회에서 국정조사권(國政調査權)을 발동(發動)해 철저히 조사해야 한다."

그러나 결국 나는 이러한 행동으로 인해 민정당 지도부로부터 핍박을 받아 민정당 대전중구지구당 위원장직까지 박탈당하는 지경에 이르렀다. 그럼에도 어찌 된 영문인지 이재형 대표로부터 단 한 번의 위로와 격려도 없었다.

1985년 12월 18일 내가 국회사무총장이 됐을 때 당시의 국회의장이 바로 이재형 의원이었다. 2년 3개월 동안 국회의장과 그를 보필하는 국회사무총장(장관급)으로서의 길고도 고통스러웠던 만남의 내용은, 이 책 중 제4부 〈의회민주정치 발전에 기여한 국회사무총장 시절〉내용으로 대체하고 여기서는 이 정도에서 줄인다.

전두환(全斗煥) 대통령
– 국회의원 회관 빨리 건축하시오

 내가 전두환 장군을 처음 본 것은 그분이 10·26 대통령 시해사건에 대한 합동수사본부장으로 있으면서 최규하 국무총리 겸 대통령 권한대행에 보고차 중앙청 국무총리실에 드나들던 때였다.

 그러나 정식으로 인사를 교환한 것은 1979년 12월 12일 18:00경 전두환 합수부장(보안사령관)이 최규하 대통령에게 정승화 육군참모총장 겸 계엄사령관의 체포 요청 결재서류를 들고 삼청동 국무총리공관(이때까지도 경무대 관저에 입주치 않았음)에 왔을 때다. 이때 응접실에는 노태우(盧泰愚) 장군(9사단장)을 비롯한 3명의 장성이 동행해와 대기하고 있었기 때문에 이 시간에 그분들과 인사를 교환했다.

 전두환 장군이 최 대통령을 만나는 자리에 있었던 한 사람으로서 여기서 한 가지 사실을 증언하고자 한다. 현재까지도 일각에서는 전두환 합수부장이 최규하 대통령을 만날 때 군화를 신고 권총을 찬 채 대통령에게 결재서류를 내밀었다고 하여, 마치 살벌한 분위기 속에서 강압적으로 결재를 윽박질렀던 것처럼 소문이 나 있지만 이는 사실과 다르다. 군화를 신었다는 것은 그 당시 총리공관의 집 구조를 모르고 하는 말이다. 지금은 어떻게 개조됐는지 모르겠지만 그 당시에는 면접실이 나무 마룻바닥이어서 신발을 신게 되어 있었고 전두환 합수부장은 처음 올 때부터 권총을 차지 않고 왔기 때문에 그 말도 맞지 않으며, 최규하 대통령에게 강압적인 태도를 보인 적도 없었다.

나와 전두환 대통령과의 인연은 다양하게 얽혀 있다. 1981년 제11대 총선에 앞서 공천장 수여식에서 만났고 내가 11대 국회의원에 당선된 후에는 전두환 대통령 처삼촌의 처제인 장영자의 불법어음 사기사건에 대해 가족 측근의 비리를 신랄히 비난하면서 국회 국정조사권 발동을 주장하다가, 국가안전기획부(중앙정보부)의 조사를 받았고 대전 중구 지구당위원장직(地區黨委員長職)을 박탈(剝奪)당했다.

그 후 나는 체육부 차관 발령에 대해 "나는 국회의원을 하기 위해 국회의원이 됐지, 장차관을 하기 위해 국회의원이 된 것이 아니다."라면서 일주일 동안 취임을 거부하다가 강압조치를 당했고, 취임 후에는 소련을 비롯한 공산권을 방문, 88서울올림픽 참가권유 활동을 벌이기도 했다. 갑자기 1985년 12월 나를 국회사무처 사무총장에 임명했고 나는 그것이 계기가 되어 여야 정당의 격돌 속에 야당 국회의원 의사당 내 구인사태(拘引事態)를 막기 위한 여야 간 막후 협상 조정 역할로 의회민주주의 발전에 기여하기도 했다.

전두환 대통령의 결재를 받아 의회 사상 최초로 국회의원 회관을 건립했다. 의원 회관 건립계획을 결재받던 날, 세간의 여론에서 구속 압력을 받고 있던 동생 전경환(全敬煥, 새마을운동중앙회장)에 대한 얘기를 꺼내면서 "인정 많고 착한 동생이 주변의 꼬임에 빠졌을 것이다."면서 눈시울을 적시던 무척이나 순진(純眞)한 인간 전두환의 한 단면을 지켜보기도 했다.

1981년 3월 제11대 국회총선 시 민정당 후보였던 나는 대전 시민의 25년 숙원인 가장교 건설공약 실현을 위해 전두환 대통령 일행을 건설예정지인 가장동 천변에 모셔놓고 내가 직접 그 필요성, 사업규모를 설명하자 옆에 섰던 김주남 건설부장관에게 즉각 검토지시를 내려줬던 고마운 일, 체육부차관 재임 중이던 1985년 12월 초 나를 청와대로 불러 소련을 비롯한 공산권 국가를 방문 88서울올림픽 참가권유 체육외교를 펼친 공로를 치하하면서 "나는 이재환 차관이 그렇게 능력 있고 소신이 뚜렷하며 추진력이 강한 사람인 줄을 잘 몰랐다. 요즘 국회가 시끄러우니 그쪽 일을 맡아 달라."고 하면서 국회사무총장으로 임명했고 나는 그것이 계기가 되어 여야 정당의 격돌 속에 농성 중인 야당 국회의원 의사당 내 구인사태(拘引事態)를 막기 위한 여야 간 막후협상 조정역할로 이를 방지, 의회민주정치 발전에 기여하기도 했다. 그리고 내가 의정사상 처음으로 국회의원 회관 신축을 추진할 때 밖에서의 얘기와는 달리 대통령께서 나의 건의를 듣고 즉석에서 "국회의원들의 의정활동의 편의를 위해 바로 건축하라."고 흔쾌히 재가(裁可)해 준 일, 이재형 의장과 전 대통령 간 불협화음이 발생되지 않도록 중간 역할을 했던 일 등 몇 가지는 회고록 전체 내용 중의 각 부(部)에 자세히 기술되어 있으므로 여기서는 이 정도에서 생략키로 한다.

　나와 전두환 대통령과의 만남에서 나는 올곧은 정치인이 되겠다는 내 소신을 굽히지 않았기 때문에 득(得)보다 실(失)이 많았던 것이 사실이다. 그러나 후에 전(全) 대통령이 나의 능력을 인정해 준 데 대해 감사한다.

노태우(盧泰愚) 대통령
— 야당에게 불편 없도록 해주세요

나는 1984년 10월 체육부차관에 취임하면서 노태우(盧泰愚, 前 대통령) 위원장을 만났다. 인자하고 조용하며, 세간에서 말하는 것처럼 법 없이도 살 분이란 인상을 받았다.

당시 그는 대한체육회 회장과 88서울올림픽조직위원회 위원장직을 맡고 있었는데 두 단체가 모두 체육부 산하기관이기 때문에, 내가 상석에 앉아 회의를 주재할 때가 종종 있었다. 사실 그 무렵에는 많은 접촉이 없었고, 1985년 12월 18일 내가 국회사무총장으로 취임한 후에 매일 의사당 건물 내 민주정의당 대표위원실(代表 委員室)을 인사차 방문함으로써 자주 만나게 되었다. 그때 노태우 대표위원의 지시를 받아 나에게 도움을 요청하고 사안별 자주 협의를 했던 분은 당시 보좌관 이병기(李丙琪, 後 박근혜 대통령 비서실장) 씨였다.

1985년 2월 제12대 국회총선 후에는 대의원선거인단에 의한 대통령 간접선거제를 폐지하고 직선제로 선출하자는 개헌논의가 활발해져, 국회 내에 여야 합의로 헌법개정특별위원회가 구성되었다. 때문에 국회사무총장으로서 특별위원회 회의준비 및 지원문제를 협의하기 위해 자주 만나게 된 것이다. 그때마다 까다로운 요구

노태우 올림픽조직위원장과 대담하는 체육부차관(저자)

도 아니하고 나의 의견을 대부분 수용해 주면서 "야당에게 불편이 없도록 해주세요."라고 당부했던 그야말로 야당을 포용할 줄 아는 민주적 정치지도자였다.

야당과 재야세력이 개헌추진 운동본부를 만들어 전국적으로 대통령 직선제 개헌운동을 전개함에 따라 정국은 점차 혼란에 빠져들기 시작했다. 노태우 대표위원을 만날 때마다 그를 보면 고민하는 모습이 역력했다. 그런 와중에 전두환 대통령은 4월 13일 국민들의 이런 요구를 거부한 채 일체의 개헌논의를 중단토록 하고 현행 헌법에 따라 대통령을 선출하여 정부를 이양하겠다는 내용의 4·13호헌조치를 발표했다. 이렇게 되자 개헌정국은 용광로와 같이 들끓었고, 여론이 극도로 악화됨과 동시에 대학생들의 시위 역시 더욱 격렬해졌다.

어느 날 노태우 대표위원이 내 의견을 물어왔다. 나 외에도 여러 사람으로부터 의견을 청취하는 듯했으나, 나의 경우 4·19혁명의 주역이었다는 점에서 학생시위

대책을 청취해 보려는 것 같았다. 나는 솔직하게 생각을 피력했다.

"우선 4·13호헌조치 발표가 잘못됐습니다. 박정희 대통령의 유신정권 이후 국민들은 전두환 대통령의 7년 단임 평화적 정권이양 스케줄에 대해 좋게 평가하고 있고, 대통령 선거 일정이 가까워오면 야당계는 대통령 후보가 양분될 것이기 때문에 직선제로 해도 정권 재창출은 문제가 없을 것으로 생각하고 있습니다. 이런 상황에서 누가 건의했는지는 모르겠으나, 호헌조치(護憲措置) 발표는 큰 잘못입니다. 지금 정국의 사태는 4·19 때와 성격이 다릅니다. 4·19혁명은 자유당 정권의 부정부패와 정·부통령 부정선거 규탄으로 시작된 것이지만, 지금은 대통령 선거에 있어 국민마다 자신의 권리를 쟁취하겠다는 것이기 때문에 4·19 때와는 다른 것입니다. 4·19는 주로 대학생 주축의 시위였고 일반 국민들이 이렇게까지 많이 참여하지는 않았습니다. 이제 직선제 개헌요구 데모는 대학생들만이 하는 것이 아니고, 나도 내 권리를 확보하기 위해 동참해야 한다는 의미에서 국민행동(國民行動)으로 확산(擴散)될 것입니다. 대학생들의 시위를 별도로 떼어서 어떤 대책을 세운다는 것은 불가능합니다. 빠른 시일 내에 국민이 납득할 만한 특단의 조치가 있어야 합니다."

내가 예상한 대로 시위는 계속 확산되어 6월 10일에는 전국 18개 도시에서 20여만 명이, 6월 26일에는 전국 37개 도시에서 100여만 명 이상이 밤늦게까지 시위를 벌이게 되었다.

상황이 이렇게 치닫자 결국 노태우 민정당 대표가 6월 29일 민정당 대통령후보 자격으로 "국민들의 민주화 요구와 대통령 직선제 개헌요구를 받아들이겠다."는 내용의 6·29선언(宣言)을 발표했다. 그는 개헌 후 국민 직선제로 제13대 대통령에 당선되었다. 그 후로는 특별히 만날 기회가 없었다. 와병 중인 그분의 조속한 쾌유를 기원한다.

김영삼(金泳三) 대통령
- 칼국수에 땀 흘려

1992년 제14대 국회의원 선거를 앞두고 지역여론과 관계기관의 정보 분석에 따르면, 대전 서구·유성구 지역구에서는 민자당 이재환의 공천(公薦)이 곧 당선(當選)이라는 여론이 우세(優勢)했다. 그러나 민정당, 민주당, 신민주공화당 3당 합당으로 탄생된 민자당(民自黨) 내의 신민주공화당계를 대표하는 김종필 최고위원이 자파 공천자 확보를 위해 소위 몽니를 부리는 바람에, 공천이 하루저녁 사이에 나 대신 현역의원인 박충순(朴忠淳)으로 바뀌어 버렸다.

비록 내가 4년 전 13대 선거에서는 민정당이 전국적으로 난타를 당하는 바람에 낙선했지만, 나는 낙선한 후에도 대전 발전을 위해 여러 공약사항을 실현시키면서 밤낮없이 애경사에 참석, 수많은 대인접촉으로 선거조직 기반을 더욱 공고히 하여 유권자들의 절대적인 지지를 확보해 놓았는데 이런 여론판정은 아랑곳하지 않은 채 그저 계파(系派)끼리 내 몫 챙기기, 나눠 먹기식의 공천이나 하고 있으니 이것이 과연 정도(正道)정치란 말인가?

나는 심한 환멸을 느끼면서 당시 여당으로서는 감히 엄두도 못 낼 용단(勇斷)을 내려 민자당을 즉각 탈당(脫黨)했다. 그러고는 정주영(鄭周永, 前 현대그룹 회장) 회장이 창당한 통일국민당의 거액 입당유혹도 뿌리친 채 무소속으로 출마했다. 결국 지역발전을 위한 나의 노력을 인정한 유권자들의 적극적인 지지를 받아, 차점자보다 1만여 표를 더 얻는 완벽한 승리로 14대 국회의원이 되었다.

14대 국회 때는 나와 같은 무소속 당선자가 많았다. 그만큼 민자당의 지역후보 공천이 잘못되었다는 것이 입증된 것이다. 나는 총선 직후 22명의 무소속 당선자를 규합하여 새로운 순수 무소속(無所屬) 원내 교섭단체(交涉團體)를 만들어보겠다는 생각으로, 대구의 정호용(鄭鎬溶, 前 내무부장관) 의원을 회장으로 한 가칭 '무소속의원 동지회(無所屬議員 同志會)'를 구성했다. 내가 홍보간사(弘報幹事)로 적극적인 활동을 전개하고 있을 때, 존경하는 오랜 친구 박관용(朴寬用, 後 국회의장) 의원으로부터 전화가 왔다. 민자당 총재이며 대통령 후보인 김영삼 총재(金泳三 總裁)께서 나를 만나보고 싶다는 전갈이었다.

9월 초 어느 날 상도동에 있는 김영삼 총재 자택을 방문했다. 박관용 의원의 소개로 나는 민주화 투쟁의 거물 야당 정치인을 처음으로 직접 만나게 되었다. 김 총재께서 나와 박 의원을 반갑게 맞아주셨다.

"나는 이재환 의원이 우리 박관용 동지하고 그리 친한 줄 몰랐십니다. 반갑습니다. 무소속으로 당선된다는 것이 참으로 어려운 긴데 축하합니다."

오랜 야당투사였기 때문에 매우 딱딱하고 무서운 분일 것이라 생각했는데, 의외로 부드럽고 친절한 분이었다. 나의 신상 문제 등 이런저런 대화 끝에 대전발전을 위해 해야 할 일이 무엇이냐고 물으셨다. 내가 거리낌 없이 일사분란하게 다음과 같이 설명하고 건의를 드렸다.

"우선 세 가지만 말씀드리겠습니다. 첫째, 대전시가 이미 많은 부채를 안고 있으면서도 대전엑스포 개최 때문에 800억 원을 기채(起債)해서 쓰는 바람에, 대전시 가구당(家口當) 약 11만 원에 해당하는 빚이 늘어났습니다. 엑스포는 분명 국가행사였으므로 중앙정부가 변제해 주어야 마땅합니다. 둘째, 전두환 정권 때부터 공약했고 현 노태우 대통령의 선거공약이면서도 실현되지 않고 있는 11개 청(廳) 단위

'중앙행정기관 대전 이전계획' 즉, 정부 제3청사 대전건립(政府第3廳舍 大田建立)을 반드시 실현해야 합니다. 이 계획은 장차 통일 대비와 지역 균형발전이란 측면에서도 매우 중요한 국가정책입니다. 셋째, 이것은 전국적인 문제입니다만 그린벨트 지역을 재정비하고 규제를 대폭 완화해야 합니다. 실제 생활지역이 그린벨트로 묶여 있는 관계로, 지역주민이 땅 한 평의 재산권 행사도 못 한 채 생활 자체에 큰 제약을 받아 민원이 대단히 많습니다. 이러한 지역 가운데 대전 유성(大田 儒城) 지역이 제일 심합니다. 이제는 전국적으로 그린벨트 지역 규제를 대폭 완화시켜야 합니다."

옆에 있던 박관용 의원이 거들어 주었다.

"이 의원은 고려대학에 다닐 때부터 사리가 분명하고 똑똑한 사람으로 알려진 유능한 친구입니다."

듣고 있던 김영삼 총재께서 고개를 끄덕이시며 내게 민자당 입당을 확실하게 권유(勸誘)했다.

"그래요. 그런 문제를 비롯해서 국민생활에 불편을 주는 문제들이 많다는 것을 나도 듣고 있어요. 이 의원, 우리 당으로 다시 돌아와서 같이 일합시다. 지난번 국회의원 후보 공천 때는 신민주공화당 출신 의원의 공천을 챙기는 바람에 충청권의 민자당 공천이 그렇게 되었지만, 대전 유권자들은 이재환 의원을 전폭적인 지지로 당선시키지 않았습니까! 이제 다 잊고 나와 함께 대전 발전을 위해 일해 나갑시다. 그래도 친구가 있는 정당에서 같이 일하는 것이 좋지 않겠어요? 어쨌든 박 의원하고 수시로 연락하여 자주 만납시다."

이후 나는 무소속 의원 동지회 결성문제를 계속 추진하면서 점검해 보았다. 많은 대상자들을 접촉해 본 결과 각자 마음속으로 생각한 정당에 입당하려고 준비하고 있거나, 입당 수속을 마친 자도 있음을 확인했다. 그 무렵 신문에서는 어느 무소속의원이 어느 당으로 입당했다는 내용들이 계속 보도되고 있었다. 1992년 10월 현재까지 무소속으로 남아 있는 국회의원은 대구의 정호용(鄭鎬溶), 천안의 성무용(成武鏞), 대전의 나(李在奐), 그리고 재판 중이던 부산의 서석재(徐錫宰) 의원 4명뿐이었다.

이렇게 되자 나의 대전 지역구에서는 "이제 무소속의원으로 새로운 원내교섭단체를 만들어 정치 포부를 편다는 것은 불가능해졌다. 그러니 대전 발전과 현안문제들을 해결하기 위해서는 집권당이 된 친정집 민자당(民自黨)으로 돌아가야 한다."는 여론이 확산되었다. 그런데도 내가 결단을 내리지 않자 '이재환 의원 민자당 입당 추진위원회'(회장 朴容喆)를 결성한 후 입당 권유 연판장(連判狀)을 돌리는 사태가 벌어지는가 하면, 급기야는 여론조사(興論調査)까지 실시해, 그 결과 61.3%가 입당을 찬성했다면서 내게 민자당 입당을 강권(强勸)했다. 이런 과정을 거쳐 결국 나는 1992년 10월 24일 민자당에 재입당하게 되었다.

김영삼 대통령 당선자와 대담하는 이재환 의원('92. 10. 24)

입당하던 날 중앙당 총재실에서 김영삼 총재에게 정부 제3청사 대전건립 실현, 800억 원 대전시 기채액 중앙정부지원 상환, 그린벨트지역 대폭완화조치 등 3가지를 대전에 대한 대통령 선거공약(大統領 選擧公約)으로 넣어주시고 꼭 실현시켜 달라고 요청하였고 김 총재께서도 확약(確約)해 주었다.

그 후 나는 11월 17일 대전시민회관에서 개최된 민자당 서·유성구 지구당 개편대회 때 격려차 오신 김 총재께 한 번 더 강권조로 요청했다.

"총재님, 죄송합니다만 격려사를 하실 때 정부 제3청사 대전건립, 대전엑스포 기채액 국고지원 상환, 그린벨트지역 규제 대폭완화 등 3가지를 꼭 실현시켜 주겠다고 직접 언급해 주십시오."

이때에는 아무 대답도 안 하시던 김 총재께서 실제 격려사에서는 확실하게 말씀해 주셨다.

"이재환 위원장은 나만 보면 정부 제3청사 대전건립, 800억 기채액 국고지원 상환, 그린벨트 규제 대폭완화 등 3가지를 실현시켜 달라고 요청합니다. 오늘 여기서 분명히 얘기합니다. 나는 이 3가지를 대전을 위한 대선공약(大選公約)으로 정했을 뿐 아니라, 대선에서 승리하면 이것을 반드시 실현시키겠습니다."

대전시민회관은 우레와 같은 함성과 박수 속에 일순간 축제의 장이 되었다. 또한 12월 7일 대전역 광장에서 있었던 대통령 선거유세에서도, 김 총재께서 잊지 않으시고 이 3가지 공약을 꼭 실천하겠다고 재천명해 주셨다.

이후 제14대 대통령으로 김영삼 총재가 당선되었고, 나를 대전·충남을 대표하는 대통령직 인수위원회 위원(引受委員)으로 발탁했다.

1993년 1월 21일 수많은 선거공약 중 대통령 취임 후의 우선 추진사업을 선정하기 위해 제4차 전체회의가 열렸다. 그 자리에서 최병열(崔秉烈) 위원이 "정부 제3청사 대전건립 건은 막대한 예산이 필요한 사업이므로 3~4년 뒤에 추진하는 것이 좋겠다."는 발언을 했다. 나는 즉각적으로 반격(反擊)에 나섰고 그와 심한 언쟁(言爭)을 벌였다. 이때 김영삼 당선자께서 확실하게 내 편을 들어주는 바람에 쉽게 결론이 났다.

"최 위원, 그 문제에 대해서만큼은 이재환(李在奐) 위원의 말이 옳습니다. 내가 선거운동 때 대전에서 느낀 것인데, 역대 정권이 공약만 해놓고 대전 시민을 속이고 있다는 불만이 아주 팽배해 있습디다. 이번에는 내가 꼭 실천(實踐)하겠다고 약속했으니 반드시 지켜야 합니다."

대통령 취임 후 채 7개월도 안 된 1993년 9월 7일 대전 둔산벌에서 정부 제3청사 기공식(起工式)이 거행되었다. 나는 김영삼 대통령을 모시고 시삽을 마쳤다. 마침 대통령께 이웅열(李雄烈) 중도일보 회장을 소개할 기회가 있었는데, 김 대통령께서 그 자리에서 나를 칭찬하시면서 "이제 대전발전에 큰 도움이 되겠지요?"라고 격려해 주셨다.

나는 무척 감동했다. '오랫동안 야당투사를 하시면서도 상대에게 했던 약속을 잊지 않고 실현해 주실 뿐 아니라, 이렇게 따뜻하게 대해 주시니 추종자들도 많고 대통령까지 되시는구나.' 하는 생각이 들었다.

대통령직 인수위원회 회의는 전체회의와 분과위원회별 회의로 진행되었다. 아침 9시부터 저녁 11시까지의 강행군 회의였는데, 이러한 노고를 감안하여 회의 때마다 꽤 많은 금액의 회의수당이 지급되었다. 나는 이때 '우리가 대통령을 당선시켰기 때문에 우리가 인수업무를 수행하는 것은 당연하다. 우리가 당 외부인사도 아닌데, 아무리 거마비 성격이 포함된 것이라 해도 회의수당을 받는다는 것은 이치에 맞지 않는다.'고 판단하여, 당시 인수위원회 행정실장(金武星, 後 새누리당 대표위원)을 찾아가 매번 꼬박꼬박 반납(返納)했다. 이 같은 사실을 알게 된 한 인수위원이 나에게 "너무 그렇게 고지식하게 굴면 정치를 못 한다."면서 충고(忠告)를 했다.

김영삼 정부가 들어선 뒤 나는 '여당(與黨) 속의 야당(野黨)' 역할을 내 의정활동의 기조(議政活動 基調)로 삼았다. 소속정당의 입장을 떠나 오로지 국민의 편에 서서, 정부시책의 시시비비를 가리면서 대안을 제시하는 의정활동을 전개함으로써 참 정치인이 되겠다는 확고한 의지에서였다. 내가 1993년 5월 3일 국회에서 정치분야 대정부질문을 통해 "김영삼 정부가 개혁을 내세우고 있으나 국민의 동의와 동참이 없는 일방적 개혁은 성공할 수 없다. 먼저 국민의 동참을 이끌어내기 위해 서민생활 안정을 위한 개혁부터 하라."고 촉구한 것도 그러한 맥락(脈絡)에서였다.

김영삼 대통령은 서민들이 즐겨 먹는 국수로 식사를 대신해 '국수대통령'이란 별호를 들을 만큼 검소한 생활을 하셨다. 나는 김영삼 대통령 재임기간 중 3회에 걸쳐 청와대로 초청되어, 대통령과 단둘이서 국수를 먹을 기회를 가졌다. 그런데 이것은 영광이 아니라 고역(?)이었다.

손님이라 하여 내 몫의 국수는 큰 그릇에 수북이 담겨져 나왔고, 김 대통령은 식사량이 적으신지 작은 그릇에 수평이 되게 조금 담겨져 나왔다. 대통령 앞이니 소리 나지 않게 먹어야지요, 양이 적어 일찍 끝나는 대통령의 식사 종료시점에 맞춰야지요, 막 끓여 내온 국수라 뜨겁지요, 정말로 국수를 먹으면서 흐르는 땀 닦기가 바쁠 정도였다.

내가 왜 세 번이나 대통령의 개인적인 초청을 받았는지 정확히는 알 수 없다. 짐작컨대 여당이면서 정부시책을 신랄하게 비판하는 사람이었기 때문에 친근감과 신임을 표시하여 나의 자세를 완화시키려는 것이 아니었을까? 어쨌든 중요한 것은 김 대통령께서 국수 초대자를 통해 몇 가지 정책에 대한 상대의 의견과 시중 여론을 청취하고 있다는 사실이었다. 그것을 직접 확인할 수 있었던 나로서는 지금도 그가 훌륭한 대통령이라고 생각하고 있다.

한때 나라가 들썩거릴 만큼 비판여론이 있었지만, 그분이 아니었다면 과연 금융실명제와 부동산실명제가 도입될 수 있었겠는가? 그것만으로도 크나큰 역사적인

일을 해낸 분이다. 그런 분이 임기 말쯤 주변 인사들의 불법행위로 발생한 어이없
는 일들로 인해 국민으로부터 비난을 받게 되어 매우 안타깝게 생각한다. 동시에
나도 한때 한나라당 당무회의에서 그 같은 내용을 비판한 일이 있어 지금도 죄송스
럽게 생각하고 있다.

이명박(李明博) 대통령
– 4 대 6까지만 끌어올려 주세요!

　나는 고려대학교 대학원에 재학 중일 때 정치외교학과 후배 천신일(千信一, 後 고대교우회장)이 회장으로 있던 한국농어촌문제연구회의 상임고문이었다. 그 무렵 이 모임의 회원이던 이명박 후배를 만나게 되었다. 졸업 후 그는 현대건설주식회사에 입사하여 정주영 사장의 인정을 받아, 젊은 나이임에도 불구하고 파격적으로 승진하는 등 승승장구하고 있다는 얘기를 들었다.

　공직 분야로 나간 나와는 분야가 달라 특별히 그를 자주 만날 기회는 없었다. 그러다가 1978년 내가 최규하 국무총리 총무수석비서관으로 있을 때, 심한 장마로 파손된 삼청동 국무총리공관 별관(別館) 회의실건물 보수(補修)문제로 이명박 사장을 오랜만에 만나게 되었다. 당시 현대건설 사장이었던 그의 자문을 얻기 위해서였다. 상황 설명을 들은 이 사장이 친절하게 자사의 기술진까지 보내주었고, 진단 결과 신축비용보다 보수비용이 더 많이 나오므로 신축을 하는 것이 낫다는 결론을 내주었다. 이때의 이야기는 제7부 「내가 만난 한국의 지도자」 〈최규하 대통령 편〉에서도 언급한 바 있다.

　당시 국무총리였던 최 총리께서는 보수보다 신축이 예산소요가 적다는 건 말이 안 된다면서 보수 지시를 내리셨고, 건설문제에 대해선 전문가도 아닌 분이 그렇게 결론을 내리시니 나로서는 참으로 난감한 일이었다. 결국 내가 아이디어를 내어 이명박 사장에게 부탁을 했다. 정주영(鄭周永) 회장이 최규하 총리를 만나서 신축이 더 낫다는 것을 직접 설명해 달라는 부탁이었다. 지금 생각해 봐도 터무니없는 부탁이었다. 규모도 아주 적은 것이었고, 설령 신축으로 결론이 난다 해도 현대건설이 공사한다는 보장도 없었다. 그런데 며칠 후 고맙게도 이명박 사장으로부터 정회장과 총리가 만날 수 있는 일자와 장소 등을 정해 달라는 연락이 왔다. 이렇게 해서 최 총리와 정 회장의 만남이 이루어졌는데, 통 큰 정주영 회장의 결단으로 현대건설이 별관 회의실 건물을 신축해서 국가에 헌납(獻納)하게 된 것이다. 이 모든 것이 이명박 사장이 뒤에서 노력해 준 덕분이었다.

내가 1981년 3월 제11대 국회의원에 당선되자, 제일 먼저 축하전화와 함께 후원회원이 되어준 분도 이명박 사장이었다. 사적으로도 그가 고맙게 도와준 일은, 당시 현대건설 상무이사이자 나의 대전고교 선배인 이내흔(李來欣, 後 현대건설 회장) 씨의 전무이사 승진 부탁을 해결해 주었으며, 1992년 제14대 국회 때에는 그가 민자당 전국구 의원이 되어 나와 함께 의정활동을 하기도 했다.

이후 내가 제16대 국회의원 선거에서 낙선하여 대전에 머물고 있을 때인 2002년, 이명박 사장이 서울특별시 시장이 되었다. 내가 안부전화를 할라치면 그는 항상 빼놓지 않고, 서울에 올라와 저녁식사라도 함께하자면서 진심으로 위로하고 격려해 주었다. 2004년 1월 나의 정계은퇴 소식을 전해들은 후에도 그로부터 수차례 만찬 초청을 받았으나 내가 일부러 상경하기도 그렇고 해서 끝내 기회를 갖지 못했다.

그가 2006년 서울시장 임기를 마치고 난 후 대선출마에 꿈을 갖고 있다는 사실을 알게 되었다. 나는 이명박 시장에게 그동안의 빚을 갚아야겠다는 생각으로, 대전에서 그를 위한 활동을 암암리에 시작했다. 2007년 한나라당 대통령 후보 경선(候補競選)을 할 때 나는 이명박 후보 경선본부 상임고문 및 대전지역 담당 특별보좌역(特別補佐役)으로서, 대전지역 중심의 지지세력(대의원) 확보를 위해 활동했다. 당원 대의원 투표와 일반 국민여론 투표를 병행하는 경선이었기 때문에 활동 대상 범위가 대전시 유권자 전체였다. 그래서 나는 상대방(박근혜 측)에 앞서 대전시에 존재하는 43개 유력 사회단체 대표를 일일이 방문 설득하여 이명박 경선본부 특별보좌역으로 임명하는 데 성공했고 이를 바탕으로 득표활동을 전개했다.

이명박 후보 하면 현대건설이 먼저 떠오르는데 그 현대건설이 충남 서산 농지개발사업 때문에 충청남도에는 잘 알려져 있으나 대전과는 별다른 어필할 만한 연고가 없었다. 그런 반면에 박근혜 후보는 외가(外家)가 옥천군(沃川郡)인데 이곳은 바로 대전시와 인접한 지역이라 대전과 생활권이 같을 뿐만 아니라 시민 중에 옥천 출신이 많고 대부분의 부녀층은 서거한 육영수 여사를 생각해서 박근혜 후보에게 연민의 정을 갖고 있기 때문에 대전 분위기는 박 후보에 대한 지지가 절대적이었다.

이(李) 후보가 대전을 방문할 때마다 내가 안내를 도맡아했고 평소에도 지역의 동향과 득표 전략을 전화로 설명해 주었다. 나는, 이 후보에 대한 대전의 분위기가 별로 좋지 않다는 점과 득표예상을 솔직하게 설명했다. "아무리 노력해도 이 후보 2 박 후보 8 즉 2 대 8로 지고 있습니다." 이에 대해 이 후보는 "저도 대전과 충남 특히 대전에서의 득표가 제일 어려울 것으로 판단하고 있습니다. 다른 지역에서 더 많이 올리도록 노력하겠습니다만 대전에서는 어렵더라도 어떻게든 4 대 6 정도로 끌어올려 주셔야 하겠습니다." 참으로 난감(難堪)한 주문이었다. 다시 말해서 박근혜 60% 자신은 40% 정도로 득표를 끌어올려 주기를 희망한다는 주문이었다.

중앙당에서 내려 보낸 대의원 명부가 주소·전화번호도 없이 동별 성명만 기재되어 있어 난감했다. 그래서 대의원 한 사람을 만나기가 어려웠는데 내가 국회의원할 때 관리했던 조직을 총력적으로 재가동했기에 큰 도움이 되었다. 천신만고 끝에 이(李) 후보에 대한 대의원 득표율을 38.7%까지 올렸다. 불가능을 가능으로 이룩한 놀라운 업적이었다. 국회의원 재임 때부터 나를 지지해 주었던 중구, 서구, 유성구의 동별 전직 여성회장과 위 3개 구를 포함한 동구, 대덕구까지 망라한 전직 동별 새마을 부녀회장을 비롯한 간부들의 지원활동에 크게 힘입었다. 이 기회에 다시 한번 그분들에게 감사를 드린다.

어느 날 대전을 방문한 이명박(李明博) 후보에게 대전 상황을 설명하면서, 내 문제에 대해 일찍부터 확실히 선을 긋고 활동해야 떳떳하겠다는 생각에서 다음과 같은 말을 했다.

"상대 후보의 지역 연고(박근혜 외가 옥천군) 때문에 대전·충남에서는 약간 힘들겠지만, 전국적으로 볼 때 경선에서도 승리하고 본선인 대선에서도 꼭 승리할 것입니다. 대통령이 되시면 무엇보다 인사문제로 부담과 고민이 많게 될 것인데, 분명히 얘기하지만 나에 대해서는 절대로 고려 대상에 넣지도 마시기 바랍니다. 나는 고려대학 선배이면서 또 지난날 내가 정치할 때 후보께서 많은 지원을 해주신 데 대해 보답하기 위해 뛰고 있는 것 외에는 아무런 욕심이 없습니다. 그렇게 알아주세요."

그는 당내 경선에서 승리, 한나라당 대통령 후보로 확정되었고, 12월 19일 본선에서 승리하기 위해 나는 제17대 대통령선거 이명박 후보 상임특별보좌역 겸 대전광역시 선거대책위원회 상임고문(常任顧問)으로 활동하게 되었다. 그런데 대통령 선거 기간 중 좀 특이한 활동이 있었다. 선거가 막바지로 치달을 무렵 나와는 45여 년간 교유지기(交遊知己)이자 사회동료인 원자력계 전문가 김철종(金哲鍾, 한국동위원소협회장) 새한산업(주) 회장이 불쑥 찾아와서는, 원전 수출의 중요성에 대해 상세히 설명하면서 특별한 청을 해왔다.

"장차 한국 경제의 신성장동력은 원자력 수출뿐입니다. 그것을 성공시킬 사람은 이명박 후보밖에 없으니, 그분이 대통령에 당선되면 이를 꼭 실현시키도록 잘 설명해야 합니다. 설명드릴 수 있는 기회를 마련해 주십시오."

원자력에 대해서 약간의 지식은 있었으나, 그가 말한 대로 한국 원전을 해외로 수출한다는 것은 생각지도 못한 일이었다. 그의 애국심에 불타는 설파(說破)에 크게 공감한 나는 이명박 후보의 대전 행사에 앞서, 전문가 일행과 함께 브리핑할 수 있는 기회를 마련해 주었다. 브리핑이 끝나기도 전에 이 후보가 깜짝 놀라는 표정을 지으며 말했다.

"내가 현대건설에 있을 때 한국 최초의 고리 원전을 건설했는데, 한국 원전이 이제는 수출을 할 정도로까지 발전했단 말입니까? 놀라운 일입니다. 잘 알았습니다!"

무언가 결심하는 듯한 표정이었고, 나 역시 이를 계기로 한국 원전에 대해 더 많은 공부를 하게 되었다.

이후 대통령에 당선된 이명박 후보는 취임사에서 저탄소 녹색성장을 비전으로 내세우고, 원자력을 녹색정책에 포함시켰고 비밀리에 원전수출작업에 박차를 가해 나갔다.

말레이시아에서 한국원전홍보관 개설.
이명박 대통령과 현지 경제계 인사초청 우리 원전의 우수성을 홍보하는 저자
(왼쪽부터 말레이시아 산업부장관, 이 대통령, 에너지부장관, 관장인 이재환 KONEPA 이사장,
'10. 12. 30 쿠알라룸푸르)

이 같은 이명박 대통령의 수출의지를 파악한 나는 그해 9월경 대통령의 원전 수출계획 성공에 일조해야겠다는 사명감에서, 원자력을 국내외에 홍보하는 준 정부기관인 (재)한국원자력문화재단(KONEPA) 이사장 공모(理事長 公募)에 응모하여 12월 16일 제8대 이사장으로 취임했다.

3년의 임기 동안 나는 마지막으로 국가에 봉사한다는 자세로 한국원자력발전소의 기술적인 우수성과 안전성을 국내외에 홍보하는 데 최선의 노력을 경주했고, 그로 인해 언론에서는 나를 '원자력 전도사(原子力 傳道師)'라고까지 별명을 붙였다.

나는 아랍에미리트(UAE)에 원전수출 성공 후 130여 회에 걸친 국내외 원자력 홍보강연 및 세미나를 통해 이같이 건국 이래 최초의 역사를 이룩한 이명박 대통령의 원전수출 정책과 업적을 높이 평가하고 지속적인 원전수출의 필요성을 강조했다. 또한 정부의 지속적인 원전수출 지원을 위해, 재임 중에 세계적으로 영향력을 발휘하는 국제원자력기구(IAEA) 등 5대 원자력기관(5大 原子力機關)과의 해외홍보 네트워크를 구축(構築)해 놓았다. 향후 우리의 원전수출을 위한 홍보에 큰 도움이 될 것이다.

맺는말

　일하는 사람은 일하는 재미로 산다는 말이 있다. 나는 여기 대전에서 태어났고 여기서 배우고 여기서 성장했고, 여기 어른들에 의해 나의 소망이 이루어진 이곳 대전을 위해 일하는 보람으로 살아가고 있다.

　지난 11대 국회와 14대 국회의원으로 재직할 때나 전두환 정권의 강압으로 지구당위원장직을 박탈당하고 입후보도 못했던 12대와 그 이후의 국회의원 선거에서 소위 '바람'으로 인해 낙선한 뒤에도 오늘에 이르기까지, 그리고 앞으로 훗날까지 대전의 발전을 위해 노력하고자 한다.

　무슨 일을 하든지 과거와 현재와 미래에 걸쳐 좌고우면(左顧右眄)하지 않고 한결같이 한 우물을 파고 일관된 철학과 목표 아래 최선을 다하기란 매우 어려운 일이지만, 그것은 참으로 값지고 교훈적인 훌륭한 삶이라고 생각한다. 그것을 세상 사람들은 지조(志操)라고도 한다.

　내가 1996년 4월, 15대 국회의원 선거에 앞서 충청권을 휩쓸었던 지역당 자민련 김종필 총재께서 가시는 길을 따라갔더라면, 국회의원 당선은 물론 그 후 계속해서 여러 번 국회의원을 했을 것이다. 그런데도 나는 정치인으로서 이 당 저 당 옮겨 다니는 철새정치인이 돼서는 안 된다는 신념으로 끝내 옮기지 않았기 때문에, "대전을 위해 일 많이 한 이재환 의원"이란 좋은 평가를 받으면서도 "자민련 바람 때문에 어쩔 수 없다."는 유권자들의 안타까운 목소리만 남긴 채, 대전과는 아무런 연고도 없이 1개월 동안 선거운동만 했던 자민련 후보에게 패배하고 말았다. 나는 그때 이런 상태라면 정치를 더 할 수 없겠다는 실의와 원망, 가슴을 도려내는 듯한 아픔과 충격으로 좌절했었다.

그 후 나는 정치무대를 떠났고 세계적 봉사단체인 국제라이온스협회 대전·충남지구 총재(總裁)로서 봉사활동에 전념하는 한편 충남대학교, 대전대학교, 한남대학교 등에서 겸임 및 객원교수로 후진들을 위한 교육에 열중했다.

2008년 12월에는 원자력 홍보전담 준정부기관인 한국원자력문화재단 이사장으로 취임하여, 3년 임기 동안 마지막으로 국가를 위해 봉사한다는 신념으로 한국원자력의 우수성과 안정성, 중요성을 국내외에 홍보하는 데 최선을 다했다. 특히 재임 중 중동국가 아랍에미리트(UAE)에 한국형 원전 4기를 수출한 대한민국의 쾌거는 매우 감격적이었고, 원전수출(原電輸出)이야말로 한국경제의 신성장동력(新成長動力)임에 틀림없다.

나는 정부의 지속적인 원전수출 지원을 위해 IAEA(국제원자력기구)를 비롯한 세계적으로 영향력 있는 5대 원자력기관과의 해외홍보 네트워크를 구축해 놓았다. 원자력 홍보업무 협력(MOU)을 체결한 이들 기관과 여러 차례 공동행사를 가졌으며, 특히 그중에서도 우리나라의 지속적인 원전수출을 돕기 위한 목적으로 장차 원전도입을 계획하고 있는 나라 12개국의 원자력 전문가와 실무자 24명을 초청하여 서울에서 개최한 'IAEA 공동 원자력홍보 워크숍'은 기간 동안 우리나라 원전의 우수성을 각국에 알리는 큰 효과를 거두었는데, 정부의 원전수출 정책시행에 도움이 되기를 바란다.

　글을 마치면서 나는 후진들에게, 주변으로부터 고지식하다는 평가를 받더라도 한 우물을 파며 정도(正道)를 따르는 정치인, 철새정치인이 아닌 원칙과 지조(志操)를 지키는 정치인과 사회인이 되어주기를 당부한다. 시속(時俗)을 따를 것이냐 하는 판단은 그다음의 문제다.

　끝으로 이 자리를 빌려 국회의원 선거에서 나를 도와준 기성초등학교 동문, 대전중고등학교 동문, 특히 36회 동기생들, 고려대학교 교우들, 동별 지도위원장, 협의회장, 여성회장, 새마을지도자, 새마을부녀회장들, 그리고 아버님 친구 유도(儒道)계 인사들을 비롯한 헤아릴 수 없이 많은 모든 분들에게 다시 한번 깊은 감사를 드린다.

부록

• '21세기 정치, 적폐를 버리고 가야 한다'
(한나라당 대전시지부장 이재환 신년사)

파란만장했던 한 세기를 역사 속에 묻고 새 천년을 맞으려는 엄숙한 순간에 우리는 서 있습니다. 지난 천 년을 회고컨대, 나라의 정치가 바로 행해지고 정치인이 살신성인의 자세가 되었을 때 국민은 평화롭고 희망 속에 살 수 있었습니다. 또한 정치인이 탐욕스럽고 도덕적으로 타락하여 질시와 반목의 정치를 하게 되면, 국민이 얼마나 처절한 고통 속에서 살게 되는지도 우리는 기억하고 있습니다. 오늘날 국민들이 외면하고 그들의 마음에서 떠난 정치현실을 보며, 이 시대 정치에 참여하고 있는 한 사람으로서 모골이 송연(毛骨 竦然)해짐을 느낍니다.

작은 정치인이긴 하나 저는 우리의 이 참담한 현실(慘憺 現實) 정치를 보면서 다음과 같이 사자후를 할 수밖에 없습니다.

「정치인이 바뀌지 않으면 여·야 모두 공멸(共滅)할 상황이다」

가장 부패(腐敗)한 집단, 부정(不正)하는 정치인, 약속을 안 지키는 사람들, 중상모략, 권모술수의 대가(大家)들, 퇴출대상 1호 집단…. 이 모든 언어들이 지난 한 세기의 정치권을 표현해 온 대표적인 낱말들입니다.

최근에 와서는 국민들 간에 더 심하게 "입만 열면 거짓말, 눈만 뜨면 도둑질"이라는 무자비한 표현들이 정치권을 강타하고 있는 데 대해, 과연 정치지도자들은 이를 어떻게 생각하고 있는지요? 이제 국민들은 더 이상 정치에 관심을 두고 있지 않으며 불신의 단계를 지나 증오의 대상(憎惡 對象)이 된 현실이기에, 모두가 공멸을 피하려면 먼저 정치인이 바뀌어야 합니다.

「버릴 것은 버리고 가야 한다. 내가 먼저 과감히 청산하자」

지금처럼 원칙도 질서도 없이 갈팡질팡하며 서로 뒤엉킨 국정 난맥상을, 국민들은 걱정을 넘어서 두려움의 시각으로 바라보고 있습니다. 다른 나라 사람들은 대망의 21세기를 맞이하느라 국가적 역량을 모으기 바쁜데 우리는 너무 안일합니다. 우리만 이러고 있을 수는 없습니다.

편파 보복사정, 조작된 총풍·세풍사건, 안기부정치사찰, 도·감청문제, 검찰파업유도 공작사건, 호화옷 로비 사건, 부정부패, 각종 비리의혹, 비열한 총선 선심정책… 이 모두는 언필칭(言必稱) 정치 9단의 대통령과 국무총리 시대에 나타난 저급한 정치의 산물(低級政治 産物)입니다. 적폐(積幣)를 과감하게 모두 버리고 가야 합니다.

물론 야당인 우리 한나라당도 "국정의 발목을 잡고 있다."는 국민의 비난으로부터 자유로울 수 없는 상황에서, 예컨대 이미 국민들이 언론장악 의도로 판단하고 있는 언론문건 국정조사 요구를 비롯한 옷 로비 사건 등 모든 문제를 대승적 차원에서 털고 갈 것을 촉구합니다.

여야 지도자(與野 指導者)들은 질시와 반목의 정치, 배타와 투쟁의 정치, 이기적 당리당략과 지역패권주의 정치, 흑백논리의 편협한 정치를 재현시키지 말고 내가 먼저 솔선하는 자세로 과감히 청산하여 대타협·대화합(大和合)의 정치시대를 열어갈 것을 촉구합니다.

「이제 여야가 힘을 합해 국민에게 희망 주는 정치를 만들어 갈 때이다」

세상이 바뀌고 있습니다. 이제 여야 지도자 모두 막힌 것은 막힌 대로 굽은 것은 굽은 대로 밝은 곳에 활짝 드러내 놓고, 국가발전을 위해 같이 고민하면서 문제를 하나하나 해결해 나가는 데 지혜와 슬기를 모아주길 부탁합니다.

「저 또한 엄숙한 마음으로 다짐합니다」

국민이 정치인을 염려하는 정치가 아니라, 정치인이 진정으로 국민을 위해 밤잠 못 이루고 고민하는 정치를 실현하겠다고! 그 어느 시대 정치인이 그랬듯이 승리를 도둑질하는 정치가 아니라, 그 어느 정치인처럼 국민 위에 군림하는 정치가 아니라, 얼음처럼 차가운 이성과 용광로처럼 뜨거운 가슴으로 국민을 보듬어 안을 수 있는 밀레니엄 시대의 참 정치인으로서 새로운 정치를 구현하고자 합니다. 한 정치인의 우국충정(憂國衷情)의 소리가 큰 메아리가 되어 새로운 희망으로 돌아오길 간절히 기대하면서. 감사합니다.

(1999. 12. 27 한나라당 대전시지부장, 21C를 맞이하는 기자회견 내용)

• '25시의 사나이'
(『새 시대 의정주역 75인』 이재환 편)

이재환(李在奐) 의원은 14대 국회의 선두그룹에 속하는 의원으로, 신한국 건설과 지역사회 발전을
동시에 추구하는 의정활동을 착실하게 펼치고 있다.

많은 사람들이 그를 가리켜 '25시를 뛰는 인간 기관차' '뜨거운 가슴, 서민의 편에 서는 사람'이라고
지칭한다. 또 언론에서는 그를 '행동하는 지성인' '국회에 꼭 있어야 할 사람' 등으로 표현하고 있다.
모두가 이(李) 의원의 특장(特長)을 말하는 것이지만, 여기에서는 이 의원의 참모습을 보다 확실하게
이해하기 위해 다음과 같이 분석·접근하고자 한다.

첫째, 그가 이 시대의 중량급 국회의원으로서, 남보다 내실 있는 의정활동을 전개하고 있다는 점이
다. 국회 본회의는 물론 그가 소속되어 있는 상공자원위원회와 그 밖의 각종 정책회의에도 100%
참석할 뿐만 아니라, 일단 대정부질문에 나서면 시책상의 허점을 낱낱이 파고들어 국무총리 이하
장관들을 전전긍긍케 하고 야당을 무색케 만들고 있다.

「신한국 건설의 청사진 제시」

지난 제161회 국회 본회의에서 정치 분야 질문에 나선 이 의원은 "개혁이 성공하려면 국민의식을
개혁에 동참하는 의식으로 바꾸어 놓는 것이 무엇보다 중요하다. 정부는 개혁에 대한 국민들의 결
의와 의지를 결집시키고 국민 스스로가 개혁의 주체로서 앞장설 수 있도록 뒷받침해야 한다."고 촉
구했다. 그는 이어 "대통령은 개혁정치를 펴나가면서 솔선수범의 철학으로 앞장서고 있는데, 과연
내각은 그에 상응하는 자세의 변화와 개혁적 뒷받침을 제대로 하고 있는가?"라고 질타했다.

그는 또 내각은 물가·치안·교통 등 민생문제 해결을 위한 종합시책과 청사진이 없다고 질책하면
서 "서민들의 소비자물가 앙등은 억제되어야 하고, 교통지옥에 대한 획기적 대책이 마련되어야 하
며, 마음 놓고 다닐 수 있는 민생치안을 확립하고 실업자 문제를 해결해야 한다."고 강조하면서 그
대책수립을 촉구했다.

그는 특히 "국토의 균형발전을 위해 광주·대구·대전을 거점도시(據點都市)로 개발할 것과 다시 찾
는 농어촌 만들기 정책, 21세기를 대비한 과학진흥정책과 환경보전대책을 마련하라."고 촉구했다.

「성실한 의정활동, 지역발전을 위한 남다른 집념」

주지하다시피 국회의원들의 대정부 질문은 그야말로 각양각색이다. 질문시간 대부분 중복발언이 많은 데다 인기발언이나 제스처로만 충당하고, 심지어는 자기가 질문해 놓고도 답변을 듣지 않고 본회의장을 나가버리는 사람도 없지 않은 데 반해 이(李) 의원의 경우는 너무나 진지하다. 회의 전날까지 밤을 지새우며 연구검토(研究檢討)를 하는가 하면, 다른 사람의 질문과 답변도 빠짐없이 메모한다.

자신이 연단에 오르면 통계청·경제기획원 등의 각종 보고서와 자료를 토대로 한 치의 빈틈도 없이 문제의 핵심을 예리하게 파헤치다가, 그래도 시간이 모자라면 회의록에 추가 게재키 위해 서면답변서 제출을 요청할 정도이니 가히 그의 성실성(誠實性)을 알 수 있다.

둘째, 앞에서도 말한 바와 같이 이 의원의 의정활동은 신한국 건설의 길을 열면서 지역발전을 동시에 추구하는 입체적 성격을 띠고 있다는 점이다.

일찍이 대덕군 소재 기성국민학교를 나와 대전 중고등학교를 졸업한 대전 토박이기도 한 이 의원은 "나의 오늘이 있기까지는 전적으로 부모님과 고향 사람들의 은덕임"을 입버릇처럼 되뇌고 있기에 그의 지역발전을 위한 집념과 활동은 거의 초인적(超人的)이다.

「그린벨트제도 개선에 앞장」

지난 93년 1월 충남 대전을 대표하여 김영삼 대통령직 인수위원으로 유일하게 발탁되어 다선 의원 못지않은 적극적인 활동으로 문민정부의 기틀을 닦았으며, 또다시 뒤로 밀릴 뻔했던 공약사업을 최우선적으로 실천케 하는 데 큰 역할을 했다.

간단하게나마 그 몇 가지 실천사례를 들어보자. 그는 2조 6천여억 원의 지역소득과 많은 취업문이 열리고 대전발전의 결정적인 계기가 되는 중앙행정기관(정부 제3청사)의 대전(둔산) 건립을 확정, 지난해 9월 7일 김영삼 대통령이 참석한 가운데 기공식을 거행케 했다. 이 사업은 85년 이래 약 10년 동안 역대 대통령이 말로만 공약했던 것으로, 이번에도 또 몇 년 연기될 뻔한 것을 이 의원의 집요한 노력과 강력한 추진력으로 성사가 된 것이다.

그는 또 그린벨트제도를 개선하는 데 앞장섰다. 가수원, 유성, 진잠 등 8개 지역 주민들의 오랜 숙원이던 시가화 조정구역(市街化 調整區域)을 완전 해제했던 이 의원의 저력이, 그린벨트 제도를 개선하는 데에도 다시 한번 발휘된 것이다. 주택 60평까지 증·개축 대폭확대, 생활편의시설 신축 허용 등을 내용으로 하는 대폭적인 개선(改善)을 이끌어 냈다. 그는 '그린벨트 제도개선 정책토론회'를 개최하고 '개발제한구역 관리에 관한 법률(가칭) 제정' 등의 개선안을 제시하면서, 주민들의 재산권 행사와 생활의 불편 해소를 위해 계속 투쟁할 것을 다짐하고 있다.

또한 그는 대전시 교통난 해소에 큰 효과를 줄 사업으로 그동안 중단되었던 남부순환고속도로를 마침내 건설키로 결정, 94년 2월 6일 착공식을 거행했다.

이와 더불어 '93대전 엑스포가 끝난 후에 엑스포 기념재단의 수익금을 대전발전을 위한 자금으로 쓸 수 있도록 법률을 만들어 냈다. 뿐만 아니라 그는 "엑스포가 국가행사인데 어째서 그 행사로 인해 대전 시민들만 빚을 져야 하나? 엑스포 사업에 투자하기 위해 대전시가 기채(起債)한 800억 원의 빚을 상환하는 데 중앙정부의 지원이 있어야 한다."고 강력히 주장하면서, 우선 94년 예산심의 시 자치단체 보조금으로 200억 원을 지원받게 했고 매년 계속해서 중앙보조금으로 변제하라고 투쟁하고 있다.

이처럼 규모가 크고 차원이 높은 사업들을 성공적으로 추진하기까지는 학계·관계·정계를 두루 거친 이 의원의 확고한 기반과 경륜도 힘이 되었지만, 수십 차례를 마다하지 않고 청와대와 관계 장관 및 요로(要路)를 방문하여 그 정당성과 필요성을 역설한 끊임없는 그의 불굴의 투지와 신념이 남다른 바 있었기에 가능했던 것이다.

그는 아직도 해결되지 않고 있는 대전 첨단과학단지의 국가공단화를 위해 계속 뛰고 있고, 지역개발계획 및 도시계획을 위한 조사연구를 비롯하여 대전지역개발연구소 부설 '여성교양대학' 운영 등의 여권신장을 위한 사업, 장한 소년소녀돕기와 장학금 지급, 전몰 군경미망인 초청 위안, 장한 어머니 표창, 독립유공자 가족 위문, 영세민 무료 합동결혼식 주관, 환경미화원·우편집배원·영세가정 위문품 전달, 사회복시시설 위문, 지역청년 취업알선, 애·경사 직접 방문 등으로 언제나 주민들 속에서 함께 살고 있다.

「'한밭'을 위한 끊임없는 봉사를 다짐」

그는 늘 국가와 민족을 위해 헌신하고 자신을 길러준 '한밭'을 위해 끊임없이 봉사의 삶을 살겠다는 의지와 신념의 소유자이다. 다시 말해 불의와 부정을 거부하고 이 땅에 진정한 민주복지국가(民主福祉國家)를 건설하는 데 자신의 모든 것을 바친다는 확고한 국가관과 민족사관을 견지하는 정치인이라는 것이다. 이름난 효자이며 원만한 가정과 깨끗한 처신, 한 번 사귄 사람은 절대로 잊지 않는 휴머니즘에 찬 그는 억척스럽게 끈질긴 추진력을 갖고 있다.

4·19민주혁명 때 고려대학의 지도자로 목숨을 걸었던 일, 신변의 위험을 무릅쓰고 소련(지금의 러시아)으로 달려가 88서울올림픽 참가를 실현시키는 데 산파역을 담당했던 일 등은 모두 나라를 위하

고 민주주의를 위한 길이라면 어떤 가시밭길이라도 기꺼이 돌진하고 말겠다는 이 의원의 몸에 밴 신념의 소산이라 하겠다.

한마디로 이(李) 의원은 능력과 실천력을 함께 구비한 사람으로서 이 시대를 앞서가는 바람직하고 필요한 국회의원이다.

* 도서출판 내외신서 발행('94. 10. 15) 『새 시대 의정주역 75인, 어떤 사람인가? 그 인간과 의정활동 탐구』 중 이재환 부분 전재

• 저자 이재환 연보(年譜)

본적 : 충청남도 대덕군 기성면 평촌리 1구(진벌) 389

주소 : 서울특별시 강남구 봉은사로 510, 삼성동 포스코 더 샵 1904호

생년월일 : 1937년 4월 21일

[학력]

1940	(4세부터) 조부로부터 한문 수학 중 뒤늦게
1944	기성국민학교에 입학
1950	기성국민학교 졸업
1954. 3	대전중학교 졸업
1957. 3	대전고등학교 졸업
1961. 2	고려대학교 정경대학 정치외교학과 졸업(정치학사)
1965. 9	고려대학교 대학원 정치학과 졸업(정치학석사)
1977. 9	단국대학교 대학원 행정학 박사과정 졸업
1982. 9	행정학박사 학위취득(사회복지행정)
2010. 6	서울대학교 국제대학원 최고경영자과정(GLP) 수료

[일반 경력 관련]

1958. 4	고려대학교 재학 중 국제청년웅변연구회 결성, 회장
1960. 2	자유당 독재정권타도 고려대 학생데모 감행을 계획
1960. 4	고려대학교 정경대학 간부로 4 · 18 고대의거(데모) 주도
1960. 4	4 · 19의거학생전국대책위원회 부위원장(전국 각 대학 4 · 19주동자들로 구성한 혁명수습 대책기구임
1960. 5	4 · 19희생자 합동위령제 직후 거국적 학생데모 감행, 참신한 세력으로 새 정권 구성 계획 수립, 실패

1961. 4	장차 남북통일 지향 청년당 조직 목표, 범(汎)민족청년회의(약칭 汎民靑) 결성, 최고위원(전국 각 대학 4·19 주동자들을 모아 이재환의 주도로 조직된 청년운동 단체)
1961. 6	5·16 군사쿠데타 세력에 의해 범민청이 반혁명단체로 분류되어 구속됨.
1962. 2	육군보통군법회의 재판소에 구속 기소되어 8개월 만에 무죄 판결로 석방(이주당, 민주당 반혁명사건 전국학생동원책이라는 터무니없는 죄명이었음)
1962. 2	고려대학교 유진오 총장의 추천으로 고려대 아세아문제연구소 연구조교 임명
1963. 2	고려대학교 윤천주 학장이 민주공화당 사무총장이 되어 비서역으로 발탁(당 26세)
1964.10	대한웅변협회 이사
1964. 5	문교부장관 비서관
1965. 4	사단법인 4·19회 이사(4·19혁명 유공지도자 단체)
1966. 3	단국대학교 법정대학 정치학과 강사
1967. 11. 4	이정희와 결혼
1970~1985	대전고등학교 총동창회 부회장
1974. 4	대전고등학교 동창장학회 추진위원회 부회장
1970. 11~현재	고려대학교 교우회(동창회) 상무이사
1978~2003	한국학생운동자협의회 상임이사
1979~1993	대한빙상경기연맹 부회장
1990~1992	(주)남해화학 상임고문
2013. 1	(주)주원 고문
2013. 8	(주)새한산업 고문

[지역 관련]

1981. 4	충청남도 개발위원회 특별위원
1981. 5~2004	모범운전자회 대전시 연합회 고문
1981. 7	새마을금고 충청남도 연합회 고문
1981.10	충청남도 태권도협회 상임고문

1987. 4	한밭문제연구회 상임고문
1987. 5~2004	대전시 개인택시사업조합 고문(교양교육 전담)
1989. 3	시가화조정구역(市街化調整區域) 전면해제 경위 기자회견(당시 이종찬 민정당 사무총장의 지원을 받아 유성지역 중심 790만여 평 시가화조정구역(재산권 행사 불능)을 11월 14일을 기해 전면 해제시켰음)
1990. 1	대전EXPO'93 추진협회 부회장
1990. 4	대전지역개발연구소 설립, 이사장 취임
1990. 9	대전여성교양대학 개설 1995년까지 8,200명의 주부에 대해 무료 교양교육 실시
1992. 5	대한산악연맹 대전지부 고문
1997. 3	충남대학교 경영대학원 동창회 부회장
1997. 11	대전충남 환경관리인협의회 고문
1998. 2	월남참전 고엽제전우회 대전충남지부 고문
1998. 3	대전시 해병대전우회 고문

[연구 관련]

1962. 2~1963. 2	고려대학교 아세아문제연구소 연구조교
1966~1980	단국대학교 법정대학 강사, 전임강사, 조교수, 부교수, 교수 역임(14년간 정치학, 행정학 강의)
1966. 3~1967. 7	(재)한국경제문제연구회 연구위원
1969~1973	숙명여자대학교 정치외교학과 강사(5년간 정치학 강의)
1972.10	문교부 교직자연수 초청강사(충남 담당)
1982~1990	재단법인 백제문화연구원 이사
1983. 7	공유(共有)토지 분할에 관한 임시특례법 연구, 법률안 작성 국회에 입법제안(법률 확정)
1991~1993	사단법인 한국해양소년단 중앙연맹 총재(전국 초·중·고생들에게 바다의 중요성을 인식시켜 해양자원 개발에 대한 꿈을 심어주는 프로그램을 연구·개발, 청소년활동 전개)
1992. 7	충남대학교 아시아지역연구소 자문위원

| 1999～2003 | 대전대학교, 한남대학교, 충남대학교에서 객원 및 겸임 교수 |
| 2005～2008 | 대전대학교 행정대학원 객원 교수 |

[공직 관련]

1964. 5～1965. 8	문교부장관 비서관
1967. 5～1971. 4	국회의원(윤천주) 비서관
1973. 3～1975. 12	국무총리 교육·사회·문화 담당 비서관(김종필 국무총리)
1975.12～1979. 12	국무총리 정보비서관, 총무(수석)비서관(최규하 국무총리)
1979. 9～1980. 8	3급 국가공무원 특별시험위원
1979. 12～1981. 1	최규하 대통령 경호실 행정처장, 기획관리관
1981. 3～1985. 5	제11대 국회의원(대전 중구에서 당선)
1984.10～1985. 12	제3대 체육부 차관
1985.12～1988. 3	제14대 국회사무처 사무총장(장관급)
1992. 5～1996. 5	제14대 국회의원(대전 서·유성구에서 당선)
2007～2009	대한체육회 고문, 대한올림픽위원회(KOC) 고문
2008. 12～2011. 12	제8대 (재)한국원자력문화재단 이사장(국내외 원자력 홍보담당 준정부기관)
2012. 3～2013. 7	제2대 드림파크문화재단 이사장(수도권 매립지에 꽃밭관광단지 조성, 2014 인천아시안게임 일부 경기시설 건설)
2015. 1	국제원자력대학원대학교총장 추천위원
2015. 4～2017. 3	(사)대한민국 헌정회 사무총장
2015. 12	운정(김종필)문화재단 이사
2016. 11～	(사)4월혁명공로자회 고문
2016. 11. 4～	(사)김운용스포츠위원회 이사
2016. 11. 30～	(사)4월혁명고대 상임고문

[봉사활동 관련]

| 1981. 4 | 한밭장애인재활복지회 고문 |

1981~2003	(22년간) 국회의원 당선 후부터 매년 환경미화원(청소원), 우편집배원, 고아원 등 사회복지시설, 기타 각종 불우이웃돕기에 연평균 1억2천여만 원씩 26여억 원 상당의 봉사 실시
1982. 2	대한노인회 충청남도연합회 고문
1982. 4	새벽 도로청소 중 청소원이 차에 치어 사망하자 그들의 애로사항을 청취, 대전시 113명 도로청소원 전원에게 야광 조끼를 제작, 무료 제공했음(청소원 제도 창설 후 최초로)
1990~1995	주부여성들의 평생교육 지원을 위해 대전여성교양대학을 개설, 무료강좌 봉사 실시(연인원 8,200여 명 수강)
1994. 3	환경녹색운동 대전·충남본부(고문 김종필) 대전지부장
1995~2003	동아일보 그린스카우트 대전 서·유성 지회장(지회 결성 후 8년간 매월 200여 명의 회원으로 환경보호운동 지속 실시)
1995. 7	국제라이온스협회 355-D지구(대전·충남) 중원클럽 회장
1995~2003	서붕 박병배 선생 기념장학사업회 회장(예능계 우수학생 선발, 장학금 수여 사업)
1999. 7	국제라이온스협회 355-D지구총재(178개 클럽 봉사활동 지도)
2000~2003	한국공동주택(아파트) 문화연구소 고문(개선사업 해결)
2005~2007	국제라이온스협회 355-D지구 제1대, 2대 연수원장(대전·충남도 내 각 지역별 순회교육 실시 7,800여 명 연수)
2014. 9~현재	(사)한국원자력문화진흥원 고문 (원자력 홍보 강연)

[정치 관련]

1963. 1	민주공화당의 사무총장으로 내정된 고대 정경대학장 윤천주 선생님으로부터 보좌(秘書役)요청을 받음
1963. 2~1964. 5	민주공화당(총재 박정희)의 사무총장 비서역이 됨(26세)
1964. 5~1965. 8	문교부장관(윤천주) 비서관
1973. 3~1975. 12	김종필 국무총리 교육·사회·문화 담당 비서관
1975. 12~1979. 12	최규하 국무총리 정보비서관 및 총무(수석)비서관

1979. 12~1980. 8	최규하 대통령 경호실 행정처장
1980. 8~1981. 1	대통령 경호실 기획관리관
1981. 2~1984. 8	민주정의당(민정당) 대전시 중구 지구당 위원장
1981. 3~1985. 5	제11대 국회의원(민정당, 대전 중구에서 당선)
1981. 4~1983. 4	국회 교통체신위원회 위원
1981. 4~1983	민정당 교육문화 분과위원회 위원장
1981. 5~1984	민정당 국민운동 중앙본부 부본부장
1981. 5~1984	국회 한일의원연맹 이사
1981. 6~1984	국회 한국·자이르 의원친선협회 부회장
1981. 10. 12	국회의원으로 대정부 질문(경제 분야 30분간, 서민생활 향상 대책을 강구하라 촉구)
1982. 4~1984	국회 88올림픽 지원위원회 위원
1983. 5~1984	민정당 행정분과위원회 위원장
1983. 7	공유(共有)토지 분할에 관한 임시특례법 작성 입법제안(재산권 행사 불능인 공유토지에 대해 그 분할을 쉽게 해주는 특례법임)
1984. 1~1985	국회 한국·도미니카공화국 의원친선협회 이사
1984. 8	민정당 대전 중구 지구당위원장직 강제 사임(전두환 대통령 처삼촌의 처제 장영자 어음부도사건의 국회국정조사를 계속 주장한 죄로 강압적으로 박탈을 당했음)
1984.10~1985.12	제3대 체육부 차관('88서울올림픽 참가권유를 위해 미수교 공산국가인 소련, 헝가리, 루마니아 방문. 체육외교 성공)
1985.12~1988. 3	제14대 국회사무처 사무총장(장관급), 재직 중 의사당 내 농성 중인 야당의원 구인사태 발생을 막기 위해 막후활동으로 여야협상을 성사시켜 대화로 예방하였음, 국회의원회관 건립, 여야 정국대치 시 막후활동으로 여야 원내총무 회담을 성사시켜 국회정상화를 이룩하는 등으로 의회정치 발전에 기여
1988. 4. 26	제13대 국회 총선 대전 서구 민정당 후보(낙선, 민정당이 전국적으로 비난 대상, 신 민주공화당 후보 당선)
1989. 1	집권당인 민정당 서구 지구당위원장으로서 유성지역을 대전에 편입시켜 대전을 직할시(直轄市)로 승격(昇格)시켰음

1989.11	건설부 고시 제672호로 개발이 금지돼 있는 유성지역 중심의 시가화(市街化) 조정구역 790만 평을 해제(解除)시켜 재산권을 행사케 해주었음
1990. 2	3당(민정당·민주당·신민주공화당) 통합으로 민주자유당(민자당)이 창당되어 신민주공화당 소속의원이 지구당위원장이 되고 나는 민정당 지구당위원장직마저 자동상실(평당원으로 조직관리에 전념)
1990. 5	대전지역개발연구소 설립 이사장 취임(동별 정당책임자를 연구소 협의회장으로 명칭 전환, 조직관리)
1992. 2	민자당이 14대 국회 총선을 앞두고, 지역여론을 무시한 채 3당 계파별 나눠먹기식 후보 공천을 함에 이에 불복, 민자당 탈당하여 무소속 입후보를 선언
1992. 2	민자당을 탈당하자 통일국민당 정주영 총재(현대그룹 회장)로부터 거액제공 입당 요청이 있었으나 거절하였음
1992. 3. 24	제14대 국회총선에서 무소속으로 국회의원 당선(대전 서구·유성구)
1992. 5～1994. 4	국회건설위원회 위원
1992. 7～1994. 5	국회운영위원회 위원
1992. 8. 17	제1회 이재환 의원 의정보고회 개최(장안동 통일농장, 2천여 명 참석)
1992. 9	무소속 당선 직후부터 집권당인 민자당에 복귀해서 대전 발전을 위해 큰일을 해달라는 유권자들의 집단요청 발생, 국회의원 선거 시 약속한 대로 민자당 복귀 여부에 대한 유권자들의 의견수렴을 위해 복당추진위원회가 지역구 내 87,321세대 전체에 대해 여론조사 실시
1992.10	여론조사 결과 64.9% 참여에 입당 찬성 61 .3%, 반대 38. 7%였음
1992.10	민주자유당(민자당)에 복귀
1992.10～1996	민자당 대전시 서·유성구 지구당위원장
1992.10～1996	민자당 대전광역시 지부장 겸 당무위원
1992.12～1993. 3	제14대 김영삼 대통령직 인수위원회 위원으로 임명
1993. 1. 21	인수위 전체회의 시 정부 제3청사(11개 청 이전) 대전 건립을 대통령 취임 1년 내 실시사업으로 확정짓게 하였음
1993. 5. 3	국회의원 대정부질문(정치 분야 30분간) 정부개혁을 촉구하는 한편 국회에 '국회의원 국민소환제(召還制) 도입' 입법을 제안했음
1993. 8. 23	제2회 이재환 의원 의정보고회 개최(갈마동 올림픽기념관, 2천여 명 참석)

1993~1995	국회 대전EXPO 지원위원회 특별위원
1993~1995	국회 재정위원회 위원
1993. 9. 7	김영삼 대통령과 함께 둔산 지구에서 정부 제3청사 건립 기공식 거행(제2수도 대전 시대 개막, 대전 발전의 기틀을 마련함)
1993. 9	계속 투쟁해오던 그린벨트제도 개선, 규제 대폭완화 성공(증·개축 완화, 편의시설 건축 허용 등)
1994. 2. 6	계획이 중단됐던 대전남부순환고속도로, 중앙 예산확보로 기공식 거행(현재 완공 사용 중)
1994. 5	국회예산 결산위원회 위원
1994. 5	중앙당 '95년도 예산심의 제4분과 위원장
1994. 9. 9	당·정 예산심의 시 국가행사였던 대전EXPO'93 때문에 대전시가 기채한 빚 800억 원을 중앙정부가 국고 지원으로 변제해야 한다는 논리를 강력 주장하다가 책상을 쳐 피를 흘리는 등 지역예산 확보를 위해 고군분투
1994.10. 3	국회의원으로 대정부 질문(경제 분야 30분간, 서민생활 향상 대책을 강구하라) 제3회 이재환 의원 의정보고회 개최(갈마동 올림픽기념관, 2천여 명 참석)
1994.12	대전EXPO'93 기채액(빚) 800억 원 중 1차로 200억 원 국고지원 확정시킴
1994.12	대전 첨단과학산업단지 조성을 위한 진입로 개설비 등 60억 원 예산 확보
1995. 3	자유민주연합(자민련) 창당, 김종필 총재의 입당 권유(입당 아니함)
1995~1996	국회산업자원위원회 위원
1995. 7	국회예산결산위원회 계수조정(計數調整)위원
1995. 8. 24	영진건설 부도사태에 따른 200여 협력업체에 대한 중앙긴급 금융지원금 300억 원의 재정지원을 받아왔음
1995. 8. 25	제4회 이재환 의원 의정보고회 개최(유성 엑스포 기념 야외극장, 2천여 명 참석)
1995. 12	민자당이 신한국당으로 당명 변경
1995. 12	대전 남부순환고속도로 건설 완공을 위한 예산 600억 원 확보
1995. 12	대전EXPO'93 기채액 잔여 600억 원 중 2차로 200억 원 국고지원 변제예산 확정

1995. 12~1997	신한국당 대전 서구갑(甲) 지구당위원장
1995. 12~1997	신한국당 대전시 지부장 겸 당무위원
1996. 4. 11	제15대 국회총선 신한국당 서·유성구 후보(낙선, 자민련 바람으로 자민련 후보 당선)
1996.10~1997	신한국당 중앙당 정책평가위원장(정부정책 분석 평가 건의)
1997. 4~1998	고비용 정치구조 개선을 위한 특별위원회 위원
1997. 10	신한국당이 민주당(조순)과 합당, 한나라당으로 명칭 변경
1997. 10~1999	한나라당 정책평가위원장
1997~2004	한나라당 대전 서·유성구 지구당위원장
1997.10	한나라당 이회창 대통령후보 건설교통 특별보좌역
1997. 12	이회창 대통령후보 낙선(김대중 후보 당선)
1998. 2~2000. 5	한나라당 대전시 지부장 겸 당무위원
1998. 4. 13	대전시지부 운영위원회에서 6·4 지방선거 대비, 대전시장 후보로 추대되었음(출마 사양, 1998. 4. 14 중도일보 참조)
1998. 1~2004	한나라당 중앙당기위원장
2000. 4. 13	제16대 국회총선 한나라당 서·유성구 후보(낙선, 김대중 대통령 당선 후 민주당 바람으로 민주당 후보 당선)
2002.11	한나라당 이회창 대통령후보 직능대책위원회 전국부위원장
2002.12	이회창 대통령후보 낙선(노무현 후보 당선)
2004. 1. 11	정계 은퇴 선언(대전 민정당사에서 기자회견, 성명서 발표)
2007. 8	제17대 이명박 대통령후보 상임특별보좌역 겸 대전광역시 선거대책위원회 상임고문
2007. 12~2012	한나라당 대전광역시당 상임고문
2012. 10	제18대 새누리당 박근혜 대통령후보 재정금융 특별보좌역
2012. 11	박근혜 대통령후보 선대위 직능총괄본부 상임고문 겸 대전광역시 선대위 상임고문
2012. 7~2016	새누리당 대전광역시당 상임고문

[저서, 논문, 기고 관련]

(저서)

- 사회복지행정론(대학교재, 홍익제, 1988)
- 해 돋는 한밭(이재환, 홍익제, 1989)
- 뜨거운 가슴 냉철한 머리로(이재환, 홍익제, 1991)
- 그래도 일어서서 뛰어야만 했다(이재환, 오늘의 문학사, 1999)
- 일본의 사회복지 동향(이재환, 번역서, 1987)
- NUCLEAR COMMUNICATION(한국원자력문화재단이사장 이재환, 2009)
- 『이재환 이사장 원자력 홍보활동 200선』(한국원자력문화재단, 2011)

(논문)

- 영국정당에 관한 연구 : 특히 그 중앙집권성에 대하여(정치학 석사논문, 1965)
- 현대정당의 중앙집권성과 당수의 지도성(단국대 법학논총, 1967)
- 시급한 한국정치의 근대화(월간 4월지, 1968)
- 영국 노동당의 이념에 관한 고찰 : 사회주의 정책의 특성(단국대 법학논총, 1968)
- 혁명으로서의 4·19(고려대 고대문화, 1970)
- 비교행정 연구에 있어서의 정치문화론적 접근(단국대 법학논총, 1970)
- 행정의 행태론적 접근방법 고찰(단국대 논문집, 1977)
- 공무원 부정부패의 행태론적 고찰(단국대 법학논총, 1977)
- 이조 관료제의 분석적 고찰 : 관료제와 그 영향(단국대 학술논총, 1978)
- 한국 사회복지의 행정적 과제에 관한 연구(박사학위 논문, 1982)

(교육교재)

- 인성론(人性論)(국제라이온스협회 355-D지구 연수원, 이재환, 2006)
- 조직과 인간관리(국제라이온스협회 355-D지구 연수원, 이재환, 2006)
- 스피치 능력개발 및 토론기법(국제라이온스협회 355-D지구 연수원, 이재환, 2007)

(기고, 칼럼)

- 혁명아(革命兒)의 탄생(4·19주역 이재환 대담록, 고대문화 제2집, 고대출판부, 1960)
- 4·19혁명과 나(도서출판 4월회, 2010)
- 고려대 4·18의거 모의과정 그리고 4·16까지(고대출판부, 4·18의거실록, 2012)
- 원자력, 녹색성장 이끈다(동아일보, 2009.5)
- 프랑스와 일본을 보라(조선일보, 2009.6)
- 원자력은 녹색성장의 원동력(문화일보, 2009.9)
- 평화적 원자력활용 확대해야(매일경제, 2009.10)
- 원전수출의 든든한 후원자 국민이해(아주경제, 2009.12)
- 원전수출이라는 제4의 성장동력(국민일보, 2010.1)
- 에너지강국 대한민국, 원자력이 답이다(아시아투데이, 2010.4)
- 원전수출 3대 강국 진입 위한 과제(문화일보, 2010.4)
- 신규 원전도입국 원전건설 성공을 위한 홍보전략(제3차 ATOMEXPO 국제포럼(한국대표로) 주제 발표, 모스크바, 2011.6.7.)
- 일본 후쿠시마 원전사고 불구 원전 르네상스 지속 전망(IAEA 사무차장 비치코프와 언론대담, 2011.10.10.)

[해외시찰 및 외교활동 관련]

1965. 5	일본 교육계 및 산업시찰(문교부 재직 중)
1980. 7	미국, 캐나다, 일본, 자유중국, 필리핀 등 5개국 선진 경호제도 연구차 각국 대통령경호실 방문 시찰(청와대 행정처장 재직 시)
1982. 1	아프리카 자이르, 나이지리아, 아이보리코스트, 세네갈과 프랑스, 이태리, 스위스 등 7개국 순방, 의원외교활동(국회의원 재직 시)
1985. 9	소련, 헝가리, 루마니아 등 동구 공산국가 순방 체육외교활동('88서울올림픽 참가권유, 체육부차관 재직 시)
1986. 4	멕시코, 아르헨티나 등 남미 4개국 방문(제75차 IPU총회 및 국회사무총장회의 한국대표)
1987. 2	영국, 프랑스, 서독, 스페인, 구주(EU)의회 국회사무처 공식방문(국회사무총장 재직 시)

1987. 10	제78차 IPU총회 국회사무총장회의 한국대표(태국)
1989. 9	소련 동방연구소 주최 한·소 문화교류 세미나 한국대표단(모스크바)
1998. 6	국제라이온스협회 제81차 세계대회 한국대표단(라이온스 대전충남지구 부총재 시, 영국 버밍햄)
1999. 7	국제라이온스협회 제82차 세계대회 한국총재단(충남대전지구총재 재직 시, 미국 샌디에이고)
1999. 11	국제라이온스협회 제38차 동남아시아대회 한국총재단 대표(지구총재 재직 시, 싱가포르)
2010. 2. 8	WNA(세계원자력협회) 본부 방문, 한국원자력문화재단의 사업소개, 상호업무 협력키로 합의(영국 런던)
2010. 2. 9	세계 최초 원자력발전소(1956년) 지역, 영국 셀라피프 원전단지 시찰(영국 맨체스터)
2010. 2. 11	바이오가스 신재생에너지 개발, 스칸디나비안 바이오가스 회사(쓰레기를 에너지화) 시찰(스웨덴 스톡홀름)
2010. 2. 15	IAEA(국제원자력기구) 본부 방문, 소코로프 사무차장 면담, 한국원자력문화재단의 사업소개, 원자력 홍보사업 상호협력 합의(오스트리아 비엔나)
2010. 2. 17	프랑스 뷰르 원전연구단지 방문, 고준위폐기물 처분 지하실험실(지하 490m) 시찰(프랑스 뷰르)
2010. 2. 19	프랑스 원자력청에서 '한·불 원자력 홍보세미나' 개최(프랑스 파리)
2010. 7. 23	성공한 스페인 엘 가브릴 중저준위 방사성폐기물 처분장 시찰(스페인 코르도바)
2010. 7. 27	IAEA 본부 방문, IAEA와 원자력 국민수용성 제고 업무협력 MOU 체결(IAEA 역사상 최초, 비엔나)
2010. 7. 30	독일 신재생에너지 도시 프라이부르크 시찰, 태양광에너지로 전기·난방을 자급한다는 '보봉'마을 시찰, 그러나 독일의 신재생에너지는 전체 전력의 18% 정도에 불과하다는 설명에 기후변화 방지를 위한 신재생에너지의 대량생산은 요원함을 새삼 느꼈음(독일 프라이부르크)
2010.10. 10	터키의 원전건설 예정지 시놉(Sinop) 시에서 '흑해 한국문화 페스티벌' 개최, 문화행사 및 한국참전용사 자녀 장학금 수여 등으로 정부의 터키 원전수출

추진 작업을 측면 지원함(터키 시놉)

2010.10. 11~13   터키 앙카라에서 ①한국참전용사협회와 재단 간 자매결연 ②터키원자력 청
장 면담 ③터키에너지자원부 메틴 킬치 차관 방문, 한국원전의 우수성 설명,
대국민 홍보전략 노하우 제공을 약속

2010.12. 8   말레이시아 에너지부 루 툭기 차관 방문, 한국과의 원자력에너지 협력 및
원자력 국민수용성 제고에 대한 노하우 제공 약속(쿠알라룸푸르)

2010.12. 9~10   말레이시아의 수도 쿠알라룸푸르 소재 샹그릴라 호텔 지하 2층 셀렝고 룸에
'대한민국 원전홍보관'을 설치, 원전도입 예상국인 말레이시아의 경제계 유
력인사들을 비롯한 사회단체 대표들에게 한국원전의 우수성과 대국민 홍보
방안 등을 설명·홍보하였음(쿠알라룸푸르)

2011. 1. 17   스위스 그림젤(GTS) 고준위 방사성폐기물 연구소 방문, 해발 1,700m 산 정
상에서 직선 400m 지하에 동굴을 만들어 방폐물 처분을 위한 지질학적 특
성, 공학적인 측면연구를 하고 있는 현장을 시찰(스위스 베른)

2011. 1. 20   프랑스 그르노블 방사선 연구소(ARC-NUCLEART)를 방문, 방사선 이용 문
화재 복원 현장을 시찰(프랑스 그르노블)

2011. 3. 4   WNA(세계원자력협회)와 한국원자력문화재단 간 국제원자력올림피아드 공
동개최 업무협력 MOU 체결(런던, 서울)

2011. 3. 21   FAF(프랑스 원자력산업회의) 본부에서 필립 갸르드레 회장과 한국원자력문
화재단 간의 원전안정성 홍보업무 협력 MOU 체결(파리)

2011. 3 25   EU(유럽연합) 내 에너지정책 전반을 총괄하는 집행위원회(EC) 에너지총국
을 방문, 원전홍보 업무협력을 합의하는 한편 일본 후쿠시마 원전사고 후
결정한 EU 내 원전안전성 검토(Stress Test) 계획을 청취(벨기에 브뤼셀)

2011. 5. 25   스위스 원자력안전원(ENSI) 방문, 슈바르츠 사무차장으로부터 모든 원전 관
련 안전관리를 담당하고 있는 독립기구로서의 운영상황을 청취 후 원전안
전성 언론대담(스위스 베른)

2011. 5. 27   유럽 원자력산업회의(FORATOM, 유럽 16개국 800여 원전관련 기업협의
체) 본부에서 산 안토니오 사무총장과 원전안전성 홍보업무 협력 MOU 체결
(벨기에 브뤼셀)

2011. 5.27   러시아 국영원자력공사 (ROSATOM) 키리엔코 사장 면담, 원전안전성 홍보

업무 협력키로 합의(모스크바)

2011. 6.7   러시아 주최 제3회 ATOMEXPO 국제심포지엄에서 '신규 원전도입국 원전 건설 촉진을 위한 홍보전략' 주제발표(모스크바)

2011. 9. 15   WNA(세계원자력협회) 2011년 연차 심포지엄 참석(런던)

2011. 9. 16   ROSATOM과 원전안전성 홍보업무 협력 MOU 체결(모스크바)

2011. 9.19   캐나다 밴쿠버 소재 Greenspirit Strategies 방문, 세계적 반원전 운동단체 그린피스 설립자인 Patric Moore 박사 면담, 그가 친원전으로 전환한 사유 및 원자력의 중요성에 대한 언론대담(밴쿠버)

2011. 9.21   미국 원전사고 발생지 TMI(Three Mile Island) 원자력발전소를 시찰, 글렌 얼칙 부사장으로부터 당시의 상황 및 당시의 대국민 홍보대책 등을 청취, 일본 후쿠시마 원전사고 이후의 효과적인 홍보방안 수립을 모색(미국 펜실베이니아)

[상벌 관련]

1963. 4 대한민국 건국포장(4·19혁명 지도자)

1978. 8 대한민국 홍조근정훈장(모범공무원)

2010. 5 고려대학교 특별공로상 수상

2011. 5 고려대 자랑스러운 정경인상 수상

2011.12 IAEA(국제원자력기구) 감사패 수여받음

• 참고자료, 문헌

- 동아일보, 조선일보, 문화일보, 매일경제, 세계일보, 대전일보, 중도일보, 대전매일 등 신문
- 인터넷 naver 지식in
- 대한민국 국회사무처 38년사(대한민국국회사무처, 1987)
- 대한민국 국회60년사(대한민국국회사무처, 2008)
- 하빈 이씨 김산파보(金山派譜, 1998)
- 하빈 이씨 비문집(碑文集, 비문발간위원회, 1998)
- 역주 이우당실기(譯駐 二憂堂實記, 하빈이씨종친회, 1989)
- 고대문화 제2집(高大文化 第2輯, 革命兒의 誕生 이재환 · 구본영 대담, 고려대, 1960)
- 고대문화 제11집(고려대출판부, 1970)
- 4월 혁명과 나(도서출판 四月會, 2000)
- 고려대 4 · 18의거실록(실록편찬위원회, 고려대출판부, 2012)
- 3 · 8민주의거(3 · 8민주의거기념사업회, 2005)
- 해 돋는 한밭(이재환 저, 1988)
- 사회복지행정론(이재환 저, 1988)
- 새 시대 의정주역 75인(도서출판 내외신서, 1994)
- 기자가 본 국회의원(동아춘추사, 1995)
- 제14대 국회를 빛낸 의정주역 55인(정론사 발행, 1996)
- 국회의원 이재환 『언론에 비친 의정활동』(민자당 대전서 · 유성구지구당 사무국, 1995)
- 뜨거운 가슴 냉철한 머리로(이재환 저, 홍익제, 1991)
- 그래도 일어서서 뛰어야만 했다(이재환 저, 오늘의 문학사, 2000)
- 정의와 행동 그리고 4월 혁명의 기억(고려대한국사연구소, 2012)
- 라이온스 30년사(국제라이온스협회 355-D지구, 2007)
- 『이재환 이사장 원자력 홍보활동 200선』(한국원자력문화재단, 2011)
- 핵의학 외길 반세기(김철종 저, (주)새한산업, 2014)

아름다운 사람, 당신이 희망입니다
저자 : 장만기(張萬基)
발행일 : 2017년 11월

40년이 넘게 대한민국의 목요일 아침을 여는 사람이 있다. 바로 저자인 장만기 회장이다. 저자는 1975년 이래 하루도 빠짐없이 인간개발연구 조찬회를 운영하고 있다. 그는 책 『아름다운 사람, 당신이 희망입니다』를 통해 인간개발연구원의 역사와 대한민국을 이끈 리더들을 소개한다. 모든 것은 사람으로 이루어지기에 "좋은 사람이 좋은 세상을 만든다"라고 하는 그의 말은 대한민국 발전의 찬란한 등대가 되어줄 것이다.

행복한 인생을 위한 처방전
저자 : 박덕순
발행일 : 2017년 11월

책 『행복한 인생을 위한 처방전』은 약사 출신으로는 최초의 명강사인 저자가 지금까지 살아온 길을 되돌아보고, 앞으로의 남은 시간을 어떻게 '행복한 인생'으로 만들 것인지 기록하여 펴낸 에세이다. 유년시절의 추억부터 30년 동안 약사로서 지금까지 지금까지 힘차게 달려왔던 지난날을 회고하며 그것들을 앞으로 나아갈 원동력으로 삼고자 하는 저자의 단단한 의지를 엿볼 수 있다.

뇌 건강을 살리는 계절음식
저자 : 박은서
발행일 : 2017년 11월

이 책 『뇌 건강을 살리는 계절음식』은 축축하고 곰팡이가 핀 우리의 뇌를 양지로 끌어내어 햇볕을 쬐게 하는 방법은 우리의 식생활에 달려있다는 주장을 강조한다. 이 책은 이를 위해 『동의보감』 등 우리 민족의 전통적 지혜를 살려 자연의 섭리에 순응하고 우리 뇌의 생명력을 키워주는 다양한 계절음식, 시절음식을 소개하며 때로는 현대과학에 기반한 영양학에 따라 우리 뇌에 도움이 되는 물질이 풍부한 식품들을 소개해 준다.

익어 가는 우리들
저자 : 서신중학교 교육가족
발행일 : 2017년 10월

책 『익어 가는 우리들』은 화성시 서신면에 있는 서신중학교 학생과 선생님들의 글을 엮어 만든 학교문집이다. 책에서는 전교생과 교직원들, 그리고 운영진과 서신중학교의 도서 출간에 관심을 보이던 외부인사들의 응원의 글이 담겼다. 숨김없이 솔직하고 담백한 학생들의 글을 보면 학생 시절의 순수함을 느낄 수 있다. 또한 깊이 있고 진솔한 교사들의 글을 보면 누구라도 참된 학교의 모습을 떠올릴 수 있을 것이다.

하루 5분 나를 바꾸는 긍정훈련
행복에너지

'긍정훈련' 당신의 삶을 행복으로 인도할 최고의, 최후의 '멘토'

'행복에너지
권선복 대표이사'가 전하는
행복과 긍정의 에너지,
그 삶의 이야기!

인터파크
자기계발 분야 주간
베스트 1위

권선복 지음 | 15,000원

권선복

도서출판 행복에너지 대표
영상고등학교 운영위원장
대통령직속 지역발전위원회
문화복지 전문위원
새마을문고 서울시 강서구 회장
전) 팔팔컴퓨터 전산학원장
전) 강서구의회(도시건설위원장)
아주대학교 공공정책대학원 졸업
충남 논산 출생

책 『하루 5분, 나를 바꾸는 긍정훈련 - 행복에너지』는 '긍정훈련' 과정을 통해 삶을 업 그레이드하고 행복을 찾아 나설 것을 독자에게 독려한다.
긍정훈련 과정은 [예행연습] [워밍업] [실전] [강화] [숨고르기] [마무리] 등 총 6단계로 나뉘어 각 단계별 사례를 바탕으로 독자 스스로가 느끼고 배운 것을 직접 실천할 수 있게 하는 데 그 목적을 두고 있다.
그동안 우리가 숱하게 '긍정하는 방법'에 대해 배워왔으면서도 정작 삶에 적용시키지 못했던 것은, 머리로만 이해하고 실천으로는 옮기지 않았기 때문이다. 이제 삶을 행복하고 아름답게 가꿀 긍정과의 여정, 그 시작을 책과 함께해 보자.

『하루 5분, 나를 바꾸는 긍정훈련 - 행복에너지』